浙江省高职院校“十四五”重点立项建设教材
高等职业教育法律类专业新形态系列教材

中国监狱史

主　编◎殷导忠　高　亭
副主编◎姚　峰　王　荣
撰稿人◎殷导忠　高　亭　姚　峰
　　　　王　荣　马瑞娟　王雪芳
　　　　王　莹　高江川　张　立

中国政法大学出版社
2024・北京

图书在版编目（CIP）数据

中国监狱史 / 殷导忠, 高亭主编. -- 北京 : 中国政法大学出版社, 2024.7

ISBN 978-7-5764-1338-0

Ⅰ. ①中… Ⅱ. ①殷… ②高… Ⅲ. ①监狱—历史—中国 Ⅳ. ①D929

中国国家版本馆CIP数据核字(2024)第030527号

出 版 者　中国政法大学出版社
地　　址　北京市海淀区西土城路 25 号
邮　　箱　fadapress@163.com
网　　址　http://www.cuplpress.com (网络实名：中国政法大学出版社)
电　　话　010-58908435(第一编辑部) 58908334(邮购部)
承　　印　北京中科印刷有限公司
开　　本　787mm×1092mm　1/16
印　　张　21.5
字　　数　470 千字
版　　次　2024 年 7 月第 1 版
印　　次　2024 年 7 月第 1 次印刷
印　　数　1~3000 册
定　　价　69.00 元

编者简介

殷导忠　男，1976年11月生，浙江警官职业学院刑事司法系主任，党总支书记，教授，全国司法职业教育教学指导委员会法律执行专委会主任委员，浙江省高职专业带头人。国家特色高水平刑事执行专业群、国家高职示范刑事执行专业、国家刑事执行专业教学资源库、国家“双师型”教师培训基地等项目负责人，曾获国家课程思政教学名师、浙江省教学成果一等奖、浙江省教学能力比赛一等奖、个人二等功等。深耕中国监狱史教学和研究二十余年，所主持课程“中国监狱简史”是国家课程思政示范课程、浙江省在线开放精品课程，有丰富的教学经验和研究成果。

高　亭　女，1990年5月生，浙江警官职业学院刑事司法系副教授，硕士，国家课程思政示范课程“中国监狱简史”的核心成员，入选国家课程思政教学名师和教学团队。曾获全国职业院校教学能力比赛一等奖、浙江省高职院校教学能力比赛一等奖，全省司法行政系统“最美司法行政人”，全省司法行政系统理论调研成果一等奖、个人三等功等。从事中国监狱史的教学与研究，在《中国监狱学刊》《犯罪与改造研究》等期刊发表多篇论文；主持浙江省第一批课程思政教学改革项目“党史教育视域下历史唯物主义融入专业课程教学的改革与实践——以中国监狱简史为例”等厅局级项目。

姚　峰　男，1973年10月生，安徽警官职业学院警察系副主任，教授，博士，安徽省高职高专专业带头人，安徽省教学名师，担任安徽省中华传统文化研究会副会长，合肥市青少年犯罪预防与权益保护工作协会副会长，安徽省教育学会心理学专业委员会副主任。主译心理学经典著作两部，主编全国统编教材一部，副主编国家级规划教材一部，主持省部级科研项目10项，发表论文20余篇。曾获安徽省教学成果一等奖、安徽省教学能力大赛二等奖等。

王　荣　男，1973年3月生，四川司法警官职业学院刑事司法系副教授，硕士，长期从事中国监狱史教学，两次参编全国司法警官院校《中国监狱史》规划教材编写。曾获全国多媒体课件大赛并获一等奖、四川省高等职业院校教师教学能力比赛二等奖、全国司法职业教育教学成果二等奖、四川省司法行政系统第二批队伍教育整顿理论调研文章评比二等奖、四川省司法行政系统先进个人、个人三等功等。

马瑞娟 女，1984 年 4 月生，湖南司法警官职业学院矫正教育系讲师，硕士。参编《中国监狱史》《罪犯教育学》《监狱执法文书》《监狱执法文书制作》《罪犯教育学》等教材。主持或参与省、部级课题 10 余项。曾获全国司法职业教学指导委员会刑事执行专业资源库教师教学技能大赛团体一等奖、个人三等奖，湖南省职业院校教师职业能力竞赛教学二等奖、三等奖等。

王雪芳 女，1988 年 12 月生，河北司法警官职业学院讲师，三级心理咨询师，邯郸市复兴区人民检察院听证员。

王　莹 女，1984 年 7 月生，吉林司法警官职业学院监狱警察学院副教授，硕士，曾参与国家刑事执行专业教学资源库子项目中国监狱史课程的建设。

高江川 男，1972 年 12 月生，山西警官职业学院监所管理系讲师。参编全国司法行政系统政法干警招录培养体制改革试点专业教材《狱政管理》，参与现代警官高等职业教育规划教材《罪犯教育工作实务》、全国司法警官院校十三五规划教材《狱政管理》等教材的编写。

张　立 女，1983 年 9 月生，江苏司法警官职业学院刑事执行专业科讲师，曾主编《科学认知刑罚》等。

前 言

习近平总书记指出，历史是最好的教科书。任何一个行业、学科、专业都不应该忽略其历史，并从其中汲取营养。中国监狱史是关于中国监狱的产生、演进及其管理制度发展的历史。中国监狱的发展，跨越四千年，见证了中华文明的绵延与璀璨，也造就了我国特色的监狱文明。刑罚从死刑、肉刑发展到监禁刑，从而诞生了监狱，其本身就是社会文明进步的体现。中国监狱，从监禁惩罚到教育改造，走出了一条社会主义特色的司法文明之路。

党的二十大报告指出，我们必须坚定历史自信、文化自信，坚持古为今用、推陈出新。学习监狱史，要坚持三个学习方向：一是知历史经纬，学习监狱的发展历史；二是知历史文化，学习监狱的文化渊源；三是知历史之鉴，学习监狱的古为今用。要树立三个学习思维：一是历史思维，正确认识监狱历史、把握监狱历史规律、汲取监狱历史智慧、增强监狱历史自信、指导监狱现实工作、明确监狱发展方向；二是辩证思维，用事物普遍联系的观点、发展变化的观点和对立统一的观点看待监狱历史，以动态发展的视角认识监狱历史，以一分为二的眼光分析监狱历史；三是系统思维，要有整体观、全局观，运用系统观点，将监狱工作放至所处的历史时代，对与监狱工作互相联系的各个方面及其结构和功能进行系统分析，正确认识监狱发展的历史条件、历史作用。

本教材列入浙江省高职院校“十四五”重点立项建设教材项目。为了使教材更加适合职业院校学生学习，在内容和体例上进行创新，摒弃过去年代史的惯例，以任务驱动为导向重构教学内容，改为专题史体例，聚焦重点问题进行深入分析，提高学生的比较思维能力。重新布局了古代史、近代史、现代史的内容比例，丰富了中国共产党领导下的监狱近现代史发展历程，突出社会主义监狱制度的优越性，增强道路自信、理论自信、制度自信、文化自信，深化学生的职业认同感与责任感。在教材编写中，广泛吸收监狱史理论研究的最新成果，力求做到科学性、系统性、实用性和前沿性相统一，知识、能力和素养相融合，将思想政治教育贯穿于教材内容。同时，为了使教材更加符合职业教育特色和学生学习使用，创新编制活页式形态，作为我国第一部活页式《中国监狱史》教材，破解了理论课编写难题，使学生的使用方式更灵活。

教材内容由七个学习单元组成，分别为“第一单元 古代监狱的产生”“第二单元 古代监狱的设置”“第三单元 古代监狱的制度”“第四单元 清末监狱改良”“第五单元 中华民国政府的监狱”“第六单元 新民主主义革命政权的监狱”“第七单元 中华人民共和国的监狱”。本次编写由浙江警官职业学院、安徽警官职业学院、四川司法警官职业学院、湖南司法警官职业学院、河北司法警官职业学院、吉林司法警官职业学院、山西警官职业学院、江苏司法警官高等职业学校教师合编，具体分工如下：

殷导忠、高亭（浙江警官职业学院），负责第一单元内容和统稿；

马瑞娟（湖南司法警官职业学院），负责第二单元第一节、第二节内容；

王雪芳（河北司法警官职业学院），负责第二单元第三节、第四节内容；

高亭（浙江警官职业学院），负责第三单元第一节至第三节内容和统稿；

王莹（吉林司法警官职业学院），负责第三单元第四节至第八节内容；

高江川（山西警官职业学院），负责第四单元内容；

王荣（四川司法警官职业学院），负责第五单元内容；

张立（江苏司法警官职业学院），负责第六单元内容；

姚峰（安徽警官职业学院），负责第七单元内容。

党的二十大报告指出，弘扬以伟大建党精神为源头的中国共产党人精神谱系，用好红色资源，深入开展社会主义核心价值观宣传教育，深化爱国主义、集体主义、社会主义教育，着力培养担当民族复兴大任的时代新人。希望在课程教学中，用好红色司法资源，全面浸润课程思政，突出中国共产党领导下监狱发展的伟大成就，培养学生正确的理想信念和职业精神。将党史学习教育和传统文化教育融入课程，在古代监狱史部分嵌入传统文化教育，在近现代监狱史部分蕴含党史学习教育，贯通党史学习教育和优秀文化传承，培养学生忠诚底色和人文情怀。通过对监狱制度、刑罚理念的历史演进分析，使学生高度认同我国当今监狱的发展道路、理论、制度、文化，激发爱党爱国情怀、职业荣誉感和社会责任感。引导学生运用历史分析法、辩证分析法、比较研究法等学习监狱历史，用辩证、发展的眼光分析监狱历程，感受新时代依法治监、以人为本的监狱发展理念，达到培根铸魂，启智润心的目标。

殷导忠
2024 年 4 月

目　录

第一单元　古代监狱的产生

【教学目标】

知识目标：了解监狱产生时期的不同学说观点、监狱的定义及其产生的历史条件；

能力目标：对监狱产生的不同学说观点进行辩证分析；

素质目标：确立监狱是社会发展到一定阶段的产物的历史唯物主义史观。

【问题导入】

在广东佛山监狱，修建有法治文化广场，并建造了皋陶雕像，成为其文化监狱的重要组成。在传说中，监狱为皋陶所造。汉代《急就章》曰："皋陶造狱法律存也"。隋朝《广韵》也说："狱，皋陶所造。"在民间，素有尊皋陶为狱神的习俗，古代监狱中也常设有狱神庙，供奉的即是皋陶的造像。

问题：佛山监狱为什么要建造皋陶像？

第一节　古代监狱的产生时期

一、关于古代监狱产生时期的不同观点

当前学界关于中国古代监狱产生时期有不同观点，概括而言，主要有四种：原始社会末期说、夏朝说、商朝说、春秋说。

（一）原始社会末期说

闫志明老师在《我国监狱起源的追溯》一文中写道："……中国古代监狱，早在夏王朝之前的'三皇五帝'（或最迟在该时期尧、舜二帝时），就已产生。"其理论的主要依据有：①"……在三皇五帝时，或者说最迟在尧、舜二帝时，已出现了私有制、阶级、国家、法律、狱官的雏形"。②据《尚书·尧典》记载，在尧、舜二帝时已经出现了"……象以典刑，流宥五刑，扑作教刑，金作赎刑……"等。③当时已经处理"四凶"之人，即"流放共工于幽州，放逐驩兜于崇山；迁逐三苗贵族于三危，流放鲧于羽山，直至其

死”。④当时“设有的九种官职，……其中，……士，由尧帝时的治狱官皋陶继续担任，掌管刑法狱论”。⑤“又据传说，在尧帝和舜帝时期，就已有‘置诸丛棘’‘画地为牢’的拘押不规之人的雏形狱”。闫老师由此认为，“在三皇五帝的尧、舜二帝时期，私有制、阶级、国家、法律、监狱等，已经产生。其中，涉及罚执行和监狱对犯人的处置，除死罪者被执行死刑之外，其他刑犯主要采取流放、迁逐、放逐等执行方式”，认为势必需要和存在监狱。〔1〕

（二）夏朝说

薛梅卿老师在其主编的《中国监狱史》一书中指出，监狱的概念有狭义和广义之分。狭义的监狱是指统治阶级关押已决犯的场所，即依照国家法律而设置的刑罚执行机构。资产阶级学者则把监狱概括为专门羁押自由刑罪犯的公共营造物，实际上就是指法理意义上的既决监。广义的监狱则是泛指凭借国家强制力，拘束、限制人身自由的关押或劳动场所。诸如自由刑（徒刑和拘役）罪犯判决后的执行场所；古代充军、流刑等犯人待解羁押场所和发配劳役配所；死刑犯暂押待决场所；嫌疑犯、未决犯的看守场所；以及奴隶主、封建贵族、族祠、地主等私设的牢房等。薛老师认为，中国监狱史所研究的对象和范围是广义的监狱。

以薛梅卿老师为代表的专家学者认为，从广义的角度说，中国监狱正式出现于夏朝。其理论的主要依据有二：①夏朝是我国第一个奴隶制国家，也是国家正式产生的标志。夏启继位之后，建立了作为阶级统治工具的武装力量和行政管理机关体系，还设立了监狱和各种强制机关。他们认为，监狱作为国家的“物质附属物”，是随着国家的产生而产生的。②据古文献记载，夏朝有类似“监狱”实体的出现。《今本竹书纪年》中有谓：“夏帝芬三十六年作圜土”，按《尔雅·释名·释宫室》的解释，“狱……又谓之圜土，筑其表墙，其形圆也”。《周礼·大司寇》郑注也说：“圜土，狱城也”。据此推证，夏朝的监狱大体是用土筑成圆形的围墙，用以拘押囚犯，是一种很原始的形式。另据《史记·夏本纪》记：“乃召汤而囚之夏台”。由此推证，在夏朝已出现了关押囚犯的场所等。〔2〕

（三）商朝说

高文老师在《中国监狱的起源求证》一文中认为，中国监狱的起源最早应该在商朝的中晚期，它是国家形态发展到一定阶段的产物，而并非是与国家形态一同产生。其主要观点有：①对传统监狱定义的质疑。传统监狱定义以日本监狱学者小河滋次郎为代表，认为“广义之监狱指以威力监禁一切人类之场所”“广义的监狱其初并非以拘束人身之自由为目的而特设一建筑物，即城塞、仓廪、船舶、寺院、厩舍、门塔等，甚至一木一石亦可称为监狱焉。拘禁于此处只认亦非基于国法及与刑事上有关系之人，有捕虏者，有负债者，有乞丐者，有浮浪者，有滞纳租税者，有犯宗教上指规则者，甚或单因请求财产之目的而

〔1〕闫志明：《我国监狱起源的追溯》，载《监狱理论研究》2001 年第 8 期。

〔2〕《中国监狱史》编写组：《中国监狱史》，群众出版社 1986 年版，第 5 页。

【数字资源】

【课程思政资源】

皋陶造狱

皋陶（公元前 2220 年—公元前 2113 年），又称咎陶、咎繇，字庭坚。《史记·夏本纪》引《帝王纪》："皋陶生于曲阜，曲阜偃地，故帝王因之赐姓曰偃"。皋陶生于曲阜，是当时活动在甸东部的较为强大的部落——东夷族的首领，生活在距今四千多年前的尧、舜、禹时期。《尚书·舜典》记载："帝曰：皋陶，蛮夷猾夏，寇贼奸宄，汝作士，五刑有服。"《春秋·元命包》记载："尧得皋陶，聘为大理，舜时为士师。"在尧和舜时期，任皋陶为士师、大理官，负责氏族政权的刑罚、监狱、法治，即司法长官。皋陶作为士官，肩负着对外征战和对内惩罚的双重职责，既要征讨和惩治"蛮夷"，又要惩罚和处治"寇贼"。禹即位后，皋陶继续担任士官，协助禹处理领导事务，并被禹选为继承人。皋陶以正直闻名天下。相传架构了中国最早的司法制度体系（五刑、五教），采用独角兽獬豸治狱，坚持公平公正；强调"法治"与"德政"的结合，促进社会和谐，天下大治，是伟大的政治家、思想家、教育家，"上古四圣"（尧、舜、禹、皋陶）之一，后世尊为"中国司法始祖"。传说皋陶善理诉讼，遇疑难案件时便让所豢养的神兽獬豸以角触不直者，并以此判善恶，辨是非。如此所形成的"皋陶文化"，成为后世儒家和法家思想产生的重要精神渊薮之一。

拘留者。其种类千差万别，原非基于一定之国法。”高文老师认为这种观点不完全准确，他通过利比亚古城古达米亚马泉的例子，分析探究监狱的发展历史，不应该用我们现在的思维来分析古人所做的一些事情，否则，得出的结论可能就有问题。②对甲骨文中有关“狱”字的不同理解。甲骨文中同“狱”字相关的文字有很多，如囚、圉等字，常被作为商朝监狱存在的历史事实。高文老师认为对甲骨文中一些有关“狱”或者“囚”的理解，应当按照当时人的理解来研究，而不应该运用我们今天的观点来印证。如“刑”字，不是今天的用刀割脖子的意思，而是用刀保护井，后来引申为维护秩序。对于“狱”的理解，主要是诉讼的意思。他认为，在当时被拘禁关押，戴木手铐是非常常见的社会现象，但不是监狱。而监狱必然是已经区别于被人们认为是社会生活的一个组成部分的那种关押拘禁的另外一种关押拘禁生活，所以认为，中国监狱的起源不可能是在历史传说中的国家形态刚刚形成的夏朝或商朝初期。③对记载监狱起源古文献的质疑。高文老师指出，记载夏朝监狱起源的古文献《今本竹书纪年》《史记·夏本纪》等，最早产生于西汉，距离传说中的夏朝有两千多年的历史，所记未必确切。何况，从人类文明发源的标志之一文字记载看，认定夏朝文明最重要的文字材料没有找到，到目前为止，西方只承认我们的文明始于商。所以，监狱起源于夏也不会被认可。[1]

（四）春秋说

宁汉林、魏克家老师在所著的《中国刑法简史》中提出了另一观点，认为中国只有进入春秋时期，才有了监狱。其依据就是根据中国刑罚体系发展的史实和一般规律，刑罚体系首先以死刑为中心，继而以肉刑为中心，进而以自由刑为中心。中国刑法史初期的刑罚体系有两种：一种是黄河流域上游以黄帝为盟主的各部落的刑罚体系，即《尚书·皋陶谟》中记述的“有邦”“兢兢”“业业”“一日”“二日”五种死刑和“聪明”“明畏”两种肉刑；另一种是黄河流域下游以蚩尤为盟主的各部落的刑罚体系，即《尚书·吕刑》中记述的“作五虐之刑曰法（大辟）”以及“劓、刵、宫、墨”五种刑罚。虞舜中后期，皋陶改革刑制，废除了传统的五种死刑和两种肉刑，使用苗民刑制，以墨、劓、膑、宫、幽闭、大辟六种刑罚方法组成刑罚体系。夏商周时期的刑罚制度，还处于奴隶制国家的初级阶段，受到野蛮的原始习惯的影响，主要以残杀生命和残害身体作为惩罚犯罪的手段，其刑罚体系是以死刑和肉刑为中心的。所以认为在西周以前，以死刑和肉刑为中心的刑罚体系时期，刑罚是即审即决即时执行的，并不需要送到监狱去执行，从而决定了不可能产生监狱，因为实际上也并不需要监狱。[2]

以上四种起源学说，都有自己的理论基础和史实依据。究其观点产生分歧的原因，就是对“监狱”内涵的不同理解。薛梅卿老师认为，中国监狱产生于夏朝，这里所指的“监狱”是指广义范畴上的监狱，即根据史料认为，夏朝已出现了拘束、限制人身自由的

---

〔1〕 高文：《中国监狱的起源求证》，载《犯罪与改造研究》2003 年第 11 期。

〔2〕 宁汉林、魏克家：《中国刑法简史》，中国检察出版社 1997 年版，第 6 页。

【知识链接】

獬豸

（华东政法大学校园獬豸像）

獬豸又称獬廌、解豸（xiè zhì），是中国古代神话传说中的神兽，体形大者如牛，小者如羊，类似麒麟，全身长着浓密黝黑的毛，双目明亮有神，额上通常长一角。

汉代王充的《论衡·是应》记载："獬豸者，一角之羊也，性知有罪。皋陶治狱，其罪疑者，令羊触之，有罪则触，无罪则不触。斯盖天生一角圣兽，助狱为验，故皋陶敬羊，起坐事之。"皋陶决狱明白，执法公正。遇到曲直难断的情况，便放出独角神羊，依据獬豸是否顶触来判定是否有罪。清代陈元龙《格致镜原》卷八二引《神异经》云："东北荒中有兽如羊，一角、毛青、四足，性忠直、见人斗则触不直，闻人论则咋不正，名曰獬豸。一名任法兽。故立狱皆东北、依所在也。"

獬豸能辨曲直，又有神羊之称，是勇猛、公正的象征，是司法"正大光明""清平公正""光明天下"的象征。法古字写作"灋"，字形由"氵（水）""廌（zhì）""去"三部分组成，"水"代表执法要公平公正、不偏不倚，要像水面一样平；"廌"就是獬豸，取的就是獬豸代表判断曲直的法律的含义。

先秦到明清，"獬豸"形象被当成监察、审计和司法官员廉明正直、执法公正的象征，在各种场合被经常使用并作为监察御史和司法官员等的重要标志。春秋战国时，楚王仿照獬豸的形象制成衣冠。秦朝时正式赐给御史作为饰志，后遂称"獬豸冠"。

关押或劳动场所，这里所指的“场所”是特定的，统治阶级为了对触犯、违反他们意志和利益的人们进行惩处而创建的，如圜土、夏台等。而闫志明老师认为，中国监狱最早产生于原始社会末期，则是将监狱的外延进一步扩大，将当时实施惩罚的场所如处理“四凶”的流放之地和“置之荆棘”的“荆棘丛”都认为是监狱的雏形。高文老师认为，监狱应该是专门关押罪犯的，而关押奴隶等混押场所不能算作真正意义上的监狱。而宁汉林、魏克家老师认为，监狱是执行刑罚的机关和场所，根据刑罚的发展历史来看，西周之前实施的是以死刑和肉刑为中心的刑罚，是即审即决即时执行的，并不需要监狱来执行刑罚，这一前提就决定了不可能产生作为执行刑罚机关和场所的监狱，即使当时已有关押犯人的场所，但这个场所也还不是执行刑罚的机关和场所，所以不能称之为“监狱”。这里所谓的“监狱”其实就是从狭义角度上解释的监狱——依照国家法律设置的刑罚执行机构，即类似今天法理学上的监狱——既决监。

可见，专家学者们之所以对监狱起源的时间存有不同观点，主要就是他们对“监狱”内涵的理解是不一样的，“原始社会末期说”是将监狱的外延无限扩大；“夏朝说”则是从广义监狱的角度去解释的；“商朝说”是从监狱押犯的纯粹性和国家产生的考证角度去讲的；“春秋说”则是从狭义监狱的角度去理解的。所以，对“监狱”内涵的界定就成了辨析监狱起源时期的关键。

二、“监狱”的内涵及产生时期界定

“监狱”一词作为刑罚执行机关的特定称谓，正式出现于清朝时期。在此之前，刑罚执行机关的称谓在各个历史时期并不统一，即使同一时期，也有并存几个称谓的现象。在历经“圜土”“囹圄”“狱”“牢”“监”等称谓后，至清朝时期始合称“监狱”，并被沿用，成为国家刑罚执行机关的特定称谓和固定词，也就把历史上各个时期的刑罚执行机关和场所纳入了其范畴。但在不同的历史时期，“监狱”的内涵是不一样的。就当前，对于“监狱”一词的含义，监狱学界也并存着多种解释，从不同的角度出发，就有着不同的理解。从监狱产生、发展的演变过程和关押范围去解释，监狱有广义和狭义之分。广义的监狱，泛指以国家强制力为后盾，拘束、限制人身自由，实行关押或劳动的场所，它既包括关押已决犯的场所，也包括关押未决犯、刑事被告人、民事诉讼人、各种违法分子的场所，还包括古代充军、流放、发遣的配所以及奴隶主、封建贵族、族祠、地主等私设的牢房等。狭义的监狱，专指统治阶级关押已决犯的场所，即依照国家法律而设置的刑罚执行机构。西方资产阶级学者则把监狱概括为 17、18 世纪以后出现的执行自由刑的场所，实际上就是指法理意义上的既决监。所以从法理意义去解释，监狱是依照国家法律设置的刑罚执行机构，也就是狭义的监狱——既决监。从监狱的本质去解释，监狱是国家机器的重要组成部分，是阶级专政的工具。从现代监狱的职能去解释，现代监狱是国家的刑罚执行机构，是对罪犯实施惩罚和改造（或矫正）的机关。也有学者解释为“监狱是执行自由刑，限制受刑人自由，加以教化辅导，使其能改过迁善，适于社会生活的地方。”由此可见，“监狱”的内涵是极其丰富的，从不同角度解释的“监狱”会有着不同的含义。而不同含义的“监狱”，其起源时间自然就不能一概而论，而是有所区别的。

【知识链接】

利比亚古城古达米亚马泉的例子

利比亚有一个古城叫古达米亚，有千年的历史，这个小城有一口井，当地人叫它马泉，最早的时候那里是供来往放牧和商队使用的驿站，后来住的人多了，就发展成为了一个小城市，但是，随之而来的一个很严重的问题出现了：马泉的水有限，不够居民任意使用，怎么办？古达米亚人就想了一个非常简单的办法，他们挖了一个很长的水渠，这个水渠经过在那里居住的每一户居民，然后把从马泉打上来的水通过水渠送到居民家里。为了控制居民的用水，每天都在马泉的旁边安排一个计时的人，他把一个小桶凿了一个小洞，然后将小桶盛满水，一桶水漏完了，用草打一个结，丢到水渠里，每一户只要接到3个草结，就得把流到自己家的水堵上，这种方法一直沿用到1982年古达米亚建起了新城，居民都搬到了新城为止，用了一千多年，许多历史学家都很奇怪这种方法如何能够沿用下来，因为这其中存在许多问题，比如有人不自觉，到时不把自己家的水堵上怎么办？计时员徇私舞弊或者与居民发生矛盾怎么办？其实，这都是现代人按照现在的思维把一个古老的很简单的东西复杂化了，古达米亚人根本就没有这种想法，他们始终恪守着这样的用水原则，每一个人都自觉地遵守它，否则，这项古老的方法就不可能延续一千多年。

【知识链接】

对夏朝的存疑

现代世界上公认人类文明发源的标志有4个：一是定居，二是有城市或者城镇的出现，三是祭祀用的神庙，四是最重要的文字记载。根据“有文字记载”这样一个重要的标志，中国的历史只能持续到公元前1600年前后的商，而从年代上说，现在中国的纪年只到了公元前841年，也就是国人暴动把周厉王（在位37年）放逐（也仅仅是放逐而已，要是那时候就有监狱，应该用囚，但没有囚禁）后的共和二年。

从对夏朝考古挖掘的成果看，夏商周断代工程已经取得了许多的重要成果，但是，划分文明最重要的证据文字材料没有找到，所以，到目前为止，西方只承认我们的文明始于商。[1]

---

〔1〕 高文：《中国监狱的起源求证》，载《犯罪与改造研究》2003年第11期。

（一）“监狱”的历史学定义

通常，我们要认识一个事物，不外乎要从事物的本质、功能、形态这三方面去理解。所以，要全面理解和正确界定“监狱”的定义，自然也要从监狱的本质、功能、形态这三方面去分析。监狱作为一种特殊的物质形态，与其他事物在本质、功能、形态上都大不相同，它有着自己独特的特点和实在内容，这也是它区别其他事物的根本标志。

1. 监狱的本质。作为物质形态的监狱并非是自然事物，而是历史发展到一定阶段后人为的事物。一个人为的事物必然有其产生的缘由和存在的目的，否则就成了无源之水，无从谈起。监狱产生的缘由和存在的目的从根本上而言，就是统治阶级需要并希望通过设立“监狱”这么一个物质形态，对触犯、违反他们意志和利益的人进行强制性的惩处，以维护他们的统治和阶级利益。也就是说，监狱是统治阶级根据自己的需要设立的，它从一开始就带有了阶级性，体现着统治阶级的意志。这是监狱的第一个本质——阶级性。

同时，监狱作为统治阶级手中的暴力工具，使得这种惩处的实施，必然是统治阶级利用阶级的手段强制实施的。这是监狱的第二个本质——强制性。

此外，由于统治阶级设立监狱的目的是非常明确的，所以监狱就是专门针对触犯、违反他们意志和利益的人而设立的，是一个专门进行惩处的相对固定的机构和场所。这是监狱的第三个本质——专门性。

2. 监狱的功能。前文已阐述了监狱产生的缘由和存在的目的，那统治阶级是如何通过监狱对触犯、违反自己阶级意志和利益的人进行惩处的呢？从历史和现在情况来看，这种惩处的方式主要就是通过监狱对触犯、违反统治阶级意志和利益的人进行羁押、监禁，限制犯人的人身自由和某些权利，以达到惩处的目的，保障其他刑罚的顺利进行。这就说明了监狱应具备两个最基本的功能：①羁押性或监禁性；②刑罚性。

羁押、监禁的作用，这点应该说是已被专家学者普遍认同的，因为这也是监狱之所以产生和存在的主要原因。但至于第二点，监狱功能应该具有“刑罚性”，又该如何理解呢？

之前，对于监狱的功能，广大的专家学者已基本认可了它是国家专政的暴力机器，具有惩罚性，即统治阶级通过监狱对犯人进行惩罚。但深入讲，用“刑罚性”的描述更为确切。因为这两者的依据来源和体现的意志是不一样的。惩罚是普遍性的，广为普遍使用的，不仅可以体现国家、集体的意志，也常常是个人意志的体现。就比如父母对犯错的孩子可能会予以惩罚、老师对犯错学生可能会予以惩罚、公司老板对犯错的员工可能也会予以惩罚，等等。而刑罚一般是由国家、统治阶级制定的，体现统治阶级意志，并常常是可以依照法律规定执行和维护实施的。它是比惩罚更为严肃的概念，而它的实施者也基本属于统治阶级。当然，在中国的历史长河中，刑罚形形色色，花样百出。但其不外乎是统治阶级所规定的刑罚及其变种，或被统治阶级认可，或被统治阶级采用。所以，“刑罚”一词相比“惩罚”一词而言，更具有阶级性的特点，更符合监狱的本质。

【笔记】

监狱起源不同观点的差异性体现在哪里？

【讨论题】

你认可哪个观点？为什么？

同时，监狱体现统治阶级意志，维护统治阶级利益，是惩处触犯、违反统治阶级意志和利益的人的工具，其惩罚的手段也已不能说是纯粹和普通的惩罚，而是已通过统治阶级制定或认可的途径上升为体现统治阶级意志，用以惩处犯人而强制实施的“刑罚”。而现行监狱的主要刑罚模式——徒刑，也正是从监狱最原始的“羁押”方式逐渐演变而来的。

3. 监狱的形态。监狱为了达到其对触犯、违反统治阶级意志和利益的人进行惩处的目的和效果，除了它的本质和内在功能外，它的构成，特别是它的外在形态更需要有着自己独特的地方，这是其本质的体现和功能实施的必要条件，也是它区别于其他事物的一大特点，是监狱构成的一个非常重要的因素。在形态上，作为进行羁押和通过羁押实施其刑罚的监狱起码应该具备以下两个特点：①隔离性；②封闭性或半封闭性。这点不容置疑，因为这也是由它的本质和功能所决定的，进行羁押、监禁和实施刑罚的场所必然具备相对独立性，它是保障刑罚顺利进行的基本条件，也是统治阶级设立监狱的根本原因之一。

所以，我们要界定监狱的内涵，应该从监狱的本质、功能、形态这三方面去分析和归纳。据此，“监狱”可以定义为：监狱是统治阶级专门设立的，对触犯、违反统治阶级意志或利益的人进行强制性羁押和施行刑罚的，具有相对隔离性和封闭性或半封闭性的机构或场所。若要判断一个事物是否是监狱，就要看其事物是否具有了监狱的本质、功能、形态三方面的特点。本质上，其应具有阶级性、强制性和专门性的特点；功能上，其应具有羁押性（监禁性）和刑罚性的特点；形态上，其应具有隔离性和封闭性（半封闭性）的特点。就此姑且将其称为监狱内涵及其界定的三要素，亦即历史学定义。

（二）“监狱”产生时期的界定

1. 对“国家”前提条件的否定。在“原始社会末期说”“夏朝说”“商朝说”中，在探讨监狱起源问题时，都谈到了国家的出现，并将其作为监狱产生的一个先决条件，但这个判断的标准有待商榷。我们一般将监狱看作是国家的物质附属物，随着国家产生而产生。但实际上，国家作为一个政权组织，又是如何出现的呢？是不是所有国家的物质附属物都产生于国家建立以后呢？其实不然，国家是社会发展到一定阶段的产物，是在原有的一些权力组织的基础上进一步发展产生的，比如说首领制、原始审判制度等。但在国家产生之后，必然会根据国家统治和社会的需要，产生一些新的国家权力机关和暴力机器。那监狱究竟是国家权力机构的最初组成部分还是后来的物质附属物呢？它是产生于国家出现之前还是国家产生以后呢？这是一个非常复杂的问题，在现行原始社会古文献资料十分缺乏的情况下，一旦对这个问题进行深入研究，势必踏入“究竟是先有鸡，还是先有蛋”的逻辑怪圈。所以，把国家的出现作为监狱起源的一个先决条件，并非十分科学。因为这两者并非是“直系亲属”关系，而是从属的组成关系。因此，研究监狱的起源，一是应该从当时的社会发展情况来分析监狱有没有产生的可能和需要；二是应该从监狱这个事物的本身着手，或者说就看当时这些被称为初期“监狱”的事物是否具备了作为监狱的一些本质要素和特点，是不是已经属于了“监狱”的范畴。

【知识链接】

监狱形态

1. 丛棘。相传为中国上古时期处于原始形态的监狱。《易经·坎上六》："系用徽纆（mò）寘（zhì）于丛棘"。唐代孔颖达（574 年—648 年）解释说："被系用其徽纆之绳，置于丛棘，谓囚执之处以棘丛而禁之也"。意为被绳索捆缚，囚置在荆棘丛中。纆，音 mò，"徽纆"均为绳索之名；寘，音 zhì，通"置"；丛棘，古代牢狱外种植多重荆棘，称"丛棘"，此处指代"牢狱"。意为将人用绳索捆缚起来囚禁在荆棘丛生之处。

2. 圜土。圜土是中国奴隶社会夏商周三代监狱的通称。当时监狱多为圆形土牢，故得此名。《今本竹书纪年》曰："夏帝芬三十六年作圜土。"《尔雅·释名·释官室》曰："狱……又谓之圜土，筑其表墙，其形圆也。"《周礼订义》曰："圜土，狱城也"。

2. 对“原始社会末期说”论据的辨析。“原始社会末期说”理论依据概括起来主要就是三个：①原始的国家形态和国家权力机构的出现；②流放、迁逐、放逐等原始刑罚的出现；③古文献中出现了“置诸丛棘”“画地为牢”的记载。对于第一个依据，前文已经探讨过，暂不再探讨。而对于第二个依据，流放、迁逐、放逐等原始刑罚正是后来流刑的前身，其刑罚的执行主要不是通过羁押或监禁来达到目的，而是以流放途中的流离颠簸之苦和流放之地恶劣的生存环境作为对犯人的惩处。那是不是这些恶劣的流放之地就带有了监狱的性质呢？这些地方从本质、功能、形态上分析，和监狱还是有很大差别的。因为这些地方虽然是统治阶级指定的，但却不是统治阶级专门人为建造的，主要是一些边远地区自然存在的恶劣场所，而且当时也没有统治阶级专门设置的警戒守卫，仅是统治阶级把流放之人赶出了富庶或生活环境好的地方，把他们放逐到了生活环境恶劣的地方去生活。而且其环境也不具备监狱的全封闭或半封闭的形态特点，犯人的生活方式更不能说是处于羁押或监禁状态。至于第三个依据，这些“丛棘”“画地为牢”，一则其存在的确切性有待考证，二则这些地方设置得随意性很强，也不符合监狱的诸要素。从当时社会以及法制发展情况来看，即使到了原始社会末期，由于受原始社会传统习俗和习惯法等诸多因素的影响，当时社会的阶级对立性并不是很强，其存有的刑罚主要是扑笞、放逐等较为文明的形式。而且当时的人们普遍认可和接受社会的各项制度和习惯，并无强烈反抗和逃避当时社会的意识。一旦犯错，也都能服从审判和接受刑罚，并不需要通过监狱进行羁押以保障刑罚的实施。同时，当时也还没有通过监禁惩处犯人的习惯和刑罚。此外，从古文献记载来看，“丛棘”“画地为牢”也缺乏确凿的史证。所以，监狱最早产生于原始社会末期，其依据并不充分，但可以将其看作是监狱形态的原始萌芽。

3. 对“夏朝说”论据的肯定。“夏朝说”的理论依据概括起来主要有两个：①夏朝是中国历史上产生的第一个可考的国家，监狱作为国家的物质附属物，必然随着国家产生而产生；②在对夏朝的古文献记载中，出现了“圜土”“夏台”等监狱形态。对于第一个理论依据，前文已述，不再赘述。而第二个理论依据才是至关重要的，是论证当时产生了监狱的史料和根据所在。据古文献资料记载和对其考证来看，“圜土”乃夏帝芬三十六年而作，其目的就是为了对触犯、违反夏朝统治阶级意志和利益的人进行监禁或实施刑罚，其形态大致是一座圆形的土式建筑。它已经符合了监狱构成最基本的特点：本质上，具有阶级性、强制性和专门性；功能上，具有羁押性（监禁性）和刑罚性；形态上，具有隔离性和封闭性（半封闭性）。虽然这时，监禁的方式还没有成为一种法定的刑罚，其监狱主要作为待讯、待质、待决的场所，但它的发展直接奠定了后来监狱的基础，可以视做监狱正式发展的最早形态。而当时中国社会在进入奴隶制国家阶段之后，统治阶级集权不断加强，人们的反抗意识逐渐提高，阶级矛盾的不断激化和阶级对立的日益明显，则是促使统治阶级专门设立监狱的一大原因，也是社会发展的情势需要。

此外，薛梅卿老师在其编著的《中国监狱史》中认为，“圜土”是夏朝监狱较为普遍的形式和称谓。但在薛老师主编的《中国监狱史知识》和其他学者的一些编著中，又认为

【知识链接】

画地为牢（划地为牢）

来源：http：//baijiahao. baidu. com/s？id=1759713300711636398&wfr=spider&for=pc

1. 皋陶的传说。据说有一天，皋陶带着獬豸到集市上巡察。走在路上，他隐约听见远处传来了喧嚷声，便加快脚步去一探究竟。只见一个中年妇人披头散发、仪容不整，狼狈地躺在杂乱不堪的货物旁，另一边站着一个恶徒无赖，口吐狂言，指着妇人谩骂不止。

皋陶见状，跑上前去，大声怒吼制止了无赖。无赖被吓得愣住了，他早就听说过这个相貌古怪的大理官和他的神兽十分厉害，没想到今天让自己撞上了。无赖一下子跪在地上，磕头求饶："大人，是我错了，您饶了我吧。"皋陶走上前去，扶起了倒在地上的妇人。那无赖仍跪在地上磕头，口中求饶认错不断。皋陶满脸威严，义正词严地说："你若保证以后再也不做恶霸，不欺负百姓，注意自己的言行举止，我便饶你一命。"无赖听了，连忙磕了三个响头，说道："我保证，我再也不做恶事了！"说完，微微抬头瞄了一眼獬豸。只见獬豸身子半蹲，爪子用力抓住地面，咧着嘴巴，露出尖利的牙齿，怒目而视。无赖一时间面如土色，身如抖筛。

皋陶见状，拍了拍旁边怒目圆睁的獬豸，问道："该如何惩罚他？"只见獬豸用蹄子在地上踏出一个圆圈，皋陶朗声笑道："好啊，那你就在这圆圈里跪上三天三夜吧，这就是你的监狱。"无赖只得遵从皋陶所说，跪在"监狱"中不敢挪步。等皋陶一走，他便立刻跑了出去。谁知没走多远，就见獬豸金刚怒目，正一步步朝他走来，吓得无赖三步并作两步，飞一般地跑回圈中，就这样在圆圈里跪了三天三夜。

"皋陶造狱，画地为牢"也就作为一段司法传说流传下来。

“夏台（均台）”是夏朝监狱的通称。对于这个观点，需要澄清。古文献所记载的“夏台（均台）”同后来商朝的“羑里”一样，是地方的名称。夏台是历史上关押过汤的地方，羑里是历史上关押过西伯侯的地方。就像我们现在也常说“某某关在北京”“某某关在乔司（浙江乔司监狱）”一样，北京、乔司都是地方名称，而并非监狱全称。何况，用地名代替全称记载本就是古代乃至今天的习惯用法。这些地方因为关押过汤、西伯侯而出名而被史书记载，这可以视做当时监狱的一些特定称谓，但并不能就说它就是当时监狱的通称。

缘于上文所述，从现在可考的古文献记载和从监狱的本质、功能和形态而言，中国监狱应起源于夏朝。高文老师认为，从现在观点看，夏朝监狱的内涵和记载值得商榷，认为今人思维和古人有所不同。但基于此，今人也不能否定有关夏朝监狱记载的文献，至少现在文献记载确有出处。至于宁汉林、魏克家老师所认为的中国监狱起源于西周春秋之后，其理论依据有可取之处，但仍需商榷。因为刑徒制虽然在春秋之后开始兴盛，但追溯其起源，应该要溯及商朝劳役形的出现和施用。何况，把监狱的起源置于春秋之后，主要是认为监狱监禁式的刑罚方式——徒刑在春秋之后才逐渐演变而成。但实际上，徒刑的早期形式——劳役刑在商朝就已发展。况且早期监狱的本质功能并不局限于施用徒刑而已，还有羁押嫌疑犯，对未决犯进行待讯、待质、待决等诸多功能。

第二节　古代监狱产生的历史条件

监狱产生的基础，取决于三个历史条件：一是监禁刑罚的形成，即需要通过监禁措施对犯罪人进行处罚；二是监禁能力的形成，即具备了对犯罪人进行监禁的基础能力和条件；三是监禁权力的形成，即具备了实施监禁的权力保障。

一、监禁刑罚的形成

（一）监禁刑罚的前提：限制人身自由的需要

犯罪问题是早于监狱产生的，在原始社会时期，就存在犯罪问题。人们违反部落、氏族的传统习惯法，就会造成犯罪。在原始社会时期，也已经产生了刑罚体系，就是为了对犯罪人进行处罚。论及原始社会的刑罚，从同态复仇到扑抶、放逐，再到黄河中上游炎黄部落的有邦、兢兢、业业、一日、二日五种死刑和聪明、明畏两种肉刑，以及黄河下游蚩尤部落的墨、劓、刵、宫、大辟刑罚，都说明了原始社会刑罚体系的存在和发展，同样也说明了在原始社会时期已经存在着用刑罚处罚犯罪人的历史。面对如此残酷的死刑和肉刑，原始社会是否需要监狱对犯罪人进行监禁呢？换言之，没有监狱的监禁，犯罪人是否会逃跑呢？这个问题就涉及原始社会的生产力问题。在原始社会时期，一方面，当时生产力极为低下，劳动工具落后，原始人生存能力有限，征服自然的能力差；另一方面，当时的物质生活条件极端落后，洪水、干旱等天灾常见，豺狼虎豹等凶猛野兽侵袭，原始人生

2. 周文王的传说。相传商周时期，一个叫武吉的樵夫到西岐城卖柴。在南门，正赶上文王车驾路过。由于市井道窄，将柴担换肩时不知塌了一头，翻转扁担时在守门的军士王相耳门上打了一下，当即就把守门的军士王相打死了，被拿住来见文王。文王说："武吉既打死王相，理当抵命。"命人在南门地上画个圈做牢房，竖了根木头做狱吏，将武吉关了起来。

三天后，大夫散宜生路过南门，见武吉悲声痛哭，问他："杀人偿命，理所当然。你为什么要哭呢?"武吉说："小人母亲七十岁了，她只有我一个孩子，小人也没有妻子，母老孤身，怕要被饿死了!"散宜生入城进殿来见文王，说："不如先放武吉回家，等他办完赡养母亲的后事，再来抵偿王相之命。不知如何?"文王准了，就让武吉回家去了。

3. 现实中的印度执法。

存环境非常恶劣。为了有能力抵御凶猛的野兽和恶劣的自然环境，他们必须过着群居的生活。所以，在原始社会时期，人们尚不具备独立生存的能力，逃跑就意味着死亡，不是在恶劣的大自然中难以生存，就是被其他部落杀死。而在“天下大公”的原始社会里，生存物质是平均分配的，即使犯罪人受到了肉刑，劳动能力被减弱，仍能分配到生存物质，而相比逃跑带来的死亡威胁，这就使得犯罪人丧失了逃跑的动力，从而也失去了对犯罪人进行监禁的需要。

到了原始社会末期，随着金属工具尤其是青铜器的使用，人类的生产力水平进一步提高，人们开始具备个人居作能力，犯罪人通过逃跑避免刑罚成了可能，也就使得监禁犯罪人、防止犯罪人逃跑成了需要。

（二）监禁刑罚的出现：刑罚待质待决的需要

无论古今中外，监狱作为刑罚执行机关，是刑罚的附属物。所以，研究我国监狱的产生，自然要先了解我国古代的刑罚制度。

“刑”字，始见于西周金文，古字形作“荆”，从刀，井声，后来“井”演变为“开”。“荆”字很早就有了刑杀、刑伤的意义。战国时的诅楚文有“荆戮孕妇”的话，在云梦睡虎地秦墓竹简和马王堆帛书中，此种用法更非止一处。如《睡虎地秦墓竹简·法律答问》：“擅杀，荆，髡其後（后）子。”《马王堆帛书老子乙本卷前古佚书·论约》：“三时成功，一时荆杀，天地之道也。”《说文解字》注：“荆者，五荆也，凡荆罰，典荆、儀荆皆用之。”意思是，刑是指五刑，典刑、仪刑都用到刑罚。

至于刑罚的产生，从不同的角度出发，不同学者有不同的看法。从刑罚出现的渊源上看，刑罚制度的产生与战争密不可分。《尚书·舜典》载，舜为了巩固天下共主地位，曾“流共工于幽州，放驩兜于崇山，窜三苗于三危，殛鲧于羽山，四罪而天下咸服”。相传禹在会稽山聚合各部落首领时，“防风氏后至，禹杀而戮之”。《汉书·刑法志》记载：“禹承尧舜之后，自以德衰而制肉刑，汤，武顺而行之者，以俗薄于唐虞之故也。”夏启即位后，在钧台大宴各地的首领，以期对他的地位予以确认。有扈氏对启破坏禅让制度的做法十分不满，拒不出席钧台之享。夏启发兵对有扈氏进行征伐，大战于甘，有扈氏战败被灭。

战争是为了解决矛盾争端，刑罚是要“定分止争”，从本质上讲，两者目的相近。战争是为了打败别人，杀之而后快。原始社会时期的刑罚无论是炎黄部落的有邦、兢兢、业业、一日、二日还是蚩尤部落的大辟之刑，都是死刑，将杀死犯罪人作为刑罚手段。从处置方式上讲，战争与刑罚也是一脉相承，可谓是有了战争才有最初的刑罚。

当然，制定刑罚的目的是“定分止争”，对犯罪人进行惩罚，维护社会的基本秩序。在刑罚的适用过程中，统治阶级以其意志为标准，依据当时社会物质生活的需要，总结既往的习惯法则，增删、变更各种惩罚形式，并将其系统化，才形成了真正意义上的刑罚。

【数字资源】

【课程思政资源】

中国古代刑罚制度起源于原始社会末期，发端于夏、商两代，于西周时期实现了奴隶制五刑的完善和制度化。原始社会末期，黄河中上游炎黄部落的刑罚体系为有邦、兢兢、业业、一日、二日五种死刑和聪明、明畏两种肉刑，黄河下游蚩尤部落的刑罚体系为墨、劓、剕、宫、大辟五种刑罚。奴隶社会时期，将墨、劓、剕、宫、大辟五种刑罚确定为官方刑罚，也称为“正刑”，主要是生命刑和身体刑。《尚书吕刑》记载：“墨罚之属千，劓罚之属千，剕罚之属五百，宫罚之属三百，大辟之罚其属二百，五刑之属三千。”可见当时刑罚的处罚范围之广，处罚之酷。但同时，在奴隶社会时期，将罪犯作为奴隶，实施劳作惩罚，即罪犯成为刑徒，是当时刑罚的发展。西周将刑徒囚禁在圜土，“以圜土聚教罢民”，刑期分三年期、两年期和一年期。此外，还有对有罪过但又不够判处监禁刑者适用的一种较轻的刑罚“坐诸嘉石”，即让轻微犯罪者坐在嘉石上思过，根据罪过的大小确定坐嘉石的时间分别为三日、五日、七日、九日、十三日。同时期满之后，在司空的监督下分别服三个月、五个月、七个月、九个月、一年不等的劳役。随着刑徒制和监禁刑的发展，监狱从临时待质待决场所成为徒流刑执行场所。

问题：从刑罚发展角度分析监狱的性质有哪些？

《左传·昭公六年》载："夏有乱政，而作禹刑"。所谓禹刑，是夏朝刑罚的总称。相传夏有禹刑三千，其中"大辟二百，膑辟五百，宫辟五百，劓、黥各千"，如此之多的生命刑与身体刑的出现表明，尽管夏朝存在刑狱即决的现象，但是仍可能有相当的待决犯人羁押于各种场所。《易·砍卦·上六》载："系于徽墨，置于丛棘，"《尚书·舜典》中的"五器""五宅"也均属"械止人使不得游行"的械具，这与古埃及和古罗马的罪隶被锁缚置于岩洞、庙宇、路边相同，是早期国家的共有现象。

夏朝还出现过监禁刑，《竹书纪年·帝癸》记载："二十二年商侯履来朝，命囚履于夏台，"《史记·夏本纪》记载："夏桀不务德而武，伤百姓，百姓弗堪，乃召汤而囚之夏台"，据《风俗通》解释，夏台"若游观之台，桀拘汤是也"，《索隐》曰："狱名，夏曰均台"。清代监狱学家沈家本在《狱考》中记叙，均台（夏台）是夏王宴请各诸侯的场所，也是夏王软禁异姓贵族的场所。

由此可见，由于刑罚的普遍适用，原先用来羁押战俘的方法开始用于羁押罪隶，尽管这一时期的监禁场所还难以用一种封闭性或半封闭性设施的概念去理解，但囚系的基本械具已经普遍运用，这与广义的监狱有所吻合，说明随着刑罚的演进，单纯羁押战俘、奴隶的场所已经向典型的监狱过渡。

二、监禁能力的形成

（一）监禁能力的基础：生产力发展使监禁罪犯成为可能

原始社会和奴隶社会都是农业社会，农业要发展，大量的劳动力是一个关键。在原始社会向奴隶社会发展的过程中，生产力的快速发展和生产力水平的显著提高，先进生产工具被广泛使用，剩余产品逐渐增多，使得不再简单地杀死战俘、罪犯，而是将战俘、罪犯用作奴隶，保存劳动力。

首先，在劳役制度下，战俘、罪犯形成了大量的劳动力。随着农业、畜牧业、手工业的发展，劳动范围不断扩大，生产经验逐渐丰富，生产效率逐渐提高，尤其是冶金技术的大大提高，金属工具也得到了广泛地应用，为社会创造了更多的财富。这些都为建造监狱和监禁实施提供了所需要的物质基础。

其次，由于劳动力的充足，社会分工越来越细，大量的奴隶在大规模的生产劳动中开始进行简单的分工协作，不同部门之间、同一部门内部的分工变得越来越细密，劳动者的劳动技能和熟练程度不断提高，劳动生产力也迅速提高，创造的财富也就越来越多，又进一步为监狱所需的物力、人力和内部管理创造了条件，这样就使监狱履行其监禁罪犯的功能成为可能。

最后，在当时这样一个时代，占有奴隶就是占有劳动力。占有的奴隶数量越多，劳动力越充足，财富就越多。所以，由于奴隶的数量不同，奴隶主也分了很多层次，一些大奴隶主因为占有大量生产资料和大量奴隶，便可以把奴隶们集中在自己的庄园和作坊中，组织较大规模的生产，获得更多的财富。所以，一些奴隶主就专门建造关押罪犯奴隶的场所，同时对触犯和违反其管理意志或利益的奴隶进行强制性羁押和施行刑罚，从而使得监

【知识链接】

“刑”字的渊源

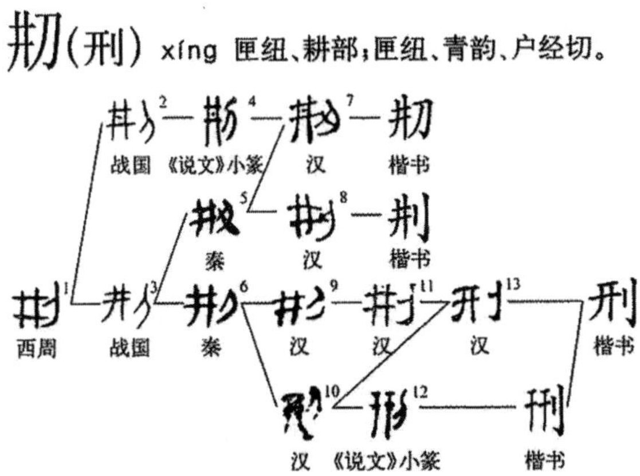

1、3《金文编》351页。2、11《甲金篆》326页。4《说文》106页。5、6《睡甲》74页。7、8、9《银雀山》181页。10《马王堆》175页。12《说文》92页。13《隶辨》265页。

刑，从井、刀。《易》曰，井者，法也。此引《易》说从井之意。“井者，法也”，葢出《易》说。司馬彪《五行志》引《易》说同。《風俗通》亦云：井者，法也，節也。《春秋元命包》曰：“刑，刀守井也。飲水之人，入井爭水，陷於泉，刀守之，割其情也。”又曰：“网言爲詈，刀守詈爲罰，罰之爲言內也，陷於害也。”已上見玄應《大唐衆經音義》、徐堅《初學記》。夫井上爭水，不至用刀，至於詈罵當罰，五罰斷不用刀也。故許以罰入刀部，謂持刀罵詈，則應罰。以刑入井部，謂有犯五刑之辠，者則用刀法之。同一从刀，而一系諸受法者，一系諸執法者。《说文》把“刑”归入“井”部，认为“刑”是从刀，从井，井亦声的会意兼声字。有学者根据清人马翰的《春秋元命苞》所载进一步推测：奴隶社会时期，奴隶主为了对奴隶进行残酷的剥削和迫害，实行了井田制。并在井田的中央造一口井，以供奴隶们灌溉庄稼和饮水之用，由于人多井少，经常出现抢水的风波。奴隶们为水发生争执，互相殴打，甚至有人被推到井里淹死。这时奴隶主就派人持刀守卫在井边，对打水不守秩序的人则用刀砍他们的头。这就是奴隶主对奴隶使用的刑，即刑法。传说这就是刑法的开端，也就是许慎说的“罚罪”，即惩罚罪犯。这就是“刑”的本义。

禁罪犯的监狱出现。

当然，在监狱形成过程中，建造监狱的能力的形成同样不容忽视。除了上述经济基础外，同样还涉及建筑能力问题。在漫长的原始社会里，人们主要是利用天然的洞穴作为栖身之所，用来遮风挡雨和躲避猛兽的袭击。随着生产力的发展和生产工具的进步，慢慢地开始建造穴居和巢居，逐步掌握在地面营建房屋的技术，建造出了原始的木架建筑。在长江流域，由于多水易潮湿，常有水患兽灾，因而人们最早采用榫卯技术构建木结构的房屋，发展出干阑式建筑，典型如浙江余姚河姆渡村发现的建筑遗址，就是距今约六七千年的干阑式建筑房屋。在黄河流域，人们利用黄土层为墙壁，用木构架、草泥建造半穴居住所，逐渐发展成为地面上的建筑，进而形成聚落。到了原始社会后期的父系氏族社会，随着家庭组织的形成，这一时期的住宅已经有家庭私有的痕迹，多数为双室相连的套间式半穴居，平面成"吕"字形。到奴隶社会之后，建筑能力进一步提高，形成了夯土建筑能力。河南偃师二里头遗址是夏朝城市的遗址，也是我国最早的庭院式夯土建筑。《今本竹书纪年》记载："夏帝芬三十六年作圜土。"《尔雅·释名·释宫室》曰："狱……又谓之圜土，筑其表墙，其形圆也。"说明夏朝的监狱已经是泥土修筑而成的圆形建筑物。

（二）监禁能力的促成：战俘处理方式的改变

原始社会时期，部落之间的战争非常频繁，由于没有足够的食物养活被俘虏的人，处理战俘的主要方法是杀戮。随着生产力的显著发展和更先进的生产工具的广泛使用，剩余产品不断增多，维持和使用更多劳动力的条件已经具备，于是人们处理战俘的方法发生了改变，杀死战俘、罪犯不再是刑罚的唯一选择，除了死刑之外，对战俘、罪犯处以肉刑，用作刑徒，成为更常见的刑罚方式。

马克思在《摩尔根在〈古代社会〉一书摘要》中指出："关于战俘的处理经过了和野蛮期的三个阶段相适应的三个阶段，野蛮期的第一时期，俘虏多数处以火刑；第二个时期，作为贡献神灵的牺牲；第三时期，转变为奴隶"。随着夏部落对外用兵的节节胜利，战俘处置问题日益凸显出来。《诗·鲁颂·泮水》中有关于将战将献首比作皋陶献囚的描写，说明夏部落在战争中将俘虏作为战利品，而不加以杀害。处置为数众多的俘虏，既要使之从事劳动，又要确保其不至逃逸，就必须设有守护防逃的措施或者场所，则需要关押战俘的场所。

《书经·舜》曰，皋陶作士，"五刑有服"，皋陶即为士官，对外主惩罚之事，以惩治"猾夏"之"蛮夷"；对内有惩罚"寇贼奸宄"。夏朝战俘为奴的记载也屡见于史书，夏启发兵对有扈氏进行征伐，大战于甘，有扈氏战败被灭，有扈氏沦为放牧牲畜的奴隶。《国语·周语》记载，战胜者对战败部落的处置方式是"亡其姓氏，夷其宗庙，而火焚其彝器，子孙为奴。"可见战争对早期监狱的形成有一定的促进作用。不过战争催生监狱还有另一个重要的原因，随着战争的需要，部族首领对战争中不服从命令、临阵退缩的部落成员要予以军法处置，而这种处置往往是在祭祀社稷时进行，禹讨伐三苗，启伐有扈氏之前，都举行过誓师仪式，凡在战争中违命，本人处死，家小将沦为奴隶。于是这些在战争

【知识链接】

原始社会的建筑

袋形竖穴

袋形半穴居

直壁半穴居

原始地面建筑

一棵树构架的独木巢穴

相邻几棵树构架的巢穴

由桩、柱构架的干阑式建筑

独柱半穴式木骨泥墙建筑剖视图

独柱半穴式木骨泥墙建筑外观图

多柱地上式木骨泥墙建筑剖视图

多柱地上式木骨泥墙建筑外观图

中出现的少量待决犯人和罪隶，也需要有固定的场所予以羁押看管。

三、监禁权力的形成

（一）监禁权力的渊源：阶级的分化

监禁的权力，源于解决阶级矛盾的需要。列宁说："所谓阶级，就是这样一些大的集团，这些集团在历史上一定社会生产体系中所处的地位不同，对生产资料的关系不同，在社会劳动组织中所起的作用不同。因而领得自己所支配的那份社会财富的方式和多寡也不同。"[1] 阶级是社会发展到一定阶段的产物，是生产资料私有制导致的结果。

在原始社会时期，因为社会生产力很低，人们为了获得生活资料，就必须共同劳动，如集体采集果实、狩猎等，共同劳动得来的东西，也就平均分配。由于当时生产水平低，劳动得来的物质只能维持生存需要，根本没有剩余产品，所以人们也没有私有观念，"天下为公"，人人平等，自然没有剥削，也就没有阶级。

到了原始社会末期，由于金属工具的发明和使用，社会生产力大大发展，生产效率也得到提高，人们劳动得来的物质也就多了起来，除了满足基本生存以外，还有了剩余产品。在部落或者聚落中，掌握物质分配的部落首领和家族长就享有了分配特权，开始占有剩余产品，从而产生了私有制。私有制的产生，瓦解了原始社会的公有制，破坏了共同劳动、互助合作和劳动产品平均分配的基本原则，少数首领占有了大量的剩余产品和生产资料，出现了贫富不均的现象，在私有制驱使下，这些部落首领和家族长抛弃平均分配原则，通过剥削其他人，使自己更多地占有产品资料，这就使得掌握分配权力的部落首领和家族长越来越富裕，被剥削的人就越来越贫困，沦为社会底层的穷人。这些穷人为了生活，不得不向富人借贷，富人便乘机对他们进行奴役和剥削，等到不能偿还债务的时候，就只好出卖自己或者自己的子女，最终沦为富人的奴隶，即债务奴隶。奴隶的另一来源就是战争中的俘虏。恩格斯在《反杜林论》中对此曾论述道："在当时的条件下，采用奴隶制是一个巨大的进步……只有在公社瓦解的地方，人民才靠自身的力量继续向前迈进，他们最初的经济进步就在于利用奴隶劳动来提高和进一步发展生产……甚至对奴隶来说，这也是一种进步，因为成为大批奴隶来源的战俘以前都被杀掉，而在更早的时候甚至被吃掉，现在至少能保全生命了。"从历史发展的角度讲，奴隶制源于生产力的发展，是社会发展到一定阶段的产物；但从社会发展的角度讲，奴隶制的出现使社会分化为奴隶和奴隶主两个对立的阶级。

在奴隶社会，生产资料所有权、生产管理权、分配权、交换权，都完全掌握在奴隶主手里。不仅土地、牲畜、工具这些生产资料是奴隶主的私有财产，而且连生产者奴隶也是奴隶主的私有财产。奴隶主可以任意打骂、甚至杀死奴隶，也可以把奴隶像其他货物一样卖出去或买进来。奴隶主阶级占有和支配奴隶的全部劳动成果，过着奢侈豪华的寄生生活，奴隶只能获得极少的生活资料以维持生命。这种奴隶制度必然会导致奴隶的反抗。而

---

〔1〕 白寿彝主编：《中国通史第一卷》，上海人民出版社 1989 年版，第 193 页。

【讨论题】

监狱行刑的权力是从何而来？是否可以私有？私牢是否是监狱问题？

两个阶级的对抗和冲突，最终导致了社会管理方式的改变，传统的部落首领制和家族长制，已不能调和阶级之间的矛盾，需要更加强有力的权力组织予以管理，从而促成了国家的产生。

（二）监禁权力的保证：国家的产生

在尧、舜时期，部落联盟的首领一般由联盟议事会选举产生，这就是后世所谓的“禅让制”。由于私有制的出现，尧、舜等部落联盟首领已经拥有了大量的家族私有财富，在禅让和世袭之间已经出现摇摆，不断破坏氏族的传统，妄图把日趋与民众对立的公共权力攫为己有，使之成为自己家族谋利的工具，这种僭取活动一直在进行着。禹成为华夏部落联盟首领以后，由于他治水成功和对“三苗”的斗争取得巨大胜利，使得他在部落联盟内享有极高的声望，并使得他的家族也拥有很大的权势。[1] 在禹的培植下，其子启成为部落联盟的实际管理者。虽禹推荐继承人是益，但启在与益的权力斗争中取得胜利，废除了传统的部落禅让制，建立了中国历史上第一个国家——夏。夏朝的建立，标志着漫长的原始社会被奴隶社会所替代，同时标志着强有力的国家政权的出现。

国家产生之后，非国家机构的政府就转变为国家机构的政府，政府发展出现了质的变化。政府的性质由公共性转变为阶级性、自利性和公共性并存；政府行为以暴力为后盾，带有强制性；政府的规模空前扩大，增设官僚机构，充实官僚队伍，设立警察、监狱和常备军。[2]

国家是阶级矛盾不可调和的产物。在维护国家统治和解决阶级矛盾中，监狱成为阶级斗争的产物。监狱的本质特征就是阶级性，体现着统治阶级的意志。监狱的产生从根本上而言，就是统治阶级需要并希望通过设立“监狱”这样一个机构，对触犯、违反他们意志和利益的人进行强制性的惩处，以维护他们的统治和阶级利益。随着夏这个国家的出现，监狱成为统治阶级维护其统治地位的国家机器，同时，也使得监狱有了强有力的政权力量的支持，即国家权力的赋予。

---

〔1〕 许海山主编：《古中国简史》，中国言实出版社2006年版，第126~127页。

〔2〕 谢庆奎：《论政府发展的涵义》，载《北京大学学报（哲学社会科学版）》2003年第1期。

【思考练习题】

1. 监狱的历史学定义及其三要素是什么？

2. 从监狱产生的历史条件分析监狱的产生时期？

第二单元　古代监狱的设置

【教学目标】

知识目标：了解中国古代监狱的设置，包括古代监狱类型、称谓和狱官体系。

能力目标：具备对中国古代各个朝代监狱设置的历史背景进行分析的能力。

素质目标：形成监狱的设置和发展深受各个历史朝代政治、经济、社会发展和刑罚思想共同影响的辩证唯物主义史观。

【问题导入】

在古代，犯人被关押的场所的名称各朝均不同。汉朝称之为“狱”，明朝称之为“监”，直到清朝才称之为“监狱”。

中华人民共和国成立后，关押犯人场所的名称也有演变。建国之初，常见称谓是劳改农场，直到 1994 年《中华人民共和国监狱法》颁布之后，才统称为监狱。

问题：古今监狱称谓变化的原因是什么呢？

第一节　夏商周时期的监狱设置

一、夏商周时期的监狱类型

（一）夏朝的监狱类型

夏朝的监狱称谓，主要有圜土、夏台、念室等。

1. 圜土。《今本竹书纪年》载：“夏帝芬三十六年作圜土。”圜土是我国文献记载中最早的监狱，也是夏朝监狱的主要称谓。据《周礼・大司寇》注曰：“圜土，狱城也。”《尔雅・释名・释宫室》进一步解释曰：“狱……又谓之圜土，筑其表墙，其形圆也。”说明圜土的建筑材料主要是土，建筑方法主要是夯筑，故圜土就是用土夯筑而成的一种圆形围墙，或挖地而成的一种圆形土坑，形制极为简陋，这与最早的监狱形态“丛棘”或“牢”相吻合，其从“丛棘”或“牢”发展而来的可能性很大。

【数字资源】

【课程思政资源】

夏　台

现存古钧台，在禹州市一高院内，系康熙十八年（公元1679年）禹州知州于国璧筹资重建，为砖石结构，略呈方形，高4.4米，阔7.4米，台下有洞，进深6.15米。南面正中有洞门，宽2.46米，高2.87米，块石拱券，上额书“古钧台”，洞门两侧有砖刻对联，上联“得名始于夏”，下联“怀古几登台”。台上原有楼阁建筑，民国时期毁损，1991年禹州市政府拨款10余万元重修。重修后的古钧台，洞额与楹联依旧，台上筑起的亭殿为双重檐，两滴水宫殿式，仿古建筑周围有24根明柱支撑，红柱黄瓦，透花门窗。四边围以青石雕刻栏杆，石栏20块，上刻与夏启有关的历史典故、风景文物图画，整体建筑古朴典雅，巍峨壮观。

相传汤即位后，表面上臣服于夏，暗中则积极作灭夏准备，被桀察觉。桀假召汤入朝议事，将其囚禁于夏王朝监狱——夏台。汤的大臣伊尹、仲虺（huǐ）闻讯后，在国内搜集珍宝美女贿桀。桀便下令放汤回商。桀囚禁商汤一事，引起诸侯普遍反感，相传一天之中叛离夏桀，投奔商汤的诸侯多达五百。夏朝统治基础趋于分崩离析。

【笔记】

2. 夏台。《风俗通》曰："三王始有狱，夏曰夏台"，《史记》曰："乃召汤囚之夏台"，[1]《绎史》曰："桀怒汤，以谀臣赵梁计，召而囚之均台，置之种泉"，[2] 其中，均台即为夏台。可见，夏台或均台主要是囚禁像汤这样有身份地位的奴隶主贵族，"台"之形式也非简陋的圜土可比。此外，还有称"下台""钧台"的，应该是夏台和均台的谐音用字。

3. 念室。沈家本在《狱考》中称："夏曰念室。"《初学记》卷二十引西晋张华《博物志》："夏曰念室，殷曰动止，周曰稽留，三代之异名也。"

（二）商朝的监狱类型

商朝的狱名同夏朝，称作圜土。此外，从监狱形态看，还称作圉、羑里、动止。

1. 圜土。据《墨子》载："昔者傅说，居北海之洲，圜土之上，衣褐戴索，庸筑于傅岩之城。"傅说，出身于奴隶，原为罪人，在傅岩这个地方和许多奴隶一起劳动。当商朝进入武丁统治时期，西戎为患，朝政日衰。"帝武丁即位，思复兴殷，而未得其佐"，[3] 于是，他在全国遍寻贤能之士，听到傅说的贤名，很想召其到朝，可傅说出身低贱，召之来朝一定会引起贵族的不满，因此，武丁便假托"天命"，自己夜梦得到傅说这个圣人，傅说才成为相。

傅说为相辅佐武丁长达 59 年，使武丁为王时期成为商朝最强盛的时期，傅说也成为中国历史上的一代名相。李白十分仰慕傅说，"当时版筑辈，岂知傅说情。一朝和殷羹，光气为列星"，[4] 可傅说这样的名相，当年却在商朝的圜土里作苦役。所以，称商朝监狱为圜土是可信的。

商朝圜土发展了夏朝圜土的功能，除使罪犯"幽闭思愆"外，还增添了"苦役惩罚"的功能。

2. 圉。圉是商朝甲骨卜辞里的监狱。商朝奴隶被称为"幸"，在象形文中，此字就是一个戴着枷锁，外面再加以方框的形象，生动地表现出奴隶在监狱里的关押状态。

甲骨卜辞里有很多类似"圉"这样表示监狱的象形文字：圂、圁、囶等，都是"圉"的异体字。《说文》释："圉，囹圄，所以拘罪人也。"《尔雅》释："圉，禁也。"均作监狱解。而甲骨卜辞中还经常看到"圉"字前面冠以地名的现象，如川圉、敦圉、爻圉、六圉等，川、敦、爻、六等都是地名，[5] 表明商朝在全国各地都设有监狱，以囚禁奴隶和罪犯，也可以说明商朝社会秩序比较混乱，阶级矛盾很突出，为维护统治秩序，统治者在国家各地广设监狱。

---

[1]《史记卷二·夏本纪第二》。

[2]《绎史》卷十四引《太公金匮》。

[3]《史记》卷 3《殷本纪》第 102 页。

[4]《全唐诗》卷 180-40，李白：《纪南陵题五松山》。

[5] 齐文心：《殷代的奴隶监狱和奴隶暴动——兼甲骨文"圉""戎"二字用法的分析》，载《中国史研究》1979 年第 1 期。

【课程思政资源】

念　室

唐代沈佺期《被弹》诗云："幼子双囹圄，老夫一念室。昆弟两三人，相次俱囚桎。"

沈佺期（约656年—约715年），字云卿，相州内黄（今安阳市内黄县）人。唐代诗人，与宋之问齐名，并称"沈宋"。

武后之后，睿宗即位，韦氏干政，大肆捕杀武周人物，武后的亲信旧臣遭到了全面的洗劫，沈佺期也在洗劫之列。公元705年，沈佺期被流放驩州。受沈佺期牵连的家人有两个年幼的儿子和两个哥哥、三个弟弟。他在狱中受尽了折磨，经常遭到狱卒用刑，狱中环境很差，臭虱横行，三天不能吃上一餐饭，两个月没有梳头。时值盛夏，又得了疟疾，差一点被折磨致死。但是因沉冤不白，意有不甘，洗冤雪耻的决心支撑着他挺了过来。公元705年秋，他从长安出发，经四川、湖南、云南，辗转了一年的时间，才到达贬地驩州（今越南北部）。

羑　里

羑里（yǒu lǐ），古地名，一作"牖里"，在今河南省安阳市汤阴县北4.5公里的羑里城遗址，也是岳飞的故乡。《史记·殷本纪》："纣囚西伯羑里。"羑里城也是我国遗存下来的历史最悠久的国家监狱遗址，是"昔西伯拘羑里，演《周易》"的地方。

西伯即周文王，名姬昌，是商末周族领袖。他广施仁政，引起殷纣猜忌，被纣囚于羑里。姬昌被囚七年，将伏羲八卦推演为六十四卦，著成《周易》一书，于是羑里便成为《周易》的发祥地。后人为纪念这位伟人，在城址上修建了文王庙，成为人们朝敬先贤周文王的圣地。明朝《寰宇通志》记载，文王庙在汤阴县北十里驿路侧，商纣囚文王于羑里，后人立庙祀之。庙后方城即羑里也。羑里城以其博大精深的文化内涵而名扬海内外，1996年被国务院公布为国家重点文物保护单位。

3. 羑里。羑里是商朝的中央监狱。作此判断主要是因为“纣囚西伯羑里”,[1] 西伯即周文王，他曾被商纣关押在监狱里。羑里位于河南汤阴，因北有麦水而得名。

4. 动止。清朝沈家本在《历代刑法考》中说：“《初学记》狱第十一：《博物志》云，夏曰念室，殷曰动止，周曰稽留，三代之异名也。”动止，意即限制自由。监狱是拘禁罪犯的场所，罪犯在入狱前置国家法度于不顾，为非作歹，为所欲为，而进了监狱后，就必须要限制其自由。商朝的“动止”是让罪犯不得离开自己的所居之处，早在商汤时，“乃用三有居恶人之法，能使各就其居处，言皆服其罪也”。[2] 说明“动止”往往是以罪犯居所作为“拘罪之所”，此类罪犯在居所服刑，其罪也是轻罪。

商朝的“动止”和夏朝的“念室”，都是以监狱的功能命名的，应该都是临时的拘所。

(三) 西周的监狱类型

1. 圜土。圜土是以监狱的建筑形式而命名的。西周监狱仍称圜土，与夏商一致，但圜土已被赋予新的含义。《周礼·地官·比长》郑玄注：“圜土者，狱城也。狱必圜，规主仁，以仁心求其精，古之治狱，闵以出之。”意即圜土就是狱城。圜土牢狱呈圆形，表明圆的中心是仁恩，从仁心出发悯恤、感化罪犯，施以天德，就能化恶为善，古人治狱的良好宗旨就出于此。而商朝的监管制度中就有圜土制度，正有通过感化罪犯使其改过自新的圜土新义。圜土在西周主要用于关押轻刑犯。

2. 囹圄。西周的监狱也称囹圄，亦作囹圉。《说文》释为：“囹，狱也；圄，牢也。圉，囹圄所以拘罪人。”西周监狱比较普遍地称为“囹圄”，《周礼·秋官·掌囚》疏：“古者五刑不入圜土，故使身居三木，掌囚守之”，也就是说，应处五刑的罪犯不由圜土关押，要戴上戒具在囹圄中监禁，由掌囚官专门管理。据《礼记》载：“仲春之月……命有司省囹圄”，孔颖达疏：“囹，牢也，圄，止也，所以止出入，皆罪人所舍。”“囹圄”的称谓，到春秋战国及秦、汉时代仍继续沿用。如《汉书》载，秦朝“赭衣塞路，囹圄成市，天下愁怨，溃而叛之”。[3]

3. 狴犴。西周时地方监狱的名称，又称“狴”或“犴狱”，古代传说中的一种猛兽，为龙生九子中第四子，平生好讼，能明辨是非，秉公断案。因其头类似虎头，所以西周监狱的门上常绘有“狴犴”的头像，目的是增加监狱的恐怖和威慑力。因而，“狴犴”也作为监狱的代名词。

4. 嘉石。嘉石是西周罪犯示众悔过的场所。《周礼》郑玄注云：“嘉石，文石也者。以其言嘉，嘉善也。有文乃称嘉，故知文石也，欲使罢民，思其文理以改悔。”[4] 西周有嘉石制度，是说对于有罪过但尚不够被判刑的人，要给他们戴上戒具，强迫他们在官府

---

〔1〕《史记·殷本纪第三》第106页。

〔2〕《尚书·周书·立政》卷17。

〔3〕《汉书·刑法志》卷23。

〔4〕《周礼·秋官·大司寇》卷21。

【知识链接】

狴犴

大约在900年前南宋的时候，有个专管牢狱的人叫犴裔。犴裔看管监狱时，对待犯人就像对待自己的家人一样和善，每天都给犯人讲解出狱后怎样做一个好人，因此很多贪官都妒忌他，一直想找机会把他杀掉。

传说当时的皇帝赵构很迷信，光是天天为他作法的道士就有七八个，其中有一个是皇帝最为信任的、叫封咒的道士被贪官收买了。有一次，封咒为皇帝作法，就在用龟甲占卜时，忽然大惊失色，龟甲掉在地上摔成了两半。皇帝问他怎么了，他“扑通”一声跪倒在皇帝面前，假意言道：“皇上，臣、臣不敢说。”皇帝又说：“但说无妨，恕你无罪。”封咒这才肯说：“皇上，臣刚才占卜时，在龟甲上隐约看到六个字。”“是哪六个字？”皇帝问。“犴裔乃是瘟神”“啊！什么！难道犴裔真是天上的瘟神下凡来散播瘟疫的？”“正是如此。皇上，如果不赶快除掉犴裔，后果不堪设想啊！”封咒道。皇帝听到这话立刻下旨，让大奸臣秦桧处理这件事。秦桧接到圣旨，高兴得不得了。立即摆酒设宴款待封咒，而且还赏了他纹银百两、锦缎百匹。

秦桧领旨后问其他几个同党该如何处置犴裔，他的同党都说：“该把犴裔处死，最好今日正午问斩。”秦桧采纳了他们的建议，立刻让人把犴裔抓来。

在犴裔被押赴刑场的途中，街道两旁的百姓都为犴裔鸣不平。犴裔被押到刑场时，他对着天喊道：“想我犴裔一生为国为民，哪儿作过对不起陛下的事。陛下您斩了我不要紧，但您千万不要再相信那道士的谗言了，否则大宋江山不保，黎民百姓遭殃呀！”接着，他又对那些奸臣说：“你们这些衣冠禽兽，害死了人都不知悔改，我犴裔就算化成走兽也要找你们报仇雪恨。”说完便被斩首了。当时在场的百姓们放声大哭。就在这时，天空中突然电闪雷鸣，一头怪兽出现在云头。只见他麟头豸尾西龙翼，足踏祥云照九州。这头怪兽用一阵龙卷风把道士和奸臣们都卷上了天，又摔在山头。山头立刻裂开一条缝隙，把他们全部封在里面了。

这头怪兽叫狴犴，因为被犴裔的行为感动，从天而降为犴裔讨回公道。狴犴既是牢狱的象征，又是黎民百姓的守护神。

门外左侧的嘉石（文石，上刻嘉言，欲使囚人见之而悔悟）旁坐一定时间反省自己的罪过，然后去戒具，由司空监督他们服一定期限的劳役。嘉石是将犯罪者通过公开示众的方式进行处罚的场所，故后世也把嘉石作为监狱的代称。

5. 稽留。稽留是西周临时拘禁罪犯的场所。沈家本《历代刑法考》转引《博物志》中有“周曰稽留”一说，从“稽留”本义上讲，是停留、延缓的意思，后来为拘禁、羁押之意，有如我们现在的拘留。《周礼》云：“司稽，掌巡市，而察其犯禁者与其不物者而搏之。掌执市之盗贼以徇，且刑之。”[1] 意即司稽官负责巡查街市，发现了有人犯罪可以带回羁押审查，所以称为“稽留”。因而，稽留也成了监狱的别称。

二、夏商周时期的狱官

（一）夏朝的狱官

夏朝设置了专门掌管司法的官职，中央最高司法官称“大理”，地方称“士”或“理”，“士”“理”之下有“正”“史”。

（二）商朝的狱官

商朝中央最高司法官称作“司寇”，也是最高治狱官，地方司法官吏沿用夏制，称“士”或“蒙士”。

（三）西周的狱官

西周的国家机器比夏商更加完备，周王是最高统治者。反映在狱官的设置上，据《周礼》记载，有大司寇、小司寇、司圜、掌囚等官职，负责监狱的管理和罪犯的教化工作。“大司寇”是中央最高司法长官，也是直接管理监狱的最高典狱官，“小司寇”为其副职。“司圜”和“掌囚”则为大司寇之下设置的专任监狱官吏。“司圜”的职责是掌理聚集所谓不良莠民加以感化，主掌圜土。“掌囚”的职责是掌理监守捕得的盗贼，以及需要服五刑的罪犯，主掌囹圄。西周不仅完备了司法机构和官吏设置，同时也进一步明确并加强了对司法和典狱官吏的职责和要求，如有不法行为则要受到严厉制裁。

第二节　秦汉魏晋时期的监狱设置

一、秦汉魏晋时期的监狱类型

（一）秦朝的监狱类型

秦始皇统一中国，建立了中国历史上第一个专制主义中央集权的封建国家政权，一切都有法式，把天下大权都集于中央，统于皇帝，监狱建设也同样纳入专制制度中。秦朝的监狱也称囹圄，除了立即处死的重罪犯人之外，大多数囚犯刑徒都关押在监狱、役所里，因此，从中央到地方，从腹地到边陲，普遍都设有监狱，而且都是各级政权机构的附属

[1] 《周礼·地官·司稽》卷15。

【知识链接】

嘉石之制

“嘉石之制”可以说是古代最温柔的处罚之一了。在商周时期，如果有人做了错事，比如辱骂老人、打架斗殴等，但又没达到犯罪程度、不能用刑法来处罚时，就使用嘉石之制。

所谓“嘉石”就是有纹理的石头。在城门口左侧立着这样一个有纹理的石头，那些犯了错的人就被要求坐在嘉石上，看着石头的纹路反思自己的过错，从而领悟道理。

依据每个人犯错的程度，犯错人被要求在嘉石上坐三、五、七、十二日不等。当然这些犯错人不是坐完就了事，他们还要进行劳动改造。坐三天的，劳动改造三个月；坐五天的，劳动改造五个月；坐十二天的，劳动改造一年。改造完成后，只有乡人保举时，他们才能重新回到村落。在肉刑充斥的古代，嘉石之制如同一股清流，给那些犯有小错的人以机会。

物，初步形成了封建君主专制的监狱系统。

秦朝的监狱有已决监、未决监、拘禁监、劳役监等多种形式。但在封建社会初期，并不绝对分开，往往混杂合一。

1. 中央监狱。秦朝拥有司法审判权的机关，在中央有皇帝、丞相、御史大夫、廷尉，在地方有郡守、县令等，它们从上到下形成了一个统一的集权的司法组织体系。秦朝的最高司法机关由廷尉和御史大夫等组成。

秦朝中央监狱设在京城咸阳，称廷尉狱。廷尉是管理中央监狱的最高典狱官。《汉书·百官公卿表》曰："廷尉，秦官，掌刑辟，有正、左右监，秩皆千石。"廷尉下设正和左右监等官，协助廷尉处理具体事务，廷尉的主要任务有二：一是负责皇帝诏令审理的案件；二是审理地方的上诉案件和复审郡县不能决断的疑难案件。可见，廷尉狱主要关押最高典狱官廷尉掌管的重大刑狱案犯。如李斯被赵高诬陷而下廷尉狱，后被腰斩于咸阳。秦王子婴时，赵高也被囚禁于廷尉狱，后遭屠戮并夷其三族。

2. 地方监狱。秦统一后，在全国推行郡县制，地方行政机构分郡、县两级，郡、县既是行政机构，同时又是地方司法机关，由郡守、县令兼理，他们既是一方行政长官又兼有司法审判权。郡、县也都分别设狱，主要监禁当地官府管辖的案犯，如栎阳、云阳、阳周等地都有监狱，是关押过项梁、蒙恬等将领的场所。

另外，战国时兴起的刑徒制和劳役监，到秦有了进一步发展，承担着各种巨大的工程及戍边任务，大量刑徒被分期分批送往服役场所，也促使了秦劳役监的发展。加之秦朝实行繁法严刑，囚犯数量日益增多，囚徒所到之处，狱网密布，监狱设置的随意性也较大。

（二）汉朝的监狱类型

我国监狱的称谓并不统一，汉之前有多种称呼，根据《博物志》记载："夏曰念室，殷曰动止，周曰稽留，三代之异名也。又狴犴者，亦狱别名。"秦时期多称"囹圄"。汉代开始称狱。汉承秦制，汉朝的监狱也分为中央监狱和地方监狱两大部分。

1. 中央监狱。西汉时的中央监狱主要设在京都长安，包括廷尉狱和中都官狱。沈家本《历代刑法考》中载："廷尉有狱，汉时大臣多下廷尉。"可见，廷尉狱是法定的中央监狱，主要囚禁有罪官员。中都官狱则是汉武帝设置的诏狱，所谓诏狱，就是奉诏而设置的一种特别监狱，是直属朝廷的特别监狱。所谓中都官，也称都官，"凡京师诸官府也"，[1] 是两汉京师各官府的统称，直属于朝廷。中都官狱是指设立在中央各个官府内部的监狱，"其罪人就系者，则谓之中都官囚徒"。[2]

关于设在京师长安的监狱究竟有多少，说法不一，但据沈家本《历代刑法考》中记载："按《张汤传》及《续志》并称二十六所，《宣纪》注三十六所，疑三字误也。《黄图》言二十四所与三书皆乖异。"他认为"三十六所"为"二十六所之误，应为二十六所"。

---

〔1〕《汉书·宣帝纪》卷19。

〔2〕（清）沈家本：《历代刑法考》，中华书局1985年版，第1988页。

【数字资源】

【课程思政资源】

笔祖蒙恬

蒙恬（约公元前259年—公元前210年），姬姓，蒙氏，名恬，祖籍齐国（今山东省蒙阴县），齐国蒙山（今山东蒙阴）人。秦朝将领、军事家。秦始皇逝世后，被赵高陷害，囚禁于阳周狱，后吞药自杀。

蒙恬北逐匈奴，收复河南地（今内蒙古河套地区），并且因河为塞，临河筑44座县城，迁谪戍居住。又监修长城、直道。长城西起临洮，东迄辽东，逶迤万余里。直道“自九原至云阳，千八百里”，因难修，未完工。这些措施对防止匈奴的侵扰发挥了重大的作用，确保了边境安全，有效促进中原地区的和平稳定和经济发展。其修建的万里长城是中国古代人民勤劳、智慧的伟大象征，是中华民族精神的伟大象征。

传说他还改良过毛笔。《太平御览》引《博物志》曰：“蒙恬造笔。”事实上，出土的文物已证明，毛笔远在蒙恬造笔之前就有了。但蒙恬作为毛笔制作工艺的改良者，其功亦不可没，被后世尊为“笔祖”。

隶书之祖程邈

程邈（生卒年不详），字元岑，秦代下邽（今陕西渭南东北）人，一说下杜人。秦代书法家，隶书的创造者。

程邈早年因得罪秦始皇，被幽禁于云阳（今陕西淳化西北）狱中。其看到当时狱官的木牌用小篆书写较为麻烦，就整理民间字体，化繁为简，化圆为方，对篆书进行改良，创立了一种新的字体——隶书，受到秦始皇的欣赏，便赦免其罪，封为御史。因程邈是徒隶，所改良之字初期又专供隶役应用，故此书体被称为隶书。此隶书为古隶，不同于汉朝的隶书（今隶）。程邈所创秦隶线条平直，粗细有致，奠定了楷书的基础，是我国文字史乃至书法史上的一次重大变革。从此，我国文字在形体上逐渐由图形变为笔画，象形变为象征，复杂变为简单，造字原则上从表形、表意到形声，字体结构完全符号化，为后期楷书和其他书体的形成及风格的多样化奠定了基础，在中国文字发展史上意义重大。直至今日，隶书仍为常用字体，并作为一种书法艺术而存在。

关于长安监狱的狱名，沈家本在《历代刑法考》中也做了说明：“（长安中都官狱）二十六所之名可考者凡十九”。按照囚禁的对象大致可分为以下几类：

（1）奉帝诏令囚禁王公、将相大臣的有若卢狱、太子家令狱、左右都司空狱、居室和郡邸狱等。

（2）囚禁宫中后妃及宫女的有掖庭狱、暴室狱。

（3）囚禁各类官署吏卒的有上林狱、都船狱、寺互狱、共工狱、内官狱、未央厩狱等。

此外还有别火狱、北军狱、东市狱、西市狱、导官狱和京兆狱等，都属于中央监狱。

2. 地方监狱。西汉的地方行政区域基本上为郡县两级制。长安县狱是设在京师的地方监狱。

地方监狱在郡县普遍设置，就连少数民族聚居地区的道也都设狱。关于汉时期在全国到底有多少监狱，据《汉书·刑法志》记载：“天下狱二千余所。”著名的有长安县狱、定襄狱、河南府狱、县道官狱等。

东汉光武帝实施狱制改革，并撤销了西汉汉武帝以来建制的二十六所中都官狱，只留廷尉诏狱和洛阳诏狱，大大改变了西汉时期监狱繁多的局面，体现了东汉初年“平缓刑狱”的治狱精神。

到了和帝永元九年（公元 97 年），由于讼狱渐多，洛阳狱收容不下囚徒，于是复置若卢狱，并由西汉时属于少府改为属于廷尉。东汉末年，党锢之狱起，又复设黄门北寺狱，由宦官中常侍主管。东汉也实行郡县制，所以各郡县均设有监狱。

（三）魏晋时期的监狱类型

1. 三国两晋的监狱。三国两晋狱制基本都沿用汉制。监狱设置基本沿用汉魏旧制，仍在中央设置廷尉狱。晋武帝太康五年（公元 284 年）初置黄沙狱，设治书侍御史四人，共掌刑狱及廷尉决狱的不当者，后并河南狱。清末律学家沈家本认为，晋初京师唯有廷尉、洛阳二狱。

2. 北朝的监狱设置。北朝监狱设置沿袭旧制，但有自身特色。北朝监狱，以北魏为例，京师亦有二狱，为廷尉和籍坊。北魏地方行政机构分州郡县三级，州郡县亦各有狱。

3. 南朝的监狱设置。南朝监狱的建置，沿用东汉、魏晋以来京师二狱的旧制。如梁代京师有廷尉和建康二狱。梁武帝天监五年（公元 506 年）初立诏狱，号建康为南狱，廷尉为北狱，陈代一直用梁法，也以建康县为南狱，廷尉寺为北狱。南朝地方州郡县也各有狱。不过，南齐还有尚方狱，属少府。

二、秦汉魏晋时期的狱官

（一）秦朝的狱官

1. 中央狱官及职责。在中央，皇帝是封建国家的最高统治者，独揽全国政治、经济、

【知识链接】

诏　狱

监狱制度到了汉代，才真正地成熟起来。皇帝为了推行残暴的封建统治，凡是敢反对皇权、心怀不轨、不跟皇帝一条心的人，需要全部抓起来，送到诏狱中。

一开始诏狱还比较文明，比如规定狱卒不可以辱骂犯了罪的朝廷官员，而被囚人员也可以通过“呼囚录囚”来上诉和申冤。可是到了汉武帝的时候，随着巫蛊等事件，诏狱人员爆满，对被囚之人的辱骂刑罚事件时有发生，诏狱也就变成了人间地狱。

有些身份的男人犯了法都被关进了诏狱，那么没有身份的人都被关到了哪里？答曰：虎牢。汉成帝的时候，因为皇帝不理朝政，故京城大乱，一些强梁纷纷走上街头，为非作歹，放火杀人。当时这些贼人嚣张至极。例如贼人的头领手里握有三个泥丸，分别是红色、黑色和白色。小贼入伙前，需要摸泥丸来决定怎么取“投名状”。摸到红色的泥丸就要杀一名文官，摸到黑色的泥丸就去杀武将，摸到白色的泥丸就必须要杀一个文官，再杀一个武将。

为了改变这种纷乱的局面，汉成帝只得请尹赏来京城治贼。尹赏可不是好惹的，他命令手下在地下挖了一个肚大嘴小、深有十多米的地窖，起名虎牢，凡是街上打架斗殴、持械杀人的匪人，全都抓起来，丢进虎牢，然后在虎牢的上面再盖上一块厚厚的石板。

漆黑的虎牢通风不佳，空气浑浊，死尸也不被清理，传染病流行，可以说，关进虎牢，若有100个人绝对要死99个人。京城的盗贼闻风丧胆，治安情况为之一变。

而女人犯罪则被关押在保宫狱。当时，李陵抗击匈奴失败，他的家人全部被囚，而李陵的母亲就被囚于保宫狱。平民百姓家的女子被囚于保宫狱，而皇宫中的嫔妃皇后犯罪则被囚到暴室。

暴室是皇宫中的洗衣房。因为过去衣服是用植物等的浆汁染色，故衣服染完色后需要暴晒，这个洗衣房就被称为暴室。暴室的体罚和羞辱功能更多在于囚禁的功能。汉桓帝好色，皇后对此不满，结果皇后就被贬入暴室，不久之后就郁郁而终。

封建社会时，汉朝的皇帝将监狱搞出很多花样，无非是害怕老百姓造反。然而与其造监狱，不如花钱改善老百姓的生活，老百姓吃饱穿暖，自然不会造反。

军事、司法等一切大权，“天下之事无大小皆决于上”。[1] 皇帝之下设三公九卿，九卿之一的廷尉是中央最高司法官，掌理刑狱。

2. 地方狱官及职责。秦朝地方行政机构分郡县两级，郡设郡守，县置令长。我国从秦开始，地方行政长官兼理司法。根据《旧汉仪》的记载：“汉承秦制，郡置太守治民，断狱都尉治狱，治盗贼甲卒兵马”。除郡守兼理刑狱外，尚有断狱都尉治狱。县级除令长兼掌狱讼外，根据《史记·项羽本纪》和《史记·曹相国世家》的记载，设有狱掾，专门掌理监狱。

县以下设乡，乡设三老，掌封建教化；又设啬夫，掌诉讼、赋税等；乡下有里，里有里正，掌一里百家；此外还有亭，十里为一亭，设有亭长，负责维护社会治安。

（二）汉朝的狱官

两汉监狱有一个完整的监狱管理系统，它是在秦朝监狱管理制度的基础上形成的。两汉从中央到地方的各级监狱，均由其上级机关管辖，廷尉有卿，廷尉的主要任务是负责诏狱，即负责办理皇帝诏令的案件及管理奉诏拘系罪犯的监狱，同时也负责地方移送的疑难案件；中都官狱有各署的令丞，并各属其少府、宗正之类；长安县狱有长安令。东汉洛阳狱有司隶校尉、河南尹和洛阳令等层层统辖。西汉地方有郡县两级。郡有郡守，县有令长，他们都是行政官兼理刑狱。

此外，各级大小监狱均有专职的管理人员，直接管理监狱的人员称狱吏，狱吏之下设有狱卒，是汉代监狱中官位最低的人员，主要的职责是看守犯人，做饭，传递衣物、食物，审讯犯人、用刑等具体管理工作。

（三）魏晋时期的狱官

魏时在中央设廷尉，置廷尉监、廷尉评各一人，另置都官，主管刑狱事。晋朝建立后，在中央司法机关设廷尉，主管刑法狱讼，置廷尉正、廷尉监和廷尉评，并分置尚书右丞以掌刑狱执行，另置狱吏以处理狱政。

魏晋南北朝时的狱官在中央仍为廷尉，其属官设置正监评，以掌狱事。地方上的狱官除地方行政官员兼狱讼和典狱外，还设贼曹助其治狱。此外，各国还分别设置了大量的狱丞、狱长、狱小吏、狱门亭长等专任的监狱官吏。

南朝时梁代于建康县置二官于廷尉分掌狱事，陈也效法梁代，设置正监评，以掌狱事。南齐时有尚方狱，设左右尚方令各一人掌狱事。

[1]《史记·秦始皇本纪》。

【知识链接】

狱官丙吉

西汉时期选取官吏除了依靠察举制外，普遍采用征辟制，通过地方举荐，挑选有贤才的人为朝廷所用，因此官吏大多品性善良忠厚。而有这样一位狱官，倾家荡产抚养囚犯成人，在囚犯称帝后对其特赏，也因此位居丞相。

这样一位品性尚佳的狱官名叫丙吉，少年时丙吉便专研律令，对于做官更是秉承着不冤枉一个无辜之人的信念，因此作为狱官十分有话语权。任职期间，丙吉更是碰上了因皇帝迁怒而把皇曾孙送到他所管辖的牢房的事情。

而这位皇帝便是雄才大略、文治武功，使汉朝成为当时世界上最强大的国家的汉武帝。但汉武帝在后期还是因轻信奸臣而差点失去继承皇位的后代。当时巫蛊之事盛行，汉武帝对于大臣江充尤为信任，便命江充彻查巫蛊案。在酷刑和栽赃下，大臣和老百姓陷入恐慌之中，为避免别人乱指认自己便先下手为强，谎称他人有罪，导致最后被株连人数高达数万人。而在如此形势下，江充更是打起了宿敌太子刘据的主意，联合案道和宦官诬陷太子也参与了巫蛊之术，百口莫辩的刘据只能起兵欲证明自己的清白。但此举在汉武帝看来，更像是与自己对抗，认为刘据曾想置自己于死地，于是镇压了刘据起兵，面对父亲的不信任，无以为证的刘据和皇后卫子夫相继自杀，以死明志。后来不甘太子冤死的大臣们联名上书汉武帝，汉武帝才察觉自己冤枉了太子。

而在汉武帝明白过来之前，其皇曾孙也曾被牵连入狱，面对尚在襁褓中的孩子，管理的狱官丙吉于心不忍，在狱中找来可靠的女囚为其哺乳，在监狱阴暗潮湿的环境中，硬是为其寻求到一块较为宽敞干燥之地。在孩子重病之后，更是花费掉所有家产，终于让年幼的孩子在狱中得以生存下来。后来，醒悟后的汉武帝把这位皇曾孙迎接出来，承认了他的身份。

最终，这位皇曾孙即位，即后来的汉宣帝刘询。面对曾经是皇帝救命恩人之事，丙吉只字未提，而后知晓真相的汉宣帝对这样一位忠臣和救命恩人感激涕零，给予丙吉封赏，更是命其为丞相。

当初丙吉救取刘询时未曾想过回报，而只是做他心目中认为值得做的事情，不让无辜之人受害更是他的初心。只有不忘初心，才能不断前进，才能不在人生长河中迷失自我。

第三节 隋唐五代时期的监狱设置

一、隋唐五代时期的监狱类型

(一) 隋朝的监狱类型

隋朝是我国历史上一个极其短暂的封建王朝。公元581年，杨坚建立隋朝，定都长安(今陕西西安)，改年号为开皇。隋朝的前身是北周，北周末年，杨坚将自己的女儿嫁给北周皇帝，由此获得外戚的身份。杨坚利用外戚的身份，篡夺了北周的军政大权，最后逼迫北周的末代皇帝退位，将皇位禅让给他，建立了隋朝。隋朝消灭南方的陈朝政权，重新统一中国，结束了长期分裂的历史，顺应了统一多民族国家的历史发展大趋势。尽管隋朝统一了中国南北，开通了大运河，开创了科举取士制度，隋文帝还创造了“开皇之治”，但是强盛一时的隋朝却在隋炀帝手中突然衰败。公元618年，隋炀帝杨广在江都（江苏扬州）被叛军杀死，盛极一时的隋朝随之灭亡，仅仅38年时间。

隋朝司法制度沿袭魏晋旧制，中央设有大理寺、刑部、御史台三大司法机关。刑部掌管刑事，但其下未设置监狱。大理寺主管审判和刑狱，下设有监狱，即中央监狱。下置正、监、评各一人，司直十人，律博士八人，明法二十人，狱掾八人，狱掾即主掌监狱的官员。[1] 另外州、郡、县三级或郡、县二级设置监狱，但因我国古代司法与行政不分、审判与行刑不分，狱政不独立，因此各级所设监狱的管理的实权依然掌握在各级行政长官手里。

(二) 唐朝的监狱类型

唐朝是一个上承隋朝、下接五代十国的大统一王朝，自李渊于公元618年废隋恭帝自立，到公元907年唐哀帝被朱温废杀为止。隋炀帝统治后期，暴虐无道，终于导致隋末农民大起义。在起义军的打击下，隋王朝瓦解。公元618年，在太原起兵反隋的贵族李渊进入长安，建立了唐朝，李渊就是唐高祖。唐朝的建立，标志着中国封建社会进入了鼎盛的重要阶段，与之相适应的是封建国家各种典章制度得到完善，监狱制度也进一步完备。唐朝监狱的机构设置分为中央和地方两大系统。

1. 中央监狱。

(1) 大理寺狱。大理寺为唐朝的中央审判机关，负责审理中央百官犯罪及京师徒刑以上案件，对刑部移送的地方死刑案件中的疑案也有重审之权。[2] “凡京都大理寺，京兆、河南府、长安、万年、河南、洛阳县皆设狱。其余台、省、寺、监、卫皆不设狱。”[3]

关于狱囚的关押，《唐六典》中也作了规定：“凡有犯罪者，皆从所发州、县推而断之；

---

[1] 杨习梅主编：《中国监狱史》，法律出版社2016年版，第98页。

[2] 薛梅卿主编：《中国监狱史》，群众出版社1986年版，第69页。

[3] (唐) 李林甫等：《唐六典》刑部卷第六，中华书局1992年版，第188页。

【课堂笔记】

在京诸司，则徒以上送大理，杖以下当司断之；若金吾纠获，亦送大理。”具体来讲，大理寺狱主要关押收禁中央各部、司、寺、监的犯罪官吏以及京城的重要罪犯，还有外地押至京城的钦犯、重犯等。

（2）御史台狱。御史台主要的职责和功能是监察，御史台狱也称台狱，主要收禁御史弹劾的官员以及皇帝交办的大案要犯。御史台狱设置是为了“按问为便”，即便于审问而临时设置，唐玄宗时废除，唐宪宗时恢复。《唐六典·御史台记》载：“旧，台中无狱，未尝禁人；有须留问，寄禁大理。李乾祐为大夫，奏请于台置狱，虽则按问为便，而增鞫狱之弊。至开元十四年，御史大夫崔隐甫奏罢之，须留问者，依前寄禁大理。”另外，在御史台下设精舍，汉朝以后将佛舍，即僧道居住或者讲学道的地方称之为精舍，可见与佛教之渊源，唐朝精舍就是将佛教经意与犯人的感化结合的监狱设置，如唐代武则天长安年间，任殿中侍御史的崔湜所撰御史台精舍碑文：“……左台精舍者，诸御史导群愚之所作也……夫能度一切苦厄者，其惟世尊〔1〕乎！所以……”

2. 北军狱。唐朝的神策军也置有监狱，称为北军狱，主要是审理违反军纪者，虽然也干预民事案件，但范围毕竟有限。〔2〕《新唐书·兵志》记载，永泰元年，鱼朝恩统帅的神策军压过北衙六军成了正牌皇室禁卫军，建立了自己的司法机关，“又用爱将刘希暹为神策虞候，主不法，遂置北军狱，募坊市不逞，诬捕大姓，没产为赏，至有选举旅寓而挟厚赀多横死者。”《旧唐书·宦官列传》记载，“北军置狱，召坊市凶恶少年，罗织城内富人，诬以违法，捕置狱中，忍酷考讯，录其家产，并没于军。或有举选之士，财货稍殷，客于旅舍，遇横死者非一。坊市苦之，谓之‘入地牢’”。

3. 地方监狱。地方监狱和中央监狱并无严格的上下级隶属关系，在机构设置上是直接附属于州县等各级行政单位，两者不属于一个系统。地方监狱主要是京县狱、州县狱，“凡州县皆有狱，而京兆、河南狱治京师”。〔3〕各地方县狱主要是收治地方辖区内的普通案犯。

（三）五代的监狱类型

五代十国（公元907年—979年）是中国历史上的一段大分裂时期。五代是指唐朝灭亡后依次定都于中原地区的五个政权，即后梁、后唐、后晋、后汉和后周。唐天佑四年（907年）四月，梁王朱晃（本名温，受禅前夕改名晃）通过禅让的形式夺取了唐哀帝的帝位，在中原地区建立后梁，五代十国开始。其中前蜀、后蜀、吴、南唐、闽、楚、南汉、南平、吴越和北汉十个割据政权统称十国。五代十国本质上是唐末藩镇割据和唐朝后期政治的延续，大小统治者激烈角逐，兵燹不断，社会经济、文化颇受影响，五代十国的统治者大都采取严刑峻法来维持社会秩序，因此立法森严，司法较为黑暗，监狱制度也受到很大影响。五代各朝重武轻文，司法制度具有浓烈的军事色彩，是其他历史时期所没有的，

〔1〕此处“世尊”即释迦牟尼。

〔2〕杜文玉：《五代十国制度研究》，人民出版社2006年版，第514页。

〔3〕《新唐书·刑法志》第四十六，第1410页。

【数字资源】

【课程思政资源】

新密县衙监狱

河南新密古县衙建筑群南北长220米，东西宽110米，占地面积近2.5万平方米。照壁、大门、仪门、戒石坊、月台、大堂、二堂、三堂、大仙楼、后花园等由南向北沿中轴线依次排列，形成九层五进院落，另有东西花厅、八班九房与县衙监狱。新密县县衙监狱位于大堂以南，仪门以西，俗称南监。监狱建立于隋朝，后屡经重修，历经唐、宋、元、明、清、民国，一直沿用到2002年底，使用时间近1400年，是我国使用时间最长的监狱，可谓名副其实的“华夏第一监狱”。监狱为砖石结构，墙高4~5米，壁垒森严。现存牢房与狱吏房60余间，占地近3000平方米。监狱分外监、内监、女监三部分，另有狱神庙。外监是临时拘押犯人的场所，相当于现代的看守所，内设水牢，与莲池相通，现已无存；内监关押重犯；女犯人无论情节轻重一律关押女监。

【课堂笔记】

司法机构经常受到军事部门的干扰，因此其监狱类型也具有鲜明的时代特点。

1. 马步狱。马步院是五代时州的审判机构之一，实质上是侵犯各州司法参军职权而特别设立的一种私人衙门，其附设的监狱称为马步狱。马端临《文献通考》云："五代以来，诸州皆有马步狱，以牙校充马步都虞候，掌刑法，谓之马步院。"〔1〕

2. 病囚院。五代时期社会动荡，政治黑暗，决定了监狱环境的恶劣，一些政权也提出有关改善监狱环境与条件的政策，《五代会要·刑法杂录》记载，后周"仍令狱吏，洒扫牢狱，当令虚歇；洗涤枷械，无令蚤虱；供给水浆，无令饥渴。如有疾患，令其家人看承；囚人无主，官差医工诊候，勿致病亡"。囚犯死于狱中时，若无亲戚，由官府提供棺木埋葬"置砖铭于圹内，立碑于冢上，书其姓名"。《旧五代史·刑法志》记载，为保障"病囚"待遇的改善，后唐长兴二年（公元 931 年），濮州录事参军崔琮提出了设立"病囚院"的建议："诸道狱囚，恐不依法拷掠，或不胜苦致毙，翻以病闻。请置病囚院，兼加医药。"这一建议被朝廷采纳，并下敕："诸道州府各置病囚院，或有病囚，当时差人诊候治疗，瘥后据所犯轻重决断。如敢故违，致病囚负屈身亡，本官吏并加严断。"据《宋刑统·断狱律》记载，要求每年从夏初到八月末，每五日差人洗刷枷匣一次。病囚院的设置，在中国古代监狱史上具有重要意义，是狱政逐步趋向文明的表现。

3. 侍卫司狱。五代时期的军狱，直接由侍卫亲军都指挥使掌管。侍卫亲军司出现于五代的初期，作为五代京师禁军的指挥机构，至迟在后唐明宗朝业已初具规模、大致成型。如后汉乾祐中，"贡院尝录一学科于省门叫噪，申中书门下，宰相苏逢吉令送侍卫司，请痛笞刺面"。〔2〕即苏逢吉将违法考生送于侍卫司狱。在后汉时期大臣犯罪，如苏逢吉欲夺旧相李崧家财，"因召崧至第，收送侍卫狱"。〔3〕胡三省注："侍卫狱，即侍卫司狱，所谓军狱也。""侍卫亲军分左右军，各有巡院，以鞫系囚"。〔4〕

4. 军巡院监狱。军巡院出于推问案件的需要，往往还要羁押犯人，因此也置有监狱。〔5〕如后唐庄宗同光二年（公元 924 年）六月敕："应御史台、河南府行台、马步司、左右军巡院见禁囚徒，据罪轻重，限十日内并须决遣申奏。"〔6〕天成二年，"前安州节度副使范延荣并男皆斩于军巡狱，为高行珪诬奏故也"。〔7〕后唐末帝清泰元年（公元 934 年），"命供奉官丁昭溥、史思温为军巡使，昼夜督促，囚系满狱"；〔8〕"河阳主藏吏盗所监物，下军巡狱"。〔9〕

---

〔1〕（宋）马端临：《文献通考》，中华书局 2011 年版，第 1906 页。
〔2〕《旧五代史》卷一百七·列传第四·汉书九，史宏肇传，第 1407 页。
〔3〕《资治通鉴》卷第二百八十八·后汉纪三，第 9402 页。
〔4〕《资治通鉴》卷第二百九十三·后周纪四，第 9561 页。
〔5〕杜文玉：《五代十国制度研究》，人民出版社 2006 年版，第 514 页。
〔6〕《旧五代史》卷一百四十七·刑法志，第 1965 页。
〔7〕《旧五代史》卷三十九·明宗纪第五·唐书十五，第 544 页。
〔8〕（北宋）王钦若等编：《册府元龟》，中华书局 1960 年版，第 6115 页。
〔9〕《新五代史》卷第五十六·吕琦，第 645 页。

【知识链接】

唐代的三法司

唐代中央的主要司法机关为大理寺、刑部和御史台，实行的是三法司分工制。审判职能由大理寺主掌，复核职能由刑部主掌，监察职能由御史台主掌。其中刑部属于尚书省，作为最高司法机构掌管国家的法律、刑狱等事务，不具有独立的审判机构的性质，也不设监狱，却是监督全国监狱事务的最高职能机关。唐代宗广德元年（公元763年）改元诏书节文："天下刑狱，须大理正断，刑部详覆，不得中书门下即便处分"。[1]

御史台精舍碑

唐代御史台精舍碑于开元十一年（公元723年）立。螭首方趺，通高185厘米，碑身宽64厘米，厚14厘米，趺宽73厘米，趺厚40厘米。碑文连题18行，满行30字，崔湜撰文，梁昇卿隶书，赵礼刻。碑阴、侧及额有当时的御史台官员近千人题名。此碑左下角略有残损，现存西安碑林博物馆。

御史台在唐代是专门负责依据刑法典章来弹劾纠举百官犯罪的中央最高机构，精舍指的是佛堂，在御史台所设的刑狱旁附建佛堂，是武则天朝出现的新鲜事物，旨在依靠佛教的感化力，使有罪的官员能痛自忏悔，持心向善，以求度尽苦厄，归命自保。撰者崔湜是唐中宗朝的宰相，碑文则是他在武则天朝任殿中侍御史时撰写的。

御史台精舍碑书法内容涉及研究唐代的监察制度、监察机构、狱政措施、立法状况和法制思想，尤其对研究宗教与中国古代法律制度的关系提供了重要的依据。御史台是唐代的监察机关，碑文记录了当时在御史台不仅设有监狱，而且在狱旁还设有精合，这说明当时实行利用佛教感化囚徒，求佛度难的狱政措施，反映了佛教思想对唐代法制思想的影响。碑阳及两侧刻有曾做过御史的七百多人的姓名。唐代御史台精舍碑是件难得的法制史文物。它以石刻史料填补了新旧《唐书》的空白，为研究唐代监察制度、监察机构、狱政措施、立法状况与法制思想，尤其是宗教与中国古代法律制度的关系提供了重要线索。

---

〔1〕（北宋）王钦若等编：《册府元龟》，中华书局1960年版，第1049页。

二、隋唐五代时期的狱官

（一）隋朝的狱官

有监狱便有监狱官吏，但由于封建社会政刑不分，监狱官吏的构成也较为复杂，地方行政长官不仅管理行政事务，也是司法官员。除此之外，各朝统治者还设置了一大批拥有一定职权又负有具体管理监狱责任的专任狱吏，如秦朝的治狱掾、令史、牢隶臣，汉朝的狱史、仁恕掾、贼曹和司空等。[1]《隋书》云："大理寺，掌决正刑狱，正、监、评各一人，律博士四人，明法掾二十四人，槛车督二人，掾十人，狱丞、掾各二人，司直、明法各十人。"狱丞掾是主管监狱的官员地方，司法机关仍与行政机关合一，设州、郡、县三级或郡、县二级，各级均设有监狱，州刺史、郡守、县令均兼理司法，其下设有管理监狱的专门官吏。[2]

（二）唐朝的狱官

大理寺狱由大理卿、少卿管辖，具体公务则由寺丞率狱吏具体管理。御史台狱由御史大夫、御史中丞、侍御史管辖，"御史台侍御史四员，掌纠举百僚，推鞫狱讼。若寻常之狱，推讫断于大理。"[3] 地方监狱的长官则是由地方行政官员兼任，职能多重，兼具行政、司法和狱政，既要处理政务，又要处理刑狱，但具体的监狱日常事务则由狱吏负责，狱吏包括狱丞、典狱、司狱、提牢和禁卒等，"狱丞四人，掌率狱吏，检校囚徒，及枷杖之事。狱史六人，亭长四人，掌固八人。问事一百四十八人，掌决罪人。"[4]

（三）五代的狱官

五代十国史的研究是中国古代史研究领域的薄弱环节，对监狱狱官的研究尤为单薄，记述较少。总结来看，马步狱以牙校充马步都虞候；病囚院以诸道州府行政官员担任；侍卫司狱直接由侍卫亲军都指挥使掌管；在五代时期，"州郡掌狱吏不明习律令，守牧多武人，率恣意用法。"[5] 军巡院的长官是军巡使，军巡院在长官之下除了置有吏、卒之外，最主要的官员当属判官，而军巡院监狱主要是以军巡院判官负责，在后周时期开始由熟悉法律的州县吏员充任，比武人执法要好很多。

第四节　宋元明清时期的监狱设置

一、宋元明清时期的监狱类型

（一）宋朝的监狱类型

宋朝（公元960年—1279年）是上承五代十国、下启元朝的朝代，分北宋和南宋两

---

〔1〕 万安中：《封建狱吏腐败述论》，载《政法学刊》2015年第1期。

〔2〕 曹强新：《清代监狱研究》，湖北人民出版社2011年版，第126页。

〔3〕《旧唐书》唐书志卷第二十四·职官三，第1862页。

〔4〕《旧唐书》唐书志卷第二十四·职官三，第1884页。

〔5〕《续资治通鉴长篇》卷二，第46页。

【知识链接】

请君入瓮

请君入瓮是唐史中的一个历史典故。唐朝女皇武则天为了镇压反对她的人，大兴诏狱，任用了一批酷吏。其中有两个最为狠毒，一个叫周兴，一个叫来俊臣。他们利用诬陷、控告和惨无人道的刑罚，杀害了许多正直的文武官吏和平民百姓。有一回，一封告密信送到武则天手里，内容竟是告发周兴与人联络谋反。武则天大怒，责令来俊臣严查此事。来俊臣心里直犯嘀咕，他想，周兴是个狡猾奸诈之徒，仅凭一封告密信是无法让他说实话的；可万一查不出结果，皇帝怪罪下来，自己也担待不起。这可怎么办呢？苦苦思索半天，终于想出一条妙计。他准备了一桌丰盛的酒席，把周兴请到自己家里。两个人你劝我喝，边喝边聊。酒过三巡，来俊臣叹口气说："兄弟我平日办案，常遇到一些犯人死不认罪，不知老兄有何办法？"周兴得意地说："这还不好办！"说着端起酒杯抿了一口。来俊臣立刻装出很恳切的样子说："哦？请快快指教。"周兴阴笑着说："你找一个大瓮，四周用炭火烤热，再让犯人进到瓮里，你想想，还有什么事不招供呢？"来俊臣连连点头称是，随即命人抬来一口大瓮，按周兴说的那样，在四周点上炭火，然后回头对周兴说："宫里有人密告你谋反，上边命我严查。对不起，现在就请老兄自己钻进瓮里吧。"周兴一听，手里的酒杯啪哒掉在地上，跟着又扑通一声跪倒在地，连连磕头说："我有罪，我有罪，我招供！"

【知识链接】

五代十国

五代十国简表

<table>
<tr><th>政权</th><th>时间</th><th>朝代</th><th>政权</th><th>时间</th><th>朝代</th></tr>
<tr><td rowspan="10">五代</td><td rowspan="2">907–923</td><td rowspan="2">梁</td><td rowspan="10">十国</td><td>907–951</td><td>楚</td></tr>
<tr><td>907–925</td><td>前蜀</td></tr>
<tr><td rowspan="2">923–936</td><td rowspan="2">唐</td><td>907–978</td><td>吴越</td></tr>
<tr><td>909–945</td><td>闽</td></tr>
<tr><td rowspan="2">936–947</td><td rowspan="2">晋</td><td>917–971</td><td>南汉</td></tr>
<tr><td>918–937</td><td>吴</td></tr>
<tr><td rowspan="2">947–950</td><td rowspan="2">汉</td><td>924–963</td><td>荆南</td></tr>
<tr><td>934–965</td><td>后蜀</td></tr>
<tr><td rowspan="2">951–960</td><td rowspan="2">周</td><td>937–975</td><td>唐</td></tr>
<tr><td>951–979</td><td>北汉</td></tr>
</table>

个阶段，共历十八帝，享国 319 年。公元 960 年，赵匡胤通过“陈桥兵变”夺了北周的政权，建立了宋朝，定都开封，也称汴京。北宋终于钦宗赵桓，共 9 帝。北宋王朝结束了五代十国的分裂局面，又在中国形成了大一统的王朝。赵构在南京应天府（今河南商丘）继位，建立了南宋，绍兴和议后与金国以秦岭淮河为界，后期爆发宋元战争，公元 1276 年元朝攻占临安，南宋灭亡。

宋代为了防止成为短命王朝，按照宋太宗的“事为之防，曲为之制”，从政治到军事，从中央到地方，逐步采取一系列加强中央集权的措施，把政治、军事、财政大权最大限度地集中到朝廷，使宋朝的专制主义中央集权得以高度强化，宋代的最高政令之最后决定权在皇帝，而不在宰相。[1] 监狱作为司法机构，是国家的暴力机器，历代统治阶级都十分重视监狱的管理，宋代也不例外，并设置了自上而下完备的监狱体系。

1. 中央监狱。中央监狱是指设在京师而隶属于中央官署的监狱。

（1）御史台狱。“御史台狱”是最高监察机关御史台的下辖机构，主要囚禁的是皇帝诏命交付审判的案犯，也是专禁群臣官吏重大案犯的场所。御史台监察机关设置监狱始自唐朝，但并非常设，时有时废，宋朝基本固定。宋太祖时，为防大理寺用法之失，将中央监狱移至御史台，时称“台狱”。

哲宗时经大理寺卿路昌衡的奏请，对御史台狱与大理寺狱作了分工：御史台狱拘押诏狱案犯；大理寺狱拘押在京犯罪官吏，但案情重大者仍须移关御史台狱，终宋之世均依此制。南宋抗金名将岳飞作为诏狱人犯，最后即死于御史台狱。

（2）大理寺狱。宋初大理寺审核全国奏案而不从事审判，故废大理寺狱。宋神宗继位后，“命官起寺”，恢复大理狱。《宋史·职官五》记载，宋哲宗元祐三年再罢除，绍圣二年（公元 1095 年）“复置右治狱，置官属如元丰制”。至此，大理寺狱定制，职责明确，由此，形成大理寺狱与御史台狱并存的局面。

（3）开封府狱。开封府狱受命于皇帝，拘禁诏狱案犯及京师案犯，兼有中央监狱与地方监狱的双重性质。另外有属于行政官署的监狱即同文馆狱和四排岸司狱，宋代元丰、绍圣年间，蔡确、章惇、蔡卞相继在同文馆审讯元祐旧党官员，并设狱以拘禁之，称为同文馆狱；东南西北四排岸司各设有狱，以拘禁在纲运过程中阻碍装卸或盗窃货物的人犯，称四排岸司狱。除此之外，还有军事机关的监狱，宋朝殿前司、马步军司各置，为系狱者设浆铺席，时具沐浴，供给吃食，冬季给薪炭、衣物，夏季则五日一洗枷扭。[2]

（4）掖庭狱、皇城司狱。掖庭亦作“掖廷”，是宫中旁舍，妃嫔居住的地方，也称掖庭诏狱，属掖庭署，掌治皇后贵人以下至宫人之犯法者，有时也囚禁宗室近臣。汉和帝在后宫恢复了掖庭狱，囚禁犯罪的后妃宫人及外戚亲属。皇城司于五代始置，北宋初改武德司，掌皇城出入管钥木契、亲从官与亲事官名籍，拱卫皇城。南宋初，设行营禁卫所，绍

〔1〕钱穆：《中国历代政治得失（新校本）》，九州出版社 2012 年版，第 80 页。

〔2〕吕宗力主编：《中国历代官制大辞典》，商务印书馆 2015 年版，第 898 页。

【课堂笔记】

谈谈你对病囚院的认识？

兴元年（公元 1131 年）改称行在皇城司，皇城司狱拘押审理宫城内官员和后妃犯罪。

2. 地方监狱。地方监狱是指宋在州县两级设立的监狱。《宋史·刑法志》载："诸州军院司理院，下至诸县皆有狱"。由此可知，宋在诸州设司理院狱以及军院，且下级各县都有监狱设置。宋在诸州设司理院狱和马步军院狱，司理院狱是民狱，马步军院狱是军狱。而县狱仍行旧制，不分军事监狱和非军事监狱。

另外，宋徽宗时期曾恢复"圜土之制"，"丁亥，作圜土，以居强盗贷死者"。此外，监狱在押人数的多少是社会治安水平的反映，各类监狱无拘禁人犯，即奏报"狱空"，朝廷因而下诏奖谕。但官员贪功图赏，常将现禁人犯寄藏他处，而后谎报。所以会出现将罪犯临时羁押的情况，地方监狱谎报在押实际情况并秘密处决囚犯。

（二）元朝的监狱类型

元朝从公元 1271 年蒙古族元世祖忽必烈建立元朝开始，到公元 1368 年秋明太祖朱元璋北伐攻陷大都为止。元朝是中国历史上第一个由少数民族（蒙古族）建立并统治全国的封建王朝。它的统一结束了长期的分裂割据的政治局面，使社会走向安定，促进了社会政治、经济、文化的发展，促进了民族大融合，是我国统一多民族国家发展的重要时期，开拓了空前辽阔的疆域，促进了中国边疆地区的发展。元朝统治者在监狱设置上，既沿袭了前代之制，又作了重要改变。

1. 中央监狱。与唐宋不同，元朝没有大理寺，中书省下的刑部为中央专职司法机关，原由大理寺掌管的审判事务也都归刑部掌管，御史台还是原来的司法监察机关，中央监狱设置在御史台和刑部，一改中国历史上不在刑部设狱的旧制，对明朝狱制也产生了较大影响。此外设立了管理蒙古族贵族事务、具有独立管辖范围的中央司法机关——大宗正府。对蒙古人、色目人、皇室宗亲的审判归大宗正府，与之相对应的便是大宗正府狱，关押诸王驸马、蒙古及色目人；宣政院狱主要拘押和审理的是犯罪的僧人；大都路兵马都指挥司狱，元朝兵马司狱设置在大都路都总管府，《元史·百官志六》记载，大都路兵马都指挥使司"司狱司，凡三……一置于大都路，一置于北城兵马司，通领南城兵马司狱事。皇庆元年，以两司异禁，遂分置一司于南城。"

2. 地方监狱。元朝的地方司法机关从属于行政机关。元代疆域辽阔，划分为"10+1"，即今河北、山东、山西等地直隶中书省，另设十个行中书省。行省职官下设"理问所"专掌审判。行省在地方司法中发挥了承上启下的作用。元朝的地方监狱与唐、宋相承，又有较大的变化。唐时地方分道、州、县三级，道为中央政府的派出机构，不附设监狱。宋朝则改道为路。[1] 元朝统治者完成了前所未有的封建大一统，省和行省以下有路、府、州、县四种区划，因此地方监狱主要有路、府、州、县监狱。

（三）明朝的监狱类型

元朝是蒙古人建立的政权，统治期间，民族矛盾激化，农业生产遭到游牧的破坏，各

---

〔1〕 薛梅卿主编：《中国监狱史》，群众出版社 1986 年版，第 121 页。

【数字资源】

【课程思政资源】

岳飞与《满江红·怒发冲冠》

岳飞（公元1103年—1142年），字鹏举，相州汤阴（今河南省汤阴县）人。南宋时期抗金名将、军事家、战略家、民族英雄、书法家、诗人。

岳飞是南宋杰出的统帅，治军赏罚分明，纪律严整，又能体恤部属，以身作则，率领的“岳家军”号称“冻死不拆屋，饿死不掳掠”。金军有“撼山易，撼岳家军难”的评价，以示对岳家军的由衷敬佩。

在岳家军高歌猛进之时，宋高宗赵构和宰相秦桧却一意求和。在宋金议和过程中，岳飞遭受秦桧、张俊等人诬陷入狱。1142年1月，以莫须有的罪名，岳飞与其长子岳云、部将张宪一同遇害。宋孝宗时，岳飞得以平反昭雪，改葬于西湖畔栖霞岭，追谥武穆，后又追谥忠武，封鄂王。

岳飞文才同样卓越，其代表作《满江红·怒发冲冠》是千古传诵的爱国名篇。

满江红·怒发冲冠

怒发冲冠，凭阑处、潇潇雨歇。抬望眼，仰天长啸，壮怀激烈。三十功名尘与土，八千里路云和月。莫等闲、白了少年头，空悲切。

靖康耻，犹未雪。臣子恨，何时灭。驾长车，踏破贺兰山缺。壮志饥餐胡虏肉，笑谈渴饮匈奴血。待从头、收拾旧山河，朝天阙。

【知识链接】

乌台诗案

乌台是御史台的别称，传因御史台中有柏树，野乌鸦数千栖居其上，故称御史台为“乌台”，亦称“柏台”。

乌台诗案的主人公是苏轼。元丰二年（公元1079年）四月，苏轼调任湖州知州，进《湖州谢上表》中写道：“知其愚不适时，难以追陪新进；察其老不生事，或能牧养小民。”句中“新进”即指神宗任用的新派人物，表达了自己不与当朝新贵合作的态度和自己对新法“生事”的不满。这两句话成为御史弹劾苏轼的导火索。七月，御史台官员李定、何正臣、舒亶等人接连上章弹劾苏轼，认为苏轼是攻击朝政，反对新法。神宗及新派人物都大为恼火。后来由神宗批示后，七月二十八日，台吏皇甫僎携吏卒急驰湖州逮捕苏轼。八月十八日送其进御史台狱。整个审判历经五个月。后因当朝多人为苏轼求情，宰相吴充直言：“陛下以尧舜为法，薄魏武固宜，然魏武猜忌如此，犹能容祢衡，陛下不能容一苏轼何也？”王安石也劝神宗，圣朝不宜诛名士。太皇太后曹氏也出面干预：“昔仁宗策贤良归，喜甚，曰：‘吾今又为吾子孙得太平宰相两人’，盖轼、辙也，而杀之可乎？”十二月二十九日，圣谕下发，苏轼终免一死，贬谪为检校尚书水部员外郎黄州团练副使本州安置。轰动一时的“乌台诗案”就此销结。

路义军反抗元政权，其中农民军中，朱元璋逐渐取得领导地位。公元 1368 年 8 月，由朱元璋领导的起义军一举攻陷元大都北京，宣告了元朝的灭亡。同年，朱元璋在建康（今南京）称帝，改元洪武，建立了明王朝，朱元璋是为明太祖。太祖即位后，立刻对以往的制度进行改革，明朝还用了长达二十余年的时间制订“大明律”，促进了社会的稳定，建立起我国历史上封建专制主义中央集权大大加强的国家制度。自神宗之后，明朝逐渐走向衰落，公元 1644 年，李自成率军攻入北京，崇祯皇帝在万岁山自缢身亡，明朝至此宣告灭亡。

中国古代自汉以来，中央及地方所设之狱，一直以狱为名，一般人则称其为牢狱，并无监之称呼，而自明代起，文书中始称狱为监，当时监狱虽尚未联称，事实上已具有监狱之本义。[1] 明代封建皇权全面强化，明代监狱在明初“刑乱国用重典”的狱政思想指导下，发展成较为完备的监狱设置体系。明朝监狱设置与历代不同的是，除了正式监狱外，还有锦衣卫、镇抚司、东厂、西厂等特务组织专设的监狱，即诏狱。

1. 中央监狱。

（1）都察院狱、刑部监。明初，监察机关沿用唐宋旧制，中央设御史台。洪武十五年（公元 1382 年），扩大监察机构，改御史台为都察院，其地位和职权都有进一步提高。朱元璋整肃吏治，对官吏的监督主要依靠都察院。都察院监狱关押的罪犯一般都是重要的朝廷命官，须具有一定品级和罪行，并非普通官员即可关押。刑部监狱关押的是地方上报的死刑重犯和京师笞罪以上的案犯。

（2）五城兵马司狱。五城兵马司是管理京师治安的机构，掌巡捕盗贼，街道沟渠、囚犯、火禁之事。洪武（1368 年—1398 年）中于北京、南京中、东、西、南、北五城分置，始称五城兵马司，分别负责五城治安，专职巡捕盗贼，梳理街道及追捕囚犯，因此称为“五城兵马司狱”。

（3）五军都督府监。大明建立后，朱元璋废除了管理全国军事的大都督府，将其分为中、左、前、后、右五军都督府，五军都督府只管掌兵籍，知兵数，直接管理京师和地方的卫所，而没有调发军队之权。卫所是明朝军事机构卫和所的合称，一卫所辖有 5600 人。五军都督府监狱便是军事特种监狱，设有五军断事官，总治五军刑狱，主要关押全国卫所的犯人。

（4）厂卫监狱。《明史》记载：“刑法有创之自明，不衷古制者，廷杖、东西厂、锦衣卫、镇抚司狱是已。”“锦衣卫，掌侍卫、缉捕，刑狱之事，恒以勋戚都督领之”，初为皇宫禁卫军，掌直驾侍卫。成祖夺皇位后，欲以威慑群臣，特命纪纲为锦衣卫指挥使，掌领亲军，兼管巡察缉捕。厂、卫干预司法，这是明代的独特现象，也是明代司法滥酷的主要原因与突出表现，[2] 明代厂卫制度空前残酷，滥杀无辜，通过厂卫直接控制诏狱，成为明代衰亡的一大恶疾。

---

〔1〕 李甲孚：《中国监狱法制史》，台湾商务印书馆 1984 年版，第 116 页。
〔2〕 萧伯符、唐若雷等主编：《中国法制史》，中国人民公安大学出版社 2005 年版，第 227 页。

【课程思政资源】

开封府

开封，古称汴州、汴梁、汴京，被誉为“八朝古都”，先后有夏朝，战国时期的魏国，五代时期的后梁、后晋、后汉、后周，宋朝，金朝在此定都。开封府位于开封市包公湖东湖北岸，为北宋时期天下首府，占地60余亩，建筑面积1.36万平方米，气势恢宏，巍峨壮观，与位于包公湖西湖的包公祠相互呼应，同碧波荡漾的三池湖水相映衬，形成了“东府西祠”、楼阁碧水的壮丽景观。开封府依北宋《营造法式》建造，以正厅（大堂）、议事厅、梅花堂为中轴线，辅以天庆观、明礼院、潜龙宫、清心楼、牢狱、英武楼、寅宾馆等五十余座大小殿堂。

“开封有个包青天，铁面无私辨忠奸……”一提起开封府，首先想到的就是刚正不阿的包青天，从小到大，众多影视剧里塑造了他铁面无私、廉洁公正的清官形象，包拯也成了开封的名片。相传开封府原来流传“衙门口朝南开，有理无钱莫进”的说法，包拯到任后得知这一情况，毅然决定打开开封府大门，任百姓自由出入，并可上堂听审，以示公正。包拯清廉刚正，认理不认钱，老百姓认为包拯的开封府和一般的府衙不一样，所以开封府应该大门向北，久而久之就产生了“包公倒坐南衙”的传说。“公生明，偏生暗”，公正能使人光明磊落，明察事理，后来经常以此六字作为官场箴规。在古代府州县衙门口，经常会竖立这样六个大字，以此来提醒官员只有公正，一心为公，才能明察秋毫，才能清正廉明。

实际上除了包拯外，开封府先后有过200多位府尹，其中还包括有寇准、欧阳修、范仲淹、苏轼、司马光、苏颂等一大批杰出政治家、思想家、文学家、军事家在此任职。有“公生明”“清慎勤”的道德正气，有廉正刚毅、除暴安良、为官一任、造福一方的开封府衙文化等，开封府也因此深入民心，名垂青史，成为四海闻名的中国古代官衙。

现开封府主题景区大体可分为9个区：①以鸣冤鼓、戒石、大堂等为主体的府衙文化区；②以梅花堂为主体的包拯传说文化区；③以太极八卦台、三清殿为主体的道教文化区；④以典狱房、牢狱为主体的刑狱文化区；⑤以供奎楼、桂籍堂为主体的科举教育文化区；⑥以英武楼、校场为主体的游艺文化区；⑦以清心楼历任府尹事迹为主体的府尹人文文化区；⑧以潜龙宫宋太宗、宋真宗、宋钦宗的事迹为主体的帝王文化区；⑨以范公阁、曲桥、明镜湖、弦月山为主体的休闲文化区。

2. 地方监狱。明朝在各个州县也设置了监狱，由地方州县主官负责管理。县衙仪门两侧建有衙神祠和监狱，叫“东祠西狱”。监狱之所以建在衙门的西边，是因为古人对“天”的无上崇拜，按古代天文学所讲，主管狱事的是昴星，“昴主狱事，典治囚徒也”“昴者，天子之耳也，主西方”。因此明朝州县的监狱设置根据此理论而布局，监狱的设置与上天相对应，以得到天的照应。所以衙署监狱一般在州县衙门的西面或西南面，以体现“天人合一”的原则。

（四）清朝的监狱类型

清朝（公元1636年—1912年），是中国历史上第二个由少数民族建立的统一政权，是中国历史上最后一个封建王朝。1616年，建州女真部首领努尔哈赤建立后金。1636年，皇太极改国号为清。1644年入关，逐步统一全国。清朝前期，统一多民族国家得到巩固，基本上奠定了我国版图，同时君主专制发展到顶峰。1840年鸦片战争后进入近代，多遭列强入侵，主权严重丧失。1911年，辛亥革命爆发，清朝统治瓦解，从此结束了中国两千多年来的封建帝制。1912年2月12日，清帝被迫退位。清朝从后金建立开始算起，共历经十二帝，统治全国268年。清朝面临内忧外患的局面决定了监狱制度兼有时代性和民族统治的特点，反映了当时封建社会末期尖锐复杂的阶级矛盾与民族矛盾。清朝监狱组织体系基本依照明制，总管监狱的机关仍然是刑部下设的提牢厅。[1]

1. 中央监狱。清朝中央司法机关继承明朝设置，设刑部、大理寺、都察院，被称为中央三法司。清朝中央机关直接管理的监狱主要有刑部南北二监、盛京地区监狱、宗人府空房、慎刑司监狱和步军统领衙门监狱。

（1）刑部监狱。刑部下设有南北二监狱，并设有提牢厅总管全国监狱，都察院和大理寺均未设置监狱。南北两监主要拘系外省送京秋审死囚和京师死囚及现审重犯。官犯一般关押在北监，蒙古族等寄监人犯一般关押在南监。

（2）盛京地区监狱。清代盛京地区特设监狱。盛京，今辽宁沈阳市，清入关前的国都。清世祖福临顺治元年（公元1644年）建立全国性的清王朝之后，定都北京，盛京被尊崇为“留都”。盛京刑部即盛京司法机关，审理盛京旗人和边外蒙人的案件，会审涉及秋审当报的重犯等。下设监狱，是执行本部判处刑罚、囚禁人犯的场所，主要收禁盛京旗人、边外蒙古人案犯以及一般民人与旗人诉讼的案犯。

（3）宗人府空房。宗人府空房，官署名，清朝宗人府所属机构，专门关押、圈禁有罪宗室，特殊监狱名。清代为优待宗室犯罪者而设，俗称高墙。清代宗室犯罪，轻则折罚，徒罪以上则责惩而加圈禁，监禁在宗人府下专设的空房。宗人府空房置司官二人，由宗人府长官安排，具体掌管圈禁事宜。宗室、觉罗、军流屡犯者的圈禁则移发到盛京、吉林、黑龙江等处的圈禁所。

---

〔1〕 薛梅卿主编：《中国监狱史》，群众出版社1986年版，第160页。

【知识链接】

大宗正府

元朝官制分为中央政权和地方政权，中央政权下设三公、中书省、六部、枢密院、御史台、大宗正府、宣政院、太禧宗禋院和储政院。

大宗正府，官署名。金国置，元代沿置，是元代司法机构之一，审理蒙古、色目人和宗室案件，与中书省、枢密院并列，不受御史台监察，成为蒙古王公垄断的中央审判机构。

大宗正府，秩从一品。国初未有官制，首置断事官，曰札鲁忽赤，会决庶务。凡诸王驸马投下蒙古、色目人等，应犯一切公事，及汉人奸盗诈伪、蛊毒厌魅、诱掠逃驱、轻重罪囚，及边远出征官吏、每岁从驾，分司上都存留住冬诸事，悉掌之。至元二年，置十员。三年，置八员。九年，降从一品，银印，止理蒙古公事，以诸王为府长，余悉御位下及诸王之有国封者。又有怯薛人员，奉旨署事，别无颁受宣命。十四年，置十四员。十五年，置十三员。二十一年，置二十一员。二十二年，增至三十四员。二十八年，增至四十六员。大德四年，省五员。十一年，四十一员。皇庆元年，省二员，以汉人刑名归刑部。泰定元年，复命兼理，置札鲁忽赤四十二员，令史改为掾史。致和元年，以上都、大都所属蒙古人并怯薛军站色目与汉人相犯者，归宗正府处断；其余府州县汉人、蒙古、色目词讼，悉归有司刑部掌管。正官札鲁忽赤四十二员，从一品；郎中二员，从五品；员外郎二员，从六品；都事二员，从七品；承发架阁库管勾一员，从八品；掾史十人，蒙古必阇赤十三人，通事、知印各三人，宣使十人，蒙古书写一人，典吏三人，库子一人，医人一人，司狱二员。

（引自元史·志卷第三十七·元史八十七·百官三）

宣政院狱

宣政院，初名总制院。1264 年，立总制院，而领以国师。1288 年，因唐制吐蕃来朝见于宣政殿之故，更名宣政院，是元代掌管全国佛教事务和统辖吐蕃地区的官署，则置行宣政院往当地处理，重大军事行动要与枢密院商议。在对吐蕃地区的管理上，宣政院相当于一个特殊的行省，是元朝的全国宗教管理机关和宗教审判的最高机关，官员由僧侣担任，形成宗教与世俗权力并行的特殊司法制度。

宣政院狱是元朝宗教机关系统的监狱，专门关押僧侣和僧俗纠纷重大案犯的场所。元朝司法制度渗透宗教色彩，并且“不相统摄”，各领其事。与此相适应，狱制亦具有多元化特点。中央设有宣政院为最高宗教审判机关，其司法狱政权不受御史台监督。下附监狱，属中央监狱之一。各路设有行宣政院，为中央派出的路一级宗教刑狱机关，其下也设监狱，收押徒刑以上案犯须报宣政院，具有地方监狱性质。宣政院狱和行宣政院狱均归僧司管辖。僧官或僧侣犯罪，一般世俗监管机构不得擅自关押，形成元朝独有的宗教与世俗监狱建制并行的特殊制度。（来源：《中国劳改学大辞典》）

（4）慎刑司监狱。《清史稿·职官五》《清通志·职官三》《清会典·内务府》记载，慎刑司属内务府，掌府属审讯之事。初名“尚方司”，康熙十六年改名慎刑司，由郎中、员外郎领管。其属有主事、催长、副催长等。太监犯罪也多由慎刑司审判。慎刑司监，专司监禁内务府管辖的旗人、太监、匠役犯人。对于所监禁的人犯，每日派三旗章京等 11 人轮流看守，女犯则移送内管领处，传该管领下年老妇人看守。

（5）步军统领衙门监狱。清置，专司监禁京师地区满人和八旗军人罪犯。由步军统领衙门司务厅管理，监狱分设在崇文、宣武、朝阳、阜成、东直、西直、安定、德胜八门，各一所，依次监禁镶白旗人、镶红旗人、正蓝旗人、镶蓝旗人、镶黄旗人、正黄旗人、正白旗人、正红旗人，也羁禁刑部拟定的枷示或该衙门奏明永远枷示的旗人罪犯。

2. 地方监狱。地方监狱主要依据行政区划而设，包括省、府、县、厅、州监狱。省监狱隶属于省提刑按察使司，以按察使为其长官，省监亦称为司监，是省级衙门的监狱，也是全省最大的监狱，由按察使管理。清代因地方司法与行政合一的体制，决定了监狱只是衙门的附属物，州县衙门建置的监狱，一般都在州县衙门的西侧。

二、宋元明清时期的狱官

（一）宋朝的狱官

1. 御史台狱。北宋以御史大夫为加官，中丞实为御史台长官。神宗元丰（公元 1078 年—1085 年）改制后，台院置侍御史一员，为御史台次官。

2. 大理寺狱。北宋初置判寺一员，兼少卿事一员，神宗元丰（公元 1078 年—1085 年）改制，置卿一员、少卿二员专管审讯刑狱，凡皇帝下旨审讯重要、机密案犯以及三司、各寺、监吏人犯杖以上罪，皆送此狱结断。

3. 开封府狱。《宋史·职官志》记载，开封为北宋都城，初以亲王为开封牧，以文臣为开封尹，但牧、尹皆不常置，通常主持开封府政务的是权知府，主管京师民政、狱讼及捕除寇盗，“牧、尹不常置，权知府一人，以待制以上充。”

4. 掖庭狱、皇城司狱。掖庭狱多任用宦官；皇城司置勾当皇城司公事为长官，以诸司使、副使及内侍都知、押班充任。南宋初，设行营禁卫所，绍兴元年（公元 1131 年）改称行在皇城司，置提举官与提点官，改勾当皇城司公事为干办皇城司公事。

宋朝地方监狱官吏有狱掾、典狱官等。在各路设有提点刑狱司，它是宋代中央派出的“路”一级司法机构，简称“提刑司”“宪司”“宪台”，设提点刑狱公事为长官，兼以文武臣充任监督管理所辖州府的司法审判事务，审核州府卷案，可以随时前往各州县检查刑狱，举劾在刑狱方面失职的州府官员。

（二）元朝的狱官

御史台设御史台狱，置御史大夫、狱丞等官吏。元大德七年（公元 1303 年）在刑部设司狱司，掌率狱吏、典囚徒之事，于刑部司狱司亦置狱丞一人，地位在司狱之下，宋濂《元史·卷八十五》载：“司狱司，司狱一员，正八品；狱丞一员，正九品；狱典一人。”御史台设御史台狱，置御史大夫、狱丞等官吏。另外大都路及南、北两城兵马司下亦置司

【知识链接】

锦衣卫

官署名，全称“锦衣卫亲军都指挥使司”，明代主要特务机构之一。最初，锦衣卫是为保卫皇帝安全而设，为护卫皇宫的禁卫亲军上十二卫之一。后来，随着君主专制制度的加强，明太祖朱元璋（公元 1368 年—1398 年在位）又特令其兼“掌侍卫、缉捕、刑狱之事”（《明史》卷七十六职官五），赋予其巡察缉捕权力，使之成为皇帝的耳目、爪牙。后曾一度停止。至成祖（公元 1402 年—1424 年在位）夺取皇位后，为加强专制统治，威慑诸臣，又恢复，特命纪纲为锦衣卫指挥使，令典亲军，兼管巡察缉捕，为皇帝心腹，权力渐重。锦衣卫最高长官为指挥使，常由功臣、外戚充任，设有同知、佥事、镇抚司镇抚等官，其下有官校，专司侦察。锦衣卫所属有南北两镇抚司十四所，南司专理本卫刑名及法纪军纪；北司系永乐年间增置，专治诏狱。两司皆设有监狱，叫镇抚司狱。镇抚司所隶有将军、力士、校尉；所置千百户、总旗、小旗等官，统校尉力士，时称“缇骑”。镇抚司权力很大，判案均直接请示皇帝，取旨行事，不经法司，不关白卫帅，任意处理，用刑尤为残酷，为明代一大弊政。明中叶后，锦衣卫与东厂、西厂并列齐名。锦衣卫缉民间情伪，以印官奉敕领官校。东厂太监缉事，别领官校，亦从本卫拨给，由是恒与宦官相表里，相互配合，活动加强，为害更烈，成为历史上著名的以“厂卫”并称的特务组织之一。（来源：《北京大学法学百科全书》）

【知识链接】

东西厂

东厂，即“东缉厂事”，是明成祖朱棣于永乐十八年（公元 1420 年）在京师东安门北设立的特务机构。据《明史 · 刑法志》载，其职司为“缉访谋逆、妖言、大奸恶”，即保障皇帝的集权专制。其长官常以司礼监秉笔太监之第二、第三人充任。属官有掌刑千户、理刑百户各一员，由锦衣卫千户、百户充当，称贴刑官；隶役、缉事等官校亦由锦衣卫拨给。其职掌为镇压人民和反对派官员，专门从事侦探、缉捕、锻刑等活动，还可直接报告皇帝，权在锦衣卫之上。（来源：《中华法学大辞典》）

西厂，明代始置，明宪宗时，为加强特务统治，维护君主专制，又于成化十三年（公元 1477 年）在东厂以外增设西厂，由太监汪直提督，其人员及权势均超过东厂，活动范围自京师遍及各地。《明史 · 刑法志三》载：“至宪宗时，尚铭领东厂，又别设西厂刺事，以汪直督之，所领缇骑倍东厂。自京师及天下，旁午侦事，虽王府不免。直中废复用，先后凡六年，冤死者相属，势远出卫上。”西厂职责为“四出刺民间阴事”，镇守、守备“刺臣民隐事”（《明史 · 列传第一百九十二 · 宦官一》）。西厂活动了六年，因遭吏民反对，被迫撤销，成化十八年（公元 1482 年），诏罢西厂。然而，明武宗正德元年（公元 1506 年），太监刘瑾专权，又一度恢复西厂，以司礼太监刘瑾党羽谷大用为提督。正德五年（公元 1510 年），刘瑾被诛，西厂遂废除。（来源：《北京大学法学百科全书》）

狱司，掌率狱吏、典囚徒之事，大都路兵马都指挥司狱由大都路兵马都指挥使司的司狱司管辖，《元史·百官志六》记载，大都路兵马都指挥使司“司狱司凡三……一置于大都路，一置于北城兵马司，通领南城兵马司狱事。皇庆元年，以两司异禁，遂分置一司于南城。”另外，元朝各路总管府及各府亦沿置推官，掌治刑狱。

大宗正府一府之长皆由诸王等蒙古贵族充任，其中司狱专管监狱事宜。元泰定帝致和元年（公元1328年）已置“正官札鲁忽赤四十二员，从一品”，下有郎中、员外郎、椽史、典吏、司狱等员，一府之长皆由诸王等蒙古贵族充任，其中司狱专管监狱事宜。

（三）明朝的狱官

1. 刑部监狱。负责管理刑部监狱的是刑部司狱司，算是一个正司级单位，主官下面设有司狱六名，级别不高但权力很大。《明史·职官一》记载：“刑狱初归刑部，司狱，率狱吏，典囚徒”，司狱下面还设有一些狱吏。

2. 都察院监。由都御史负责，与刑部类似，都察院也下设司狱司这一机构，只是司狱人数比刑部少，只有五人。

3. 五城兵马司狱。见《明史·职官三》记载，其官有指挥使各一人，正六品，副指挥使各四人，正七品。

4. 五军都督府监。明太祖为了加强对卫所的管理，洪武二十三年（公元1390年），升五军断事官为正五品，总治五军刑狱。分为五司，每司设稽仁、稽义、稽礼、稽智、稽信五人，均为正七品，各理其军之刑狱。

5. 厂卫监狱。锦衣卫置锦衣卫亲军指挥使司；其所属有南北镇抚司十四所，有将军、力士、校尉。锦衣卫下设南北镇抚司，北镇抚司专理诏狱，直接取旨行事，开设有法庭监狱；[1] 东厂由亲信宦官掌管，受司礼监领导，下设领班司房、掌刑千户、百户等官；西厂由宦官执掌，以汪直为提督，人员和权力都超过东厂。

因明朝监狱种类多，专门在刑部之下设置了总管监狱的机关——提牢厅，天下刑案“系于提牢厅，故提牢厅天下狱皆在焉”。提牢厅长官是提牢主事，“凡提牢，月更主事一人，修葺囹圄，严固扃钥，省其酷滥，给其衣粮”，[2] 专门负责管理全国监狱服务，并负责整修监狱、检查囚犯伙食等。明朝还设置了都察院十三道监察御史，根据《明史·职官二》的记载，监察御史可以“大狱重囚会鞫于外朝，偕刑部、大理寺谳平之。其奉敕内地，拊循外地，各专其敕行事”，即其职能包括对监狱里的重犯的犯罪行为进行复核，防止发生冤案。

州县监狱，由地方州县行政官员负责管理。实际管理的包括提牢主事、典狱官以及狱卒。

---

〔1〕叶孝信主编：《中国法制史》，北京大学出版社1989年版，第236页。

〔2〕（清）张廷玉等：《明史》卷七十二·志第四十八，中华书局1974年版，第1759页。

【课程思政资源】

苏三监狱

洪洞县衙监狱始建于明朝洪武二年（公元 1369 年），距今已有 600 多年的历史，是中国现存唯一一座明代形制的县衙狱，曾被毁，1984 年按原样修复，占地 600 多平方米，因北京名妓苏三蒙冤落难囚禁于此及戏剧《玉堂春》的流传而闻名遐迩。据传，明朝正德年间（公元 1506 年—1521 年）北京名妓苏三在洪洞县蒙冤落难被囚于该监狱死牢中，山西巡按王景隆探知苏三冤狱案情后，下令重新调查，让苏三奇冤得以昭雪，苏三和王景隆有情人终成眷属，这座监狱后来被称为苏三监狱。

监狱有两道门，两重围墙，墙垣高耸。监狱的西南角就是牢房，普通牢房和死囚牢（狴犴牢）两建筑串为一体。普牢 12 间，带走廊，过亭 3 间，禁房 2 间，狱神龛 1 座，普通牢房的门楣上有一块黑匾写有“苏三监狱”，一副对联曰“一案平冤风流艳说佳公子，千年积弊生死全凭老大人”。死囚牢在后院，门首挂虎头牌。牢房有瓦房和窟洞二种，苏三就被关押在窟洞式牢房内。院内有水井一眼，人称“苏三井”。其布局和形制为研究我国封建社会监狱规制提供了实物资料。

【知识链接】

苏　三

苏三是京剧《玉堂春》中主人公的原型。苏三，原名周玉姐，明代山西大同人。六岁时父母双亡，后被拐卖到北京苏淮妓院，遂改姓苏。她到妓院前，妓院已有二妓，故取名三儿，“玉堂春”是她的花名。官宦子弟王景隆冶游遇到苏三，对苏三一见钟情，过从甚密。苏三要王景隆发奋上进，誓言不再从人。王景隆离京归里，虽对苏三不能释然，但奋志读书，二次进京应试，考中第八名进士。在王景隆返家之际，苏三被鸨儿以一千二百两银子的身价，卖给山西洪洞马贩子沈燕林为妾。沈燕林长期经商在外，其妻皮氏与邻里赵昂私通。沈燕林带苏三回到洪洞，皮氏顿生歹心，与赵昂合谋毒死沈燕林，诬陷苏三。初审时洪洞县衙将皮氏与苏三收监。赵昂从皮氏家中拿出一千余两银子行贿。知县王氏贪赃枉法，对苏三严刑逼供，苏三受刑不过，只得忍屈画押，被判死刑，监于死牢中。正当苏三在洪洞死牢含冤负屈之际，适值王景隆升任山西巡按，得知苏三已犯死罪，便密访洪洞县，探知苏三冤狱案情，即令火速押解苏三案件全部人员至太原。王景隆为避亲审惹嫌，遂托刘推官代为审理。刘氏公正判决，苏三奇冤得以昭雪，真正罪犯伏法，贪官王氏被撤职查办，苏三和王景隆有情人终成眷属。（来源于百度百科）

（四）清朝的狱官

从清代起“监”和“狱”正式合称为“监狱”。清代监狱基本沿袭旧制，司法与行政不分，传统监狱是司法与行政官署的附属物。清代监狱官主要分为两种：有狱官和管狱官。“有狱官，京内为刑部提牢司员，京外为按察使、知府及州厅县官等，有监督监狱之权责，不负管理之任。管狱官，京内为刑部司狱，京外为按司狱、府司狱、吏目、典史等，为管理监狱之官，各有专责。关于囚犯逃越缉捕等，法律皆有明文规定。”[1]

1. 刑部监狱。清朝刑部所属提牢厅长官。满、汉各一人，于额外及试俸主事内拣选充任，任期一年。掌管理狱卒、稽核罪犯及支放衣粮药物等事。

2. 盛京刑部监狱。《清史稿·职官一》记载，盛京刑部监狱是“掌盛京谳狱，边外蒙古隶之”的司法机关，依刑部机制亦附设本部监狱，由满、汉司狱二人掌管。

3. 宗人府监狱与慎刑司狱。宗人府空房置司官二人，由府堂官派充，由宗人府长官安排，具体掌管“圈禁”事宜。慎刑司初名“尚方司”，后称“尚方院”，康熙十六年改名慎刑司。由郎中、员外郎领管。其属有主事、催长、副催长等。

4. 步军统领衙门监。其长官称为提督九门巡捕五营步军统领，其所统军队有两部分，一部分是八旗的步兵，组为步军营；另一部分是京城绿营的马步兵，组为巡捕五营。八旗步军与绿营军巡捕五营的职掌都是分讯防守、稽查。步军统领衙门的职掌，除上述防守、稽查、门禁缉捕等事务之外，尚有断狱的职能。

清朝监狱除省一级的监狱由长官按察使，又称“臬司”管辖外，地方监狱的提牢事务大多仍由各级行政长官来兼任、直接掌管，所以各级知府、知州、知县亦属于有狱官之属。[2] 但他们是狱官却不是专职者，监狱的直接管理者是司狱、吏目、典史、狱卒等，他们属于古代统治阶级的底层，社会地位不高，收入较低，被社会所鄙视，他们直接控制着监狱的直接管理权力，甚至在很大程度上直接能决定囚犯的生死。

---

〔1〕 孙雄编著：《监狱学》，商务印书馆 2017 年版，第 71 页。

〔2〕 曹强新：《清代监狱研究》，湖北人民出版社 2011 年版，第 135 页。

【知识链接】

戴宗

戴宗是中国古典小说《水浒传》中的人物，绰号神行太保，原是江州两院押牢节级，能日行八百里。他曾与梁山好汉合谋，伪造蔡京书信以营救宋江，却被识破，判处斩刑，被梁山好汉救出，因此上梁山入伙，是白龙庙二十九英雄之一。梁山大聚义时，梁山一百〇八将之一，排第二十位，上应天速星，职司为总探声息头领。征方腊后授兖州府都统制，后辞官到岳庙出家，最终大笑而终。

（来源于百度百科）

【讨论题】

戴宗所任江州两院押牢节级属于什么官职？

《水浒传》中还有哪些人物任职监狱官吏？

《水浒传》中有哪些人物曾被捕入狱？受过哪些刑罚？

【知识链接】

都察院十三道监察御史

明朝都察院取代御史台，成为明朝的最高监察机关。但是，都察院并非一个简单的中央机构，而是一个可以和六部（吏、户、礼、兵、刑、工）相颉颃的庞大系统。后明代逐步形成一套被称为“科道”的监察体制。

所谓“科道”，指的是吏、户、礼、兵、刑、工六科给事中和都察院的十三道监察御史。虽然二者归属不同，但地位和职责却相近，故合称为“科道”，也称为“台垣”，御史为台，六科为垣，构成明代纠举弹劾，防止官员敷衍公事、违法乱纪的两道交叉防线，又由于职在“建言”乃至“风闻言事”，故又统称为“言官”。

十三道监察御史隶属于都察院。所谓“十三道”，是对应于全国的十三个布政司（即省）：浙江、江西、湖广、福建、广东、广西、山东、山西、河南、陕西、四川、云南、贵州。经过数番调整，十三道监察御史定员为北京110人、南京30人，共140人，品秩均为正七品。十三道御史对相应的布政司及带管的在京衙门（包括文官衙门、武官衙门和宦官衙门）的官员及各种事务进行监察，并且参与由礼部主持的“廷议”。北京、南京的十三道御史分别在两京的衙门办事，巡按御史则“代天子巡狩”各省及南、北二直隶，各省对官员的考核、给中央各部的报告，都要有巡按御史认可并与巡抚都御史联合签署。

如果说六科给事中更侧重于行政监督，监察御史便更像是“纪检监察”，其主要职责是“察纠内外百司之官邪”，专门监察各级官员、各类事务中的违法、违纪、违规行为，上从内阁大学士、六部尚书，下到知县、县丞等巡检的各级官员，大到国家政策的制定、军国大计的决策，小到科举考试、学校教育、赋税征收、盐政马政、屯田仓储、风俗民情的各种细节，都在十三道御史的监察视线之内。对于官员的弹劾，既可封章密劾，也可以露章面劾，既可以揭露事实，也可以“风闻言事”。有时甚至南北响应、科道联合弹劾，声势浩大。

科道监察权的作用在于对邪恶的抨击、对正义的褒扬，并造成强大的舆论，促使在明代士大夫中形成一股振奋人心、维系世运、堂堂正正、至大至刚的凛然正气。明朝前期吏治清明、民风淳厚，官员多以克己奉公为荣、以贪赃枉法为耻，固然与明朝朝廷大张旗鼓地在民间进行道德教化、在官场惩治贪污腐败，以及国家新立、经济凋敝、社会财富尚不丰富有关，但也离不开监察系统特别是科道官员的激扬正气、抨击邪恶。

（来源：中国纪检监察杂志）

【思考练习题】

1. 梳理“监狱”称谓的演进过程。

2. 如何评价商朝的圜土之制？

3. 从刺配制度理解流放与监狱之间的关系？

第三单元 古代监狱的制度

【教学目标】

知识目标：了解中国古代监狱的制度体系和制度内容；

能力目标：具备分析古代监狱制度设置背后的历史背景和刑罚思想的能力，发现古今监狱制度的一脉传承之处；

素质目标：通过对中国古代监狱制度体系架构的厘清、发展脉络的追溯，感受制度背后的监狱文化、中华优秀传统思想中蕴含的社会治理理念，启发制度之治。

【问题导入】

近年来，全国各监狱纷纷以“非遗传承进高墙”创新劳动改造方法，瓷刻、绒绣、剪纸等蕴含着中华传统文化的非遗项目深受服刑人员喜爱。而在古代监狱中，罪犯的劳役项目则多以工事修筑、冶铁制器、屯田舂米等重体力劳动为主。

问题：与古代监狱相比，当代监狱劳动制度体现了哪些优势？

我国最早的监狱大约出现在公元前2000年前，随着第一个奴隶制国家夏朝的建立而产生，历经商、西周、春秋各时期的发展，形成了古代监狱的雏形，并逐步向成熟完备的监狱制度发展。纵观古代监狱管理制度的体系和内容，大致包括系囚制度、悯囚制度、录囚制度、劳役制度、会审制度、特权制度以及其他制度等。西周出现监管制度的雏形，两汉时期的监狱在系囚、悯囚和录囚制度等方面已奠定了制度架构的基础。唐朝进入封建社会的鼎盛时期，监狱制度达到相对完备的程度，监禁制度更加完善，狱具制度更为规范，还发展了居作制度，建立了狱囚衣粮及医药制度，同时进一步发展了录囚制度等。宋朝统治者把加强封建专制主义中央集权作为基本国策，恢复儒臣治狱的传统，建立控制地方狱政的提点刑狱司制度，进一步发展了录囚宽赦制度，皇帝作为宋王朝至高无上的统治者，独揽全国狱政大权。明、清的监狱制度沿袭唐宋，并进一步完善，刑事立法更为广泛多样，司法制度审级明确，死刑复核进一步制度化。但随着封建社会的衰落、君主专制统治的高度发展，明清时期的监狱制度具有了封建晚期刑罚残酷、狱政腐败混乱等特征。

【知识链接】

王守仁（1472 年 10 月 31 日—1529 年 1 月 9 日），本名王云，字伯安，号阳明，又号乐山居士，浙江余姚人，汉族。明朝杰出的思想家、文学家、军事家、教育家。官拜南京兵部尚书、左都御史，因平定南赣、两广盗乱及宸濠之乱，因功获封新建伯，明穆宗时追赠新建侯爵，谥号“文成”。万历十二年（1584 年）从祀于孔庙。王阳明是陆王心学之集大成者，不但精通儒、释、道三教，而且能够统军征战，是中国历史上罕见的大儒，其学术思想在中国、日本、朝鲜半岛以及东南亚国家乃至全球都有重要而深远的影响。

阳明先生：提牢厅壁题名记（节选）

京师，天下狱讼之所归也。天下之狱，分听于刑部之十三司，而十三司之狱，又并系于提牢厅。故提牢厅，天下之狱皆在焉。狱之系岁以万计，朝则皆自提牢厅而出，以分布于十三司。提牢者，目识其状貌，手披其姓名，口询耳听，鱼贯而前，自辰及午而始毕。暮自十三司而归，自未及酉，其勤亦如之，固天下之至繁也。

其间狱之已成者，分为六监，其轻若重而未成者，又自为六监，其桎梏之缓急，扃钥之启闭，寒暑早夜之异防，饥渴疾病之殊养，其微至于箕帚刀锥，其贱至于涤垢除下，虽各司于六监之吏，而提牢者，一不与知，即弊兴害作，执法者得以议拟于其后，又天下之至猥也。

狱之重者入于死，其次亦皆徒流。夫以共工之罪恶，而舜姑以流之于幽州。则夫拘系于此，而其情之苟有未得者，又可以轻弃之于死地哉！是以虽其至繁至猥，而其势有不容于不身亲之者，是盖天下之至重也。

旧制提牢月更主事一人，至是弘治庚申之十月，而予适来当事。夫予天下之至拙也。其平居无恙，一遇纷扰，且支离厌倦不能酬酢，况兹多病之余，疲顿憔悴。又其平生至不可强之日，而每岁决狱皆以十月下旬，人怀疑惧，多亦变故不测之虞，则又至不可为之时也。

我国监狱管理制度的体系架构、发展历程和背后蕴含的狱政思想，展现了一个东方文明古国的刑罚文化，表现出独有的民族特色和特殊规律。研究和分析其重要内容，对我们认清中国古代监狱统治的实质、激发广大监狱工作者的责任感和事业心、发展监狱事业都具有重要的指导意义。

第一节　系囚制度

系囚制度是指将人犯系之入狱，实行有效拘押，确保监狱安全和保卫的制度，是监狱管理中的重要一环。系囚的目的在于使“内情不得外出，外情不得内入，使人知幽囚困苦之状，以顿挫其顽心。”[1] 通过限制与剥夺人身自由来达到惩罚和预防犯罪的效果。其主要内容包括监禁制度、戒具制度、分类杂居制度。

一、监禁制度

监禁制度主要涉及监禁对象、门卫与点视制度、囚账与呼囚制度以及违反监禁规定的责任追究等内容。

（一）监禁对象

我国古代的监狱形态来源于原始社会末期的“丛棘”“牢”，这一类型的监狱形态简陋、条件较差，脱胎于关押和驯化野兽的巢穴、棚舍、地牢等环形设施。监禁对象主要为战争中俘获的异族人或部族内部的寇贼、犯有奸猾行为的罪人。此时的监禁仅是一种防止逃逸的看管措施，本身并不具有刑罚的属性。

自我国历史上第一个奴隶制王朝夏朝建立后，监狱作为国家暴力机器随之产生。纵观从奴隶制社会的夏、商、周、春秋到封建社会初期的战国、秦、汉历代刑罚可以看出，这一时期的刑罚主要是以奴隶制五刑“墨、劓、剕、宫、大辟”为代表的残酷肉刑和生命刑为主。因此，监狱的囚禁对象主要是待审待质的未决犯和已经判决而待执行刑罚的人犯。

汉文帝十三年推行刑制改革，以徒刑、笞刑和死刑取代了毁人肢体的肉刑，开启了由奴隶制五刑向封建制五刑发展的新进程。隋朝，以“笞、杖、徒、流、死”为主的封建制新五刑正式确立，此后，监狱职能进一步扩张。这一时期的监禁对象主要包括三类人：一是罪犯本人，这部分人是被监禁的主体；二是连坐的亲属及族人、友人等，这部分人占据相当数量；三是证人等与案件有关的其他人员，案件一经调查清楚，证人提供的证词无误，便可得到释放。

清末监狱改良废除了凌迟、戮尸等奴隶制五刑的残余，同时也废除了封建制五刑中“笞、杖”等摧残身体的实质肉刑，建立了一个以自由刑为中心的近现代刑罚体系，即“死刑、无期徒刑、有期徒刑、拘役、罚金”新五刑体系。根据《大清新刑律》《大清监狱律草

[1]（清）沈家本：《历代刑法考（刑事卷）》，商务印书馆2017年版，第936页。

【数字资源】

【课程思政资源】

莫高窟45壁画——唐代的牢房背后的刑罚思想

救囚难图

公元9世纪上半叶，吐蕃在敦煌展开了大规模的写经事业。吐蕃在敦煌的抄经制度，在官方政令的强力支持下，上升到了法律的高度，抄、校经生触犯了抄经制度，轻者受到科罚，重则被捕入狱。正是有了法律制度的严格约束和抄、校经生一丝不苟的敬业精神，才有了震惊世界的敦煌精品文献。

《新唐书》记载吐蕃的监狱："其狱，窟地深数丈，内囚于中，二三岁乃出。"

莫高窟壁画中留下了敦煌监狱的实物图像，如第45窟南壁观音经变的一个场面，观音经变宣扬有罪之人只要一心念诵观世音菩萨即可得解脱。壁画中描绘了唐朝官府所使用的刑具和监狱监禁罪犯的情景。画面中外方内圆、墙头插满铁蒺藜的监狱以及犯人满脸的悲苦令人不寒而栗。内容讲的是有人本来犯了法，临刑悔悟、默念观音名号，刑具自然脱落。神情看不到，但是步伐身形很轻松。为了对比还画了一个被囚禁的人，神情黯然、愁苦落寞。

案》的规定，明确监狱为关押已决犯的场所，其监禁对象为被判处拘役、有期徒刑、无期徒刑的罪犯。需要羁押的未决犯不再投入监狱，另设留置所看管。

（二）门卫与点视制度，囚账与呼囚制度

门卫制度是为对犯人进行严密监管而设置岗哨、值班、看押、出入等方面的制度；点视制度是指狱官定时点检囚犯人数以及监视监狱安全状况的制度。

早在秦朝，狱中便设了“署人”“更人”等看守人员站岗值班，并层层设岗对犯人出入进行看管。同时，为强化监管力度，秦朝除专门设有狱吏和狱卒对犯人进行管理外，还经常让轻刑徒监率重刑徒，如城旦舂由司寇来监率，刑徒逃跑则惩罚监率者。在劳役外出方面也规定严格，刑徒不准前往市场等繁华闹市，也不准在市场门外逗留，如经市场需绕道而过。

汉朝建立了“夜呼囚”制度，即对犯人实行晚点名，以检视狱内犯人的基本情况，防止逃跑等现象的发生。《太平御览》记载：“王章下廷尉狱，妻子皆系。小女年十二，起号哭曰：‘平常狱上夜呼囚，常数至九，今八而止。我君素刚，先死者必君，果死。’”〔1〕此后各朝，人犯在禁一般均需着囚衣、戴戒具，并实施点名制度。

唐朝为加强对囚犯的管理，设置了“囚账制度”，即建立犯人的花名册，各地监狱定期将出入监狱的犯人姓名、罪状、禁系日期、释放及死亡人数等情况向中央司法部门呈报的制度。宋朝进一步规定了“囚账”的申报程序和日期，规定各地县监狱每五日将收禁和释放的狱囚人数向州府衙门申报一次；各州府衙门每十日将下辖县狱及本司的囚账汇总上报中央，同时申报所在路的提点刑狱使司；中央根据各地所报囚账，进行年末考核。

宋朝在对囚犯的门卫制度上更加细化：一是严格规定了监狱的下锁开锁时间，下锁为一更三点（20时12分左右），开锁为五更五点（5时左右），天亮早的春夏季节则提前至五更三点（4时12分左右）开锁；二是规定了狱卒的夜间值班制度，每晚由两至三名狱卒轮流值宿，如有应值不值者，处以杖八十的惩罚；三是加强了对物品的检查程序，对狱囚家属送来的衣食物品先进行登记，然后交由值班狱卒检查，无非法危险物品才可转交狱囚；四是严禁非管理人员随意进出监狱，宋朝法律规定：“吏卒非系在狱而辄入者，有罚。”〔2〕

明清时期，监狱安全防范措施更加强化。明朝确立了提牢点视制度，即提牢官巡视监狱安全、清点狱囚人数的制度。据《明会典》记载，提牢官由刑部每月轮派主事一人任职，除有升堂问案、公事外出，每月初一、十五休息两日以外，其余时间“专一点视狱囚，关防出入”，〔3〕不得擅离职守。提牢官每日总管监房锁钥，检查封锁情况，查点狱囚人数。各部门如需提审狱囚，提牢官要检查核验各部的取囚票帖，点对囚数，再交于狱

〔1〕杨习梅主编：《中国监狱史》，法律出版社2016年版，第84页。
〔2〕（清）沈家本：《历代刑法考（刑事卷）》，商务印书馆2017年版，第931页。
〔3〕转引自张显清主编：《明史研究 第十二辑》，黄山书社2012年版，第287页。

【知识链接】

汉代皇宫中值班人员分五个班次，按时更换，叫“五更”，由此便把一夜分为五更，每更为一个时辰，戌时为一更，亥时为二更，子时为三更，丑时为四更，寅时为五更，其对应如下：

一更天：戌时 19：00-21：00

二更天：亥时 21：00-23：00

三更天：子时 23：00-01：00

四更天：丑时 01：00-03：00

五更天：寅时 03：00-05：00

元大都时的北京，一更三点禁人行，五更三点听人行。

课堂笔记：

卒，“各该狱卒管押赴部问毕，随即押回收监，顷刻不得擅离左右。”〔1〕清朝承袭明制，有关点视门禁的制度更为详尽、充实。清朝刑部南北两监设有满汉提牢官二人，满汉司狱八人。根据清律规定，监狱各门的早晚封锁均由值班官吏点视，“每薄暮，下管键，质明启钥”“目识其状貌，手披其姓名，口徇耳听，鱼贯而前。”〔2〕若因不曾点视而发生失囚行为的，则从提牢官到狱卒都要问罪。此外，嘉庆二十二年，为防止“奸徒捏名入监舞弊”，实行提牢官轮流夜间值班制度。提牢官在早晚放饭时两次入狱视察，司狱每日二人轮流在南北监狱内厅值宿，并准许囚犯亲属每月两次探监，入监探视必须立号登记，逐一详讯，探视后随即出狱，不得久留。在安全防范上，严格入监检查，以防夹带违禁物品，严禁狱卒将砖石、树木、铜铁器皿混带入监，造成严重后果的，一律严厉惩治。

（三）惩治逃亡及狱吏责任制度

在奴隶制和封建制社会，刑罚残酷、狱制黑暗，囚犯逃亡事件屡有发生。脱逃现象一方面影响王权统治下的法律权威，另一方面也为社会带来不安定因素，因此，各王朝除强化狱内安全监督外，对囚犯的逃亡同样也制定了严厉的制裁措施，同时追究狱吏责任，以保证刑罚的顺利执行。

商朝，由于奴隶主对奴隶实施“人祭”等极端残酷的压迫政策，引发了奴隶的强烈反抗，监狱斗争普遍采用成批逃亡、暴乱的方式。据《殷墟爻辞》记载，因羌奴数人从监狱中逃跑，商王便施以裂、剔、刳肠等酷刑杀死两人以示警诫。

秦朝规定了刑徒的解送程序，已经判决徒刑的罪人由专人负责押送到劳役地点，并严格交接，若没有按时抵达，按律当斩。此外，如果在服劳役过程中发生刑徒逃亡，则要追究监率的责任。如隶臣监率城旦，城旦逃跑了，应将隶臣处以完城旦，并将其在外面的妻、子收孥。同时对捕获逃亡刑徒的监率进行奖赏，如捕获逃亡的完城旦，奖赏黄金二两。

唐律严厉惩治破坏监禁制度的各种行为，不仅惩治囚犯，也追究狱吏责任；不仅管控囚犯的逃狱行为，也惩罚囚犯的狱内违禁犯罪行为。其一，违禁物品管控。为防止狱中发生自杀、杀人、越狱逃跑等行为，严禁囚犯携带危险物品入内，对私自给予者施以法律制裁。《唐律·断狱律》规定：“诸以金刃及他物，可以自杀及解脱，而与囚者，杖一百；若囚以故逃亡及自伤、伤人者，徒一年；自杀、杀人者，徒二年；若囚本犯流罪以上，因得逃亡，虽无伤杀，亦准此。”〔3〕其二，重处劫囚及越狱者。《唐律》规定：“诸劫囚者，流三千里，伤人及劫死囚者绞，杀人者，皆斩。但劫即坐，不须得囚。”“凡被囚禁拒捍官司而走者，流三千里；伤人者，加役流；杀人者斩，从者绞。”〔4〕对于劫囚和越狱者，不

〔1〕（清）沈家本：《历代刑法考（刑事卷）》，商务印书馆2017年版，第936页。
〔2〕何勤华：《中国法学史（第二卷）》，法律出版社2000年版，第346页。
〔3〕（唐）长孙无忌等：《唐律疏议注译》，甘肃人民出版社2017年版，第847页。
〔4〕（唐）长孙无忌等：《唐律疏议注译》，甘肃人民出版社2017年版，第499页。

【材料分析题】

明朝广州城越狱事件

明朝正统十三年（公元 1448 年）九月的一天，明朝广州城监狱发生了一起影响深远的囚犯越狱事件。数百名囚犯集体暴动，不仅成功越狱，还手持利刃杀入明朝设在当地的军械局，夺取了大量武器，开始了武装起义。

这次越狱事件的主谋是当地一个出名的“山海盗”头目——黄萧养。黄萧养本是一个赤脚医生，行医医德很好，但是因为反对压迫贫民的当地地主，双方关系不睦，打了起来，他杀死狗仗人势的地主狗腿子，被抓进了监狱。这让黄萧养十分气愤。

在狱中，黄萧养联络了数百名与自己一样的被明朝统治阶级诬陷为“山海盗”的狱友，结成同盟。俗话说：“有钱能使鬼推磨。”他们兑钱贿赂一部分狱吏，让狱吏帮他们将需要的武器运进监狱。此外，黄萧养他们还对生活困难的狱友进行救助，送钱送物，想方设法帮助他们家里渡过难关，使其在狱中放下心来。黄萧养还整顿了狱中不良的风气，严禁打架斗殴、拉帮结派、赌博耍钱，统一了组织领导，团结了狱中受苦受难的底层百姓，深受他们的爱戴与拥护。在狱中得到武器后，黄萧养等人还与狱外的同伴联系，约定了起事的时间，让他们做好接应。正统十三年（公元 1448 年）九月的一天，黄萧养率领数百名狱友发动了历史上有名的广州城越狱事件。到晚上，他们在狱外同伴的接应下，砍开枷锁，杀死了阻拦他们的看守监狱的官吏，冲进了广州军械局，夺得武器装备，举行了武装起义。由于行动迅速，起义军很快冲出了广州城，抵达了安全地区，而明朝官方直到第二天上午才得知监狱暴动消息，急忙去镇压，可是起义军已经消失得无影无踪。

你认为黄萧养越狱成功的因素有哪些？

管成功与否，最低处以流三千里，流刑是仅次于死刑的刑种，而流三千里又是流刑中的最高刑处，可见对于越狱和劫囚惩治的严厉程度。其三，捕获逃囚。《唐律·捕亡律》：“诸犯罪共亡，轻罪能捕重罪首，及轻重等，获半以上首者，皆除其罪。”[1] 鼓励逃犯自首，自首可免罪；对于一起逃亡的囚犯，罪轻者可以捕获罪重者，轻重相等的，半数以上自首可免其罪。同时，要求路人协助追捕囚犯，能协助而不协助者，也要杖责。《唐律疏议·追捕罪人》规定：“诸追捕罪人而力不能制，告道路行人，其行人力能助而不助者，杖八十；势不得助者，勿论。”[2] 其四，处罚官吏纵囚失囚，对于故意放跑囚犯或者因监管疏忽导致囚犯逃跑的狱吏狱卒，与囚同罪。对于失囚者，允许立限追捕，在规定时间内如能捕获，则减等处罚。

唐以后各朝沿袭了唐律对囚犯越狱脱逃的惩治，并科处严厉刑罚。元朝法律规定，“诸已断流囚，在禁未发反狱，殴伤禁子，已逃复获者处死；未出禁者，杖一百七，发已拟流所。”[3] 大明律将罪囚脱逃和暴力越狱相区分，对于暴力反狱者，处斩刑；对于脱监潜逃者，加重处罚。清律规定与明律大致相同，但对结伙越狱惩治更为严厉，无论有无伤人，无论原罪轻重，首犯、从犯一律治罪，轻者斩首示众，重者凌迟处死。

二、戒具制度

戒具是指主要用于拘系囚犯、防止危险行为发生的工具、器械。在中国古代，戒具一词并不多见，往往出现的是狱具刑具，指进行拷讯、拘禁犯人和执行肉刑时使用的器械。考察历代法典文献，不难发现，古代狱具包含刑具（用于肉体惩罚）和戒具（用于拘禁犯人）两种器械。如唐朝的法定狱具主要有笞、杖、枷、杻、校、钳、锁等，其中笞、杖为刑具，而枷、杻、校、钳、锁等为戒具；又如明律规定的狱具为笞、杖、杻、锁、镣等，笞、杖为刑具，杻、锁、镣为戒具。由此可见，作为缉拿和拘禁犯人的戒具，在古代法典中并未形成独立体系，其制度设置、使用规定等常与狱具、刑具杂糅交叉。常见的法定戒具有枷、杻、锁、镣等，秦汉至明清，大多沿用。下面主要介绍桎、梏、拲、杻、锁、枷等几种戒具。

（一）桎、梏、拲

据文献考证，中国最早的戒具起源于原始社会末期，其形态为“徽纆”。《易·坎卦·上六》记载，“系用徽纆，寘于丛棘，三岁不得，凶”。徽纆，三股为徽，两股为纆，皆索名，以系缚其罪人也。[4] 徽纆即黑索，用以束缚战俘、罪隶，以防逃跑，是桎梏制度的历史源起。1937 年在殷墟安阳小屯村的窑洞里出土了一批戴着拲的陶俑，男俑手拲在身后，女俑手拲在身前，所戴拲为竖长木制器械，把双手铐在一起，状如拱手，故音同“拱”。《汉书》记载，“凡囚，上罪梏拲而桎，中罪梏桎，下罪梏”，这说明木制戒具在商朝

[1] （唐）长孙无忌等：《唐律疏议注译》，甘肃人民出版社 2017 年版，第 150 页。
[2] （唐）长孙无忌等：《唐律疏议注译》，甘肃人民出版社 2017 年版，第 821 页。
[3] 邱汉平编著：《历代刑法志》，商务印书馆 2017 年版，第 532 页。
[4] （清）沈家本：《历代刑法考（刑事卷）》，商务印书馆 2017 年版，第 953 页。

【知识链接】

商代戴拲具的陶俑

戴着戒具的清代女犯

敦煌晚唐时期的《十王图》中的“枷”“杻”

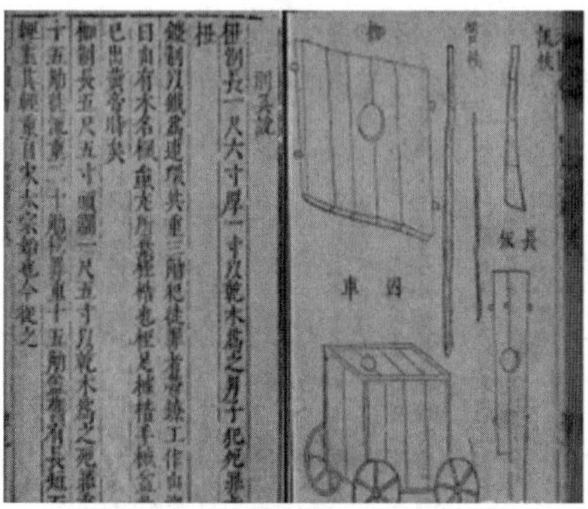

明代《三才图会》中的刑具

拶指图

已广泛使用，主要有桎、梏、拲三种，单独或合并使用，用于束缚犯人手脚。《说文》解释为，“桎，足械也；梏，手械也。”《汉文音义》云，“两手共一木曰拲，两手各一木曰梏”，这些文献详细说明了桎、梏、拲的使用方法及适用对象。由于金属冶炼技术尚不成熟，早期的戒具多为木制，相较于绳索系缚容易造成罪犯脱逃的情况，木制戒具更为牢靠，安全防范系数更高、系缚效果更好。由此可见，戒具最原始的、最主要功能为系缚，即拘禁犯人，避免逃逸。

（二）杻

杻，又称手杻，是专门用来束缚犯人手的工具，一般为长方形，中间有两个圆孔，分别束缚犯人双手。杻，其实就是商周时期梏的演变，《说文》记载：“杽，械也，从木手。”段注：“杽当作‘梏’字，从木手则为手械无疑也。杽，杻古今字。”〔1〕意思是杻与杽、梏是古今同义字，只是木制手械在不同历史时期的不同称谓而已。自西周直至秦汉，手械一直沿用“梏”的称谓，直至南北朝时期，杻才出现于法典中，代替“梏”意指手械。《梁律》《陈律》《北齐律》等开始对杻的规格进行了法典化规定，《隋志》记载：“《梁律》，囚有械、杻、升械及钳，并立轻重大小之差，而为定制。”《陈律》记载：“立测者，著两械及杻，上垛。”〔2〕自此以后，唐律、明律、清律逐步对戒具的规格大小、使用对象、适用限制等作了详细规定并日趋完善。如《明律·狱具图》：“杻长一尺八寸，厚一寸，以干木为之。男子犯死罪者用杻，犯流罪以下及妇人犯死罪者不用。”〔3〕自此以后，杻一般与枷、镣等一起使用，主要适用于男子死刑重犯，其主要功能仍在于限制囚犯行动自由，以起到加强监管之效。杻以及其前身“梏”是现代警戒具手铐的历史渊源。

（三）锁

锁，俗称铁索、铁链，一般以金属铁锻造之，用以拘禁囚犯，可单独使用或与枷等戒具一起使用。《汉书·西域传》记载，“后军侯赵德使罽宾，与阴末赴相失，阴末赴锁琅当德。”〔4〕颜师古注，“琅当，长锁也，若今之禁系人锁矣。”据此推测，锁在西汉时已出现，因其便捷性一直沿用至清朝，成为我国历史最悠久的古代戒具之一。元代将系于犯人颈部的铁链称为“锁”，系于腿部的称为“镣”，直至今天，“脚镣”仍作为警戒具用于预防和制止罪犯的危险行为。自南北朝以后，历代对锁的规格和使用对象均有规定，《明律·狱具图》载，“铁索长一丈，以铁为之。犯轻罪人用镣，连环，共重三斤，以铁为之。犯徒罪者带镣工作。”〔5〕刑律虽对“锁”“镣”的重量规格有详细明确的规定，但中国古代法治思想并不发达，立法者往往首先违反法律。因此，法外刑具的滥用在历代都屡见不

〔1〕（清）沈家本：《历代刑法考（刑事卷）》，商务印书馆2017年版，第944页。

〔2〕（清）沈家本：《历代刑法考（刑事卷）》，商务印书馆2017年版，第944页。

〔3〕出自《明律》，转引自（清）沈家本：《历代刑法考（刑事卷）》，商务印书馆2017年版，第944页。

〔4〕出自《汉书·西域传》，转引自（宋）司马光：《资治通鉴（第2册）》，北京燕山出版社2006年版，第645页。

〔5〕出自《明律·狱具图》，转引自（清）沈家本：《历代刑法考（刑事卷）》，商务印书馆2017年版，第958页。

【知识链接】

《水浒传》里的“枷”：长枷、方枷、行枷和盘头枷

《水浒传》中，不少好汉都曾因为杀人犯罪而被刺字，刺字后还要被发配到其他地方，比如宋江、武松、林冲、杨志、卢俊义等。由此，原著里也提到了不少刑具，其中最常见的一种刑具，就是枷。

第一种：长枷。长枷在原著中多次提及，百二十回本的《水浒传》中，一共出现13次，林冲、武松、宋江、刘唐等人都戴过长枷。林冲被高俅陷害，误入白虎堂，后来被下在狱中，戴的就是长枷。

《魏书》中说过，当时的枷“长一丈三尺，喉下长一丈”。北魏时期，尺分三种，最小的尺有27.9厘米。换算一下即可知道，当时的枷有三米六之长，足有两个人高。正因如此，北齐的萧子良在《净住子》中说是“抱长枷”。

第二种：方枷。明代初期，长枷与方枷并存，比如《大明会典》记载，洪武二十六年（公元1393年）时有规定，“刑部每年用长枷五百二十面……方枷二百六十面；都察院每年该用长枷一百二十面……方枷二百六十面”。到明代后期，方枷越来越多，清代时则都是方枷了。水浒中，仅第36回的诗里有一句“方枷铁锁并临头，坐守行监不少休”，提到了“方枷”。明代方枷尺寸如何?《三才图会》中有说到，而且说到了不同枷的重量。“枷制，长五尺五寸，头阔一尺五寸，以干木为之。死罪重二十五斤，徒流重二十斤，杖罪重一十五斤。盖旧有长短而无斤重，自宋太宗始，今从之。监不少休”。

第三种：行枷。古代犯人坐牢和发配时，都会戴着枷，但重量不同。通常而言，坐牢时戴得枷重。比如白胜被抓，就是戴“二十斤重死枷”；王婆下狱时，戴得是“重囚枷”；宋江写反诗，戴得是“二十五斤死囚枷”；解珍解宝被毛太公陷害，也是戴二十五斤死囚枷；柴进被高廉、殷天锡所诬陷，仍然是二十五斤死囚枷；卢俊义最倒霉，他下狱时戴得是“一百斤死囚枷”。

但是，发配地通常很远，若戴几十斤的重枷，不可能走远。所以发配路上戴得枷通常很轻，这样方便行走，因此也叫“行枷”。水浒中，多次提到过行枷。“武松就把这十两银子一发送了两个公人，再带上行枷，依旧贴了封皮。”枷的长短已定，如何减轻重量呢?办法是减小枷木的厚度。但如果厚度太薄，枷可能不牢固，于是人们就会用铁叶钉在上面，辅助固定。基于此，所以行枷也叫“铁叶护身枷”。水浒中，林冲、武松等人被发配时，就是戴这种枷，只有七斤半重。比如林冲，他被发配到沧州时，当厅打一面“七斤半团头铁叶护身枷”戴。

鲜，甚至出现过 15 公斤、20 公斤重的镣锁，加诸于犯人身体上，一方面利用刑具重量约束限制犯人行动自由，另一方面也是对犯人的肉体惩罚。

（四）枷

梏的另一种形态发展为枷，枷在古代刑具史甚至刑罚史上扮演着相当重要的角色，因使用频率之高、适用范围之广而为人们所熟知。枷在历史上曾被称为校，晋代始称枷，并开始流行，历经隋、唐、宋、明，一直沿用至清代，使用历史长达 1500 多年之久。秦汉时期，曾把戴在犯人颈部与手、足的戒具统称为“三木”，司马迁《报任少卿书》中便有相关记载，“魏其，大将也，衣赭衣，关三木。”[1] 枷的形态与三木有相似之处，用于套在犯人颈项。还有一种枷，既套于颈部，又在前方木板上挖出左右两个圆孔，同时束缚双手和颈部的活动自由。枷初时并无定制，有几十至上百斤不等，长短大小也不一。《魏书·刑法志》便有相关佐证：“检杖之大小，鞭之长短，令有定式，但枷之轻重，先无成制。”[2] 直至南北朝开始才逐步规范枷的规格标准及适用限制，如《魏书·刑法志》：“臣等参量造大枷，长一丈三尺，喉下长一丈，通颊木各方五寸，以拟大逆外判，杻、械以掌流刑已上。”[3] 《唐六典》记载，“枷长五尺以上，六尺以下，颊长二尺五寸以上，六寸以下，共阔一尺四寸以上，六寸以下，径头三寸以上，四寸以下。”[4] 明朝甚至规定只有官府指定的地方才可以制造枷，并需经过官方检验，否则不能随意使用。

枷最初仅用来囚禁犯人，限制其自由行动，但随着其使用的流行，逐步演变为一种肉体惩罚的刑具，出现了大枷、重枷、立枷等惨无人道的刑罚工具，明朝更设“枷号刑”作为一种羞辱犯人的刑罚执行方式。唐代武则天时期，酷吏来俊臣发明了 10 种大枷，各有名号，一曰定百脉，二曰喘不得，三曰突地吼，四曰著即承，五曰失魂胆，六曰实同反，七曰反是实，八曰死猪愁，九曰求即死，十曰求破家，极其惨酷。[5] 明朝宦官刘瑾更是创设了 100 多斤的重枷，犯人戴上几日便命丧黄泉。明神宗设置立枷，让犯人戴重枷站立在前长后短的木制笼子中窒息而亡。明太祖仿照西周的嘉石制创设枷号刑，令犯人颈部戴枷，枷上标明姓名、所犯罪状，在监外示众，刑期有 1 个月至半年不等，有的刑期至终身。由此可见，随着历史的演进，戒具不再将系缚作为唯一目的，更发展了“肉体惩罚”的派生属性，以枷为代表的戒具有时充当着刑具的角色，它兼具了约束性和惩罚性的双重功能，这也解释了为何古代戒具、刑具、狱具常常混为一谈。

（五）小结

加戴戒具是古代监狱系囚的重要手段，秦汉时期的刑徒在服劳役期间须戴戒具，以防

---

〔1〕 何本方等主编：《中国古代生活辞典》，沈阳出版社 2003 年版，第 229 页。

〔2〕（清）沈家本：《历代刑法考（刑事卷）》，商务印书馆 2017 年版，第 951 页。

〔3〕 出自《魏书·刑法志》，转引自（清）沈家本：《历代刑法考（刑事卷）》，商务印书馆 2017 年版，第 951 页。

〔4〕（唐）张九龄等原著，袁文兴、潘寅生主编：《唐六典全译》，甘肃人民出版社 1997 年版，第 216 页。

〔5〕 郑天挺、谭其骧主编：《中国历史大辞典》，上海辞书出版社 2010 年版，第 109 页。

第四种：盘枷。行枷中有一种特殊的枷，叫“盘枷”，也就是水浒里提到过的“盘头枷”。

“盘枷”出现于唐代，起初没有规定重量，到宋代时，仁宗规定重十斤。北宋末年，因为超重的盘枷很多，宋徽宗还特意下诏，规定“狱具盘枷，止重十斤”。盘枷是为方便犯人生活所制，所以是圆形，没有拐角，与圆盘相似，故名“盘枷”。这种圆形的枷，从唐代《佛说十王经》、明末绣像本《水浒传》中都能看到。

盘枷重量也很轻，为了稳固，上面也会钉着铁叶，所以这种枷也叫“铁叶盘头枷”。

武松刺配恩州时，戴得就是“七斤半铁叶盘头枷”。卢俊义也曾戴铁叶盘头枷，不过，蔡九知府可能考虑到卢俊义武艺高，所以给他戴得是“二十斤铁叶盘头枷”。《宋会要辑稿》中说过，因为当时只有“盘枷之制不着令式”，所以“天下有司常所用之”，其主要用于“县送徒于州，州送囚于他所”等。可以发现，盘枷也是犯人发配时所戴。

此外，《水浒传》里还提到过“枷号”，意思就是戴着枷示众，枷上还会写清犯人姓名、罪名，是一种精神方面的惩罚，能起到警戒众人的作用。李逵坐堂时，就曾让被告“枷号在衙门前示众”。

【讨论题】

古代戒具制度的发展呈现了怎样的历史特征？

其逃亡，戒具中既有木制材料制成的桎梏、“三木”，也有金属材料制成的铁钳、铁桎。在封建社会，历代的刑律一般根据罪行轻重对人犯施用不同的戒具。对徒流囚、死囚必重械其身，并严惩私脱。唐律规定：“禁囚，死罪枷、杻，妇人及流以下去杻”。[1] 元朝规定：“犯死罪枷杻收禁，妇人去杻。”[2] 明朝规定：“其在禁内，徒以上应杻，充军以上应锁（镣），死罪应枷；凡枷者兼锁杻，凡锁者兼杻，惟妇人不杻。”[3] 清朝规定，除了关系强盗人命等重犯，需要在脖颈和手足用铁索、镣各三条外，其余人犯按照普通人犯用铁锁、索镣各一条。此外，自西汉起，私脱戒具或为他人私脱戒具都将面临严厉的制裁。汉律有“私解脱桎、梏钳、赭罪”这一罪名，自脱者加罪一等，为人解脱者与囚同罪。唐律规定：“诸囚应禁而不禁，应枷、锁、杻而不枷、锁、杻及脱去者，杖罪笞三十，徒罪以上递加一等。”[4]

三、分类杂居制度

分类杂居制度是指根据罪犯的性别、社会身份、犯罪性质等不同情况，进行分类、分监、分房关押，实行杂居的制度。唐代以前，监狱一直实行的是不分男女老幼的混羁杂居制度，监狱管理中乱象丛生。唐代以后的分类杂居制用意是多方面的，“贵贱异狱”维护了皇族特权；“男女分房”一定程度上避免凌虐女囚，保障狱内正常监管秩序；“轻重分治”节约了人力成本，重点关注重刑犯的安全防范。

（一）贵贱异狱、男女分房

汉武帝时期，京都长安设置了26所中都官狱，有据可考的为19所，其中就有专门囚禁皇族、将相大臣、后妃宫女的监狱，如太子家令狱（太子太傅管辖，是太子有罪被拘禁的地方）、内宫狱（宗正管辖，主要囚禁皇族中的有罪者）、左右都司空狱（宗正府管辖，主要囚禁列侯两千石犯罪官员）、若卢狱（少府管辖，主要囚禁将相大臣）、掖庭狱（主要囚禁宫中女官）、暴室（囚禁后妃及宫女有罪者）。

唐朝确立了“贵贱异狱、男女分房”的制度，规定凡皇族犯罪者，或“刑于家室”或“幽于别所”，即软禁于家中或关押于内宫狱（用于监禁太子、诸王、后妃、公主犯罪者），以示贵贱有别。此外，不仅宫内狱实行男女分监，一般监狱中也实行男女罪犯分房关押，很大程度上改善了女性罪犯在狱内受欺凌的现象，有利于维护封建社会的宗法礼治和等级制度。后世历朝基本沿袭该制度，明清时期设置高墙、宗人府空房专门用于关押皇室贵族便是佐证。

（二）轻重分治、病囚别所

宋朝在前朝基础上，进一步完善了分类杂居制度，《狱官令》规定：“妇人在禁，皆

---

[1] （唐）长孙无忌等撰：《唐律疏议》，中国政法大学出版社2013年版，第383页。

[2] （民国）何绍忞撰：《新元史（卷八八~卷一六九）》，吉林人民出版社1995年版，第2033页。

[3] 转引自万安中：《中国监狱发展的探索与思辨》，中国政法大学出版社2013年版，第228~229页。

[4] （唐）长孙无忌等：《唐律疏议注译》，甘肃人民出版社2017年版，第846页。

【知识链接】

国际上“分房制”的提出

1846年在德国召开了为制止严刑、推动狱制改革的第一次国际监狱会议。参加会议的国家有德国、荷兰、比利时、法国、英国等。会议推崇采用“分房制”，并提出对囚犯应允许其从事劳动，采取道德上、宗教上的教诲，可以会见教诲师，可以就医；对长期刑犯实行“阶级制”。逐渐放宽管束，改善待遇；拘留所也可采取“分房制”，以防人犯之间串通等。会议的中心议题是倡导监狱的改良。它是首次资产阶级国家参加的国际性会议，对世界各国狱制改革起到了重要的推动作用。

清末监狱改良中的“分房制”

光绪三十三年（公元1907年），法部颁布的《改良监狱新章》要求监狱当以分房制、阶级制为最好，习艺所分为罪犯习艺所和拘禁浮浪贫乏者的民人习艺所。安徽巡抚冯照批示提法司转各属遵照执行。自此，安庆习艺所始分轻罪监、重罪监。凡各州县内拟结的军、流、徒人犯，已定监禁年限者，均收入重罪监；地痞、恶丐及无业游民，或年轻子弟不遵父兄教训，由地方官及警局拘禁者，一律收入轻罪监。光绪三十四年三月，安庆府在府监外附近建成新码所一处，用于关押各地解审之人犯。

宣统元年（公元1909年），法部大臣沈家本奏准各省改置新监狱，省会建设模范监狱。次年，省提法司下令将安庆习艺所改为安徽省模范监狱，省城的司、府、县三狱和习艺所、新码所各犯全部拨入。模范监狱改革监狱制度，实行分类杂居制和分房制两种。分类杂居制是指根据罪犯性别、刑名、刑期、罪质、年龄、犯数、职业、身份、性情等分类拘禁。分房制是指将年龄不满13岁和刑期不满3个月的罪犯各拘禁于不同的监房、工场；有暴力危险和传染病的罪犯则被拘禁在夜间独居监房。由于分房制耗资巨大，其时，省内其他各处监狱尚不限制杂居，混合杂居制仍然实行。

于男夫别所，仍以杂色妇人伴守。”〔1〕可见，宋朝不仅继续执行男女分房分押，女囚也由杂色妇人看守，即由“杂户”（主要为工匠和在政府内服杂役的人户，其地位低于普通民户）中的女性看管女性人犯。同时，“重囚有病，须别牢选医医治”，〔2〕即为防治传染病，宋朝规定病犯也需分开关押。

元朝由蒙古族建立和统治，其法律制度、监狱管理的基本精神与前朝一脉相承，以维护统治秩序。但元朝为实现民族歧视和民族压迫，在法典中规定了“南北异制”，反映在囚犯关押上，规定蒙古人、色目人、汉人分别关押在不同监狱，且适用不同的刑罚处置程序，享有不同的待遇和特权。

明朝分监关押除继续实行“贵贱异狱、男女分监”外，还设置了内外分监制度，即设置内监收押强盗人命死刑罪犯，设置外监收押军流徒犯。这种分轻罪犯与重罪犯不同分押分管的制度是继唐朝“贵贱异狱、男女分监”制度后的又一大进步，起到了威慑轻刑犯、监督重刑犯的双重作用。

清朝除分内监、外监外，还根据囚犯性别、社会地位、罪刑轻重、健康状况等情况进一步细化了分类，专门设置了女监、病监等。

第二节　悯囚制度

古代历朝统治者为了保障监狱有效发挥其镇压职能，缓和阶级矛盾，体现统治者的仁政，对狱囚的基本生活待遇都给予了应有重视。自战国始便逐步建立了一套保障狱囚基本生活的悯囚制度，包括老弱幼疾的颂系制度、妇女优待措施、暂释赦宥以及其他法外施恩规定等。

一、颂系制度

“颂”意为宽容，“系”是指系囚，“颂系”即在刑具使用、监禁制度上对人犯予以宽容优待。颂系制度可追溯至汉朝，景帝后元三年曾下诏：“年八十以上，八岁以下，及孕者未乳，师、侏儒，当鞫系者，颂系之。”〔3〕对于八十岁以上的老人、八岁以下的孩童，以及未分娩的怀孕妇女、盲人乐师、侏儒，应当加戴戒具的，可予以宽容优待，准许免戴戒具。至孝宣元康四年又下诏：“朕念夫耆老之人，发齿堕落，血气既衰，亦无暴逆之心，今或罹于文法，执于囹圄，不得终其年命，朕甚怜之。自今以来，诸年八十非诬告杀伤人，它皆勿坐。”〔4〕再次对八十岁以上的老人施以仁政，只要不是犯诬告罪、伤人罪的人

〔1〕马泓波点校：《宋会要辑稿·刑法（下）》，河南大学出版社2011年版，第700页。

〔2〕参见《州县提纲·卷三·病囚别牢》。转引自张希清等：《宋朝典制》，吉林文史出版社1997年版，第378页。

〔3〕参见班固：《汉书·刑法志》。转引自张晋藩：《中华法系研究论集》，中国政法大学出版社2010年版，第75页。

〔4〕（清）沈家本：《历代刑法考（律令卷）》，商务印书馆2017年版，第75页。

【数字资源】

【课程思政资源】

［清］方苞：《狱中杂记》（节选）

康熙五十一年三月，余在刑部狱，见死而由窦出者日四三人。有洪洞令杜君者，作而言曰：“此疫作也。今天时顺正，死者尚稀，往岁多至日数十人。”余叩所以。杜君曰：“是疾易传染，遘者虽戚属，不敢同卧起。而狱中为老监者四，监五室，禁卒居中央，牖其前以通明，屋极有窗以达气。旁四室则无之，而系囚常二百余。每薄暮下管键，矢溺皆闭其中，与饮食之气相薄。又隆冬，贫者席地而卧，春气动，鲜不疫矣。狱中成法，质明启钥，方夜中，生人与死者并踵顶而卧，无可旋避，此所以染者众也。又可怪者，大盗积贼，杀人重囚，气杰旺，染此者十不一二，或随有瘳，其骈死，皆轻系及牵连佐证法所不及者。”

……

凡死刑狱上，行刑者先俟于门外，使其党入索财物，名曰“斯罗”。富者就其戚属，贫则面语之。其极刑，曰：“顺我，即先刺心；否则，四肢解尽，心犹不死。”其绞缢，曰：“顺我，始缢即气绝；否则，三缢加别械，然后得死。”唯大辟无可要，然犹质其首。用此，富者赂数十百金，贫亦罄衣装；绝无有者，则治之如所言。主缚者亦然，不如所欲，缚时即先折筋骨。每岁大决，勾者十四三，留者十六七，皆缚至西市待命。其伤于缚者，即幸留，病数月乃瘳，或竟成痼疾。

余尝就老胥而问焉：“彼于刑者、缚者，非相仇也，期有得耳；果无有，终亦稍宽之，非仁术乎？”曰：“是立法以警其余，且惩后也；不如此，则人有幸心。”主梏扑者亦然。余同逮以木讯者三人：一人予三十金，骨微伤，病间月；一人倍之，伤肤，兼旬愈；一人六倍，即夕行步如平常。或叩之曰：“罪人有无不均，既各有得，何必更以多寡为差？”曰：“无差，谁为多与者？”孟子曰：“术不可不慎。”信夫！

……

凡杀人，狱词无谋、故者，经秋审入矜疑，即免死。吏因以巧法。有郭四者，凡四杀人，复以矜疑减等，随遇赦。将出，日与其徒置酒酣歌达曙。或叩以往事，一一详述之，意色扬扬，若自矜诩。噫！渫恶吏忍于鬻狱，无责也；而道之不明，良吏亦多以脱人于死为功，而不求其情，其枉民也，亦甚矣哉！

犯，其余犯罪都可以免于监禁。无论是对老幼病残孕的刑具优待，还是对老人免于刑事处罚的特殊矜恤，都是汉朝“宽缓刑狱”治狱思想的具体表现，正如孝宣帝所言，这一特殊群体很难威胁到统治阶级的根本利益，因此得以享有优待措施。此外，汉朝对吏六百石以上的“长吏”、伺候过皇帝的高级内侍也规定了入狱后不戴刑具的颂系制度，《汉书·惠帝纪》载：“爵五大夫、吏六百石以上有宦皇帝而知名者，有罪当盗械者，皆颂系之。”〔1〕除颂系外，“长吏”还享有“有罪先请而后逮”；不入一般监狱，只需要关押至“曹吏舍”这一类专门场所；判处死罪免于公开刑辱等特权。

汉朝的颂系制度为此后历朝所沿袭，《梁律》在汉制的基础上进一步扩大了颂系的范围：“耐罪囚八十已上，十岁已下，及孕者、盲者、朱儒当械系者，及郡国太守相、都尉、关中侯已上，亭侯已上之父母妻子，及所生坐非死罪除名之罪，二千石已上非槛征者，并颂系之。”〔2〕不仅规定了八十岁以上、十岁以下的罪犯，孕妇，盲人，侏儒可以不戴刑具，郡国太守相、都尉、关中侯以上的官员贵族，甚至亭侯以上官员的父母和妻儿，只要没有犯死罪、除名之罪的，都享有颂系优待。《唐六典》载：“杖笞与公坐徒及年八十、十岁、废疾、怀孕、侏儒之类，皆讼系而待断。”〔3〕即犯了笞杖轻罪，或因公务而犯徒罪、老幼、废疾、孕妇、侏儒之类的案犯人身危险性较小，待审前在狱中可以不必施加戒具。《宋会要·刑法》规定：“八十以上，十岁以下及废疾、怀妊、侏儒之类，虽犯死罪亦散禁。”〔4〕此外，凡享受议、请、减及官当特权的官员，虽犯流罪以上，也不带戒具；犯因公致徒罪或一般杖罪的，也皆散禁。明清时期颂系制度基本相似，《大清律例》规定：“凡牢狱禁系囚徒年七十以上、十五以下、废疾散收，轻重不许混杂。”〔5〕《大清律例》沿用明制。

二、妇女优待制度

对于女性的人道主义关怀并非现代法治的独有文明，从我国奴隶社会到封建社会，都有针对女性罪犯的特殊宽仁制度。妇女颂系的产生与发展、劳役制度上的宽宥、男女异狱、女性狱卒的刑狱实践以及女犯的保候制度等，无不体现了古代监狱制度中宽厚仁爱、矜刑恤囚、怜爱妇女的文明传承。

（一）妇女颂系制度

据《汉书·景帝纪》记载，80岁以上的老人，8岁以下的儿童，以及未生产的孕妇、乐师、侏儒等，犯了罪应当要拘禁的，免戴戒具。可见，汉景帝时期，在拘禁期间可以享受“颂系”的妇女为“怀孕未生产者”。到了汉平帝和东汉光武帝时，又先后下诏：“妇女非身犯法，及男子年八十以上、七岁以下，家非坐不道，诏所名捕，它皆无得系。”〔6〕

〔1〕参见班固：《汉书·惠帝纪》。转引自李金华、毛晓燕主编：《中国监狱史》，金城出版社2003年版，第13页。
〔2〕（清）沈家本：《历代刑法考（刑事卷）》，商务印书馆2017年版，第301页。
〔3〕（唐）张九龄等原著，袁文兴、潘寅生主编：《唐六典全译》，甘肃人民出版社1997年版，第209页。
〔4〕出自《宋会要·刑法》，转引自张希清等：《宋朝典章制度》，吉林文史出版社2001年版，第379页。
〔5〕张荣铮等点校：《大清律例》，天津古籍出版社1993年版，第614页。
〔6〕（清）沈家本：《历代刑法考（律令卷）》，商务印书馆2017年版，第779页。

【课堂笔记】

【讨论题】

在古代的监狱，哪些人享有颂系优待？反映了怎样的治狱思想？

"男子八十以上，十岁以下，及妇人从坐者，自非不道、诏所名捕，皆不得系。"〔1〕意思是凡不是妇女自身犯法，属于从犯的，并且没有犯不道罪和皇帝特别下诏逮捕的，都不用加戴戒具。值得注意的是，平帝和光武帝时期，妇女监禁上的优待对象从"孕者未乳"（没有生产的孕妇）扩大到"妇人从坐者"（被连坐的妇女），不再区分是否怀孕，而是根据罪名确定颂系妇女的范围。受汉朝"宽缓刑狱"思想的影响，此后的统治者均规定了针对孕妇、部分妇女的戒具优待制度。如魏晋南北朝时期《梁律》有文："亭侯已上之父母妻子，及所生坐非死罪、除名之罪，二千石已上非槛征者，并颂系之。"〔2〕唐朝《唐六典》记载："杖笞与公坐徒，及年八十、十岁、废疾、怀孕、侏儒之类，皆讼系以待弊。"〔3〕到了宋朝，对女性囚犯的颂系范围进一步扩大。《宋刑统》规定，"若囚死罪枷杻，女人及流以下去杻，杖罪散禁。""八十以上，十岁以下及废疾、怀妊、侏儒之类，虽犯死罪亦散禁。"〔4〕即只要是妇女犯罪，都可以不戴杻，其中死罪妇女要戴枷，但如果是孕妇，即便犯了死罪也执行散禁，不戴任何戒具。到了明清时期，法律直接规定妇女除了涉嫌奸、盗、人命等重大案件外，其余犯罪不得拘押监禁。

（二）妇女劳役的宽宥制度

关于妇女劳役上的宽宥，可以细分为劳役种类上的区分和赎刑抵役两大方面。

1. 女徒的劳役种类。自西周"圜土之制"开始，便根据男女性别不同施以不同的劳役。所谓"圜土"，关押对象主要为"罢名"（游手好闲、好逸恶劳之徒）、"无授无节者"（没有身份证明的流浪汉、乞丐）、"过失者"（经多次责罚仍屡教不改的人）以及"五刑之外者"（不够处以五刑重罪的其他犯罪人）。据《周礼·秋官·大司寇》记载："大司寇以圜土聚教罢民。凡害人者置之圜土，而施职事焉。"〔5〕也就是说，凡入圜土的囚犯，需"施职事"，即从事特定的劳役。具体为"其奴，男子入于罪隶，女子入于舂槀"，〔6〕意思是男性囚犯需入官府做奴隶，女性囚犯罚做舂米、烧饭的女婢。据此分析，西周已经区分了男女劳役的种类。秦时，刑徒无论是种类还是数量都远超前朝，男性囚犯大多从事修筑城墙、修建渠道、耕种生产、伺御外敌的重体力工作，而女性主要从事"舂"（舂米）、"白粲"（为宗庙祭祀择捡精米）、"妾"（官府或手工业作坊服杂役）等轻体力劳作。唐朝规定，对被判处徒刑、流刑的罪犯都要在指定场所居作，"居作者著钳若校，京师隶将作，女子隶少府缝作……凡役，男子入于蔬圃，女子入于厨饎。"〔7〕女性囚犯没入少府监做官奴婢，主要从事缝纫、炊事等劳役，另据《天圣令·医疾令》记载，官

---

〔1〕（清）沈家本：《历代刑法考（律令卷）》，商务印书馆 2017 年版，第 483 页。

〔2〕（唐）魏征等撰：《二十五史全书 第 4 册 隋书 南史》，内蒙古人民出版社 1998 年版，第 161 页。

〔3〕（唐）张九龄等原著，袁文兴、潘寅生主编：《唐六典全译》，甘肃人民出版社 1997 年版，第 209 页。

〔4〕（清）徐松：《宋会要辑稿》刑法六之五一，中华书局 1957 年版，第 6719 页。

〔5〕金兆丰：《中国通史》，中国工人出版社 2016 年版，第 405 页。

〔6〕吕思勉：《中国史》，云南人民出版社 2019 年版，第 117 页。

〔7〕许嘉璐主编，黄永年分史主编：《二十四史全译 新唐书 第二册》，汉语大词典出版社 2004 年版，第 1128 页。

【知识链接】

清朝中期妇女的犯罪类型〔1〕

《刑案汇览》中妇女犯罪分类统计

篇名	条目	罪名	数量	每项罪名在该条目中所占比例（%）	每条目在所有案例中所占比例
户律	婚姻	男女婚姻	3	18.75	共计16例，占5.3%
		居丧嫁娶	3	18.75	
		父母囚禁嫁娶	1	6.25	
		娶亲属妻妾	5	31.25	
		强占良家妻女	2	12.5	
		出妻	1	6.25	
		嫁娶违律主婚媒人罪	1	6.25	
礼律	祭祀	禁止巫师邪术	2	100	共计2例，占0.6%
刑律	贼盗	强盗	1	3.7	共计27例，占8.9%
		窃盗	1	3.7	
		恐吓取财	2	7.4	
		略人略卖人	21	77.8	
		发冢	2	7.4	
	人命	谋杀人	1	0.8	共计129例，占42.9%
		谋杀祖父母父母	16	12.8	
		杀死奸夫	52	41.6	
		杀死妻夫	10	8	
		杀一家三人	4	3.1	
		斗殴及故杀人	2	1.6	
		屏去人服食	1	0.8	

〔1〕杨晓辉：《清朝中期妇女犯罪问题研究》，中国政法大学出版社2009年版，第115页。

婢中也有从事“女医”职业的，主要是为宫廷妇女医病，同样受人严格监管，没有人身自由。封建统治者对于女性囚犯规定了不同于男性囚犯的劳役工种，一方面是考虑其生理特征，女性很难与男性同等从事高强度、重劳力的工种，统治者设计了与其性别相符、技能相适应的劳役种类，体现了朴素的人文关怀；另一方面，受儒家“男女有别”传统思想的影响，女性一般不与男性杂居共处，因此在劳役过程中也特别设置了女性囚犯的工作种类和劳作区域。

2. 女徒的赎刑抵役——顾山之制。除劳役种类上的优待，汉朝还创设了女徒顾山之制。据《汉书·平帝纪》记载，西汉平帝元始元年曾下诏：“天下女徒已论，归家，顾山钱月三百。”[1] 顾山，亦称雇山，指已经被判处劳役刑的女犯，允许回到家中，但需缴纳每月300钱给官府，由官府雇人上山砍柴以赎代该女性囚犯的罪责。顾山之制其实是赎刑的一种，秦朝时有种名为“鬼薪”的劳役刑，具体工作是为宗庙祭祀上山砍柴，汉代依然保留了此种劳役，但规定妇女可以通过缴纳一定数量的金钱替代劳役，实则是女性囚犯管理过程中的宽宥制度。关于赎刑，由来已久，《尚书·舜典》中就有虞舜时期“象以典刑，流宥五刑，鞭作官刑，扑作教刑，金作赎刑”[2] 的记载。秦朝更是建立了一整套完整的赎刑制度，从最低等的刑罚到死刑皆可用赎金抵偿，汉朝继承和发展了赎刑，到了东汉时期，关于赎刑的法条有2681条之多。赎刑一般是用一定数额的金钱折抵刑罚，实在家贫无钱者可以用劳役抵偿，是阶级社会维护特权的产物，但同时也反映了古代社会珍惜劳动力、慎重生命的刑罚观念，允许女性囚犯用赎刑折抵劳役更是体现了厚生、矜恤的法律思想。

（三）妇女保候制度

1. 未决女犯的“取保候审”。女性未决犯的“取保候审”制度在明清时期适用范围尤为广泛，《明律例·刑律·断狱》中规定：“凡妇人犯罪，除犯奸及死罪收禁外，其余杂犯责付本夫收管；如无夫者责付有服亲属邻里保管，随衙听候，不许一概监禁。”[3] 即犯罪的妇女，除死罪和通奸罪的需要收禁外，其余犯罪人交给其丈夫或者亲属邻里看管、听候审判。《大清律·断狱》要求：“妇女除实犯死罪例应收禁者，另设女监羁禁外，其非实犯死罪，承审官拘提录供后，即交亲属保领，听候发落，不得一概羁禁。”[4] 说明清朝将妇女取保的范围从明朝的“奸及死罪外”进一步扩大至“非死罪者”均允许亲属保领。同时还规定“妇女有犯奸、盗、人命等重情，及别案牵连，身系正犯，仍行提审；其余小事牵连，则提子、侄、兄弟代审”，[5] 对于通奸、强盗、人命等重罪案件当事人以外的其他因牵连获罪的女犯，可以由其男性亲属代为参加审理。法律对女性不轻易羁押的导向在

[1] （清）沈家本：《历代刑法考（刑事卷）》，商务印书馆2017年版，第702页。

[2] 陈戍国导读校注：《尚书》，岳麓书社2019年版，第9页。

[3] 王利民主编：《中国法制史学》，中国财政经济出版社2001年版，第322页。

[4] 薛梅卿等辑：《清末民初监狱法制辑录》，中国政法大学出版社2017年版，第90页。

[5] 薛梅卿等辑：《清末民初监狱法制辑录》，中国政法大学出版社2017年版，第90页。

（接第 85 页表格）

<table>
<tr><th>篇名</th><th>条目</th><th>罪名</th><th>数量</th><th>每项罪名在该条目中所占比例（%）</th><th>每条目在所有案例中所占比例</th></tr>
<tr><td rowspan="25">刑律</td><td rowspan="4">人命</td><td>戏杀误杀过失伤人</td><td>5</td><td>4</td><td rowspan="4">共计 129 例，占 42.9%</td></tr>
<tr><td>庸医杀伤人</td><td>3</td><td>2.4</td></tr>
<tr><td>威逼人致死</td><td>30</td><td>24</td></tr>
<tr><td>尊长为人杀私和</td><td>5</td><td>4</td></tr>
<tr><td rowspan="7">斗殴</td><td>奴婢殴家长</td><td>13</td><td>24.1</td><td rowspan="7">共计 54 例，占 17.9%</td></tr>
<tr><td>妻妾殴夫</td><td>12</td><td>22</td></tr>
<tr><td>殴大功以下尊长</td><td>4</td><td>7.4</td></tr>
<tr><td>殴期亲尊长</td><td>10</td><td>18.5</td></tr>
<tr><td>殴祖父母父母</td><td>9</td><td>16.7</td></tr>
<tr><td>妻妾与夫亲属相殴</td><td>4</td><td>7.4</td></tr>
<tr><td>父祖被殴</td><td>2</td><td>3.7</td></tr>
<tr><td rowspan="4">诉讼</td><td>诬告</td><td>4</td><td>11.4</td><td rowspan="4">共计 35 例，占 11.6%</td></tr>
<tr><td>干名犯义</td><td>12</td><td>34.2</td></tr>
<tr><td>子孙违犯教令</td><td>18</td><td>51.4</td></tr>
<tr><td>诈病死伤避事</td><td>1</td><td>3.8</td></tr>
<tr><td rowspan="7">犯奸</td><td>犯奸</td><td>6</td><td>17.7</td><td rowspan="7">共计 34 例，占 11.3%</td></tr>
<tr><td>纵容妻妾犯奸</td><td>2</td><td>5.9</td></tr>
<tr><td>亲属相奸</td><td>19</td><td>55.9</td></tr>
<tr><td>奴及雇工人奸家长妻</td><td>2</td><td>5.9</td></tr>
<tr><td>奸部民妻女</td><td>3</td><td>8.9</td></tr>
<tr><td>居丧及僧道犯奸</td><td>1</td><td>2.95</td></tr>
<tr><td>买良为娼</td><td>1</td><td>2.95</td></tr>
<tr><td rowspan="2">杂犯</td><td>失火</td><td>1</td><td>50</td><td rowspan="2">共计 2 例，占 0.7%</td></tr>
<tr><td>不应为</td><td>1</td><td>50</td></tr>
<tr><td>捕亡</td><td>罪人拘捕</td><td>2</td><td>100</td><td>共计 2 例，占 0.7%</td></tr>
</table>

当时的历史条件下最大限度地保全了妇女名誉，亲属代审也侧面反映了当时女性依附于男性，缺少独立法律地位的社会现实。

2. 已决女犯的“取保暂释”。已决女犯作为古代“保候制度”的重要对象，享有基本的取保权利，对于孕妇还有特别的暂释规定。唐律记载：“诸妇人在禁临产月者，责保听出。死罪产后满二十日，流罪以下产满三十日，并即追禁，不给程。”〔1〕西夏《天盛改旧新定律令》中记载：“自长期徒刑以下至短期者，有疾病、恶疮、妇人孕子生产日已明，则遣人视之。妇人生产月日是否属实，当问所知，是实则当令只关，暂接担保，疾病恶疮愈，产子一个月后再当推问……”〔2〕对于怀孕的妇女被判处徒刑的，允许担保暂释，在生产完一个月以后再回到监狱接受刑罚；蒙古族对于女性的尊重远超其他民族，历来崇奉“母亲神圣”的观念，《元史·刑法志》中也有相关记载：“诸孕妇有罪，产后百日决遣，临产之月，听令召保，产后二十日，复追入禁。无保及犯死罪者，产时令妇人入侍。”〔3〕被判处有罪的孕妇可以在临产时取保暂释、产后20天再行拘押、产后100天再接受刑罚，即便没有担保的孕妇，生产时官府也要派稳婆接生。

三、暂释赦宥制度

（一）暂释制度

暂释是指出于特殊缘由，允许暂行释放狱囚的制度。汉朝有“纵囚归家约期还”的司法实践，即允许系囚暂时回家，但必须按照约定期限返回狱中。此制度始于东汉，光武帝建武年初，虞延为官金吾府，任细阳令时，每年至伏腊之时，即遣所系囚徒各自回家，囚徒感其恩德，皆应期而归。唐朝也有暂行释放囚犯的记载，如唐太宗贞观二年，“亲录囚徒，闵死罪者三百九十人，纵之还家，期以明年秋即刑。及期，囚皆诣朝堂，无后者。”〔4〕贞观六年，“见应死者，悯之，纵使归家，期以来秋就死。仍敕天下死囚，皆纵遣，至期来诣京师。至是九月，去岁所纵天下死囚，凡三百九十人，无人督帅，皆如期自诣朝堂，无一人亡匿者，上皆赦之。”〔5〕统治集团运用这种手段来标榜国泰民安，虽非定制，但对缓解社会矛盾、帮助农忙播种具有一定积极作用，甚至可以视为现代假释制度的渊源。

（二）赦宥制度

赦宥是指免除或减轻罪犯刑罚。《尚书·吕刑》载：“五刑之疑有赦，五罚之疑有赦，其审克之。”〔6〕意为凡是用五刑的规定去惩处罪犯的罪行而感到有疑问的，可赦宥减等，按照五罚的规定处理；如仍有疑问，可赦宥减等，按五过的规定来处理，但一定要认真考

〔1〕侯欣一主编：《南开法律史论集2009-2010》，南开大学出版社2012年版，第40页。

〔2〕王雄编著：《辽夏金元史徵·西夏卷》，内蒙古大学出版社2007年版，第391页。

〔3〕参见（明）宋濂等撰：《元史（中）》，岳麓书社1998年版，第1542页。

〔4〕高明主编：《古文观止》，文化发展出版社2022年版，第354页。

〔5〕（明）张居正编撰：《帝鉴图说》，崇文书局2017年版，第114页。

〔6〕出自《尚书·吕刑》，转引自（清）曾国藩纂，乔继堂编：《经史百家杂钞（上）》，上海科学技术文献出版社2020年版，第455页。

【材料分析】

唐太宗“纵囚”事件

贞观六年的十二月二十二日，唐太宗李世民又一次亲自录囚。与之前针对具体案件的宽免不同，这一次在跟囚犯达成明年秋决前自归的约定后，唐太宗当即下令将被判死刑的390名囚犯全部释放，让他们回家过最后的团圆年。到了第二年九月，这390名死囚竟然无一跑路，全都如数返回京师。太宗见他们如此信守承诺，自己也是非常感动，而感动之余便将他们全部赦免了事。“怨女三千放出宫，死囚四百来归狱。”一百多年后，白居易有感于此，特意写下《七德舞》一诗来歌颂太宗的英雄事迹。

不过，整件事情总让人觉得很蹊跷。没有谁不贪生怕死。作为征战沙场经年的太宗真的会相信纵囚归家能感化死囚，进而使他们遵守君子之约自动归队？宋代大文豪欧阳修便将他的疑惑写在名篇《纵囚论》中：“此岂近于人情哉？”欧阳修一针见血指出其中的漏洞。在他看来，所谓的纵囚自归不过是双方私下勾结的一场秀而已，目的何在呢？不过是图名罢了。

这种放纵囚犯、克期而归的事件自汉以后屡有记载，稍晚于钟离意有东汉戴封、西晋被称为圣君的曹摅、梁朝的何胤与王志、北齐的张华原、北周的萧撝等，不限一时，不限一地。

谈谈你觉得为什么这种纵囚事件一再出现？

查。据《周礼·秋官·司刺》记载，周代有“三赦”之法：7岁以下儿童、80以上老人和痴呆者，犯了罪可以赦免。汉代起赦宥频繁，逐渐成为定制。据史载，汉高祖五年曾下令：“兵不得休八年，万民与苦甚，今天下事毕，其赦天下殊死以下。”〔1〕是汉代最早的赦令，此后汉高祖共有八次大赦。汉灵帝中平元年也曾为镇压黄巾起义的农民反军进行过大赦，据《汉书·灵帝纪》记载：东汉灵帝熹平三年，二月已巳，曾大赦天下，令“天下系囚罪未决，入缣赎。”〔2〕即允许天下所有系囚按各等级纳缣赎罪。

根据赦免的对象和范围不同，大致可分为以下几种：

1. 大赦。对全国实行。对于一定期限内的犯罪，不问已否发觉，已否结正，都予以赦免。已经赦免的犯罪，不许再向官府控告。赦前犯罪已执行的，不认为有前科。对封建统治危害最大的犯罪，如十恶、贪赃、强盗等罪，通常不予赦免，但有时连谋反、大逆等重罪也一概赦免。

2. 曲赦。对部分地区的赦宥。曲放之名，最早见于《晋书·武帝纪》：“泰始五年五月，曲赦交趾、九真、日南五岁刑。”《资治通鉴·晋惠帝永康元年》：“曲赦洛阳。”胡三省注：“不普赦天下而独赦洛阳，故曰曲赦。”〔3〕

3. 别赦。因特殊情况而赦免个别人或少数人的罪行。如“汉五年，遣使者赦田横。”〔4〕《周书·明帝纪》载：“闵帝元年，十二月，诏元氏子女，自坐赵贵等事以来，所有没入为官口者，悉宜放免。”〔5〕

4. 特赦。由皇帝恩准免除一部分罪犯的刑罚，又称“德音”。唐宋时盛行，明清时分恩赦和常赦两种。恩赦是遇到非常庆典颁行的赦免，一般赦免范围较宽，恩赦有时又有大赦、特赦之分；常赦指寻常的或按常例进行的赦免，一般赦免范围较窄。

四、其他悯囚制度

（一）听妻入狱

在儒家“无后为大”的封建伦理道德观念影响下，汉代设置了“听妻入狱”制度，对于娶妻无子的死罪囚犯，允许其妻入狱、妊娠有子后再行刑。《东观汉记》载：东汉“鲍昱为泚阳长，县人赵坚杀人系狱，其母诣昱，自言年七十余，惟有一子，适新娶，今系狱当死，长无种类，泽泣求衷。昱怜其言，令将妻入狱廨止宿，遂妊身有子。”〔6〕

（二）留养承嗣

儒家非常重视养亲尽孝，北朝时期，统治者制定了“存留养亲”制度，北魏律规定“诸犯死罪，若祖父母、父母年七十已上，无成人子孙，旁无期亲者，具状上情。流者鞭

〔1〕（宋）司马光编纂：《资治通鉴 第一册》，线装书局2007年版，第77页。
〔2〕出自《汉书·灵帝纪》，转引自李金华、毛晓燕主编：《中国监狱史》，金城出版社2003年版，第77页。
〔3〕（清）沈家本：《历代刑法考（刑事卷）》，商务印书馆2017年版，第764页。
〔4〕孔庆明：《秦汉法律史》，陕西人民出版社1992年版，第282页。
〔5〕吕思勉：《两晋南北朝史（下）》，江苏人民出版社2020年版，第798页。
〔6〕（宋）李昉等撰，任明、朱瑞平校点：《太平御览 第六册》，河北教育出版社1994年版，第61页。

【知识链接】

宋朝的赦宥制度

出于封建王朝统治需要，到了宋朝，赦宥制度在赦免、减轻刑罚的基本功能之外，还增加了推恩、立法、行政等功能，加上赦宥类型、内容、程序、仪式等方面在这个时期的定型规范，赦宥制度在宋朝可以说是发展到了顶峰。宋朝的赦宥次数为历代最多，据不完全统计，宋朝各类赦免总计近700次，《宋大诏令集》里记载的北宋赦书就有262道。

当然，并不是所有的罪都能被赦免，那样的话犯罪成本也太低了，整个国家的司法体系易流于形式，社会自然就会动荡不安。成语“十恶不赦”，意思就是有十种罪行不会被赦免，而在实际情况中，遇赦不赦的罪名也不止这十种，有三大类罪都不会被赦免。

第一是动摇皇帝统治的犯罪。常说的“十恶不赦”就属于这类，“十恶”是指“谋反、谋大逆、谋叛、恶逆、不道、大不敬、不孝、不睦、不义、内乱”；此外还有“四杀不赦”，即抢劫杀人、谋杀、故意杀人及打斗杀人；另外官员贪赃也不会被赦免，还有杀人放火、伪造印信等影响恶劣的社会犯罪都不在赦免之列。

第二是等待大赦的故意犯罪。宋朝的赦宥最大特点就是定期，遇到三年一度的国家祭祀活动都会组织大赦，因此有些刁民就会赶在大典之前犯罪，宋朝统治者对这种投机取巧的行为肯定要防范，因此大赦都会有一个起算时间，这样就把这些投机分子给排除了。

第三是因政治原因被处理的官员。宋朝虽然不杀士大夫，但是北宋中晚期党争剧烈，失败的一方就都被贬去边远地区，然而赦免又很频繁，但得势的一方是赦宥的具体落实者，他们会想办法把对手从赦免名单里抹去。著名的司马光就有过这样遭遇，“独违新法者，不以赦降，去官原免”。

笞，留养其亲，终则从流。不在原赦之例。”[1] 即犯死罪的狱囚，如果他的祖父母、父母已经七十岁以上无法自养，又无其他成年子孙和亲属奉养的，可以将情况据实上请，允许免除死罪以留养其亲。那些犯了流罪的罪犯，先被处以鞭笞刑，回家照顾老人，待养老送终后再执行流刑。北朝确立的这一原则为后世封建狱制所沿袭，至唐代时已经基本成熟完备。《唐律疏议·名例律》规定：“诸犯死罪非十恶，而祖父母、父母老疾应侍，家无期亲成丁者，上请。犯流罪者，权留养亲，不在赦例，课调依旧。若家有进丁及亲终期年者，则从流。计程会赦者，依常例，即至配所应侍，合居作者，亦听亲终期年，然后居作。”[2] “年老”指80岁以上，“疾”指笃疾，“成丁”指年满21岁至59岁。宋代法律与唐相同。

明清时期将“存留养亲”发展为“留养承嗣”，制度适用上的限制逐步加大，内容亦有所变动。一是缩小了死罪可留养的范围，凡“常赦所不原”的死罪都不得提请留养。二是扩大了“老”“疾”的范围，70岁以上为“老”，“疾”包括“废疾”和“笃疾”。寡妇守寡满20年以上的，如果独子犯了杀人罪，可以留养。清代条例还规定，如果罪犯所杀之人亦为独子，则该罪犯不得留养。三是改变了“留养”的方式，唐代对于犯了流罪的罪犯只是“权留”养亲，要求“不在放例”，即事后还需再去流刑地点。明清时则将此简化为凡是符合留养条件的徒、流、充军罪犯，先按律例处附加杖刑，然后徒刑犯枷号1个月，流刑犯、充军犯枷号40天，就可回家赡养老人，以后家中有了成年子孙或亲人去世，也不必再执行原刑罚。

“留养承嗣”制度所体现的儒家仁政思想和“家国一体观”，符合统治者“以孝治天下”的需求，在一定程度上体现了国法与人情的融合。其作为一项制度基本没有间断过，直到清末修律时才随着传统法制的转型而废止。

（三）梳理禁囚

五代时期，后唐制定了定期梳理禁囚的制度，要求地方长官定期巡视监狱，防止待审狱囚长期淹滞，督促官员尽快审理案件，提高行政效率，节约司法成本。

同光二年发布敕令：“应御史台、河南府行台、马步司、左右军巡院见禁囚徒，据罪轻重，限十日内并须决遣申奏，仍委四京诸道州府，见禁囚徒，速宜疏决，不得淹停。”[3] 后晋也有相似规定：“凡是禁系罪人，五日一度录问。”[4] 此外，遇有大寒、酷暑及其他气候或节气变化，也会及时梳理禁囚。此外，梳理禁囚还有防止冤狱、避免狱囚瘐死的作用。后唐天成二年定制：“天下系囚，请委长吏逐旬亲自引问，质其罪状真虚，然后论之以法，庶无枉滥。”[5] 意思是每旬狱官狱吏都要亲自审问囚犯，确认罪状的真

[1]（清）沈家本：《历代刑法考（刑事卷）》，商务印书馆2017年版，第30页。
[2]（清）沈家本：《历代刑法考（律令卷）》，商务印书馆2017年版，第775页。
[3]（宋）薛居正等撰：《旧五代史④》，吉林人民出版社2005年版，第1235页。
[4]（宋）薛居正等撰：《旧五代史④》，吉林人民出版社2005年版，第1238页。
[5]（宋）薛居正等：《旧五代史》，现代教育出版社2019年版，第145页。

【课堂笔记】

【讨论题】

怎样评价清代留养承嗣制度相较于前的诸多变化？

伪，以防止冤假错案的发生。宋朝更是进一步发展了“狱空”制度，以督促留狱尽早结案。“狱空”是指对案件审查判定完毕以后，所有人犯或笞杖后释放，或执行徒流刑，或接受死刑，以追求狱中无羁押或待刑滞留的人犯。为体现政治清平，宋朝统治者曾下诏对达到“狱空”状态的官员进行褒奖，或官职升迁，或减磨勘（“磨勘”是宋朝的一种官员考绩升迁制度，对不同的职官规定了不同的磨勘年限，宋朝对上奏“狱空”的官员以减磨勘的奖励），或赐银绢章服。《宋史·刑法志》载，真宗大中祥符五年十二月寇准奏报“天雄军狱空，有诏奖励”。[1]

第三节　生活卫生制度

一、衣粮医药制度

（一）出现于秦朝

秦朝时期，徒刑种类繁多、刑徒人数众多，故对刑徒在衣食供给方面有比较详细的规定，并对以后各代产生了重要影响。刑徒的衣食分为国家供给和刑徒自理两种：一般情况下常年被囚禁的刑徒和重罪刑徒，由国家供给衣粮；轻罪刑徒由国家供给囚粮，衣物自理，如实在贫困者，也可全部由国家提供。当然，秦朝刑徒的囚粮发放一般以刑徒服劳役为前提，且根据刑徒的劳动强度、性别及年龄等不同情况规定了不同的口粮标准，无力劳作者需相应酌减。如隶臣每月二石，隶妾每月一石半；小城旦每月一石半，不能劳作者每月一石；从事筑城等重体力劳作的相应增加口粮。关于囚衣的供应和发放，《秦律十八种》记载：罪犯在服役期间，分别供给夏衣和冬衣。夏衣从四月到六月发放，冬衣从九月到十一月发放，过期不发。囚衣的费用由犯人交纳或以劳役抵偿，成年男刑徒夏衣 55 钱，冬衣 110 钱；成年女刑徒夏衣 44 钱，冬衣 55 钱；未成年男刑徒夏衣 44 钱，冬衣 77 钱；未成年女刑徒夏衣 33 钱，冬衣 44 钱。[2]

秦时出现了一种专门管理麻风患者的“疠迁所”，可以看作我国最早的隔离病院。考古工作者在湖北云梦县睡虎地发掘的秦代竹简，证明早在公元前三世纪时，《秦律》中就有关于指定医生检查麻风病人的专门法律规定。按照《秦律》，麻风患者必须迁到政府所设的“疠迁所”实行隔离。如果城旦、鬼薪患麻风，也应迁到“疠迁所”；如果有人犯有该判城旦的罪，还没有判决而患麻风，也应迁到“疠迁所”，或者迁到“疠迁所”以后再判死刑。如果麻风患者有罪，可以判决死刑，采取沉杀水中或活埋土中的办法，以防止麻风传染，直接判决死刑的做法，也反映了当时法律的残忍。

（二）发展于唐朝

唐朝关于衣粮费用的规定仍然沿袭前朝，一般由狱囚家属自理。但对前朝规定有所发

〔1〕王志亮：《中国监狱史 从待审待刑羁押到行刑监禁的蜕变》，中国政法大学出版社 2020 年版，第 172 页。

〔2〕马卫国编著：《囹圄内外》，浙江大学出版社 2013 年版，第 83 页。

【数字资源】

【课程思政资源】

赭衣的文化渊源

古代囚服：赭衣才是主流

古代囚服——赭衣

班固的《汉书·刑法志》记载：“秦始皇兼吞六国，遂毁先王之法，灭礼仪之官，专任刑罚……而奸邪并生，赭衣塞路，囹圄成市。”

这里的赭衣代指穿着赭色囚衣的人犯。赭衣为一种红褐色的粗麻制简衣。

在古代礼制文化中，衣饰是区别贵贱的重要标识，不同等级身份的人在衣料的选用、服装颜色的搭配、冠履配饰的穿戴等方面都有严格的规定，轻易不得僭越。《礼记·檀弓上》中记载：“夏后氏尚黑，大事敛用昏，戎事乘骊，牲用玄。殷人尚白，大事敛用日中，戎事乘翰，牲用白。周人尚赤，大事敛用日出，戎事乘騵，牲用骍。”这里的“夏后氏尚黑”“殷人尚白”“周人尚赤”表现了古人对颜色最初的等级喜好，在他们的认知世界中，赤、青、黄、白、黑这五种颜色是自然之色，故为正色，与正色相对应的是间色，由两种或两种以上正色混合而成，如绿、紫、赭等。古人认为正色是纯洁自然之色，也是其他所有颜色的基础色，可以净化心灵，与君子高洁的品行相匹配，因而形成了“正色贵而间色贱”的观念。处于等级金字塔最底端的囚犯，其服饰自然需与其身份地位相匹配，因而选用赭色这种间色自不必说。另外，古人认为，五色对应五行：木—青，为木叶萌芽之色；火—赤，为篝火燃烧之色；土—黄，为地气勃发之色；金—白，为金属光泽之色；水—黑，为深渊无垠之色。赭色由红色和黑色两种正色混合而成，红色对应火，热烈、明亮；黑色对应水，平和、肃穆。选用赭色囚衣，一定意义上也有火的警示和水的净化心灵的含义。

展的是，唐朝受犯罪事发地就地审讯和拘押原则的影响，对于拘押地距离家乡路途远近不同的囚犯区别对待：对于路途较近的，由家属提供衣粮用度；对于路途遥远的囚犯，家人无法及时供应衣粮的，统治者设置了官府预先垫支的制度，即由官府供给狱囚衣粮，待家人知晓到达后再补还或按价支付。《天圣令·狱官令》中明确规定："囚去家悬远绝饷者，官给衣粮，家人至日，依数征纳。"[1] 这一规定从法律层面上保证了狱囚不致因衣粮短缺而发生瘐死，在狱政思想和监狱管理实践中都是不小的进步。

关于囚犯医药的管理，《狱官令》规定："囚有疾病，主司陈牒，请给医药救疗。"[2]"病重听家人入视。"犯罪的官吏享有更为优待的措施："更置浆饮，月一沐之，疾病给医药，重者释械，其家人一人入侍。""职事散官二品以上者，则允许妇女子孙二人入侍"。

（三）成熟于宋朝

宋朝关于狱囚衣粮供给方面在沿袭前朝基础上又充实了新的内容，其法律规定：凡是有家属的，狱囚饮食一律由家属负担；无家属或者家贫实在无法负担者，由官府负责供给。除供给饮食外，宋朝还特别规定了菜金。《宋会要·刑法》记载，"勒令禁囚贫乏无家供送饮食，依法每名官给盐菜钱五文。即会物贵，行在可增作二十文，外路增一十五文。"[3]

囚犯的医药治疗方面，宋朝不仅沿用了唐朝关于"主司陈牒请给医药""听家人入侍"等规定，还吸收了后唐设置病囚院的做法，规定"诸道州府各置病囚院"，同时，区分病情轻重，防治交叉感染，规定徒流以上有疾者于病牢将治，杖罪以下允许在外责保就医。此外，为给狱囚看病，监狱还设有"医人"，由民间医生轮流充任，须亲自到监狱轮值，不得让别人替代。

（四）完善于明朝

明朝统治者在总结前朝覆灭的原因后认为，元朝"纲纪礼教废弛，法制茫然，官吏放纵，民不得治……认为唐律宽猛相济，礼法结合，要求以唐律为蓝本，制定大明律。"[4] 因此，明朝为政主张礼法并用，推行仁义与刑罚相结合的刑事政策，在"刑乱国用重典"的同时，对狱囚的生活待遇也作了法律规定。洪武元年《明会典》记载："冬设暖匣，夏备凉浆。无家属者日给仓米一升，冬给绵衣一件，夜给灯油，病给医药。"[5] 洪武十五年规定了"狱囚贫不自给者，人给米日一升。功臣及五品以上官禁狱者，许令亲人入侍。"[6] 洪武二十四年废除了给米规定，但在英宗正统二年又恢复了给米的旧制，同时对囚衣也作了相应的规定，下令赃罚中不好的衣服可分给囚贫者穿着。世宗嘉靖六年规定：

---

[1] 杨习梅主编：《中国监狱史》，法律出版社 2016 年版，第 108 页。

[2] （唐）长孙无忌等：《唐律疏议注译》，甘肃人民出版社 2017 年版，第 853 页。

[3] 王志亮：《中国监狱史 从待审待刑羁押到行刑监禁的蜕变》，中国政法大学出版社 2020 年版，第 168 页。

[4] 杨习梅主编：《中国监狱史》，法律出版社 2016 年版，第 153 页。

[5] 王伟凯：《〈明史·刑法志〉考注》，天津古籍出版社 2005 年版，第 119 页。

[6] （清）沈家本：《历代刑法考（刑事卷）》，商务印书馆 2017 年版，第 934 页。

【知识链接】

史书记载，夏代以来，就有了度量衡器具，也有相应的度量衡制度。春秋战国时期，度量衡单位制度混乱。秦始皇统一中国建立秦朝后，凡事都实行大一统——字同文，车同轨，统一了全国的度量衡。对后世影响深远。

中国古代官员的俸禄都是以粮食作为收入标准。如一名明朝的七品知县，收入是九十石，这个石，就是粮食的一种衡量单位。通常认为斛和石相通。石既是容量单位，也是重量单位。如果是按照容量来算，一石等于十斗，一斗等于十升。古代“一石粮”一般相当于现在 100 斤粮食，实际上会因粮食种类不同而不一样。以汉朝作为例子，1 汉石 120 汉斤（约等于现在的 15 公斤）是指粟。如是稻谷则为 100 至 120 汉斤，如是米则最高至 1 汉石 160 汉斤。宋代 1 石合 92. 5 宋斤，宋代 1 市斤是 640 克。因此一石大米就有 59200 克，即 59. 2 公斤，118. 4 斤。农村计算粮食大多用斗，把粮食装在斗容器里面，然后用平尺一刮，斗平了，就是标准的一斗。一斗米，一斗小麦，一斗黄豆，等等。一斗等于十升。十斗就是一石。现在河南个别地区和浙江部分地区依然把 50 千克粮食称之为一石粮食。康熙字典和老版新华字典解释是一石等于 50 千克（100 斤）。

【课堂笔记】

“冬日，罪囚各给棉衣一件，由提牢主事验给之。”[1] 宪宗成华十二年特别规定了设置专门治疗病囚的“惠民药局”，“令有司买药饵送部，又广设惠民药局，疗治囚人。”[2] 纵观明朝有关衣粮医药的法令可以发现，明朝对囚犯的基本生活待遇比较重视，法律规定更为细致、完备，同时对狱官狱吏违反衣粮医药供给制度的行为实施处罚。据《大明律·断狱·狱囚衣粮》规定：“凡狱囚应请给衣粮医药，而不请给……应听家人入视，而不听，司狱官典狱卒笞五十，因而致死者，若囚改死罪，杖六十，流罪，杖八十，徒罪，杖一百，杖罪以下杖六十，徒一年。提牢官知而不举者，与同罪。”

（五）沿袭于清朝

清朝（清末半殖民地半封建化性质不在本文讨论之列）继续采用儒家思想治国理政，以康熙为代表的大清帝国统治者在狱政思想上主政“宽刑”，注重“以德化民，以刑弼教”，重视法治。仅关于“狱囚衣食”的条例就先后增删修订了16次，有沿袭明例，有对明例的补充和修订，自康熙十三年至乾隆四十四年，共有关“狱囚衣粮”的事例10条。[3] 分别涉及囚犯的口粮及口粮报销、人犯亲属探监、人犯口粮费用支取、给予刑部囚犯冰汤药饵、废除夜给灯油以及关于囚犯囚衣的规定。分析清朝的衣粮医药制度不难发现，虽然事例众多，但基本规定与明朝中后期基本相似，如“无家属者，日给仓米一升，冬给絮衣一件”；囚犯生病，无论内监、外监、女监，各选用医人二名，且病犯可保外就医，病愈回监审结；狱官不报病囚、审官不验看病囚的，以淹禁论罪等。

二、居住卫生制度

古代监狱的居住环境普遍比较恶劣，监房低矮狭窄、阴暗潮湿、瘟疫流行，“不死于法先死于狱”者众多。对此，历朝统治者为改善监房居住环境制定了详尽的悯囚措施，以保障狱囚基本生活。汉朝，宣帝颁布了要求改善监狱状况的诏书，将狱囚因笞掠或饥寒而死的现象称为“逆人道”，对提高狱囚基本生活保障具有重要意义。隋唐时期，受统治集团“宽仁”思想的影响，对囚犯的生活卫生作了更周密的规定，《唐令拾遗》记载：“诸狱皆厚铺席荐，夏月置浆水，其囚每月一沐”，并对违反相关悯囚规定的行为予以严厉惩处。五代时期也承袭唐制，后周多次发布敕令：“仍令狱吏，洒扫牢狱，当令虚歇；洗涤枷械，无令蚤虱；供给水浆，无令饥渴。”[4] 显德二年又详细规定了清洗戒具的时间：“仍令不住供给水浆，洒扫狱内，每五日一度洗刷枷杻。”[5] 宋朝又有所充实，除仍规定每五日检视洒扫枷杻等戒具外，宋神宗下诏，在监狱设置“狱床”；哲宗下诏：“诸狱皆置气楼、凉窗、设浆饮席荐。罪人以时沐浴，食物常令温暖，遇寒量之柴炭……”元律还特别规定了夜间的照明，“过夜灯油日支一升”。明朝除规定“枷杻常须洗涤，席荐常须

---

〔1〕 万安中主编：《中国监狱史》，中国政法大学出版社2015年版，第104页。

〔2〕 （清）张廷玉等：《明史 卷五一~卷一〇一》，吉林人民出版社1995年版，第1481页。

〔3〕 柏桦：《明清州县的狱囚衣粮》，载《贵州社会科学》2011年第8期。

〔4〕 （宋）薛居正等撰：《旧五代史 ④》，吉林人民出版社2006年版，第1239页。

〔5〕 张晋藩：《中国古代法律制度》，中国广播电视出版社1992年版，第486页。

【知识链接】

明代女名医：谈允贤

谈允贤（公元 1461 年—公元 1556 年），明代名医，中国古代四大女名医之一（晋代的鲍姑、西汉的义妁、宋代的张小娘子、明代的谈允贤），明代南直隶常州府无锡县（今江苏无锡）人。谈允贤出生于医学世家，其祖父曾任南京刑部郎中，是当地的名医；其祖母对医药也十分精通。谈允贤秉承家学，十来岁时即“昼夜不辍”地攻读各种医学典籍。著作有传于世的《女医杂言》一书。

谈允贤生于明朝天顺五年，其祖父谈复、祖母茹氏为当时名医，伯父谈经官至户部主事，父亲谈纲官至南京刑部主事，母钱氏，有一弟谈一凤。谈允贤自小聪慧，祖母就让她学医，其在祖母的教导下学会医术，祖母去世前将一生所收集、编写的药方病理都传给了谈允贤。谈允贤后嫁杨姓男子为妻，婚后不久患上气血失调，其进行自我诊治、试药，后来生了三女和一子杨濂，每当子女有病，她都亲自为他们诊治。直至其祖母去世，她才真正在外行医。一些女性患者患了妇科或外科疾病，不愿让男医生诊视，就纷纷来找她医治，每每获得奇效。

在当时的封建社会中，许多上流社会的妇女因男女之防，不愿请男医生诊治，因此常常发生贻误病情的情况，谈允贤女医的名声促使这些妇女纷纷找她治病，在许多成功的案例出现后，谈允贤的名声也渐渐地传遍各地。明世宗嘉靖三十五年，谈允贤病逝，享年 96 岁。

谈允贤 50 岁时，根据祖母传授的医理和自己的临证所得，写成了《女医杂言》一书。《女医杂言》共收载病案 31 例，是中医史上较早成书的个人医案之一。该书主要记载的是妇科病案，其中涉及性流产、经病、产后诸疾、腹中结块诸证，并记载了谈氏十分娴熟地运用灸法，因而又是我国古代很少见的专科医案书。《女医杂言》采用追忆的方式撰写医案，每一医案的诊治过程都很清楚明晰。其中记录的案例不多，但是从临床治疗角度看，都是十分成功的案例，很值得后世医家参考。由于当时女子不便抛头露面，所以《女医杂言》一书是由谈允贤的儿子杨濂抄写付梓的。

铺置，冬设暖匣，夏备凉浆”外，武宗正德十四年还规定，囚犯每月煤银四两，灯油银四两。清朝一如明制，又补充规定狱囚定期理发，军流人犯每季剃发一次，斩、绞监侯人犯遇秋审，责令狱官检视理发一次，留顶心一片，以示羞辱。

另一体现封建统治者人道关怀的措施是“官葬”，自汉朝始，病囚官葬制度为各朝所沿袭。据《后汉书·恒帝纪》记载，“又徒在作部，疾病致医药，死亡厚埋葬。”即系囚在狱中或役所病死，无家安葬者，官府负责安葬。北魏亦有类似的法律规定，唐朝对于囚犯死亡无亲属安葬者，给棺下葬，并设有墓志砖，刻写死囚姓名、籍贯等信息。

第四节　劳役制度

监狱作为统治阶级的专政工具诞生之初，其功能仅止于简单的监禁人。随着国家形态的逐步发展，尤其是政治和经济的发展，监狱功能不断成熟多样。当统治阶级逐渐认识到“以圜土聚教罢民”可以教化罪犯、以“胥靡”的劳役刑代替肉刑可以创造财富时，劳役制度作为监狱基本制度被固定下来便成为历史的必然选择。

一、劳役制度产生的雏形

历史上关于强制劳役的最早记载出现在商朝。商王武丁不拘一格任用“胥靡”出身的傅说担任宰相一事被传为佳话，而“昔者傅说居于北海之州，圜土之上，衣褐带索，庸筑于傅岩之城。武丁得而举之，立为三公，使之接天下之政，而治天下之民。”[1] 则描绘了傅说被武丁找到时正身负枷锁，强制劳役的画面。证实了早在奴隶制时期的商朝，就已经有了强制囚徒加戴戒具，参加劳役的史实。也说明从这时起，监狱便已经具备了一定的刑罚执行功能。

到了奴隶制鼎盛时期的西周，受“明德慎罚”狱政思想的影响，监狱的职能由原始的监禁奴役向“幽闭思愆”的教育感化转变，而劳役则作为一种教育感化的强制手段在此时成为定制。其中“圜土制”作为西周时期针对不够入“五刑”的轻微刑事犯所适用的特殊监狱管理制度，是西周劳役制度的集中表现。《周礼》记载“以圜土聚教罢民，凡害人者，置之圜土而施职事焉，以明刑耻之”[2] 又有“凡圜土之刑人也，不亏体；其罚人也，不亏财”。[3] 这些史料表明在西周时期，游手好闲的“罢民”、“无授无节”的流浪者均为有罪之人，应当收押入“圜土”这一特殊监狱强制从事劳动生产。这一制度一方面可以矫正其好逸恶劳的劣习，另一方面也表明了统治阶级对有此类行为之人的谴责态度，其本质仍然是为满足国家发展必不可少的生产力需求。“圜土制”的另一进步是，按罪行轻重将犯人关押的期限明确为一年至三年，这是关于劳役刑期限的首次记载。因此可以认为西

〔1〕甄光皓主编：《史记·墨子·吕氏春秋》，光明日报出版社2005年版，第157页。

〔2〕《周礼·秋官·大司寇》。

〔3〕《周礼·秋官·司圜》。

【数字资源】

【课程思政资源】

秦长城

秦始皇三十三年（公元前214年）遣大将蒙恬率30万大军北逐匈奴，为了防止北方游牧民族的侵袭，筑起了西起临洮（今甘肃临洮）东至辽东郡（今吉林省中南部），由宁夏延伸入内蒙古之后，从狼山而东，经由包头市固阳县北部的西斗铺、银号、大庙乡，进入武川县经大青山东部，延伸至河北的万里长城，史称秦长城。

秦长城是中华民族的瑰宝，也是世界建筑史上的奇迹，更是中华民族辉煌历史、灿烂文化的象征。如今其虽然被历史的风雨剥蚀成了断垣残壁，但仍以苍苍莽莽的气势，威武雄浑的壮阔，浓缩成了厚实的文化积淀，以永恒的苍凉和悲壮，永远留在华夏文明的史册里。

民间有杞梁之妻孟姜女哭倒长城的故事，虽然说法种种，但确实证实了当时数十万劳工筑长城时风餐露宿、艰难开山凿石的苦难和牺牲，再现了华夏一族的伟大创造。

周时期的“圜土制”是古代劳役制度的雏形。

同为西周时期，“嘉石制”作为一种针对轻微违法者的行政处罚制度，也规定有强令犯人服劳役的内容。“以嘉石平罢民，凡万民之有罪过而未丽于法而害于州里者，桎梏而坐诸嘉石，役诸司空。重罪，旬有三日坐，期役；其次，九日坐，九月役；其次，七日坐，七月役；其次；五日坐，五月役；其下罪，三日坐，三月役，使州里任之，则宥而舍之。”[1] 文中之“役”即指劳役。

二、古代劳役制度的形成期

春秋战国时期，诸侯争霸、战火连年，统治阶级急需大量的劳动力来充实军队、创造财富以填补战争造成的缺口。在奴隶制向封建制转型的春秋末期，刑罚执行方式逐步废除摧残健康躯体的肉刑，以能创造价值的劳役刑来替代，这是顺应历史发展的必然选择。在推行富国强兵政策的战国时期，强令囚徒参与社会劳动的“刑徒制”伴随着农业和金属制造业的发展而兴起。这一时期的犯人被称为“胥靡”或“徒隶”，多为战争中所虏获的战俘，他们往往在被施以肉刑后再戴上戒具，送至专门的劳役监强制参加劳动。“由于最初的劳役刑是伴随着农业发展、制作农具而出现的，故战国、秦、汉等时期的劳役刑多以农具来命名，如复作、罚作、作如司寇、城旦夹、鬼薪白粲、隶臣妾等”。[2] 随着群雄争霸格局的逐渐稳定，劳役的项目开始向冶铁制器、修路筑城做多种扩展，从出土文物的考证中就曾发现过由“胥靡”所制造的精致器具。据史籍记载，山西等地还建成了专门用于囚禁刑徒的“徒人城”，足以反映战国时期“刑徒制”这一劳役制度已经基本形成。

到了秦朝，刑徒制开始成一种法定的刑罚制度。秦律规定囚徒身高达五尺二寸者均要从事劳役，受刑之人将被无限期关押，并被强迫参加劳役。秦统治者在国家建立后为了满足巩固领土和奢靡享乐的需求，以立法的形式制定了详尽又残酷的劳役管理制度，设立了专门的劳役监收押大量囚徒从事复杂又繁重的劳役项目。万里长城、骊山陵寝、阿房宫……这些举世瞩目的浩大工程背后，是数百万囚徒付出的无偿劳力。秦初立法只规定了城旦舂、鬼薪白粲、隶臣、隶妾、司寇、候等刑名，后因国家发展建设的需要，大量的囚徒被投入到土木工程、手工业生产和兵器制造业当中，还有一部分囚徒被解送到偏远的边塞地区罚服戍役。为了防止刑徒逃逸，这些囚徒在服劳役时均需身着赭衣、加戴戒具，在狱卒的监管下劳动，稍有反抗就会被罚没口粮，严重者还会受到鞭笞。更为残酷的是，这种徒刑通常是不定刑期、至死方休的，囚徒唯有通过赦免方可得到解脱。唯一特殊的是有一种赀赎刑徒即“有罪以赀赎及有责（债）于公，以其令日问之，其弗能入及尝（偿），以令日居之，日居八钱”，[3] 指的是经讯问无力缴纳罚金而被判以劳役抵偿者。他们多服城旦舂劳役，每劳作一天可抵偿八钱，并且在农忙时节获得二十天的假期，当还清欠款后

---

〔1〕（清）沈家本：《历代刑法考（刑事卷）》，商务印书馆2017年版，第9页。

〔2〕杨习梅主编：《中国监狱史》，中国民主法制出版社2009年版，第61页。

〔3〕出自《秦律·司空律》，转引自睡虎地秦墓竹简整理小组编：《睡虎地秦墓竹简》，文物出版社1978年版，第84页。

【知识链接】

史记·扁鹊仓公列传（节选）

文帝四年中，人上书言意，以刑罪当传西之长安。意有五女，随而泣。意怒，骂曰："生子不生男，缓急无可使者！"于是少女缇萦伤父之言，乃随父西。上书曰："妾父为吏，齐中称其廉平，今坐法当刑。妾切痛死者不可复生而刑者不可复续，虽欲改过自新，其道莫由，终不可得。妾愿入身为官婢，以赎父刑罪，使得改行自新也。"书闻，上悲其意，此岁中亦除肉刑法。

资治通鉴卷第十五（节选）

齐太仓令淳于意有罪当刑，诏狱逮系长安。其少女缇萦上书曰："妾父为吏，齐中皆称其廉平；今坐法当刑。妾伤夫死者不可复生，刑者不可复属，虽后欲改过自新，其道无繇也。妾愿没入为官婢，以赎父刑罪，使得自新。

天子怜悲其意，五月，诏曰："诗曰恺弟君子，民之父母。今人有过，教未施而刑已加焉，或欲改行为善而道无繇至，朕甚怜之！夫刑至断支体，刻肌肤，终身不息，何其刑之痛而不德也！岂为民父母之意哉！其除肉刑，有以易之；及令罪人各以轻重，不亡逃，有年而免。具为令！

丞相张苍、御史大夫冯敬奏请定律曰："诸当髡者为城旦舂；当黥髡者钳为城旦舂，当劓者笞三百，当斩左止者笞五百，当斩右止，及杀人先自告，及吏坐受赇枉法守县官财物而即盗之、已论而复有笞罪者，皆弃市。罪人狱已决为城旦舂者，各有岁数以免。"制曰："可。"

启示：

____

____

____

____

即可释放归家。此类劳役有别于徒刑犯人所服的劳役，因为赀赎刑徒所服的劳役更具有经济性质，类似于用劳役折抵赀财以赎清罚金欠款。

三、劳役制度的日渐成熟

因西汉长达20年的刑制改革，劳役制度日趋完善。汉代刑制改革的主要内容是废除残酷的肉刑，以封建制刑罚中的“笞刑”和“徒刑”来替代，这使监狱内的徒刑犯在短期内猛增，极大地提升了生产力，劳役监的种类和规模也随之扩大。汉文帝时期法令中“及令罪人各以轻重，不逃亡，有年而免”〔1〕的意思是只要服劳役之人不脱逃，按规定服满一定期限，就可以免除刑罚获得释放。这一规定反映出西汉的劳役刑已经由秦朝的无期改为有期，这是监狱管理制度受儒家思想影响的表现，也是刑制改革背景下西汉刑罚文明的一大进步，对后世影响深远。

唐朝处于我国封建制文化、政治的鼎盛时期，其刑制和狱制的发展已日臻完备。唐朝监狱管理制度当中的居作制度，便是针对五刑中徒刑和流刑犯专门制定的劳役制度。“犯徒应配居作”〔2〕即所有被判徒刑的犯人均应强制劳役，居作期限与被判处的刑期相等，从一年至三年共分五级，说明徒刑犯在服刑期间不但要被剥夺自由，还要参加强制劳动。《新唐书·刑法志》中“居作者著钳若校，京师隶将作，女子隶少府缝作”〔3〕则明确规定，犯人劳役之时须一律加戴戒具，根据性别区别劳役：男犯从事重体力土木兴建，女犯进行轻工业手工业劳作等。至于被判处普通流刑的犯人则是“三役俱流一年”,〔4〕即无论流刑两千里、两千五百里或三千里，劳役的时间都只限一年。较为特殊的是唐太宗特设的“加役流”，需要流三千里、居作三年，是仅次于死刑的严厉刑罚。流刑犯的居作地点自然是其所流放发配之地，多为岭南等边要之州，犯人被发遣至此地后先要到当地官署报到，随后多被发配至远离城市重镇的驻军营地中服劳役。这既是为了防止犯人逃跑，也是出于对当地社会治安的考虑。

四、劳役制度走向衰落

宋朝高度的中央集权使其劳役制度发展较前朝更为复杂，除原有的徒刑、流刑外，又增加了刺配之刑。配隶制度是源于五代后晋时期的死刑宽宥制度，被配隶之人在宥赦死罪被施加杖责、黥刺之刑后，将被遣送到边远地区或指定场所流放，强制服劳役。宋太宗后，配隶制度被广泛适用，“配法既多，犯者日众，黥配之人，所至充斥”。〔5〕刺配囚徒的激增使得流配之所难以承载，以至于发展出宋朝独有的“牢城”。牢城为宋时集中囚禁流配罪犯之所，起初多设于西北、广西的边塞之地，称为远恶州军牢城，由于犯人多逃亡塞外，甚至投降外敌充当细作，后又改设在东南沿海岛屿。这里远离陆地，犯人不易脱逃，

〔1〕出自班固：《汉书·刑法志》。转引自洪丕谟：《中国古代法律名著提要》，浙江人民出版社1999年版，第131页。

〔2〕（元）脱脱等撰：《宋史·卷一七〇·卷二〇八》，吉林人民出版社1995年版，第3116页。

〔3〕（宋）欧阳修、宋祁撰，《新唐书（卷一~卷五八）》，吉林人民出版社1995年版，第829页。

〔4〕（唐）长孙无忌等：《唐律疏议注译》，甘肃人民出版社2017年版，第14页。

〔5〕（元）脱脱等撰：《宋史·卷一七〇·卷二〇八》，吉林人民出版社1995年版，第3116页。

【知识链接】

“刺配”之刑在整部《水浒传》中共出现7次，分别是林冲刺配沧州、杨志刺配大名府、武松刺配孟州、宋江刺配江州、裴宣刺配沙门岛、朱仝刺配沧州、卢俊义刺配沙门岛。实际上宋朝依据所犯之罪刑轻重将刺配之地分为十四等，主要包括：

一配沙门岛，仅适用于罪行最重的囚徒；二配远恶州军，即指位于广南地区生存环境最恶劣的地方，有南恩、新循、梅、高、雷、化、宾、容、琼等州，万安、昌化、吉阳等军，适用于仅次于配沙门岛的重刑犯；三配广南，广南泛指两广地区，因为当时人迹罕至、生存条件艰苦，故被选为流配之所，适用于其他符合流配的重罪犯人；四配远州，指配从五百里至三千里的各地州军；五配邻州牢城，一般适用于犯窃盗等罪的轻罪犯人，如“窃盗三犯杖者，配五百里或邻州”；六配本州牢城，适用于轻刑罪人。

【课堂笔记】

主要用于监禁罪大恶极之囚徒。由于外敌入侵使宋朝疆域不断缩小，后陆续也于本州或邻州设立内地牢城，收押徒刑犯服一般杂役。犯人会根据罪行轻重不同被遣送至不同的牢城，从事的劳役项目也根据当地的情况或强迫充军，或晒盐采伐，各不相同。宋初统治者在“慎狱恤刑”思想的影响下沿用其刑，本意是为慎重杀伐，缓和建国之初的社会矛盾。但由于刺配制度的滥用，反使社会矛盾激化，其后果与统治阶级宽宥的初衷背道而驰。如《水浒传》中林冲、武松、宋江等人都曾被刺配发遣至牢城，后其在此处起义反宋。明代史学家丘濬便指“刺配之法，既杖其脊，又配其人，且刺其面，是一人之身一事之犯而兼受三刑也”,〔1〕足见其阶级压迫的残酷本质。

在封建制度逐步走向衰落的明朝，劳役制度在治国理念的影响下有两个主要变化。一是在朱元璋“刑乱国用重典”的治狱思想影响下，于封建制五刑之外又设置了多种刑罚，其中充军之刑即为强令囚徒戍边服军役的劳役制度。充军作为死刑外的最重刑罚在明代被广泛适用，仅《大明律》中的充军条款就达40多条，处罚适用对象也从最初的军人扩大至平民。充军的期限又分为“终身”和“永远”。终身者，即役期止于受刑者生命终结；永远者，则要罚及后代直至子孙尽绝。被判此刑者均先要受杖责一百，再身受枷号，依罪刑轻重发落到近至一千里附近沿海、远至四千里的极边或烟瘴之地。劳役方式则是编入当地军队之中参与屯田、服兵役等苦力劳动。明朝中末期随着资本主义萌芽的出现，自然经济逐步瓦解，为缓和生产关系破坏所造成的统治阶级与农民阶级间的矛盾，明朝统治者以“仁恕”为名大力推行以役代刑制度，使免费劳动力最大程度创造社会价值。以役代刑制度由前朝居作制度发展而来，《明会典》谓之“力役赎罪”，即杂犯死罪以下均可以服劳役来赎抵罪刑。明律对力役赎罪的折抵年限、劳役种类等都作了详细的规定，劳役的种类初为建造屯田、煎盐冶炼等，后根据经济发展的需要陆续扩充为运输、修造、种植、哨瞭等十几种，并且每种都规定有明确的折抵罚额。如“令罪囚运米赎罪，死罪一百石，徒流递减。其力不及者死罪，自备米三十石，徒流罪十五石，俱运赴甘州、威虏地方上纳、就彼充军”。〔2〕为保证以役代刑制度有效施行，填补因皇室奢靡生活造成的财政亏空，明律还规定了严格的管理措施。如杂犯死罪在劳役时仍不能除下戒具锁镣；其余应入役而不入役者，过三日笞二十，罪止杖一百；逃役者被捕回后仍发配所，重新拘役。至此，明朝犯罪者除犯死罪以外，“遂无不充役之人”，工役刑徒空前扩大。〔3〕

清朝前中期的劳役制度基本承袭明制，随着统治阶级权力的衰弱逐渐发展得更为腐败和黑暗。鸦片战争之后，清末社会形态发生改变，在清末狱制改良运动中伴随着刑罚制度的改革，劳役制度也随之发生极大变化。1904年清政府议准变法奏折“笞杖等罪仿照外国罚金之法，改为罚银”〔4〕的内容，标志着五刑中的笞刑、杖刑被废除，一律改为罚金。

〔1〕参见（明）丘濬：《大学衍义补·卷一〇五》。
〔2〕出自《明会典》，转引自（清）沈家本：《历代刑法考（刑事卷）》，商务印书馆2017年版，第426页。
〔3〕（清）沈家本：《历代刑法考（刑事卷）》，商务印书馆2017年版，第284页。
〔4〕邱汉平编著：《历代刑法志》，商务印书馆2017年版，第597页。

【课堂笔记】

【思考题】

纵观我国劳役制度的兴衰发展历程，思考古代劳役制度与当代劳动改造制度的联系与区别。

“无力定纳，折为作工”则说明如囚徒无力缴纳罚金，也可以用服劳役来折抵。1906年清政府核准废除流刑、发遣和充军，将本应判此类罪行的犯人一并安置到罪犯习艺所中。1910年颁布的《大清新刑律》更彻底废除了隋唐以来沿用的封建制五刑，确定了以死刑、自由刑和罚金为主刑的新刑罚体系。其中自由刑即徒刑和拘役需于服刑期间强制劳役。清末遵循惩戒与感化并重的监狱改良原则，将劳役制度改称为“习艺制度”，其目的在于通过刑期内的劳役将罪犯改造成心生善念、能自食其力的良民。1902年起顺天府、保定、天津、奉天等多地法部纷纷兴建罪犯习艺所，作为拘禁犯人劳役的新式监狱。习艺所会根据犯人的刑期、技能、生计等实际情况安排其从事以手工业为主的劳役项目，每天作业时间约为8小时至12小时，劳役所得一律上缴国库。习艺制度更接近现代刑罚制度，较之前的以惩戒为目的劳役制度相比有着进步意义。

整体来看，劳役制度出现于奴隶制时期，发展成熟于封建制时期，延续至半封建半殖民地时期的清朝末年，又影响至今天，是我国监狱制度中最为重要的一项制度。我们不能否认劳役制度的本质是统治阶级奴役、压榨被统治阶级，获取免费劳动力的事实，但从历史发展的角度来看，其仍有存在的合理性：无数囚徒用血汗浇筑起的宏伟建筑为后世留下了丰富的物质文化遗产，其创造的经济价值也确实推动了中华文明向前发展。

第五节　录囚制度

有法史学家认为《礼记》中“仲春之月：命有司，省囹圄，去桎梏，毋肆掠，止狱讼”[1]是历史典籍中关于录囚的最早记载。因而可推断早在奴隶制时期，就有了司法官吏省录囚徒的相关记载，此即为录囚制度的早期雏形。“录”为检视、省录之意，“录囚”是封建统治阶层通过巡视监狱对狱囚进行复核审录、监督和检查下级司法机关的决狱情况，平反冤狱及督办“久系未决”案件的一项司法制度。从汉代开始录囚制度便与系囚制、悯囚制并称为封建监狱三大制度，其对后世乃至今日的司法审判监督制度和狱政管理制度都有着非常深远的影响。

一、录囚制度的兴起

学界普遍认为，录囚作为国家司法制度被正式固定下来，应起于西汉。汉初统治者推行“无为而治”的治国方略，经几十年休养生息，国家经济得以发展、政权得以稳定。汉武帝为进一步加强中央集权采取“罢黜百家、独尊儒术”的治国方略，“德主刑辅”便是儒家思想下形成的狱政思想。在此思想影响下，汉武帝推行了一系列以民为本、宽缓刑狱的监狱管理制度，其中，录囚制度是最为重要的一项。西汉初时只规定了官吏录囚：每年

[1] 出自《礼记·月令》，转引自高潮、马建石主编：《中国历代刑法志注译》，吉林人民出版社1994年版，第371页。

【数字资源】

【课程思政资源】

董仲舒与儒家思想

儒家思想是中国文明史经历了夏、商、周近1700年的发展后，由春秋末期思想家孔子所创立的思想。其核心是“仁”“礼”。“仁”，主张是“仁者爱人”，这一主张，要求统治阶级体察民情，反对苛政；“礼”，主张是“克己复礼”，就是要克制自己遵循贵贱有序、不僭越等级名分的制度。先秦时期，儒家是最有影响的学派之一，与墨家并称显学。其在秦始皇“焚书坑儒”时曾受到重创，又在汉武帝后兴起。

董仲舒是西汉时期儒家学派思想的继承者和发展者。他杂糅了道家、法家、阴阳家等各种思想因素，把儒学发展成为一个以阴阳五行和宇宙论为世界观的理论体系，结束了百家争鸣的状态，让“董氏儒学”成为两千多年来封建统治阶级驭民的法宝。在回答汉武帝“天人三策”问题时，董仲舒明确阐述了它“天人合一”“天人感应”“君权天授”“三纲五常”“春秋大一统”的观点，将君主的统治附会到天道之上，主张天不变，道亦不变。这些带有明显“天命论”的思想观点，为皇帝的绝对权力找到了理论依据，也为臣子和百姓设置了相应的道德规范，被汉武帝大力推崇。

经过汉武帝多年的倡导和支持，“董氏儒学”得到了广泛传播，董仲舒提出的“三纲五常”等思想观念逐渐被人们所接受，成为中国政治、文化及思想上的正统与主导，成功实现了“罢黜百家，独尊儒术”。从此以后，不管王朝怎样更替，“董氏儒学”都是治世法宝。

八月，地方最高行政长官（郡守）应按规定到所管辖的监狱中去巡视巡察，一是为平冤纠错，即受理囚犯的伸冤申诉；二是为决遣淹滞，即梳理狱囚中超期羁押或有可怜可悯的囚犯，即刻予以释放。《汉书》记载武帝末年“诸州常以八月巡行所部郡国，录囚徒”,〔1〕又载青州刺史隽不疑“每行县录囚徒还，其母辄问不疑：‘有所平反，活几何人?’”〔2〕以上均是反映录囚史实的佳话故事。沈家本亦曾在《历代刑法考》中著述：“录囚之事，汉时郡守之常职业……此事又属于刺史”。一系列史料较为科学地论证了西汉时期录囚已经成为地方最高行政长官（郡守）的一项经常性事务。

时至东汉，统治阶级更加重视并亲自参与录囚，有关皇帝亲录囚徒的最早记载便始于东汉。公元70年汉明帝时期，先光武帝之子楚王刘英私造图谶谋逆、牵连甚广，明帝于是大兴楚狱，“所连及系者数千人”。后代理御史之职的寒朗与三府掾属共考楚狱案，发现大量无辜受牵连之人，遂立即将这一情况上书汉明帝。明帝于是“车驾自幸洛阳狱录囚徒，理出千余人”,〔3〕此后录囚便成为封建君主的一项固定职责。与官吏录囚不同之处在于，皇帝录囚是不定期的，或在水、旱、蝗、雪等自然灾害后录囚，或在国家出现异常灾象后录囚。统治阶级于此时亲录囚徒的本质实为缓和社会矛盾、巩固封建政权。虽难掩其本质，但录囚制度自此被后世历代所沿袭，成为影响封建司法和狱政的一项重要制度，对于维护百姓诉讼权利、约束司法官吏起着十分积极的作用。

录囚制度自汉代确立后，始终被承袭汉制、推行儒家治国理念的封建国家所沿袭，成为一项重要的监狱管理制度。三国两晋南北朝时期，虽由于分裂战乱，录囚制度发展不及汉时，但各国统治者为了稳固政权、笼络民心，仍时常亲临中央狱录囚理冤。如曹魏时期设有“理冤狱”专为录囚之所，魏明帝二年（公元228年）四月，“赦系囚非死罪以下”的记载说明：曹魏时期，统治者已经开始在录囚后对非死囚犯施行赦免。南朝时期，皇帝参与录囚的次数逐渐减少，但依然非常重视录囚制度，亦设立了专门用于录囚的“录冤局”，常由吏部尚书、御史中丞、兰台令史等大臣亲自前往京师地区的监狱及“录冤局”理察囚徒冤枉，参与录囚。

隋初统治者隋文帝崇尚惠政、法令宽简，将囹圄空虚作为治狱目标。录囚制度作为“慎狱恤刑”狱政思想下的重要监狱管理制度，成为考察狱情、监督司法的重要手段。据《资治通鉴·隋纪》记载，隋文帝令“诸州死罪，不得辄决，悉移大理按复，事尽，然后上省奏裁”，表现出其对于死刑案件持审慎的态度。其本人更是“每季亲录囚徒，常以秋分之前，省阅诸州申奏罪状”。〔4〕《隋书·高祖纪》中关于隋文帝亲录囚徒的记载便有6次。此外《隋书》中还有部分关于大臣录囚的记载，可见隋初仍保留皇帝亲录与大臣录囚

〔1〕出自《汉书·百官志》，转引自（清）沈家本：《历代刑法考（刑事卷）》，商务印书馆2017年版，第890页。

〔2〕（汉）班固：《汉书·卷七十一》，岳麓书社2009年版，第814页。

〔3〕参见（北宋）司马光撰：《资治通鉴·汉纪三十七卷》。

〔4〕出自《隋书·刑法志》，转引自（唐）杜佑撰：《四库家藏 通典（三）》，山东画报出版社2004年版，第25页。

【知识链接】

后汉书·寒朗传（节选）

寒朗，字伯奇，鲁国薛人也……永平中，以谒者守侍御史，与三府掾属共考案[①]楚狱[②]。颜忠、王平等辞连及隧乡侯耿建、郎陵侯臧信、护泽侯邓鲤、曲成侯刘建。建等辞未尝与忠、平相见。是时显宗[③]怒甚，吏皆惶恐，诸所连及，率一切陷入[④]，无敢以情恕者。朗心伤其冤，试以建等物色，独问忠、平，物色[⑤]谓形态也。而二人错愕不能对。错犹仓卒也。错音七故反。音五故反。朗知其诈，乃上言建等无奸，专为忠、平所诬，疑天下无辜类多如此。帝乃召朗入，问曰："建等即如是，忠、平何故引入。"朗对曰："忠、平自知所犯不道，故多有虚引，冀以自明。"帝曰："即如是，四侯无事，何不早奏，狱竟而久系至今邪?"朗对曰："臣虽考之无事，然恐海内别有发其奸者，故未敢时上。"时上犹即上也。上音时掌反。帝怒骂曰："吏持两端，促提下。"左右方引去，朗曰："愿一言而死，小臣不敢欺，欲助国耳。"帝问曰："谁与共为章?"对曰："臣自知当必族灭，不敢多污染人。诚冀陛下一觉悟而已。臣见考囚在事者，咸共言妖恶大故[⑥]，臣子所宜同疾，今出之[⑦]不如入之，可无后责。是以考一连十，考十连百。又公卿朝会，陛下问以得失，皆长跪言，旧制大罪祸及九族，陛下大恩，裁止于身，天下幸甚。及其归舍，口虽不言，而仰屋窃叹，莫不知其多冤，无敢牾陛下者。臣今所陈，诚死无悔。"帝意解，诏遣朗出。后二日，车驾自幸洛阳狱录囚徒，理出千余人。

注：①考案：审处。②楚狱：汉光武帝刘秀儿子刘英为楚王。汉明帝刘庄在位时，楚王因谋逆被废自杀，因这一案件受牵连而被处罚的人"以千数"。③显宗：汉明帝刘庄。④陷入：定罪判刑。⑤物色：指形貌、模样。⑥大故：大事。⑦出之：古代称有罪不判，重罪轻判为出罪；称无罪判刑，轻罪重判为入罪。

启示：

两种形式。至隋炀帝时，因法外施刑、乱拘滥捕造成司法混乱，使录囚制度几乎废而不用。

二、录囚制度的发展

确立“仁本、刑末”的狱政思想的唐朝统治者高度重视录囚，将其视为理冤受讼、监督官吏的重要手段。以录囚主体来划分，唐代录囚主要有皇帝录囚、诸府州县录囚、中央诸司录囚和遣使录囚四种。唐初百余年间，皇帝录囚的记载最为常见，从唐高祖武德元年就有了亲录囚徒的记载，此后录囚制度成为唐朝“不废之常典”。录囚制度在唐太宗贞观年间被正式编写入法典，规定了严格的期限和程序，成为唐代各级司法官吏的重要职责。唐太宗李世民在位时，录囚次数更多达 14 次，其统治时期的监狱内不能“滥系无辜”、亦不可“久濡有罪”，以“狱如明镜”为理想。太宗赦免囚徒之事也是“录囚”史上的一段美谈。贞观六年，李世民“亲录囚徒，闵死罪者三百九十人，纵之还家，期以明年秋即刑。及期，囚皆诣朝堂，无后者，太宗嘉其诚信，悉原之”。〔1〕“仍敕天下死囚，皆纵遣，使至期来诣京师。”“去岁所纵天下死囚凡三百九十人，无人督帅，皆如期自诣朝堂，无一人亡匿者，上皆赦之。”〔2〕唐代统治者重视录囚的理由除疏决滞狱外，其实还另有深意。据史料记载，唐朝是自然灾害频发的朝代，在近三百年统治中，灾害的频繁和猛烈程度均超过前代。对以农业生产为立国之本的封建国家来说，灾荒带来的粮食减产、人口减少必然使民心动荡，为经济带来致命打击，也会使封建统治陷入危局。录囚就是唐朝统治者在灾荒之年用以安抚民心、缓和社会矛盾、增加劳动力、还之以田的灾后补救措施。此外，亦有统治者受“天人感应”迷信思想的影响，将录囚作为消弭自然灾害的手段。因而，几乎每位唐朝皇帝都曾有过在灾害后录囚的相关记载。

录囚制度在唐朝充分发展的同时，其主要职能逐渐偏离设立的初衷，录囚权限和范围不断扩大并有所变化。唐末，录囚制度开始与宽赦制度结合起来，形成了专门的典制，录囚的主要职能也由理冤向赦宥发生转变。至此，录囚制度逐渐沦为统治阶级把控司法、维护特权的借口。此外，值得注意的是，从唐朝开始，录囚之称间或会被“虑囚”所替代，如《新唐书》《唐六典》中都曾经出现过“虑囚”一说，后世也逐渐将两者混用，如今可以将之理解为形不同而意同的通假字。

在政权高度集中的宋朝，统治者将军事、财政、审判权一并收归中央，对司法与刑狱影响甚深的录囚制度，其适用也受到更为严格的限制。首先是皇帝重视亲录囚徒。宋朝建立之初、于百废待兴之时，宋太祖便“帝每亲录囚徒，专事钦恤”，〔3〕足见其对录囚之重视程度，此后各帝均将录囚作为司法监督的一项重要手段。宋朝皇帝录囚的范围一般局限

---

〔1〕出自《新唐书·刑法志》，转引自（清）沈家本：《历代刑法考（上册）》，商务印书馆 2011 年版，第 895 页。

〔2〕参见（北宋）司马光撰：《资治通鉴·一百九十四卷》。

〔3〕出自《宋史·刑法三》，转引自许嘉璐主编、倪其心分史主编：《二十四史全译 宋史》（第七册），汉语大词典出版社 2004 年版，第 4133 页。

【知识链接】

北宋王元吉被诬案[1]

北宋太宗太平兴国九年（公元984年），开封府里一名刘寡妇和人通奸，怕继子王元吉告她，就教她的丫头到府里告王元吉谋害母亲。府里把案子交到右军巡院，由判官宋廷照推问。王元吉不招，于是就移到左军巡院重审。判官韩昭裔收了刘氏的贿赂，把王元吉屈打成招。刘寡妇这时身亡。等王元吉到府里过堂时，他忽然翻供，府里的推官张雍推问了好几个月，问不出头绪来。于是知府把案子移到府院去，教司录参军重审。于是王元吉的冤情逐渐明朗。知府见案件复杂，就奏呈太宗请示。太宗因王元吉毒母证据不足，免死改判徒刑。正当开封府要打板子时，王元吉大声喊冤，道出开封府官吏受贿。于是知府再审受贿之事，王元吉将受贿官吏一一指出，知府再次向太宗请示。同时王元吉的妻子张氏前往登闻鼓院击鼓鸣冤。太宗御前亲审，得知王元吉被冤真情，令将原推官吏一一逮捕，将此案移送御史台重审，最后张雍、韩昭裔、宋廷照和曾为刘氏增改词状的杨处仁被削任降职。负责验伤的医工陈上良谎称王元吉曾用解毒药，曹司孙节受赂，二人并杖脊配沙门岛。司吏因依法断案各给赏赐，又赐张氏帛十匹。

此案乃是北宋初期刑事诉讼中“翻异”“别推”“引问”“称冤”“移推”制度均得实施的一则典型案件。

[1] 郭成伟、肖金泉主编：《中华法案大辞典》，中国国际广播出版社1992年版，第408页。

在中央监狱或京畿地区，仅《宋会要辑稿》中载有宋朝历代皇帝亲自录囚的记录总数便超过170次。《宋史·刑法二》中也曾记载过宋太宗的一次录囚故事：寡妇刘氏与他人通奸，因担心奸情暴露，便将继子王元吉诬陷入狱。后王元吉之妻为其击鼓鸣冤，开封府审录数月无果，直至太宗录囚时亲自审理此案，方还其清白。事后太宗感叹道“京邑之内，乃复冤酷如此，况四方乎？”[1] 由此故事也便不难知晓宋代统治者为何会如此重视录囚的作用。即便在政权南移、时局动荡的南宋，皇帝们也没有终止录囚活动。只因宋朝统治者始终将录囚视为缓和阶级矛盾、稳定社会秩序、巩固皇权的一项重要手段。

其次是完备了官吏录囚制度。开宝二年五月，宋太祖下诏命两京及诸州长官督促狱掾每五日一录囚，“岁以为常”；太宗太平兴国年间，再令“长吏每五日一虑囚，情得者即决之”；[2] 至太宗雍熙元年又“令诸州十日一具囚帐及所犯罪名，系禁日数以闻”。[3] 如此频繁的录囚，是因为宋代地方官员录囚的职责主要为核对、上报囚帐，视察狱情，督促落实悯囚制度。而更为繁重的地方录囚任务则由皇帝派遣的司法专员或中央三法司的官员来完成，时间多固定在酷暑或严寒两季。此外专设“路提点刑狱司”，即后世的“提点刑狱司”或“提刑司”，其设立于宋太宗时、确立于宋神宗时期，在宋朝后演变为后世的巡按使制度。“路提点刑狱司”是受皇帝直接领导的狱政监督机构，其目的是为加强皇权对地方狱政的监管及控制，其主要职权包括通过视察地方在押囚犯以发现并惩治司法官吏的失职违法行为，对死刑复核、刑罚执行监督等，这些职能实际上都需要提刑司官员通过录囚来实现。

辽金时期虽仿唐制保留了录囚制度，但制度整体上并不发达且适用较少。以至于到元代时天子躬录囚徒之制鲜有所闻，即从元朝以后皇帝一般不再亲自参与录囚。元代官员录囚任务由地方监察部门，即设置于各路的提刑按察司和肃政廉访司共同完成。每年夏、秋两季，参与录囚的监察官员需要通过察录狱囚和参与诉讼来完成“决轻”“辩冤”“纠滞”“申疑”四项主要录囚任务。[4] 但因受元代特有的“南北异制”和僧侣可因“修佛事而释重囚”规定的影响，元代的录囚制度总体表现出混乱和倒退。录囚制度至明清时期发展演化为会官审录制度，即后世所称“会审”制度，主要通过秋审、大审的方式来平反冤狱、疏决淹囚。

第六节　会审制度

会审即为“会同审理”，指遇重大、疑难案件时，由多名司法官员共同参与审理的一

[1] 出自《宋史·刑法志》，转引自岳麓书社编：《二十五史精华三》，岳麓书社2010年版，第1982页。
[2] （元）脱脱等撰：《宋史》，吉林人民出版社1995年版，第3083页。
[3] （元）脱脱等撰：《宋史》，吉林人民出版社1995年版，第3083页。
[4] 王敬松：《元代宪司分行录囚述论》，载《北京联合大学学报（人文社会科学版）》2013年第1期。

【课堂笔记】

【思考题】

简述录囚制度存在的积极意义。

种特殊审判形式。《周礼》中“以三刺断庶民狱讼之中：一曰讯群臣，二曰讯群吏，三曰讯万民”〔1〕讲述了当时的司法官员在遇到争议之诉时会以“三刺”的形式听取众人的意见来断案的史实。说明早在西周时期，就曾出现过类似会审的审理形式。《礼记》中“王命三公参听之，三公以狱之成告于王，王三宥，然后制刑”〔2〕的记载也足以说明西周时期已经出现了会审制度的萌芽。到了秦汉时期，凡遇重大案件，皇帝常派掌管狱讼的廷尉会同丞相、御史中丞等官员联合共同审理，此谓之“杂治”，也被认为是会审的早期形式。

一、会审制度的兴起与发展

唐朝时期，以三省六部制为基础所确立的“三法司”，使会审制度具备了行政基础。由“刑部、大理寺、御史台”官员为核心组成的临时审判制度，即“三司会审”制度在唐朝正式确立下来。“三司会审”主要分为推鞠重大疑难案件的“三司推事”和受理伸冤申诉案件的“三司受事”两种。据《唐会要》所载，依据各法司所派出的官员级别不同，又可分为由大理寺卿、刑部侍郎、御史中丞组成的审理在京案件的“大三司”和由大理寺评事、刑部员外郎、监察御史组成的在审理地方重案的“小三司”。虽然“三司会审”并不是一级独立的审判机关，但从唐永徽年间开始至唐玄宗编制《唐六典》时，它已经发展成为一种唐朝固定的重特大案件审理制度。

在唐宋法律的基础上，明朝形成了较为完备的会官审录制度，并以之逐渐替代了汉代以来的录囚制度。明朝会审制度始于明太祖洪武年间，朱元璋曾于明洪武十七年诏令：“诏天下罪囚，刑部、都察院详议，大理寺复谳后奏决”。说明明朝会审制度的基础仍是由刑部、大理寺和都察院所组成的三法司。而从《明史·刑法志》的相关记载来看，明代会审制度在唐“三司会审”基础上，参与者和会审案件的范围均在不断扩大，乃至于五府、六部、翰林院、锦衣卫、通政司等都曾参与进明初的会审中来。除三法司之外，明太祖还多次随意指派亲信之臣参与会审，表明明初会审制度呈现出了国家的狱政审判在中央集权背景下受到了皇权严重干涉的特点。

作为一项司法狱政制度，明朝会审制度的主要任务是替代皇帝录囚，通过对狱情的审查监督把控司法审判权，通过疏决淹禁笼络民心，以达到维护封建统治秩序的目的。因而形式和内容都更加丰富多样，其主要形式有：

1. 三司会审。源于唐朝“三司推事”制度，指对于需要再审的重大疑难案件，由“三法司”长官即刑部尚书、大理寺卿和都察院左御史会同审理后，交由皇帝裁决的审理形式。

2. 圆审。也称“九卿圆审”，最早可追溯至唐贞观年间，是指由大理寺卿、都察院左都御史、通政使以及吏、户、礼、兵、刑、工六部尚书依诏令会同审理，最后仍由皇帝核

---

〔1〕出自《周礼·秋官·小司寇》，转引自马宗霍：《南史校证㊀》，湖南教育出版社 2008 年版，第 31 页。

〔2〕出自《礼记·王制》，转引自（春秋）孔丘等：《四书五经（上）》，吉林大学出版社、吉林音像出版社 2004 年版，第 292 页。

【数字资源】

【课程思政资源】

领事裁判权

领事裁判权在近代被称为“治外法权”，指的是一国公民在侨居国成为民事、刑事诉讼被告时，该国领事具有的按照本国法律，予以审判、定罪的权力。在国际法上，一个主权国家对于所有在其境内的外国人享有“属地”的管辖权，除了那些在外交上享有特权和豁免权的国家元首、外交使节等人员之外，任何外国人都必须遵从所在国的法律，主权国家当然享有完全排他的管辖权，这也是“属人管辖”原则在国家权力中的体现。

1842 年中英《善后章程》(亦称《穿鼻条约》) 规定：“英国商民……与内地居民发生交涉狱讼之事，英商归英国自理。”这是西方列强攫夺领事裁判权之始。1843 年 10 月 8 日，中英两国代表在虎门签订了《五口通商章程》，该条约第 13 款对领事裁判权做出了规定：“倘遇有交涉词讼……其英国人如何科罪，由英国议定章程、法律发给管事官照办。华人如何科罪，应治以中国之法，均应照前在江南原定善后条款办理。”这是西方列强在华取得领事裁判权的第一个条约，标志着领事裁判权在中国的正式确立。1844 年中美《望厦条约》将领事裁判权实施的空间范围由五个通商口岸扩大到中国沿海的各港口，同时将外国人之间的混合诉讼案件纳入了其审判管辖的范畴，由此扩大了其在华领事裁判权的范围，中国半殖民地半封建的程度进一步加深。

由于领事裁判权在近代中国社会的产生、扩大及其实现，出现了“外人不受中国之刑章，而华人反就外国之裁判”的奇怪现象。

1929 年中国政府曾宣布从 1930 年起废除所有国家在中国的领事裁判权，但因帝国主义国家的抵制，未能实现。第二次世界大战期间及战后，通过一系列条约，中国逐步恢复了对在中国境内的美、英等国国民的司法管辖权。中华人民共和国建立后，中国人民才终于彻底摆脱了包括领事裁判权在内的帝国主义的一切特权的羁绊。

准的制度。适用于“二次番异不服，则具奏，会九卿鞫之，谓之圆审”[1]的情形，意指在审理重大疑难案件时，如“囚有审异”，即囚徒当场翻供的，则需要召集九卿通过圆审以判明实情。

3. 朝审。类似于今天的死刑复核制度，针对秋后处决的死刑案件，于每年霜降后再行审核的一种制度。朝审制度确立于明天顺三年，《明史》载“天顺三年令每岁霜降后，三法司同公、侯、伯会审重囚，谓之朝审。历朝遂遵行之”。[2]说明朝审应为明代法定的死刑案件必经审理程序，审判时由三法司官员会同五府、九卿衙门、锦衣卫各堂上官共审，可谓参与者众多。作为一种死刑复核程序，朝审的本质实为慎刑宽宥，“矜疑者戍边，有词者调所司再问，比律者监候”。[3]朝会审后会依据案情将待决囚犯分为“情真”“可矜”“可疑”等几种情形，如罪情有“可矜”或“可疑”之处可改判为戍边，如囚徒有翻异供词的需要发回再审，如罪情有“情真”者则要待复奏后按律监候听决。

4. 大审。始于明英宗正统六年，每五年进行一次，是由皇帝委派司礼太监会同三法司在大理寺审录囚徒的特殊会审制度。大审由宦官一手操控，定罪量刑皆依其意见而定，三法司只能唯命是从，是明代宦官干预司法的直接产物。

5. 热审。“热审始永乐二年，止决遣轻罪”,[4]指每年农历小满后十余日至六月间，刑部会同都察院、锦衣卫等审理在押轻刑徒的一种制度，初时只适用于京师地区，后逐渐推行到全国。其目的在于在暑热来临前及时梳理牢狱内的淹禁者，以避免狱内因天气炎热、狱囚过多而滋生疫情。明宪宗成化年间开始，热审也可对杂犯死罪中可矜疑者做免死、轻罪、罪行减等处罚；对枷号者做疏放枷号处理。

二、会审制度的衰落与消亡

清朝统治者同样非常重视会审制度，在明朝基础上进一步完善了重案会审制度、规范了会审程序、重构了会审体系，使会审制度在清朝形成了以九卿会审、秋审、热审等为中心的一套完备体系。

1. 秋审。“秋审亦原于明之奏决单，冬至前会审决之”。[5]秋审实为效仿明代朝审之规定，是清朝最重要的会审形式，被称为“大典”。《大清律例》将清朝死刑判决规定为立决和监候两种，凡判监候者无论“绞”“斩”，均需等待复核后方可行刑。复核时间按例确定于每年农历秋八月下旬，故称之为秋审。秋审前各地官署须由下至上将死刑案卷逐一复核整理，按犯罪性质和情节将之划分为“情实”“缓决”“可矜”和“留养承祀”四种，于审前交由刑部定拟看语，即出具审理意见。会审当日，参与会审的一众官员九卿、詹事、科道等，齐聚于天安门外金水桥西，由刑部书吏按招册分省逐一唱名，宣读罪状

---

[1] （清）张廷玉等撰：《明史·卷七十·刑法志二》，吉林人民出版社 2005 年版，第 1475 页。
[2] （清）张廷玉等撰：《明史·卷七十·刑法志二》，吉林人民出版社 2005 年版，第 1475 页。
[3] （清）张廷玉等撰：《明史·志第八四职官一》，吉林人民出版社 1995 年版，第 1125 页。
[4] （清）张廷玉等撰：《明史·卷七十·刑法志二》，吉林人民出版社 2005 年版，第 1476 页。
[5] 天津古籍出版社编辑部编：《二十四史第 13 卷·清史稿》，天津古籍出版社 2000 年版，第 768 页。

【知识链接】

上海公共租界会审公廨

清同治七年（公元1868年），清政府与英、美驻上海领事议订《洋泾浜设官会审章程》，在租界设上海英美租界会审公廨，后更名为上海公共租界会审公廨，受理租界内除享有领事裁判权国家侨民为被告外的一切案件。

会审公廨内设委员一人，凡违警各案，均由委员一人审理，如遇洋人有关系之刑事案件，则由领署派洋员一人为陪审官；如遇民事案件，而原被两造均系华人者，则仍由委员一人审理；如原告系洋人者，则领署仍派洋员一人会同审理；上诉案件，由沪道及领事一人会同审理。会审公廨最初设立于英领署房屋内，以委员职微，故人多不重视之。至清同治八年（公元1869年）开始派同知一人充任委员，凡有关洋人案件，均由领事陪审，唯两造均系华人者，仍由委员单独审理，洋人所用仆役，非预得该馆领事同意，不得拘捕；死罪案件，则由上海县审断。此项章程，屡经修改，至今陪审领事几乎无案不审，其陪审违警案件者，谓与洋商利益有关也，其陪审纯粹华人案件者，谓租界系专留供洋人经商居家之用，中国官员习于历代听讼成法，不得于此享有无限之治权也。[1] 清宣统三年九月二十二日（1911年11月12日），英国、美国驻上海领事宣布由上海公共租界工部局管理会审公廨。民国十四年（1925年），五卅惨案发生后各界群众强烈要求撤销会审公廨，几经交涉后于民国十六年一月一日，上海公共租界会审公廨被撤销。此后废止的会审公廨的地址被设上了上海公共租界临时法院兼上诉院，来代替会审公廨讼诉案件。

启示：

〔1〕 岑德彰编：《上海租界略史》，文海出版社1971年版，第86~87页。

及定拟的节略，持异议之人可自行向皇帝上奏。清朝秋审之所以被称为“秋谳大典”，是因秋审进行时更类似于一种审判仪式，全国参与秋审的案件实际在秋审日前已经会审完毕。秋审上奏题本还需要经过皇帝朱批裁决：情实者复奏后方可行刑；缓决者还押于牢，待明年再次参与秋审，若三经缓决则多减等为流刑或发遣；可矜、留养者较为少见，一般多会做免死、减等或责放处理。

与秋审近似的还有朝审，常于秋审前一日于同一地进行，其所复审的对象是京师地区的斩监候、绞监候案件。

2. 九卿会审。九卿会审承袭于明朝“圆审”之制，是清朝最为典型的会审制度。每遇有争议的特别重大案件时，皇帝常命六部尚书、大理寺卿、都察院左都御史、通政司通政史等九名高官组成会审机构共同来审理，此即为九卿会审。因为受命审理，故九卿审定后仍需将审理结果报给皇帝，由其做出最后裁定。

3. 热审。热审因举行于炎热之时而得名，每年小满后十日至立秋前一日，大理寺左右两司的官员将会同各道御史及刑部承办司的官员，共同审理发生在京师地区的笞杖刑案件和非真犯死罪以下案件。热审多作从轻处罚，结论或可减等释放或可准予保释，其目的在于疏放在押轻囚、缓解监管压力、改善监室因人满为患而造成的拥挤环境。清康熙年间热审制度由中央推行到地方。光绪三十二年（公元 1906 年），清末变法引发的官制改革中三法司被彻底废除，会审制度的基础不复存在，也便随之被废除。

1840 年鸦片战争后，西方列强的入侵尤其是《五口通商章程》签订后领事裁判权的丧失，使清末司法主权遭到破坏。1858 年《天津条约》强行确定的“会同审断”制度规定：在处理中国人与外国人的诉讼案件时，将由中国官员与外国领事共同审理。1864 年至 1868 年间，清政府经领事协议后与英、美、法等国先后在多地租界内设立会审公廨作为独立的会审机关。会审公廨名义为中国司法机关，实际上完全被外国领事官员所把持，沦为西方国家随意干涉中国司法的借口。至此，会审制度已违背原本设立之初衷，已名不副实。

总体来看，会审制度是儒家慎行思想影响下确立的重要审判制度，为解决重大疑难案件、平冤纠错起到了积极的作用。虽然仍不可避免地带有皇权干预司法、偏重形式、愚弄百姓等历史局限性，但其保障人权、司法公正等价值内核，以及对待死刑案件的谨慎处置态度，对于我国当代司法审判制度仍有着十分重要的借鉴意义。

第七节　特权制度

作为国家机器的重要组成部分和阶级矛盾不可调和的产物，监狱历来是统治阶级压迫被统治阶级的暴力工具。为稳固其统治的基础，从封建法律到封建狱制，历代统治者都通过等级制度的建构，公开赋予并维护官僚贵族阶级明显优于被统治阶级的特殊权利，此即

【知识链接】

九卿会审与“三刺之法”[1]

九卿会审起源于西周的“三刺之法”。《周礼·秋官·小司寇》载，“以三刺断庶民狱讼之中。一曰讯群臣，二曰讯群吏，三曰讯万民，听民之所刺宥，以施上服下服之刑”。其大意是说，为了达到公平执中的司法裁决，凡重大疑难案件需要经过三个步骤来完成审判：一是讯问群臣，二是讯问群吏，三是讯问民众。具体而言，通过讯问肱骨之臣，以寻找案件的共同价值取向；通过讯问群吏，以掌握案件的法律操作技术；通过讯问万民（主要是贵族），以试探民众对于案件的基本认知和期待。也即，对待重大疑难案件，通过召集既得利益群体来共同决断，旨在消弭对君王生杀予夺大权的根本性抵制。

唐代除了由刑部、大理寺和御史台组成的“三法司”会审团队外，特别针对流刑以上重大案件，规定“由中书、门下四品以上及尚书、九卿议之”，颇有西周“讯群臣”的意味。宋代甚至在某种程度上恢复了西周的三刺之法，形成了对疑难案件由朝臣集议而判的“朝臣杂议”制。也即在唐宋经由司法审判依然不能坐实的重大案件，试图通过“杂议”这种西汉的传统方式来会审以服众。

明清将“杂治”进一步优化为“圆审”。即凡重大案件，“囚有审异”（囚徒多次翻供不服的），则具奏皇帝，皇帝乃“命九卿鞫之，谓之圆审”。“圆审”之“圆”，颇有“圆桌会议”的味道。九个正三品官员皆有平等发言、各抒己见的权力。“圆”也代表着“圆满”“周圆”，意味着经过本次审理，基本走完了所有的司法程序，更意味着此次审判是为了照顾方方面面的利益和情绪，做到尽可能的“团圆·团结”所有利益相关者，为皇帝的最终拍板提供支持。另外，九部门中的通政使司值得注意。其始设于明代，长官为通政使，为正三品官员。清代沿置，掌内外章奏和臣民密封申诉之件，类似于秘书机构。郑观应在《盛世危言·汰冗》中提到，“其京官则太常、光禄、鸿胪可统於礼部，大理可并於刑部，太仆可并於兵部，通政可并於察院，其余额外冗官皆可裁汰”。由此可见，通政司与都察院的职能相同，康有为等在《上皇帝第二书》中也认为：“通政准百僚奏事，以开言路。”因此，作为言官的通政司起着沟通内外的作用，其充分保证了信息对称的效果，正是“三刺之法”的重要媒介。因此，不妨认为“九卿会审”与“三刺之法”是一脉相承的。

[1] 沈玮玮：《同样是九人：明清中央会审官员的布局》，载《人民法院报》2015年12月18日第5版。

为特权制度。

早在奴隶制时期，父系氏族中的父权至上理念就已经造成了家庭成员间的不平等，特权制度便由此衍生而来。《周礼》中“礼不下庶人，刑不上大夫”的礼法制度，虽非赋予士大夫以特权而是对其提出更高要求，但其所反映出的士大夫阶层特殊的优越感，本质上便是一种特权。纵观整个封建社会，汉代以后随着皇权不断向中央加强集权，特权问题也随之凸显。

自秦朝开始，便已经存在赋予官僚地主阶级狱政特权的情形。“公士以下居赎刑罪、死罪者，居于城旦舂，毋赤其衣，勿枸椟欙杕”。[1] 说明秦朝特权阶级即便被处以死刑，也可以用“城旦舂”之类简单的劳役刑来折抵，且可享受牢狱之中不着囚服、不戴戒具的特殊优待。而“葆子以上居赎刑以上到赎死，居於官府，皆勿将司”,[2] 则表明即便是“葆子”（因父亲或兄长之职位而获得官职的质子）这样官宦的后代，也可以在官府之中用劳役来抵偿赎刑至死刑之罪，并且不允许地方官吏对其长期拘而不讯，否则要追究相关官员的责任。在劳役制度高度发达的秦朝，法律中规定的赎刑种类虽然相当丰富，但实践中通常只有官僚贵族才符合赎刑的适用条件，普通百姓往往很难以服劳役来获得减轻刑罚的机会。正如班固所言“富者得生，贫者独死，是贫富异刑而法不一也”。[3]

汉袭秦制，两汉时期的官僚贵族仍依法享有特权。汉高帝时期便有“令郎中有罪耐以上，请之”[4] 的记载，这便是汉朝的“先（上）请”制度。专指赋予公侯、官吏等人在犯罪之后须先奏请皇帝裁决，再接受判罚的特殊权利，而凡经先请的案件，一般往往会减等甚至免刑。东汉时期，先请范围继续扩大。公、列侯的子嗣和品级较低的官吏均可享有先请的特权。自汉朝确立以来，先请制度一直为后世历代所承袭，为官僚贵族犯罪后逃避法律制裁提供了合法的庇护渠道。在监狱立法中，汉代贵族与官吏也享有特殊优待。汉惠帝曾下诏命对自己的故旧做出解除戒具、不关押于监牢内的颂系规定，他还允许汉室外戚之孙辈应受肉刑者可以赎刑来折抵。汉朝监狱管理制度中特有的“乳养充役”制度，实质上也是为皇室贵族所特设的。相传汉武帝征和二年，尚在襁褓中的武帝曾孙（汉宣帝）因巫蛊之罪株连随母下狱，后其母在狱中身亡，廷尉右监丙吉为抚育他，便从劳役监中挑选了两名女犯充当他的乳母，承诺一日折抵刑期一日。“乳养充役”实为先行后闻，可认为是汉朝专为皇室曾孙所设的特权制度。

三国两晋南北朝时期，曹魏《新律》中“八议”制度的出现，首次将封建贵族官吏、地主阶级拥有的特权以立法的形式明文规定。“八议”源于《周礼》中的“八辟”，是规

---

〔1〕 出自《秦简·司空律》，转引自白寿彝主编：《中国通史 第4卷 中古时代·秦汉时期（上）》，上海人民出版社2004年版，第774页。

〔2〕 出自《秦简·司空律》，转引自白寿彝主编：《中国通史 第4卷 中古时代·秦汉时期（上）》，上海人民出版社，2004年版，第774页。

〔3〕 参见（汉）班固：《汉书·卷七十八》。

〔4〕 出自《汉书·高帝纪》，转引自（清）沈家本：《历代刑法考（刑事卷）》，商务印书馆2017年版，第273页。

【数字资源】

【课程思政资源】

中华人民共和国民族政策

中华人民共和国成立以来，中国共产党和中国政府牢牢把握各民族共同团结奋斗、共同繁荣发展的主题，坚持从本国国情出发，总结历史经验，借鉴其他国家的有益做法，开创了具有中国特色的解决民族问题的正确道路，确立并实施了以民族平等、民族团结、民族区域自治和各民族共同繁荣为基本内容的民族政策，形成了比较完备的民族政策体系。概括起来，主要包括十个方面：

一、民族平等、团结和共同繁荣；

二、民族区域自治；

三、培养和使用民族干部；

四、加快少数民族和民族地区经济社会发展；

五、发展少数民族教育；

六、发展少数民族科教文卫等事业；

七、保障各民族使用发展语言文字；

八、尊重少数民族风俗习惯；

九、尊重少数民族宗教信仰自由；

十、同少数民族爱国人士建立统一战线。

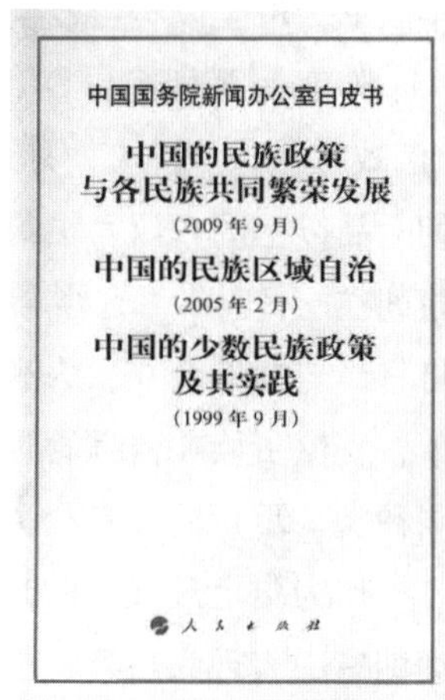

定八类人犯重罪后必须先交由皇帝裁决并依法减轻处罚的特权制度。“八议”的对象具体包括：“亲”，皇亲国戚；“故”，皇帝故旧；“贤”，德行有影响力的贤人君子；“能”，有整军旅、莅政事、辅君主才能之人；“功”，为王朝建功立业者；“贵”，职事官三品以上、散官二品以上及爵一品者；“勤”，为国家日夜操劳之人；“宾”，被奉为国宾的前朝君主及后裔。“八议入律”，使封建贵族地主官僚享有凌驾于法律之上的特权。所谓“亲贵犯罪，大者必议，小者必赦”，[1] 此八类人即便犯死罪，也必须减刑一等甚至免予处罚。

北魏时期开始出现一种“杂抵罪”，即特权阶级可用剥夺爵位、除名籍和免官来抵罪。这一种以官职来折抵刑罚的特殊赎刑在《陈律》中被正式确立为“官当”制度，是封建等级特权原则在法律中的又一具体体现。《北魏律》明确表示：公、侯、伯、子、男五等爵，每等抵三年徒刑。《魏书·刑法志》规定：官阶五品以上可以官阶当刑，免官三年后可降原官阶一等还仕。这说明官吏不但可以以官抵刑，而且还可附条件地重返仕途。《陈律》则规定得更为详尽：官吏若原判刑期五年或四年，可以官折抵二年刑，余刑居作；若原判刑期三年，可以官折抵二年，余刑一年如为私罪可赎，若为公罪可交罚金；若原判二年以下，可全以官当赎清。

隋朝《开皇律》继续沿用《新律》中的“八议”特权制度，并在其基础上创设了“例减”制。“例减”称“其在八议之科，及官品第七以上犯罪，皆例减一等”，[2] 即隋朝七品以上的八议官员可依例自然减刑一等。此外“其品第九以上犯者，听赎”[3] 是指隋朝在《陈律》“官当”的基础上，采取计算方式更为详尽复杂的“以官当流”制度，即将官当与赎刑合并，为有罪官员提供更多的特权保护。同时，在“慎狱恤刑”的治狱思想下，官僚贵族在监狱管理制度中也尽享特权。犯人入狱之时便按其身份品级不同，加戴不同种类、重量的戒具，关押于不同条件的监牢之中，身份等级之差异十分明显。

作为史上最强盛的封建王朝，唐朝强调以封建伦理道德为立法指导精神，特权制度在唐朝集中表现为封建特权法制化。唐律《名例》篇中便明确规定了官僚贵族阶级所享有的“议、请、减、赎、当”等特权待遇。“议”指凡属“八议”者，需经皇帝允许后审判，判罚时通例减刑一等处罚；“请”指对三类身份略低于“八议”者，若触犯死罪，须报请皇帝裁决；“减”指两类应“减”者，若犯流刑以下之罪，可自然减刑一等；“赎”，适用于九品以上、七品以下官员的亲属，其若犯流刑以下之罪，可以铜赎刑；“当”即“官当”，指官员犯罪可以放弃官职折抵刑罚，一般适用于犯徒刑以下罪的官员。此外，在监狱管理中适用“囚徒贵贱异狱”制度。首先，为保护皇室贵族于内宫之中设置内宫幽禁场所，使其可“刑于家室”“幽于别所”。“宫狱”便是不经司法审判程序直接监禁皇子、王孙、后妃等待质待决的私狱。而后又在内侍省下专设“掖庭局”和“奚官局”，用以关押

---

[1] 出自《傅子》，转引自（清）沈家本：《历代刑法考（刑事卷）》，商务印书馆2017年版，第867页。
[2] 出自《隋志》，转引自（清）沈家本：《历代刑法考（刑事卷）》，商务印书馆2017年版，第37页。
[3] 出自《隋志》，转引自（清）沈家本：《历代刑法考（刑事卷）》，商务印书馆2017年版，第37页。

【知识链接】

汉宣帝刘询：从囚犯到帝王

“武帝末，巫蛊事起，卫太子及良娣、史皇孙皆遭害。史皇孙有一男，号皇曾孙，时生数月，犹坐太子系狱，积五岁乃遭赦。治狱使者邴吉怜皇曾孙无所归，载以付史恭。恭母贞君年老，见孙孤，甚哀之，自养视焉。后曾孙收养于掖庭，遂登至尊位，是为宣帝。”[1]

汉宣帝刘询出生数月即逢巫蛊之祸，父母皆在长安遇害，家中姬妾和门客皆被处死，唯独襁褓中的刘询逃过一死，被收系于郡国在长安的府邸中临时设置的官狱里。巫蛊之祸案发后，名臣丙吉（邴吉）以廷尉监的身份被征召到京城长安，武帝诏令丙吉到郡邸狱追查巫蛊的事。丙吉心知卫太子的罪过并无真正事实，于是更为皇曾孙无辜收监难过，便让忠厚谨慎的女囚胡组、郭征卿住在宽敞干净的房间哺育刘病已，私给其衣食，看待甚有恩德。刘病已曾几次病危，都是丙吉让乳母用医药救活。正是由于他幼年多病，所以取了“病已”这个名字，以此祈求健康。后元二年（公元前 87 年），武帝病重，往来长杨、五柞宫之间，望气之人说长安狱中有天子气，武帝便派使者分别登记监狱中关押的人，不分轻重一律都杀掉。内谒者令郭穰夜晚到郡邸狱，丙吉闭门拒绝使者进入，说：“皇曾孙在，别的人无辜杀死都不可，何况陛下的亲曾孙?”双方相持到天明，郭穰不能进去，于是回去报告武帝，并弹劾丙吉。武帝也有所醒悟。二月丁卯，武帝崩，临终前留下两道遗诏，一道为霍光、上官桀、金日磾封侯；另一道将刘病已收养于掖庭，并令宗正将刘病已录入皇家宗谱。汉昭帝始元二年（公元前 85 年），霍光等遵遗诏受封为侯。刘病已亦从史家搬出，被养育于掖庭，其宗室地位得到法律上的承认。元平元年（公元前 74 年），霍光与大臣废昌邑王刘贺后，迎立刘询为帝。

启示：

____

____

____

____

〔1〕 摘录自：（东汉）班固撰：《汉书·外戚传·卷第六十七上》。

犯罪的公主、嫔妃、女官和被连坐的大臣女眷，使其成为皇宫内的女工作坊。在“讼系制度”中明确规定官吏入监不戴重械，且享有“更置浆饮，月一沐之，疾病给医药，重者释械，其家人一人入侍”〔1〕的特殊照顾；而若是被称为“公坐徒”的职务犯于狱中则根本无需戴枷，实行散禁。为保证这些特权制度能被切实执行，唐律还在立法中明确规定了狱官违反相关规定应承担的法律责任。

在高度中央集权的宋朝，统治者直接将保护特权阶级的监狱制度写入法典中。《宋刑统》中“应议请减者，犯流罪以上，除免官当，并锁禁”“公罪徒并散禁”的规定说明，宋朝沿袭唐律中的“议、请、减、赎、当”等特权制度。官僚、命妇即便因罪需要收监，也不允许有告即收，必须先奏请皇帝。此外，宋朝还独创编管制度，用以保护犯重罪的朝廷命官及其被连坐家属的权利，诸如此类保护特权阶级的条例在宋朝法典中可谓比比皆是。

元朝作为历史上第一个统一的少数民族政权，特权制度集中体现在严格奉行“蒙汉异制”的民族歧视政策，在国家政治、法制多方面赋予蒙古贵族以特权。元朝将百姓分为蒙古人、色目人（西夏、西域人）、南人、汉人四等，并加以区别对待。在刑罚制度上规定蒙汉同罪不同罚，在司法狱政方面赋予蒙古贵族明显优于汉人的权利。元朝不但任用蒙古官员把控国家司法行政系统，而且还设立了不受御史台监察的大宗正府，专门用于审理蒙古、色目人和宗室案件，使审判治狱权完全被蒙古贵族所操控。据《元史》记载：“除犯死罪，监禁依常法，有司毋得拷掠。”〔2〕即蒙古人犯罪者或不收监、或散禁，只有犯死罪者才依律收禁，但不许对其刑讯拷打，仍应每日提供饮水饮食、保证其享受特殊照顾。

元朝奉藏传佛教为国教，宗教僧侣享有不受普通法约束的司法管辖特权。元朝专设宣政院负责掌管全国宗教事务，宣政院也便成为宗教审判机关并设有监狱，负责宗教僧侣的审判与监禁。而宗教领袖更是享有不受法律约束的狱政特权，可谓“赦令，历代所同。独以修佛事而释重囚，则惟蒙古有之。”〔3〕说明独有元朝允许僧侣以修佛事即“祈福”之名随意上奏请释在押囚徒。据史料记载，从公元 1295 年到公元 1331 年短短三十多年间，因宗教之名获释的囚徒便多达 567 人，其中死囚竟有 180 人。足见元朝僧侣特权凌驾于法律之上，对刑狱和监管制度造成了严重破坏。

明朝虽以重典严格治吏，但仍以高度集权来维护官僚贵族在刑罚和狱政方面所享有的特权。在监管制度方面，《大明律》明确规定：“凡功臣及五品以上官犯，罪应禁者，许令亲人入视。徒流者，并听亲人随行。”〔4〕即有功之臣和五品以上官员因罪收监时，准许亲属入监探视，如犯官流放还应允许家属随行。明朝在唐朝分类杂居制度的基础上进一步

〔1〕出自《唐志》，转引自（清）沈家本：《历代刑法考（刑事卷）》，商务印书馆 2017 年版，第 926 页。

〔2〕出自《元史·刑法志》，转引自（清）沈家本：《历代刑法考（刑事卷）》，商务印书馆 2017 年版，第 471 页。

〔3〕柯劭忞撰、余大钧标点：《新元史（三）卷》，吉林人民出版社 1995 年版，第 2052 页。

〔4〕出自《大明律·刑十一》，转引自王伟凯：《〈明史·刑法志〉考注》，天津古籍出版社 2005 年版，第 29 页。

【知识链接】

掖　庭[1]

掖庭，亦作掖廷，最早出现在《汉书》里的《百官公卿表上》中，是古代皇室内廷中的一个组成部分，主要掌管后宫宫女与仆役。前身在周朝时期便已出现，当时它被称为“巷”，秦朝时期又改称为“永巷”。汉朝时期，永巷地处后宫掖门，故汉武帝时期又将“巷”改名为“掖庭”。当时的掖庭制度主要与后宫有关，主要职能也是为皇上选妃做准备，皇后当时也由掖庭选出。除此之外，汉朝时期的掖庭还有监狱的职责。两汉时期掖庭制度的发展是一个不断探索的过程，到了魏晋南北朝时期，掖庭制度才逐渐健全，当时已有掖庭令、掖庭监等机构体系，而且官员并非为宦官。隋朝时期，掖庭便成为内侍省的一部分，看管罪臣之女的功能逐渐凸显。

唐朝的掖庭局和隋朝一样，都是内侍省的一部分，先是刑部把这些籍没而来的罪奴登记，然后分配到司农寺，按照有无技能，司农寺再把她们分到掖庭，由掖庭局再登记这些人的详细资料，比如身高、相貌、年龄、家庭背景等。凡名籍在册的，都由他们统一管理安排。据《旧唐书》记载掖庭局的主要官职共九个，其中掖庭令掌管宫禁女工，凡与宫人名籍、桑蚕有关的事宜都由他过问，掖庭丞负责判局事，宫教博士教习掖庭内宫人琴棋书画等才艺，监作负责掌管奴仆杂事。其中掖庭令、掖庭丞、宫教博士、监作由宦官担任。除宦官与士人外，掖庭局内还有女官。女官可分为两类，一类是内官，一类是宫官。其中内官便是指皇帝的妃子，宫官则是指提拔一些有权的宫女参与管理，宫官在宫人里是地位最高的，被分为尚宫、尚仪、尚服、尚食、尚功、尚寝六局，每个局内又可分为四司，每一司内又有一典一掌，其身份地位依次降低。唐代宫禁森严，白天有太监值班把守，晚上有人换班巡逻，没有皇帝特许，普通人根本无法接近掖庭局，就连臣子也不得随意出入。

相比于监狱，掖庭是个极其宽容的地方，虽然名义上有监狱的功能，但它却比监狱更加人性化。唐代是个文化发达、思想开明的朝代，哪怕在掖庭的罪奴，也能有机会学习才艺，武则天时期的习艺馆，就是掖庭局接受学习的地方。其中最典型的例子，当属上官婉儿。她受祖父上官仪牵连，尚在襁褓中的她随母入掖庭，后来因其才华一朝便飞上枝头。而年长些的女子若身怀才艺，也可成为乐工或教习老师。

---

〔1〕 节选自《上官婉儿童年度过的掖庭究竟是什么？都有哪些主要职能》，载 http：//baijiahao. baidu. com/s？id=1661404869150593173&wfr=spider&for=pc，最后访问日期：2023 年 12 月 5 日。

规定了囚徒锁禁、散收和轻重囚徒不许混杂等制度。《明会典》规定，官吏若因公犯流刑以下之罪，可直接散禁；若因私构罪，杖刑以下也可散禁，只有徒流以上刑才加戴戒具收监。刑罚执行方面，明朝还首创了戴罪还职制度，用以惩戒因贪污受贿而被判重刑的官吏。可以将其理解为专为官吏创设的以役代刑方式，有罪官员只需在狱官的监督下履行本职工作，在接受适当的惩罚后，即可官复原职，于是明朝审案现场便出现了官员戴枷升堂，公堂上下皆罪人的奇特景象。监狱设置方面，明朝为监禁有罪的皇室宗亲，于祖宅安徽凤阳专设皇室狱——“高墙”，关押于其中的多是违反《皇明祖训》的谋反谋逆者。这些被贬为庶人的皇室子弟本应依律被处以死刑，因皇帝哀怜而被终身监禁于此地，成为了皇室权利斗争的牺牲品。

作为中国历史上最后一个少数民族封建政权，清朝立法规定了满人贵族、八旗子弟和官僚地主享有司法刑狱方面的特殊权利，基本法《大清律例》便以“满汉异罚”作为基本立法思想。满人犯罪，可依律享有法外减等的特权。轻罪如笞、杖者可减为鞭责、免予刺字；对重罪者则设立枷号作为优待满人罪犯的折抵刑罚。徒刑以上至发遣者，均可依刑罚轻重折换为刑期不等的枷号，且不许刺面。然而讽刺的是枷号至清末却演变成为一种加重处罚汉人的刑罚方式，有累犯、犯奸等情节者均需要依惯例身受重枷。至于旗人官员和宗亲贵族，即使犯罪也不得随意传讯、锁禁，更遑论加戴戒具。而对于皇族宗室觉罗的特权保护就更超越于法令之外，笞杖刑可以钱赎，徒流充军皆折以“板责圈禁”代之，即便是被判处死刑，只要是监候而非立决者，均准予减等缓决，甚至经会审后赦免。

圈禁宗室觉罗罪犯的场所便是宗人府空房，这是囚禁皇室罪犯的特殊监狱。宗人府设立于清顺治年间，本是掌管皇族属籍、爵禄赏罚的专门场所，后下设空房，命司官两人掌管，成为在饮食、待遇等方面都优于普通监狱的皇家私狱。内务府下设慎刑司监狱，直接审理由皇帝亲率的正黄、镶黄、正白三旗所涉案件。而其余八旗和京师地区的满人罪犯，则一律收禁于步军统领衙门监狱，由司务厅专门管理。上述慎刑司监和步军统领衙门监狱均可自行审结轻刑案件，只有徒罪以上重刑案件需要移送刑部审理。这种依据贵族等级分设监狱、分别关押的做法，目的是维护皇室宗亲、满人贵族的特权，直接暴露出清朝政府民族歧视和阶级压迫的刑狱本质。

特权制度是封建专制的特征，其本质是以等级制度来创设不平等的社会关系。其产生多与荣誉和奖励联系在一起，是统治阶级用以笼络官僚贵族、延续自身血脉、维护王权统治的手段。特权的最大特征便在于免受法律的管束，一小部分人享有特权必然导致另外大多数人权利的丧失，继而引发社会矛盾。应辩证地看待古代监狱史中的特权制度，理解其存在的合理性和必然性，同时也认清特权制度的历史局限性。

【知识链接】

宗人府[1]

“宗人府”，官署名，是中国明清时期管理皇家宗室事务的机构。宗人府最早设立于明朝初期，洪武三年（公元1370年）称大宗正院，洪武二十二年（公元1389年）改称宗人府。清朝入关以后，继承了这个制度，用它专门来管理皇族。所谓清朝的皇族，自然是指努尔哈赤的家族，以及他的嫡系后代。而皇族当中，又有两种称呼。一种是努尔哈赤本人，以及他亲兄弟的后代，叫做“宗室”。另一种是他父亲那一辈的兄弟旁支，叫做“觉罗”。而宗人府管理的皇族中，就包含这两种。

宗人府的主要职责包括管理皇帝九族的宗族名册和编写谱系记录，记录每位皇室成员的出生、婚姻、封爵和死亡等信息，并负责皇家宗室成员的袭爵和俸禄事宜。宗人府下专设空房机构，置司官2人，笔帖式4人专掌宗室觉罗圈禁之事。对于犯罪的八旗子弟，不参与一般牢狱之刑，而是被送往宗人府进行圈禁惩治。《宗人府则例》规定：“凡空房之设，专为宗室觉罗有犯枷、徒、流、军等罪者，应按年限月份，折圈以抵免。”还规定犯斩、绞监候的宗室觉罗，准予减等或缓决，一经减等为流罪，或是入缓决减等，就可按折罚圈禁若干时间后释放。《钦定大清会典》卷一规定，宗室觉罗犯罪，“轻则折罚”（即折罚养赡钱粮，免去笞杖）；若犯枷号、徒刑到军流重罪，“皆折以板责圈禁”，“圈禁皆于空室”。具体规定为：应枷罪者责20板、圈禁1日，折枷1日；徒1年至2年者，责25板，圈禁3月；徒2年半至3年者责30板，圈禁9月；流刑3等，均责30板，圈禁1年2月至1年8月；充军5等均责40板，圈禁2年至2年半。宗室觉罗军流屡犯者的圈禁则移发到盛京、吉林、黑龙江等处的圈禁所。

宗人府的存在和发展反映了明清两代皇室宗亲对于权力和地位的追求以及皇帝对于家族血缘关系和继承问题的重视。然而，宗人府也存在一些问题。一方面，它的权力和职责过于集中，出现了专制和强权的倾向。另一方面，由于历代皇帝对于家族血统和继承问题的关注，宗人府成为政治斗争和权力争夺的焦点。有时，皇帝会利用宗人府来打击政敌或展示自己的威严，导致宗人府成为君主专制体制下的工具之一。同时，宗人府的存在也凸显了封建社会中等级观念和特权意识的强大影响。不仅八旗子弟享有特权待遇，连皇室宗亲也厚待有加。这种特权体系虽然对于社会的稳定和秩序有一定的作用，但也带来了不平等和不公正的问题。尽管宗人府的职责较为繁琐，且在清朝时期呈现名存实亡的状态，但其作为一个历史制度仍具有一定价值。通过研究宗人府，我们可以深入了解明清两代皇家制度的演化、政治文化的特点以及封建社会中权力与特权的运作。同时也可以反思权力制衡、法治和平等观念等现代社会所追求的价值。

---

〔1〕资料来源于百家号“历史国学大观”，载 https://author.baidu.com/home? from = bih - article&app _ id = 16128178489628 87，最后访问日期：2023年12月5日。

第八节 其他制度

一、编管制度

宋朝于五刑之外独创了编配刑，主要包括编管和配隶。可以将编管简单理解为无需刺面的配隶刑，是为犯有重罪的朝廷官员及因其而连坐的家属所创设的特殊刑罚。被编管之人须被编录入名籍，解送至远恶州军接受官府的监督役使，并在一定范围内限制其活动自由，其家属也可与其同行、随侍照顾，享有一定特权。

编管之法宋初即已有据可考，因“自太祖勒不杀士大夫之誓以诏子孙，终宋之世，文臣无殴刀之辟”,〔1〕故宋朝文官犯重罪多改判为编管，《宋史·刑法志》载：“凡命官犯重罪，当配隶，则于外州编管”。此后，编管之法在宋朝被广泛运用于因罪获刑的朝廷官员，《宋会要》《宋刑统》等宋朝典籍当中都有诸多关于编管制度的记载。正是因为编管制度的特权保护和特殊照护，才使得两宋三百多年间鲜有士大夫因获罪而被诛杀的情况发生。宋朝官员被编管的主要原因有：犯赃、惹怒皇帝、得罪权贵、因言获罪、私相朋附、失职违礼等多种。“诸犯罪应编管者，将校奏裁”,〔2〕说明被编管者在编录入名籍前须先经过奏裁许可；“编管之人，亦迭送他所，量立役作时限，无得髡钳”,〔3〕说明编管者不施髡刑、不戴戒具，由官府派专人解送到编管之地；“若应编管者，役于编管之所”“听家属随行”,〔4〕则说明到达编管地后编管人的原户籍会被强制注销，其与随行家属会被编入当地户籍接受当地官府的监督和管理。

宋朝对编管制度的执行亦有着严格的规定。首先，专门规定了对编管之人的解送制度。因宋朝广设流配之刑，编管地又多在路途遥远、自然条件恶劣的远恶州军牢城，是故前往路途中犯人因不堪忍受折磨而逃跑或死亡的情况时有发生。《宋会要·刑法》规定，被编管之人需要由官府选派专人押送至被指定的编管地，途中还要由所经过的州、军轮替交接。如负责解送的人员纵囚失囚或不按照规定及时派人接替押解，即按“诸部送罪人应逐州差人交替而不差人，致越过者，知通各徒一年，兵职加一等……部送人不陈乞交替而自越过者，杖一百”〔5〕之规定，受到轻则杖刑一百、重则徒刑二年的处罚。

---

〔1〕刘韶军译注：《宋论（全二册）》，中华书局2013年版，上册第24页。

〔2〕出自（南宋）谢深甫：《庆元条法事类·卷七十五·编配流役》，转引自杨一凡、田涛主编：《中国珍稀法律典籍续编》第一册，黑龙江人民出版社2002年版，第780页。

〔3〕出自《宋史·刑法志三》，转引自（清）沈家本：《历代刑法考（刑事卷）》，商务印书馆2017年版，第211页。

〔4〕出自（南宋）谢深甫：《庆元条法事类·卷七十五·编配流役》，转引自杨一凡、田涛主编：《中国珍稀法律典籍续编》第一册，黑龙江人民出版社2002年版，第781页。

〔5〕出自（南宋）谢深甫：《庆元条法事类·卷七十五·编配流役》，转引自杨一凡、田涛主编：《中国珍稀法律典籍续编》第一册，黑龙江人民出版社2002年版，第780页。

【数字资源】

【课程思政资源】

社区矫正

社区矫正是指将符合条件的罪犯放置于社区内，由专门国家机关在相关社会团体和民间组织以及社会志愿者的协助下，在判决、裁定或决定确定的期限内，矫正其犯罪心理和行为恶习，并促进其顺利回归社会的非监禁刑罚执行活动。它是与监禁矫正相对的一种行刑方式，也是人类为克服监狱行刑罪犯易交叉感染、重报应惩罚的局限性而作出的理性选择。

社区矫正对象在社区矫正期间应当遵守法律、行政法规，履行判决、裁定、暂予监外执行决定等法律文书确定的义务，遵守国务院司法行政部门关于报告、会客、外出、迁居、保外就医等监督管理规定，服从社区矫正机构的管理。

社区矫正机构应当根据社区矫正对象的情况，为其确定矫正小组，负责落实相应的矫正方案。根据需要，矫正小组可以由司法所、居民委员会、村民委员会的人员，社区矫正对象的监护人、家庭成员，所在单位或者就读学校的人员以及社会工作者、志愿者等组成。社区矫正对象为女性的，矫正小组中应有女性成员。

社区矫正机构应当了解掌握社区矫正对象的活动情况和行为表现。社区矫正机构可以通过通信联络、信息化核查、实地查访等方式核实有关情况，有关单位和个人应当予以配合。社区矫正机构开展实地查访等工作时，应当保护社区矫正对象的身份信息和个人隐私。

社区矫正对象离开所居住的市、县或者迁居，应当报经社区矫正机构批准。社区矫正机构对于有正当理由的，应当批准。因社区矫正对象迁居等原因需要变更执行地的，社区矫正机构应当按照有关规定作出变更决定。社区矫正机构作出变更决定后，应当通知社区矫正决定机关和变更后的社区矫正机构，并将有关法律文书抄送变更后的社区矫正机构。

其次，编管之人及其家属在编管地的活动会持续受到监督管束。虽然宋高宗曾下诏令，严禁对被编管者进行囚禁，但在实际执行中因“编管人每旬赴长吏厅呈身”，[1] 即被编管者每十日都要向所在地的地方长官履行一次报告义务，所以为避免节外生枝，地方官署一般都会将被编管者的活动范围限制在官署指定的厢房内，并派专人监视。此外，被编管者及其家人因已经自原籍地除名，官职也被勒停，故而不再享有俸禄，必须要在编管地自给自足。对“不能自存者”，官府出于“仁政”可酌情给予一定补给。

最后，被编管之人除少部分可以经恩赦后收叙任用，称“叙复”外，多数仍为“虽会赦，不移不释”[2] 的永不放还者。即便经过一段时间后，他们受特权照拂可将户籍落入编管地，但其行为仍要继续受到一定管束。

宋神宗熙宁四年，面对盗贼纵横治安混乱的局面，为维护京畿地区安全，特制定《盗贼重法》将京城开封诸县划定为重法地。规在“重法地”内的犯罪之人，会加重对其的处罚。其中重法地内“凡劫盗罪当死者，籍其家赀以赏告人，妻子编置千里”[3] 的规定标志着编管对象由朝廷命官扩大到普通犯罪者及其家属。此后，编管制度的适用对象和刑罚适用范围不断扩大，诸如强买强卖者，以甚至于僧道娶妻者都可能被判编管。到宋哲宗时期编管制度的适用地区已经遍布于全国二十四路中的十七路。

二、钉牌、警迹制度

“以为王者之政，莫急于盗贼，故其律始于盗贼。”[4] 从战国时期开始，封建统治者便一直将强盗、盗窃罪视为威胁国家政权稳定的重要罪行。宋哲宗元祐二年，为加强对强盗、窃盗罪的刑释犯进行监管，特别设置的一种刑狱制度即为钉牌制度。其主要内容是：强盗、窃盗犯人刑罚执行完毕后，官府随之在其家门前钉上书写其犯状刑名的木牌，并规定“如迁移，即申官，随住处钉牌。不申官，杖八十”。[5] 即被钉牌者需自觉接受官府的监督，如需迁居至他处也必须先向官府申请，由官府于其新住址处钉牌，如不照此办理则要承受杖刑八十的处罚。钉牌制度实际是宋朝统治者为加强社会管控，以“明刑耻之”的方式对特殊人群所采取的监督管理形式。由于立法者没有规定钉牌的期限，故被钉牌者及其家人终生都要背负着耻辱的烙印，实际上不仅非常容易激化社会矛盾，也不利于犯人改过自新。

元朝大量承袭了唐宋时期的法律规定和监狱管理制度，钉牌制度至元朝时期便演变为了警迹制度。警迹一词最早现于北宋、写作“景迹”，后《明律集解附例》有“警是巡警

---

〔1〕 出自（南宋）谢深甫：《庆元条法事类·卷七十五·编配流役》，转引自杨一凡、田涛主编：《中国珍稀法律典籍续编》第一册，黑龙江人民出版社 2002 年版，第 780 页。

〔2〕 出自《宋志》，转引自（清）沈家本：《历代刑法考（刑事卷）》，商务印书馆 2017 年版，第 210 页。

〔3〕 出自《宋史·卷一百五十二》，转引自许嘉璐主编、倪其心分史主编：《二十四史全译 宋史》（第七册），汉语大词典出版社 2004 年版，第 4107 页。

〔4〕 参见《晋书》卷三十《刑法志》。

〔5〕 出自《宋会要辑稿》，转引自曾枣庄、刘琳主编：《全宋文》，上海辞书出版社、安徽教育出版社 2006 年版，第 125 页。

【知识链接】

宋朝命官编管的原因[1]

宋初，“命官犯罪当配隶者，多于外州编管，或隶牙校”。即对命官犯罪以编管代配隶，行降等处罚。宋代命官犯罪执行编管者有以下几种情况：

1. 坐赃贷死者编管。宋真宗时，始有“品官犯赃情理乖当，但千钱以上，皆配隶衙前”的规定。其后命官犯赃的惩罚愈来愈轻，不仅多以决配贷死，而且不刺面编管者愈来愈多。编管是宋代惩罚命官贪赃枉法罪的最高刑，景祐四年（公元1037年），真定府路总管夏守恩，“受军民钱物枉法赃六十二匹，合处死，特贷命，除名，配连州编管”。自此之后，命官犯赃当死而贷命者，多行编管之法。

2. 因政治原因遭编管。自北宋中期之后，因党争或其他政治原因遭编管的命官非常多。仅崇宁元年（公元1102年）蔡京所列元祐党人中，就有七十余人被贬谪到岭南等地编管，其他被编管者亦不少见。南宋权臣当政时，凡“窃议时政”“谤讪朝政”者，皆以莫须有的罪名遭编管。

3. 断案失人死罪者编管。宋代对官员在断案中的失刑问题十分重视，特别对失人死罪，制定了严格的处罪条款。如宋神宗熙宁二年（公元1069年）的编敕中规定：“今后官员失人死罪一人者，追官勒停，二人除名，三人除名编管。”南宋的《庆元条法事类》中规定的更详细。其规定：“失入死罪一名，为首当职官勒停，吏人千里编管；二名者，为首当职官追一官勒停，吏人二千里编管；三名者，为首当职官追二官勒停，吏人配千里。”

另外，宋朝边臣失守或误军期重者，亦除名、编管；保举不当应连坐者，亦用编管之法。

启示：

____

____

____

〔1〕参考自郭东旭：《宋代编管法》，载《河北大学学报（哲学社会科学版）》1992年第3期。

之意，迹如踪迹之迹”[1] 的记载，可理解为景迹同警迹，是指对特殊人群加强戒备，对其行踪进行管控。警迹制度作为承袭于宋钉牌制度的刑罚制度，其适用对象仍主要是犯有强盗、窃盗之罪的刑满释放者，表明元朝统治阶级对可能破坏社会秩序、王权稳固的特殊犯罪类型持审慎的态度。

元朝警迹制度本质上是在主刑施行完毕后执行的一种附加刑。从“应配役人，随有金银铜铁洞冶、屯田、堤岸、桥道一切等处就作，令人监视，日计工程，满日放还，充警迹人”;[2] “诸窃盗初犯，刺左臂，谓已得财者。再犯刺右臂，三犯刺项。强盗初犯刺项，并充警迹人”[3] 等史料可知：元代犯强盗、窃盗之罪者，往往要根据犯罪的次数于身体颈、项部刺字，之后强令服劳役。待刑罚期满后，虽可以获释还家，但仍需接受监管——此所谓充“警迹人”。随着警迹制度在元朝的不断发展，加之元朝等级制度对不同身份之人的区别对待，后来也出现了“诸军人为盗，刺断，免充警迹人”[4] “其蒙古人有犯，及妇人犯者，不在刺字之例”[5] 这样的规定。说明元朝警迹人并非一定都是被刺字之人，也并非所有犯强盗、窃盗之罪人都需要充“警迹人”，诸如妇女、蒙古人乃至色目人均可以免予刺字，军人犯强盗、窃盗之罪也可以免充警迹。

《元史·刑法志（二）》中还记载：“令村坊常切检察；遇出处经宿，或移他所，报邻佑知。有不告知邻佑，辄离家经宿，及游惰不事生产作业者，有司究之，邻佑有失觉察者，亦罪之。”可见警迹人刑满还乡之后仍要到官府报道、接受邻里的监视。不但外出要先经邻居许可，甚至游手好闲不事生产的警迹人还要被邻居举报到官府去，如邻居不能尽到监督监视的义务，也应承担相应的责任。那么乡亲邻里是如何得知周围居住着警迹人的呢？《元典章》中的法条“门首直立红泥粉壁，开写姓名所犯，每上下半月赴官衙贺”[6] 可以很好地解答这个问题。其中红泥粉壁是指以红泥制成经装饰、粉刷可供书写的墙壁。强盗、盗窃犯获释归乡后需要先到官署报到，由官署于其家门前的墙壁上书写其姓名和犯罪事由，以昭示他的劣迹。这样做既能公告乡亲邻里对其依律监督，也能彰其过，从而达到“自警亦警人”的目的。再结合警迹人需遵守“每上下半月赴官衙贺”“五年不犯，除其籍”等规定，可知警迹制度的特点是：刑满释放后的犯人到属地司法机关报到后，需要经过一定的考验期才能恢复正常身份。在考验期内须接受监督监视、不得擅自离开居住地，并要履行每个月如期到司法部门报到等义务。由此我们可以推断元朝警迹制度实际上

---

[1] 《明律集解附例》卷十八《刑律·盗贼·起除刺字》。

[2] 出自《元史·卷一百四·志第五十二·刑法三》，转引自（明）宋濂等撰：《元史（中）》，岳麓书社 1998 年版，第 1520 页。

[3] 出自《元史·卷一百四·志第五十二·刑法三》，转引自（清）沈家本：《历代刑法考（刑事卷）》，商务印书馆 2017 年版，第 202 页。

[4] 出自《元史·卷一百四·志第五十二·刑法三》，转引自（清）沈家本：《历代刑法考（刑事卷）》，商务印书馆 2017 年版，第 202 页。

[5] 出自《元史·卷一百四·志第五十二·刑法三》，转引自（清）沈家本：《历代刑法考（刑事卷）》，商务印书馆 2017 年版，第 202 页。

[6] 参见《元典章》卷四十九《刑部十一·诸盗·警迹人》“警迹人转发原籍”条。

【知识链接】

从《花当阁丛谈》看明朝的充警迹制度

“警迹者，令其人戴狗皮帽，每月朔望赴所司查点，仍夜夜地方火夫逐更诘察在否。其门立小绰楔，高三尺许，署曰‘窃盗之家’，令出入匍匐于中。凡遇儒学行乡饮酒礼时，令其长跪阶下，宴毕方放回。别慝之典，可谓严矣。”

《花当阁丛谈》的作者为明代戏曲家徐复祚，他的兄长徐昌祚曾官至刑部郎中，因此得以了解明朝充警迹制度的具体内容。从徐复祚对充警迹的描述来看，明朝的充警迹制度包含三部分内容：

1. 迹人要戴上狗皮帽，每月初一到所司点卯，地方火夫还需夜夜巡检其在不在家。
2. 官府在警迹人的家门前立一小绰楔，上写“窃盗之家”四个大字，令其匍匐出入。
3. 到地方官设宴招待应举之士时，警迹人需长跪于阶下，宴会完毕才能回家。[1]

【思考题】

钉牌制度、警迹制度可以对应现代法治理念中的哪些刑罚措施？

〔1〕 节选自《辱其终身，别其良民，谈谈古代的充警迹制度》，载 https://baijiahao.baidu.com/s?id=1658782314444263159&wfr=spider&for=pc，最后访问日期：2023 年 12 月 5 日。

大致类似于今天的社区矫正制度。

记载元朝警迹制度施行的史料不多，可见其实际执行的效果可能不甚理想，但仍对后世的明朝产生了影响。《大明律》中："凡盗贼曾经刺字者，俱发原籍，收充警迹。该徒者，役满充警；该流者，于流所充警"[1]的记载便是明朝警迹制度的相关法律规定。大地主阶级对土地的兼并使大量的流民滋生、资本主义萌芽的出现使自然经济日益瓦解，这些问题都导致明朝统治者要面对流民增加、盗抢罪行增多的混乱局面。为维护社会治安，明朝采取了"以盗捕盗"、予之以"自新之道"的警迹制度，规定有将红泥粉壁变为书以"盗贼之家"的木牌，缩短警迹考验期至两年（累犯三年），期满可由官府统一除籍、洗去刺字等，其中最为重要的规定是"有能捕获强盗三名、窃盗五名者，不限年月，即与除籍、起刺"。[2] 明朝统治者认为警迹人经考验期后无再犯而除籍属于消极之法，对改过自新的促进意义不大，而利用警迹人消息灵通的优势强令其充当耳目，协助官府缉捕更多的强盗、窃盗者，此方为积极之法。故明朝为了鼓励警迹人积极立功赎罪特作出了"捕获强盗三名、窃盗五名者，不限年月，立刻予以除籍、除去刺字"的规定。

钉牌、警迹制度均能体现出封建统治者们较为先进的犯罪预防思想，将可疑之人纳入警迹册进行监督管理的做法，可认为是现代刑事侦查技术中"刑嫌调控"的渊源。"以盗捕盗"的激励政策给予犯罪者改过自新的机会，也是刑事特情技术在刑事侦查史上的早期应用。故而虽然警迹制度中"钉牌""红泥粉壁"等规定带有耻辱刑的烙印，但整体上看，从钉牌制度到警迹制度的发展，正是封建刑罚体系逐渐文明与进步的表现，其价值是值得肯定的。

---

〔1〕出自《明律·刑律·盗贼》，转引自《中华文化通志》编委会编：《中华文化通志》第四典制度文化·法律志，上海人民出版社2010年版，第390页。

〔2〕（明）舒化等纂：《大明律附例》卷十九·刑律二，明嘉靖刻本，全国图书馆文献缩微中心1992年版，第148页。

【思考练习题】

1. 我国古代的监狱管理制度经历了怎样的发展历程？

2. 我国古代的监狱管理制度对今天的监狱工作有何借鉴之处？

【课堂笔记】

第四单元　清末监狱改良

【教学目标】

知识目标：了解清末监狱改良的背景、内生动力、改良思想的形成，掌握清末监狱改良的成果和影响。

能力目标：辨别分析清末监狱改良的历史必然性，正确认识清末监狱改良的意义，辩证看待改良的成绩与失败。

素质目标：从清末监狱改良中涵养法治思维和发展史观。

【问题导入】

清末安徽第二监狱

在安徽芜湖古城东北部有一片清末民初的建筑物，这片建筑是清末民初的一所监狱。据有关史料记载，这所监狱始建于1909年，距今已有一百多年的历史。当时为安徽第二监狱，也称为“模范监狱”。大家看以上图片，与之前“明代苏三监狱”对比，思考以下问题：

清末为什么要建设“模范监狱”？想体现哪些方面的“模范”？

第一节　清末监狱改良的背景

一、国外监狱改革形势影响

（一）资本主义人权思潮的影响

文艺复兴的铺垫。14 世纪中叶至 16 世纪发生在欧洲的文艺复兴运动，是新兴资产阶级在借着复兴希腊罗马古典文化的名义下，发起的一场弘扬资产阶级思想文化的反封建新文化运动。这场广泛持久的思想文化运动，在意识形态领域中，冲破了封建专制和宗教神学思想对人的束缚，解放了人的思想，推动了欧洲文化思想领域的繁荣，为欧洲资本主义社会的诞生奠定了思想文化基础。文艺复兴时期的人权思潮是后来启蒙思想家最终确立人权观念的思想基础和理论滥觞。恩格斯说："这是人类以往从来没有经历过的一次最伟大的、进步的变革，是一个需要巨人并且产生了巨人的时代，那是一些在思维能力、激情和性格方面，在多才多艺和学识渊博方面的巨人。给资产阶级的现代统治打下基础的人物，绝没有市民局限性。"[1] 这是用马克思主义世界观对"文艺复兴"在历史上进步作用的高度评价。

启蒙运动的兴起。17、18 世纪，欧洲资产阶级启蒙思想家对封建社会上层建筑进行全面抨击，从而使得自由、平等、博爱、人权等新的价值观念深入人心，为资产阶级取得统治地位在思想上和理论上做好准备。以孟德斯鸠和贝卡利亚为代表的资产阶级启蒙思想家，对封建宗教下的刑罚观和封建刑事专擅制度进行了猛烈的轰击，并提出了与之相对的人道主义刑罚思想体系。他们以德国康德、黑格尔的古典哲学和自然法观念为法理渊源，以自由意志为道义责任的理性认识为基础，以行为社会危害性和客观法定主义为刑罚执行前提，倡导报应威慑主义的刑罚方式，主张通过罪刑均衡的刑罚观，体现出罪刑相适应的司法原则，反对罪刑擅断和非人道刑罚，避免专权和人治。另一种观念以 19 世纪孔德的实证哲学思想为法理渊源，以行为人受生物、社会或心理影响导致犯罪为认识前提，倡导功利主义的刑罚方式，主张通过个别化的刑罚，实现矫正罪犯行为恶习回归社会的目的。在启蒙运动中，无论是刑事古典主义学派还是刑事实证主义学派，他们的刑罚思想对整个欧洲社会解放人性和摆脱教会的桎梏，乃至废除封建刑事专擅制度，起到了不可磨灭的历史作用。这种思想在近代监狱改革中起了至关重要的指导作用。

人权思潮的传播。欧洲启蒙运动为声势浩大的法国大革命作了充分的思想动员。1789 年 7 月 14 日，巴黎人民起义攻克巴黎东郊的巴士底狱，拉开了法国大革命的序幕。法国大革命是资产阶级推翻封建帝制的一场革命，是近代史上最大最彻底的革命，影响了整个欧洲大陆的封建秩序。受资本主义人权思潮的影响，1832 年英国议会改革；1861 年俄国

---

〔1〕 中共中央马克思恩格斯列宁斯大林著作编译局编译：《马克思恩格斯选集》第三卷，人民出版社 2012 年版，第 847 页。

【数字资源】

【课程思政资源】

沈家本——监狱改良之父

沈家本（1840 年—1913 年），字子惇，别号寄簃，浙江吴兴（今浙江湖州）人。先后任刑部郎中、刑部左侍郎、修订法律大臣、大理院正卿、法部右侍郎等职。他主持制定了《大清民律草案》《大清商律草案》等一系列法典，提出了一系列法律改革主张，是中国法制现代化之父。同时，他研究了我国古代及近代日本、西方的监狱，写出了《狱考》《与戴尚书论监狱书》《丁年考》《监狱访问录序》《实行监狱改良宜注意四事折》等著述，提出了系列改良监狱的思想。

1. 改建新式监狱。沈家本认为："觇其监狱之实况，可测其国程度之文野"，认为监狱及其管理的好坏是检验一个国家文明野蛮、进步落后的标尺，提出参酌各国办法，如"改建新式监狱""养成监狱官吏""颁布监狱规制"等，通过改良监狱以展示文明。

2. 施行自由刑。沈家本认为："刑罚与监狱相为表里。"中国要像资本主义各国一样采取自由刑的规制改良监狱，博采各国最新的规则，编定监狱章程，并与新律同时颁行。

3. 实施感化宗旨。沈家本认为："监狱者，感化人而非苦人辱人者也。"沈家本认为近代资产阶级提倡的感化主义，我国"古人早已言之"，崇尚我国古代的明刑弼教、矜老怜幼的主张和近代资产阶级所提倡的感化主义，反对残酷的威吓、惩罚主义。

4. 对少年犯罪改用惩治教育。沈家本认为："刑罚与教育互为消长"，主张"丁年以内乃教育之主体，非刑罚之主体"。他认为丁年（16 岁）以内罪犯还未成年，主张学习德国开创"公同学校"，通过惩治管教，"化其恶习，使为善良之民也"。在我国监狱史上首次提出采用惩治教育挽救治理少年犯。

5. 培养监狱官吏。沈家本认为："典狱一官统辖全监，非兼有法律道德及军人之资格者，不能胜任"。要改良监狱就必须"预储管理之材"。他建议"各省法律学堂或已成立之新监狱内，附设监狱学堂。以资造就监狱官吏，并改定狱官品级"，主张学习西方方式培养监狱官吏。

农奴制改革；1861 年美国南北战争；1868 年日本明治维新；1870 年意大利统一；1871 年德国统一，等等，都是受资本主义人权思潮影响的结果。人权思潮不仅推动了资本主义制度建立，而且还极大推动了资本主义经济发展，同时，也使民主、自由、平等、博爱深入人心。

随着欧洲资本主义势力在世界范围内扩张，启蒙思想家的许多著作也逐渐被流传到世界各国，他们提出的自由、平等、民主和法制思想也被传播到世界各地。它启迪了人们的思想，激励着人们冲破封建帝制与教会的束缚，去争取民主与自由，人权思潮的呼声越来越高，已经形成山雨欲来风满楼之势。

（二）国际监狱改良运动的兴起

西方近代监狱发端于 16 世纪中叶，它是资本主义社会生产关系的产物。1557 年英国在伦敦设立第一所布莱德威尔感化院，[1] 1595 年荷兰在阿姆斯特丹设立惩治监狱，[2] 这是资本主义早期监狱的雏形。这类监狱有隔离罪犯与社会的防范功能，通过组织罪犯劳动，帮助他们赎罪，有效地实现惩戒作用，有利于去除封建社会残酷的肉刑和流放刑的弊端。可见，资本主义监狱的出现，反映了社会发展趋势和刑罚变革的需求。

但是，随着资本主义的发展，社会弊病日益暴露，经济恶化，监狱人满为患，监狱成本加大。加之传统的刑罚观念根深蒂固，报应、威慑主义主导的刑罚观念并未根本改变。监狱的流弊凸显，行刑方式野蛮、残忍、粗暴，对监狱的改良也是势在必行。

英国监狱改革家约翰·霍华德通过对英国和欧洲十几个国家的监狱进行考察后，于 1773 年推动国会讨论并通过了改良监狱法案。[3] 1777 年，他出版《英格兰及威尔士监狱的状况》（又名《监狱事情》）一书，这部著作对英国乃至整个世界监狱改革进程产生了巨大影响。书中系统提出监狱改革主张，主要包括法律必须与人道主义相结合，改善监狱设施，保障罪犯健康，给罪犯人道待遇；罪犯与其他被关押的债务人、精神病人、娼妓、战俘等区分关押，罪犯应该按年龄和性别分别分类关押，建立严格管理的纪律和秩序；组织罪犯劳动，养成勤勉习惯；实施宗教教诲措施，感化改造罪犯。对罪犯不仅要强调监禁，更要重视教诲和感化，并通过奖励制度促进其弃恶从善；建立正规的管理人员遴选与培训制度等。这些主张与思想为后世监狱理论奠定了基础。他被后人称为近代监狱改良的鼻祖。

随后，监狱改良运动在英国掀起。如英国法学家边沁也积极倡导监狱改革，在他的《监狱学》等著作中，不仅揭示了监狱手段具有威慑、安全和矫正的功能，还设计一种“圆形监狱”，[4] 提出监狱改革应更加注意特殊的预防功能，行刑制度要有利于罪犯的分类管理和教育矫正。伊丽莎白·弗莱（Elizabeth Fry）是 19 世纪英国社会改革家，1817 年，

---

〔1〕 高莹主编：《矫正原理与实务》，法律出版社 2014 年版，第 62 页。
〔2〕 高莹主编：《矫正原理与实务》，法律出版社 2014 年版，第 56 页。
〔3〕 高莹主编：《矫正原理与实务》，法律出版社 2014 年版，第 56 页。
〔4〕 高莹主编：《矫正原理与实务》，法律出版社 2014 年版，第 56 页。

【知识链接】

文艺复兴运动

文艺复兴运动是指发生在14世纪至16世纪的西方新兴资产阶级的思想解放运动。“文艺复兴”的概念在14世纪至16世纪时被意大利新兴资产阶级主义人文学者所使用。当时的人们认为，文艺在希腊、罗马古典时代曾高度繁荣，但在中世纪“黑暗时代”已经衰败没落，直到14世纪后才获得“再生”与“复兴”，因此称为“文艺复兴”。他们借助复兴古罗马、古希腊的文化来表达自己的文化主张，以此来向封建制度提出了宣言，其实质是资产阶级反封建的新文化运动。它发源于14世纪城市经济繁荣的意大利佛罗伦萨，其代表人物是但丁、达芬奇、莎士比亚。

文艺复兴代表人物　但丁

文艺复兴的中心城市　佛罗伦萨

她建立了女囚改革协会，随后引发了英国的女囚改革。虽然这种改革是由宗教教义动机引导下诞生的监狱改革，但是也极大地推动了监狱改良运动发展。克罗夫顿是 19 世纪英国著名的监狱改革家，他创立了著名的“爱尔兰制”，因此也被称为“爱尔兰制之父。”[1] 这一制度考虑了以下原则：①奖励，根据罪犯每天的劳动和良好行为记录分数，对犯人进行各种奖励，直至最终释放；②个人影响，监管人员、监狱教师、监狱牧师对罪犯施加个人影响；③逐步向自由过渡，随着罪犯的改造，其所受管束也越来越少，最后处于半自由状态；④释放后的严格监督，假释后如果违反假释规定，就收回假释证，重新予以监禁。可见，这种假释考验制度已经是现代假释制度的雏形。在 19 世纪 70 年代以后，西方发达资本主义国家已经进入帝国主义时期。他们开始改良原来的刑事执行系统，逐步使用矫正的概念，其内涵包括拯救、治疗、改善、纠正等。1870 年后美国正式提出了一种新型的行刑模式，即矫正教育模式。在行刑中通过分类及个别化的处遇、教化、矫治、康复等措施，纠正罪犯不良心理倾向与行为习惯，使其逐步适应正常的社会生活最终回归社会。

可见，西方发达资本主义国家引领了国际监狱改革的潮流。他们最为根本的是改变了传统的刑罚观，摒弃了报应刑理念下刑罚的单一惩罚功能，开始注重监狱的罪犯矫正、对罪犯实行再社会化教育。已不再将对罪犯执行刑罚看作是对已造成危害结果的一种报应，而是站在犯罪多因论基础上，试图通过监狱行刑达到矫正罪犯不良人格、促进其完全社会化，从而消除再犯罪诱因，达到预防再犯的目的。

（三）国际监狱会议的推动

18 世纪后期，发生在英国的监狱改良运动迅速向欧洲各国和美国拓展。在会议上美国倡导各国“实行累进处遇和感化制度，并把对罪犯实行感化教育使其复归社会作为监狱行刑的宗旨”。1876 年，美国纽约州根据一项法令成立了爱而米拉教养院。任命美国监狱协会负责人之一布罗韦担任该教养院院长，全面推行体现矫正理念的改革。[2] 20 世纪初，累进处遇制开始在各国实行。累进处遇制是行刑走向改革模式的起点，因为更多的人已经开始认识到，监狱行刑中不能消极地执行和监督罪犯度过原判刑期，而应有效地利用这段时间，调动罪犯积极性，实现累进处遇的积极目的。

近代中国与万国监狱大会的首次接触，是在 1876 年清政府向西方派遣第一批常驻使节之后开始的。1876 年首任驻英公使郭嵩焘赴英途经香港，参观的重点便是学校和监狱。从其《伦敦与巴黎日记》看，他出使三年，共参观监狱七所，记载狱制九则，约近万言，在早期出国人士中是对监狱记载最多最详细的。随后，郭嵩焘因此奏请清廷“度其会议，必多有可纪者”“请派员赴万国刑罚监牢会。”[3] 清廷终于在 1890 年首次派员参加在俄国首都彼得堡召开的第四届万国监狱会议。此后，清政府以遣派驻外公使就近与会的方式，

---

〔1〕 刘志松：《英国监狱改革对后世的影响》，载《民主与法制》2011 年第 3 期。

〔2〕 高莹主编：《矫正原理与实务》，法律出版社 2014 年版，第 64 页。

〔3〕 参见许章润：《清末对于西方狱制的接触和研究——一项法的历史和文化考察》，载《南京大学法律评论》1995 年第 2 期。

【知识链接】

美国俄亥俄州立感化院

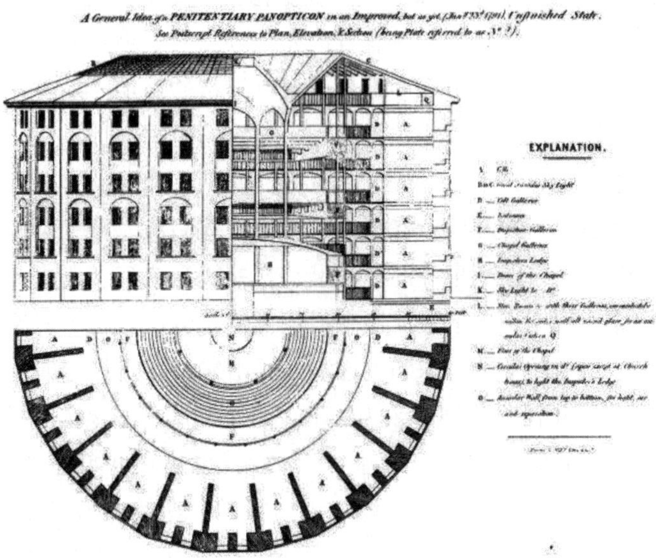

圆形监狱图

参加了此后历届万国监狱会议。但是，直到清政府灭亡的前一年，即 1910 年才遴选专业的法政官员正式组团，参加在华盛顿召开的第八届万国监狱大会。

在晚清的出国考察中，参观西方监狱是一项重要内容。如清同治九年（1870 年），王韬赴英国伦敦参观的贝德福监狱，是霍华德为之付诸毕生精力，实施监狱改革的范本。也正是由于霍华德的推动，才使得王韬看到了一座新式监狱。但是改造之前，它是一座充满残酷的刑罚和生活条件恶劣的旧式监狱。王韬在笔记中写道“囚犯屋舍既洁净，食物亦精美。狱囚获住此中，真福地哉。”〔1〕再如 1876 年，受命赴美参加万国博览会的宁波海关关员李圭在费城参观了轻、重罪监狱，他所见到的外国监狱，“第一务取洁净；第二饮食调匀；第三作息有序；第四可习技艺；第五则其总管、司事，一切体贴人情，处若父兄之于子弟。故凡游览其中者，非特不觉其为监狱，即犯人监禁日久，亦忘其身在监狱也。”他深感“外国监狱，迥异中华”。

由上可见，国际监狱大会发起及定期召开，对近代监狱改良起到了引导和促进作用。晚清政府能派人参加国际监狱会议和考察国外近代监狱，并将国外先进的监狱管理制度和理念传回国内，使国内外监狱情况形成鲜明对比，引起了清统治者和权臣的高度重视，这无疑对清末落后残酷、野蛮黑暗的旧监狱制度改良也起到了推动作用。

二、清末监狱改革内生动力

（一）清末狱制的实状

清承明制，在监狱立法、设置、建筑构造上有所完善，刑罚的种类主要是死刑、流放、充军、鞭笞等。死刑主要是以斩首为主，但是也夹带凌迟、分尸、烧死、炮烙等野蛮残忍的肉体刑。但是没有完整独立的监狱法，监狱法规主要是引用诸法合体的传统体制。监狱分为中央直属监狱、地方监狱和特殊设置的监狱等。从中央到地方建立了完整的监狱管理体系，在监狱官管理监狱的权限和职责划分上有严格的规定，发展和完善了提牢管理制度，这些对于清代前期提高监狱管理水平起到了良好的促进作用。

地方监狱实行双重管理，自上而下按照职责分为有狱官和管狱官。有狱官一般为州县的知州、知县，他们都是集行政和监狱管理权于一身，他们只上报有关监狱的事宜，而不直接管理监狱事务。直接管理监狱事务的是管狱官，一般为吏目、典史，他们负责管理监狱的具体事务。清代作为我国历史上最后一个封建王朝，腐朽落后的统治方式日渐暴露其弊端。管理监狱的提牢制度的弊端和缺陷也逐渐暴露出来，特别是行刑指导思想与时代要求也相差越来越远，1906 年清廷将刑部改为法部，提牢制度也随之废除。清代监狱虽然实行过“悯囚”“恤囚”的政策，体现出人道主义原则，也建立过罪犯“自新所”，体现出改良措施，但是无法抹去监狱的黑暗、残酷、庾毙及草菅人命的现实。清代监狱形式复杂，且管理混乱。如嘉庆十二年（1807 年）《上谕》中说：“州县官滥行收押，胥役勒索凌虐，或致人证负屈轻生，无干拖毙。”监狱如地狱一般，囚犯受尽虐待、折磨，过着暗无

〔1〕何勤华、姚建龙编：《赵琛法学论著选》，中国政法大学出版社 2006 年版，第 439 页。

【知识链接】

监狱天使——伊丽莎白·弗莱

伊丽莎白·弗莱在监狱为女犯讲读《圣经》

伊丽莎白·弗莱（ElizabethFry，1780年—1845年），19世纪英国社会改革家，监狱改革家和基督教慈善家。她从小就接触到以自由、平等、人道、博爱为基础的社会改良思想，对弱势群体怀有一种感同身受的同情。她也是英国第一位专注于女犯困境的监狱女改革家，是欧洲监狱改革运动的主要倡导者。她建立了女囚改革协会，随后引发了英国的女囚改革。她帮助改善监狱条件，并给予囚犯工作和教育，由此推动了监狱改良运动的发展，在她毕生的不懈努力下，英国监狱制度发生了变革，尤其是女犯人和孩童的境遇得到了很大改善，从此唤醒了更多精英人士致力于慈善事业和社会改良。1817年，她力排众议，在监狱里建起了英国历史上第一所监狱学校。办学过程中，她发现很多女犯人对缝纫特别感兴趣，便有了开办监狱工厂的想法。虽然阻力重重，但是在她的坚持与努力下，终于办起了第一所劳教性质的监狱工厂——缝纫厂。她坚信犯人是可以改造的，坚持每周五到监狱里为女犯人讲读圣经，以此来感化她们。她也被人们尊称为“监狱天使”。

1947年，她因帮助教友派信徒的举动获得诺贝尔和平奖。此外，她还非常关注护理事业，是“护理姐妹会”的创始人，私人护理的先驱。她那博爱的仁心、人道的善举、坚强的意志和惠及人类的情怀，为后人留下了一笔宝贵的精神财富。

天日的日子。狱卒凌虐、勒索囚犯，牢头狱霸横行，并利用他们与狱吏的特殊关系，相互勾结，凌虐、欺压囚犯，肆意妄为，囚犯毫无生活和生命保障，所有这些是不争的事实。对监狱的诟病向来是西方列强攻击清廷管理落后、没有人权的把柄，使清廷丧失法律独立。

（二）对清末狱制的批判

封建迷信色彩浓厚，集行政和司法于一身的封建帝制，是形成狱制腐败与黑暗的根本原因。中国封建时代的统治者，历来用“天子受命于天，天下受命于天子”的封建迷信思想来愚弄臣民，“朕即是法”的人治思想根深蒂固。从中央最高统治者到地方各级行政长官，都是行政和司法集权于一人。这种集权政体造成了刑罚执行中的极大弊端。虽然清代在明代狱制的基础上有所完善，刑法中零星出现过监狱管理的法律条款，但没有形成系统的监狱法律法规和有效的监督机制。刑罚种类繁多、狱制凌乱、重刑泛滥、野蛮残酷、黑暗腐败是清代监狱的特征。清代散文家方苞根据自己的亲身经历写得《狱中杂记》真实反映出“康乾盛世”时京城刑部大牢的现状。在清代繁盛时的京城刑部大牢都如此黑暗残暴，草菅人命，那么清末地方监狱的悲惨状况便可想而知。

监狱的功能模糊，押犯类别混乱，管理体制落后，与近代西方资本主义国家的监狱大相径庭。据《清史稿》记载，“其囚禁在狱，大都未决犯为多。既定罪，则笞、杖折责释放，徒、流、军、遣即日发配，久禁者斩、绞监候而已。”从中可以看出，清代监狱更像现在公安拘留所和看守所的功能，严格地说不是一种刑罚执行机构，而更像一种罪犯的流转站。在监狱中已决犯、未决犯和嫌疑人共同关在一起，造成了互相交叉感染和欺凌事件的发生。严酷的行刑制度造成了很多冤假错案。尽管在清代乾隆年间出现过一些“恤囚”“悯囚”“自新”制度，对封建统治起到一定的积极作用，但终不能改变其混乱黑暗的监狱现状。

受行业歧视，狱吏狱卒素质低劣，心理扭曲变态，对罪犯的人权随意蹂躏践踏。清代在监狱官吏设置上分为有狱官和管狱官，孙雄在《监狱学》中说道：“至于狱官，有有狱官和管狱官之别。有狱官，京内分为刑部提牢、司员，京外分为按察使、知府及州厅县官等，有监督监狱之权责，不负管理之任。管狱官，京内为刑部司狱，京外为按司狱、府司狱，吏目、典吏等，为管理监狱之吏，各有专责。关于囚犯逃越缉捕等，法律皆有明文规定。”[1] 有狱官有明确的品级规定和考核升迁制度，而管狱官则为典吏，在职官品级却没有入流，待遇非常低下，其不能供养一家人的正常生活所需。自古就有“倡优皂卒”的说法，他们的子孙不能参加科举考试，狱卒职业多为子孙世袭，其地位低下可见一斑。在这种生活没有保障、遭受制度限制与世人冷眼的情况下，狱卒形成扭曲变态心理，以这种心态去管理罪犯，其结果必然是用恐吓、敲诈、勒索的手段去报复罪犯，致使罪犯的生活权和人权随意遭受践踏。

[1] 孙雄编著：《监狱学》，商务印书馆1936年版，第69页。

【讨论题】

嘉庆十二年（1807 年）《上谕》中说："州县官滥行收押，胥役勒索凌虐，或致人证负屈轻生，无于拖毙。"请分析清末监狱黑暗腐败的原因是什么？

（三）对西方狱制的考察

清廷驻外使节对西方监狱参观考察后的记载与反馈。鸦片战争失败以后，随着西方文化传入我国，一些仁人志士开始放眼世界，正视中国现实，认识到中国狱制的黑暗与落后，开始学习西方先进文化与思想理念。从观念启蒙层面上看，近代监狱改良酝酿始于清廷与西方官方的外交往来。1861 年，清政府设立总理各国事务衙门，驻外使节成为清廷输入西方信息最直接和便捷的渠道。对当时西方监狱的了解，主要是通过当时驻外大使的考察行迹和日记，考察地域主要为英国、法国、德国、美国、日本，而这些国家监狱的先进与文明集中体现在监狱设置、建筑结构、生活待遇和狱制管理上。如 1870 年，王韬参观了英国的贝德福监狱（前文已经提过，此处不再赘述）。后来的出国者，如工商界人士李圭，乡绅黄庆澄，驻外使节郭嵩焘、薛福成、宋育仁等人，也都有相似的记叙，其间都流露出一种羡慕之情和对西方狱制管理的追求与向往。这些对清末监狱改良起到了启蒙的作用。

清廷派出正式考察团队对西方监狱进行考察与学习。洋务运动失败后，清廷虽然屠杀了维新运动的“戊戌六君子”，但是国内义和团运动、资产阶级武装起义的革命浪潮也风起云涌。甲午中日战争失败后，清廷又惨遭八国联军入侵，接着被迫签订了《马关条约》《辛丑条约》，清廷彻底变成了帝国主义侵华的工具。在内忧外患的情况下，清廷为了维护其统治苟延残喘，着手做“预备立宪”的准备。1905 年 7 月，清廷派载泽、戴鸿慈等五人出国考察政治体制，史称“五大臣出洋”。他们重点考察了美国、英国、法国、德国、俄罗斯、日本等国家，特别对日本和德国的君主立宪政体进行详细的考察，以便清廷选择适合自己的政体。考察的方面涉及政治制度、自由与平等精神、司法制度、狱政、工业、教育、社会公共事业以及民风民俗等。载泽、戴鸿慈等考察人员对美、德、法等国的监狱进行了实地考察，主要是对监狱的费用、设备环境、管理方法、对罪犯的教育管理及女子监狱的管理情况等方面进行了详细探询与记载。1906 年下半年五人回国，带回许多书籍、资料，赶写出介绍欧美各国政体制度的《欧美政治要义》供朝廷采择。1906 年起清廷着手进行司法体制改革，将刑部改为法部，设立新部门——典狱司，执掌全国的监狱，并改刑部监为管守所。由于西方资本主义国家经常攻击清廷的狱制落后，清廷司法国际地位卑微，在筹变法律过程中清廷也着重提出改良旧狱制。清朝法部认为“东西各国以囹圄之良窳觇政治之隆污。日本能撤去领事裁判权，首以改良监狱为根本……一切规模宜考酌东西洋办法，以示文明于诸国，为后日撤去领事裁判权及抵制租界监狱地步。”〔1〕因此，清末监狱改良的氛围在司法体制改革中逐渐形成，并逐步提上日程。

（四）对西方近代监狱制度的借鉴

对西方监狱建筑的模仿。据史料记载，清末监狱建筑主要选择了西方监狱建筑中的

〔1〕薛梅卿等编：《清末民初改良监狱专辑》，中国监狱学会 1997 年版，第 29 页。

【课堂笔记】

两种构造形式——“扇形”和“十字形”。[1] 这样的选择与近代狱制改良的设计者沈家本有关，他曾致信当时的法部尚书戴鸿慈，主张监狱应建成辐射形或十字形，以成“天下之模范”。所谓模范监狱，就是清廷对近代西方监狱的“模仿”，或者说清末改良监狱新建监狱的“模板”。1905 年，中国第一座近代模范监狱——湖北模范监狱，在湖北江夏县衙东破土动工，该监建筑的结构与体制仿日本东京监狱和巢鸭监狱模式而建。沈阳、北京等地也紧随其后建成奉天模范监狱和京师模范监狱。如湖北模范监狱采用“辐射形”结构，京师模范监狱采用“双辐射形”构造，而奉天模范监狱则采用“辐射形”和“十字形”的双重结构。[2] 1907 年，清廷通过一项监狱改良法令，法部要求在各省会城市或通商口岸至少建成一所模范监狱，并按照辐射形或十字形设计建造。可见，这些仿效西方监狱建筑的中国近代模范监狱已经在硬件建设上开始了清末监狱的改良。

对西方监狱法律制度的借鉴。清末监狱改良是仿效西方资产阶级监狱制度模式对封建监狱的改良，这就需要了解西方的政治体制、法律法规及监狱制度，并将西方监狱法律及其学说引进中国进行学习借鉴。在修订法律大臣沈家本的主持下，以修订法律馆为基础，翻译出版了许多监狱法律和著作，如《日本监狱法》《意大利监狱法》《比利时监狱则》，《监狱学》《狱务揽要》等，这些外国法和译著为清末狱制改良和中国监狱法学建立起了极大的促进作用。1908 年，日本近现代监狱学创始人小河滋次郎应邀担任清廷狱务顾问，兼任法律学堂监狱教习，并代为起草《大清监狱律草案》。[3] 1910 年，在日本监狱学专家小河滋次郎的帮助下，伴有西方近代监狱制度特色的《大清监狱律草案》完成并颁布，这是中国历史上第一部独立的监狱法典，它为清末监狱改良提供了法律制度保障，也是封建监狱向资本主义监狱过渡的标志。

对西方监狱管理制度的借鉴。模范监狱的建立标志着中国的监狱开始向近代迈进。这些新式监狱不仅设有浴室、伙房、医务室、习艺间，而且还有图书室、阅览室、接见室等。在管理方面也有别于旧式监狱，主要体现在以下几个方面：首先是分类关押制度。模范监狱采用西方的兼采杂居分房两种制度，按照罪刑、年龄分区监禁，改变了以前混杂关押的混乱制度。其次是教育教诲制度。模范监狱配置专职教诲师，规定了固定的教育时间。相对于以前设置的罪犯习艺所，除规模较大的习艺所配置教诲师外，规模较小的习艺所很多教诲师的配置只是流于形式，与之相比，模范监狱的教育教诲制度显然比较完善，教育教诲时间也能落到实处。最后是做工习艺制度。模范监狱的做工习艺基本延续习艺所的做法，不但根据罪犯的性别、年龄等个人情况来分工，而且根据罪犯的特长和罪犯释放后的就业需求进行分工，而后开始习艺劳动。这在很大程度上体现了教育感化手段。模范监狱不论在制度、管理方式、教育教诲、习艺劳动、生活卫生等方面，还是在行刑思想上，都与封建监狱有了很大的区别。正如时任湖广总督张之洞在“奏陈省城模范监狱开办

---

〔1〕 薛梅卿等编：《清末民初改良监狱专辑》，中国监狱学会 1997 年版，第 27 页。

〔2〕 薛梅卿等编：《清末民初改良监狱专辑》，中国监狱学会 1997 年版，第 27 页。

〔3〕 肖世杰：《清末监狱改良：思想与体制的重塑》，法律出版社 2009 年版，第 167 页。

【知识链接】

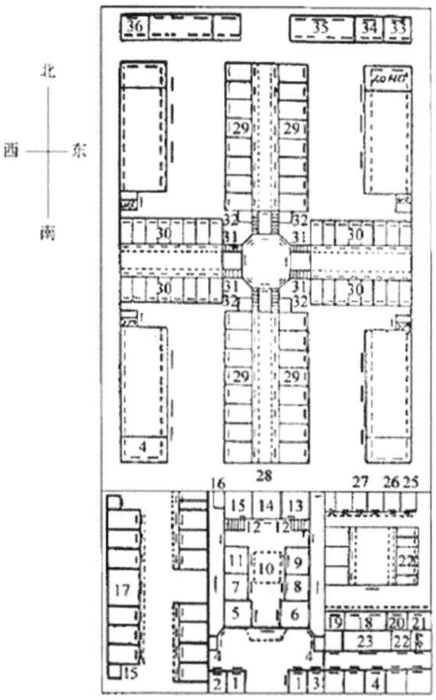

“十字形”监狱平面图

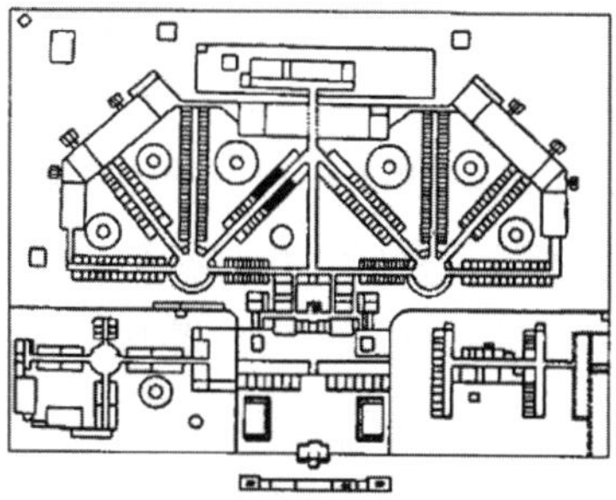

“双扇面形”监狱平面图

【知识链接】

小河滋次郎

小河滋次郎（1861 年—1915 年），日本长野县人，近代日本最重要的监狱学家和监狱改革家。中西监狱学术的传播者。作为沈家本聘请的狱务顾问，他亲自参与了清末监狱改良相关事宜，例如 1908 年小河滋次郎被京师法律学堂聘为主教习，在他的主持下订立《大清狱律草案》。他对中国近代监狱事业发展给予巨大的帮助，给中国监狱制度近代化留下了不可磨灭的影响。他的名字与业绩之所以为中国监狱学界所铭记和追忆，是因为他与清末中国监狱改良和中国现代监狱学的诞生关系至深。他的一生都贡献在了监狱学方面，他一直追求犯人人权的保证，他是学界较早的一位提出废除死刑的监狱学家。

情形折”中曾言，监狱管理之法“兼采东西各国监狱之式……以为通省模范”。

综上可知，清末的监狱改良是封建官僚阶层在模仿和借鉴西方近代资本主义监狱改革成果的基础上，进行的体制内的法制改革。在改良中夹带资本主义监狱的色彩也是在所难免。

第二节　清末监狱改良思想的形成

一、清末监狱改良思想发端与兴起

（一）清代前期监狱改良思想的萌芽

清代的监狱延续明朝狱制，管理体制上也承袭中国封建社会行政与司法混合的管理体制。它的职能不是一种刑罚执行机关，而主要是一种羁押未决犯和拘置证人的机构。虽然清代在明代狱制的基础上有所发展与完善，刑法中零星出现过对监狱管理的法律条款，但没有单独系统的监狱法规，这也是封建社会“诸法合体”中华法系体系所造成的，它适合司法与行政合一的中国封建农业文明时代，但是不适合工业文明时代。这种“诸法合体”的法律体系形成了对监狱管理不重视的现状。特别是重刑滥用的现象比较严重，如清代刑律曾对窃贼的惩处作出明确规定：“赃数在 50 两以下者，处以杖刑；赃数在 50 两至 120 两之间者，于杖刑外另加徒、流等刑；赃数在 120 两以上或三犯者，绞监候。”可见，这是明显的重刑滥用的表现。当时的舆论认为，不少窃贼是因为生计断绝而尝试偷盗，一旦被抓刺字，乡邻不齿，佣工手艺人皆畏惧，谋生就更为艰难。而小偷小摸三次，就被处以死刑，实在是太严酷了。

由于受平简刑措、矜恤囚徒思想的影响，有仁人之心的地方官吏认为应该为初犯或再犯窃贼罪的囚犯寻找一条生路。在这样的背景下，乾隆十年（1745 年）针对盗窃罪犯创办了专门收容初犯或再犯窃贼的“自新所”。据乾隆《元和县志》记载，时任江苏按察使的翁藻曾在奏折中提到苏州府长洲、元和、吴县三县的自新所，“建屋十余间，环以垣墙，名曰自新所，各将犯过一二次及无嫡属可交之旧贼，拘系于内。”[1] 自新所的创建，缘起于当时严重的盗窃再犯问题。这种自新所对积贼既强调“有所羁縻”，又使其“各有执业”，旨在对其进行羁押教化，“令其手艺工作”，学到“谋生之道”，将来不致重犯，以根治因贫盗窃的犯罪问题。这无疑是中国监狱发展史上的新思想、新事物，也给腐朽落后的监狱改良开出了一剂良药。从时间来看，自新所的设立早于英国 1773 年改良监狱的法案近三十年。这也让有了五千年文明史的泱泱华夏从监狱改良上找到了理论自信、文化自信，而不是一味地屈从西方监狱变革的老路，跟在其后亦步亦趋。

---

〔1〕 参见《奏为苏郡长元吴三县创建自新所拘羁旧匪所需口粮请将岁收赃赎银两拨充事》，乾隆十三年三月初八日，档案号：04-01-28-0001-015，中国第一历史档案馆藏；另见乾隆《元和县志》县署图、卷 4《建置》，成文出版社 1970 年影印，第 98 页。

【数字资源】

【课程思政资源】

《江楚会奏变法三折》——清末改革的蓝图

“变法三折”又称“江楚会奏变法三折”或“江楚三折”，是指时任两江总督、南洋大臣刘坤一、湖广总督张之洞联名向清廷的三折上奏。

庚子事变后清廷宣布实行新政，要求内外臣工献计献策。在张之洞、刘坤一等人的倡导下，先有各省督抚的联衔会奏的动议，后演变为由刘坤一领衔与张之洞一起上奏《江楚会奏变法三折》，其重要内容之一就是强调传统的科举制度必须改革。张之洞是该奏折的主稿者，但奏折稳健、不宜过激的基调则是由刘坤一确定的。《江楚会奏变法三折》的中心思想是请求清廷实行“新政”，第一折《变通政治人才为先遵旨筹议折》提出参考古今，会通文武、育才兴学（设立文武学堂、酌改文科、停罢武试、奖励游学）；强调培养人才，建立新式学校，改革科举制度。第二折《遵旨筹议变法谨拟整顿中法十二条折》提出法必应变通整顿者十二（崇节俭、破常格、停捐纳、课官重禄、去书吏、考差役、恤刑狱、改选法、筹八旗生计、裁屯卫、裁绿营、简文法），提议停止捐纳实官，裁撤屯卫、绿营等。第三折《遵旨筹议变法谨拟采用西法十一条折》提出西法必应兼采并用者十一（广派游历、练外国操、广军实、修农政、劝工艺、定矿律路律商律及交涉刑律、用银元、行印花税、推行邮政、官收洋药、多译东西各国书籍），主张官员出国考察，编练新军，制定有关矿业、商业、铁路的法律和货币制度，翻译外国书籍等。这对之后的“清末新政”产生了巨大影响，成为清廷改革“新政”蓝本。

（二）清代监狱改良思想的发端

西方近代监狱在中华大地的建立，使清廷开始丧失司法主权。鸦片战争失败以后，清政府闭关锁国的大门被西方列强用坚船利舰和洋枪火炮打开。清廷被迫签订了《中英南京条约》《中美望厦条约》《中法黄埔条约》等一系列不平等条约，这些不平等条约的签订使中国逐步沦为半殖民地半封建社会。在鸦片战争以前中国是一个司法主权完整独立的封建帝制国家，1843 年中英签订了《中英五口通商章程》，这个条约使列强攫取了在华的领事裁判权，《虎门条约》作为《中英五口通商章程》附件，又将领事裁判权扩展到了内地，致使清廷的司法主权逐步丧失。1844 年签订的《中美望厦条约》导致清廷的司法主权进一步丧失。清廷法律不但对中国境内外国人的非法活动不能加以制裁，而且国内有犯罪行为的地主、乡绅、地痞和流氓也多以租借地为逃避法律制裁的场所。一时间，租借地成为了国中之国，成为逃避法律制裁者的避难所。可见，西方近代监狱在清廷国土上建立，造成一个国家两种狱制，形成了国中之国的尴尬局面。

列强们攫取了在华司法特权后，相继在租界内建立了各自的监狱，并制订狱政管理章程，根据章程可以对囚犯任意处罚，随意用刑，清政府却充耳不闻。1844 年，英国在香港建立第一座监狱，即域多利监狱，随后其他列强也在中华大地上建立了许多监狱。这就意味着在当时中华的国土上出现了与清朝本国监狱完全不同性质和类型的近代监狱。为了解决这种国中之国的被动局面，收回领事裁判权，落后腐朽的封建监狱制度已经不适应时代的发展，对监狱进行改良势在必行。

总理衙门的设置标志着清廷开始与西方交流学习，奠定了清末监狱改良的法理基础。1861 年 3 月，清廷成立总理衙门，为清政府办理洋务及外交、派出驻外国使节、派遣留学生等事务。它的成立标志清廷开始抛弃传统的外交体制，步入近代意义上的外交行列，开启了中国外事机构近代化之门。它促进了中国的近代化进程，特别是向国外派出使节、使团参观改良后的近现代监狱，参加万国监狱会议，把西方近代的法制思想、行刑理念、监狱管理模式和监舍建筑结构方式带回中国，为清末监狱改良提供了理论指导和行动指南。

近代思想家的改良主义思想成为监狱改良的内驱力。鸦片战争的失败并没有警醒清廷封建统治者，相反却使先进的中国人醒悟，如龚自珍、魏源、冯桂芬、郑观应、严复等。这些近代思想启蒙家和改良主义的先驱者，都从不同角度提出了自己的变革思想与主张。龚自珍提出了“改图”“更法”的思想，他主张革除弊政，坚决抵御外国侵略。魏源积极要求清廷进行改革，提出“天下无数百年不弊之法，无穷极不变之法，无不除弊而能兴利之法，无不易简而能变通之法。”冯桂芬最早提出了“中学为体，西学为用”[1] 的思想理论，对洋务派的影响很大，成为洋务运动的指导思想。他痛恨清政府的腐败和落后，主张改革时政，“以中国之名教伦常为原本，辅之以诸国富强之术”，也被资产阶级改良派视为先导。郑观应在《盛世危言》一书中提出了“欲攘外，亟自强，欲自强，必先致富；欲

[1] 于连涛：《中国监狱文明史论》，法律出版社 2018 年版，第 121 页。

【知识链接】

晚清中兴四大名臣之一——张之洞

张之洞（1837年—1909年），字孝达，号香涛，又号香严，晚年自号抱冰老人。原籍直隶南皮（今属河北）。曾任总督，称“帅”，故时人皆呼之为“张香帅”，与曾国藩、李鸿章、左宗棠并称“晚清中兴四大名臣”。中国晚清重臣、后期洋务派代表人物。

张之洞作为晚清历史舞台上的风云人物，其主张学习和吸收西方文化，提出“中体西用”的思想主张。在此思想指导下，提出了超越传统产业结构的思想主张。后将西学的视野从器物层面转向了政治制度层面，该理念的转变促使其成为清末新政的主角。张之洞这些“中体西用”的思想主张，对于促进向西方学习具有积极作用。他还主张开办了京师大学堂，强调师范教育，后与张百熙主持制定新学制，时称“癸卯学制”，是中国教育史上第一个正式颁布的在中国普遍实行的学制，奠定了中国现代学制的基石。早在光绪十二年，张之洞便在广州率先创办广雅书局和广雅书院，高薪聘请著名学者主持书局书院的教育工作。光绪十五年，张之洞在湖北又接连办了三所学堂，这三所学堂演变而来的大学到今天都是赫赫有名的高等学府，那就是武汉大学（前身自强学堂）、华中农业大学（前身农务学堂）和武汉科技大学（前身湖北工艺学堂），而后又到南京创办了现在南京大学的前身三江师范学堂。其教育方面的先进性在于能够根据当时清朝发展需要，针对性的创办实业教育、农业教育、师范教育，为清朝教育事业的变革和人才的输送做出了巨大的贡献。

振工商，必先讲求学校，速立宪法，尊重道德，改良政治。”指出仅学习西方技术而不进行政治改革是“遗其体而求其用”，必将失败。在该书中他就其狱制思想进行了详细的阐述，他的主张更具有浓厚的启蒙色彩，他历数了清末监狱的黑暗与残暴，赞扬了当时各省州县设立自新所的做法，分析了一般罪犯违法犯罪的原因，认为最好的改造方法就是仿照西方监狱之成例稽其工作，教以手艺，使之服刑完毕后生活有所凭依而不至于再罹法网。严复提倡西学，反对洋务派“中学为体、西学为用”的观点。他曾多次将中学与西学作比较：“中国最重三纲，而西人首言平等；中国亲亲，而西人尚贤；中国以孝治天下，而西人以公治天下；中国尊主，而西人隆民……其于为学也，中国夸多识，而西人恃人力。”总之，西学“于学术则黜伪而崇真”。他还指出“中国之人好古而忽今，西之人力今以胜古”，“古之必敝”。所以他认为就是尧、舜、孔子生在今天的话，也要向西方学习。他认为要救中国必须学西学和西洋“格致”，“盖非西学，洋文无以为耳目，而舍格致之事，则仅得其皮毛。”他认为“中学有中学之体用，西学有西学之体用，分之则两立，合之则两止”。他认为应做到“体用一致”“本来一致”要从政治制度上进行改革。

由上可见，西方资本主义监狱在中国的建立与清廷封建监狱形成鲜明的对比，某种意义上刺激了统治者要进行监狱改良。通过与西方交流学习，清廷寻找到了监狱改良的法理基础与改良范本。中国近代思想家的改良主义思想从模糊到清晰，由浅入深地践行进一步推动了改良思想的扩大与深入，改良涉及的范围越来越多，越来越广。近代改良主义的先驱者郑观应还提出了近代监狱改良的设想和教育措施，所有这些都在为清末监狱改良思想从萌芽到发端提供了条件。

（三）清末监狱改良的兴起

“变法三折”竖起监狱改良的大纛。1901 年 1 月，清廷新政改革上谕宣布，标志着清末政体改革向近代化进程迈进。同年 7 月，时任两江总督的刘坤一和湖广总督张之洞联名向清廷上奏了《江楚会奏变法三折》，提出司法革新和狱制改良措施，这就是著名的“变法三折”。针对司法残苛、监狱庾毙的现状，提出了“禁讼累、省文法、省刑责、重众证、修监羁、教工艺、恤相验、改罚锾和派专官”等九项司法革新狱制改良措施。[1] 该折用犀利的文笔陈述诉狱制度弊端，见解深刻，自成一体，竖起了清末监狱改良的大纛。紧跟其后，1902 年山西巡抚赵尔巽向清廷上《奏为军流徒等犯例定罪名本义全失拟请饬令因变通办理以核名实事》[2] 一折，并在山西设立新式监狱——罪犯习艺所。1903 年，时任直隶总督兼北洋大臣袁世凯上书奏请在天津筹建习艺所，采用“中体西用”的模式进行监狱改革。同年，刑部核准各省设立《各省通设罪犯习艺所章程》。1906 年，袁世凯又派范炳勋、高蕴杰、蔡振洛、吕文惠等 5 名官员到日本考察当地监狱，并由此揭开了考察国外

〔1〕 薛梅卿等编：《清末民初改良监狱专辑》，中国监狱学会 1997 年版，第 3~7 页。
〔2〕 该文献目前被收于中国第一历史档案馆藏宫中朱批奏折，档案号：04-01-01-1055-044。后文同。

【知识链接】

赵尔巽与晚清罪犯流配制度的改革

赵尔巽

赵尔巽（1844 年—1927 年），字公让，号次珊，别号无补，清末汉军正蓝旗人，清末民初政治家、改革家。他凭借强大的背景、过人的胆识和坚韧顽强的性格，励精图治，锐意改革，在整顿吏治、发展教育、倡办实业、改良社会风俗等方面颇有建树。在清末监狱改良方面上率，先向清廷上奏，在全国通设罪犯习艺所一折中，详细分析了传统军、流、徒等刑制的各种弊端，认为这些传统的刑罚已经不适应客观形势的发展需要。他提出设立罪犯习艺所的主张，并在山西建立罪犯习艺所、安徽省城创设罪犯自新习艺所。

建立罪犯习艺所的影响：一是设罪犯习艺所的建议揭开了清末刑制改革的序幕；二是罪犯习艺所的建立为同期开展的监狱改良活动树立了样板；三是罪犯习艺所的创立是中国系统地进行改造罪犯工作的开始。

可见，提出设立罪犯习艺所，安置遣、军、流、徒各犯的措施，是对中国刑罚制度和监狱制度的一次重大改革。罪犯习艺所的设立标志着清代罪犯流配制度发生了重大变革，它为以后进行刑制改革创造了有利条件，随着新刑律的颁布，罪犯流配这一古老的刑罚制度最终在清末终结，而改革这一制度的倡导者——赵尔巽为此做出了积极的贡献。

赵尔巽对法律与吏治颇有研究，著有《刑案新编》。在清朝灭亡后，他任清史馆总裁，主编《清史稿》。

监狱的第二个高潮。

清廷设立修订法律馆，着手开始制订新的法律法规。1902年，清廷发布修律谕旨，并设立修订法律馆，任命沈家本、伍廷芳为修律大臣，着手修律。清廷为了收回领事裁判权，改良监狱现状，提高国际地位，将制定监狱法律作为修律的一项重要内容。1905年，清廷谕准沈家本呈报的《复议江督等会凑恤刑狱折》，1906年，制定《法部咨各省遣军流犯到配所习艺定章文》。1907年，时任修律大臣的沈家本上《法部凑议实行改良监狱折》获准，[1] 在折中提出了兴办新式监狱（模范监狱）的主张，并提出了改建新式监狱、养成监狱官吏、颁布监狱规制和编辑监狱统计的改良政策。沈家本提出兴建新式监狱是两千多年封建社会历史上的第一次，随后清末监狱改良兴起，拉开了监狱改良的帷幕。

二、清末监狱改良思想的初步形成

从世界范围来看，19世纪末开始，随着自由资本主义向垄断资本主义过渡的完成，一个新的历史时代——帝国主义时代降临。帝国主义列强加紧了对世界的瓜分和侵蚀，西方的政治、思想、文化、法律、艺术等也随之涌入中国。清廷已经深刻地认识到，如果再不实行变法与新政，就面临着覆灭的危险。

清政府为了苟延残喘，于1901年1月宣布新政，这标志着清末政体改革开始。1906年9月1日，发布“预备仿行宪政”谕旨；1908年8月颁布《钦定宪法大纲》，准备以九年为期，后改为五年。《钦定宪法大纲》的颁布涉及国家机器自上而下的改革，刑法改革是预备立宪中一项重要的内容。而深受狱制诟病困扰的清廷，此时提出“狱制一日不改，则新（刑）律万不适用”，[2] 这是当时官方一种比较普遍的观念。可见，预备立宪必须进行刑法改革，刑法改革需要以监狱改良为落脚点。

1901年7月，两江总督刘坤一、湖广总督张之洞“变法三折”的提出，是清末监狱改良的开始。随后1902年，山西巡抚赵尔巽在山西设立新式监狱——罪犯习艺所。1903年，直隶总督兼北洋大臣袁世凯上书奏请在天津筹建习艺所，采用“中体西用”的模式进行监狱改革。同年，刑部核准各省设立《各省通设罪犯习艺所章程》。可见，各省也在积极对监狱进行改良，他们的改良大都以“仁政”“矜恤庶狱”“中体西用”“人道主义”为主要思想，体现在仁慈、人道、怜恤和感化教育的行刑宗旨，清末监狱改良的思想已经初步形成。

《钦定宪法大纲》是清廷仿效日本实行君主立宪政体改革的纲领性指导文件，由于受中日两国的生活方式、生产方式、历史渊源、文化传统等多方面影响，清廷决定将日本监狱模式作为改良的范本。1908年，清廷聘请日本监狱学家小河滋次郎为狱务顾问，开始起草监狱法规。1910年，《大清监狱律草案》完成。清末监狱改良思想在该法中得到体现，它为监狱改良提供了法律依据，也为监狱改良的实施提供了圭臬。

---

[1] 于连涛：《中国监狱文明史论》，法律出版社2018年版，第122页。

[2] 肖世杰：《清末监狱改良：思想与体制的重塑》，法律出版社2009年版，第87页。

【知识链接】

中国第一部独立的监狱法典草案——《大清监狱律草案》

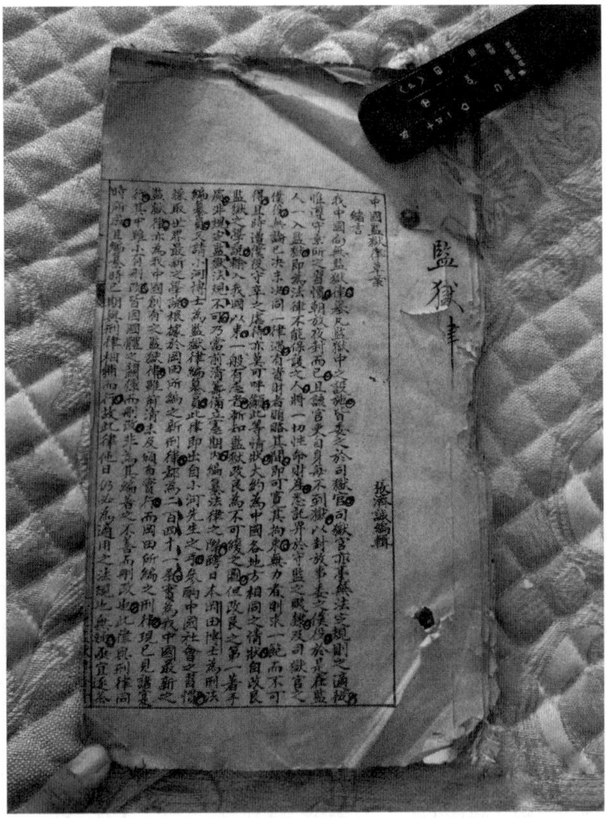

《大清监狱律草案》是清末清廷聘请的日本监狱学家小河滋次郎草成“上奏”但没有颁布实行的中国第一部独立的监狱法典草案，共十四章，241 条，分总则、分则两部分。

第一章总则，规定了监狱的种类、监督权和在监犯的待遇原则等；第二章至第十四章为分则，分别对收监、拘禁、戒护、作业、教诲及教育、给养、卫生及医疗、出生及死亡、接见及书信、赏罚、领置、特赦减刑及暂释和释放等问题作了详细规定。

尽管它的内容和编纂体例基本照搬日本《监狱法》，刻有半殖民地的烙印，但仍具有明显的改良特征：①采用定役自由刑制度；②实行分类监禁制度；③实行惩罚与习艺相结合的作业制度；④建立以感化主义为宗旨的教诲教育制度；⑤建立人道主义的卫生医疗制度；⑥改变宗室犯人的特权地位；⑦建立监狱官吏的培养、训练和任用制度等。

这个草案的大部分条款被后来的北洋军阀政府和国民党政府所沿用。

三、清末监狱改良的指导思想与影响

1902年5月13日，清廷上谕指出："现在通商交涉事益繁多，著派沈家本、伍廷芳将一切现行律例，按照交涉情形，参酌各国法律，悉心考订，妥为拟议，务期中外通行，有裨治理。"〔1〕从中可见，"中外通行，有裨治理"就是这次修律活动的指导思想，也反映出修律活动的根本宗旨——既要吸收、引进西方近代法律思想和法律制度，又不能违背中国传统的伦理纲常。监狱改良作为本次修律的一个重要组成部分，也必然遵循这个指导思想。修律大臣沈家本在《奏请改良监狱折》中指出："夫吾国旧学，自成法系，精微之处，仁至义尽"，这表明西学的内容已为旧学所包括，学习西学应"仍不戾乎我国历世相沿之礼教民情"。他还指出："方今力行新政，而监狱尤为内政外交之最要之举，若不改良旧监狱，纵兴新政，行新律，也无异南辕北辙"，从中可以看出本次修律制订监狱法的重要性。这也明确了本次修律可以在维护原有封建专制的前提下，就某些治国方式、方法和手段上进行变通和革新，但是封建帝制的根基不能动摇。清末监狱改良的指导思想可以概括为"中体西用"。所谓"中学为体，西学为用"就是以维护封建伦理纲常和封建君主制为统治底线，不改变政治体制为上限，同时，吸收和借鉴西方近现代先进的监狱制度，改良监狱并继续作为维护其封建统治的工具。

受清末监狱改良指导思想的影响，本次监狱立法在底线和上限都作了设定。修律者借鉴西方国家的行刑思想和人道主义原则，制订出中国历史上第一部监狱法典——《大清监狱律草案》。虽然不能触动传统的"三纲五常"，但是在几千年封建狱制根深蒂固的泱泱大国，修律者能打破沉疴顽疾，初步打开监狱改良局面，已是难能可贵。清廷在修律中广泛吸收西方先进理论和狱制教育管理方法，鼎力推行监狱改良。值得一提的是习艺所和模范监狱的建立，给穷途末路的清廷增添了一丝文明的光亮和一缕新生气息。然而日暮西薄的清王朝仅凭监狱改良已经无力回天，其在武昌起义的枪炮声中灰飞烟灭，封建狱制随着封建帝制一起倾覆。虽然历史没有给《大清监狱律草案》实施的机会，但是它却成为北洋政府和中华民国制订监狱法的学习典范和借鉴蓝本。

第三节　清末监狱改良的成果

一、筹建新式监狱

（一）罪犯习艺所的设立

清代乾隆年间出现的自新所，到清代中期在江浙等地得到了推广，但到咸丰十年（公元1860年）太平军东征苏、常、沪期间，所建自新所大部分被焚毁。到同治光绪年间，这些被焚毁的自新所纷纷重建。后来自新所扩大到全国的十几个省份。与自新所名异实同的

〔1〕宫宏祥、郭建兰编著：《中国法制史》，中国社会出版社2005年版，第257页。

【数字资源】

【课程思政资源】

天津习艺所与游民习艺所

1902 年 11 月，山西巡抚赵尔巽奏呈《奏请各省通设习艺所》。1902 年到 1903 年初，袁世凯委派天津知府凌福彭到日本考察监狱体制，很快得到朝廷批准，并在天津建造了天津习艺所——这里的“习艺”并不是指学习艺术，“艺”指的是手艺和技术，是以让罪犯学习手艺和技术的方式来改造他们，并给社会做贡献。从上图可以看出，习艺所楼房的造型酷似日本的建筑。

1904 年 6 月 17 日，天津习艺所举行开幕仪式，7 月正式开办，地址在当时天津城西芥园西营门外教军场。为了让习艺所运行起来，当年还从天津县监狱“调”来百名监犯来此习艺。1905 年，习艺所的概念开始细分，关押罪犯的“罪犯习艺所”相当于现在的监狱。随后在 1906 年 1 月，游民习艺所也在这个院子成立，设有织布、染色、地毯、造纸、裁缝等科，被关押的“游民”可以学技术，对当时的社会文明发展有积极意义。“游民”就是无业游民。游民习艺所设了五个部，“拘禁部”主要拘留地痞流氓，而“收养部”则收留年幼没有人养的孩子。可见游民习艺所里的人，除了触犯法律的人，也有无家可归的闲散人员。

游民习艺所可谓是中国最早的劳教和收容场所。1911 年，又专门设有女子习艺所，这就是最早的现代专门女子监狱。1926 年 7 月，因经费紧张，游民习艺所停办。而罪犯习艺所已在 1913 年时经民国的司法部决定，正式改称为“天津监狱”。

“迁善所”“洗心所”“改过所”“省悟所”等机构应运而生，这些都是清末监狱改良不可或缺的组成部分。

1902年，山西巡抚赵尔巽向清廷上《奏为军流徒等犯例定罪名本义全失拟请饬令因变通办理以核名实事》一折，并在山西设立新式监狱——罪犯习艺所。[1] 在该折中他分析传统军、流、徒等刑制的弊病，认为随着社会的变迁，这些传统刑罚已经不再适应客观形势的发展，失去了原来设置这些刑罚的本愿，并提出了设立罪犯习艺所的主张。他还建议：“饬下各省通设罪犯习艺所，以后将命盗杂案遣军流徒各罪犯，审明定拟后，即在犯事地方，收习艺所。不拘本籍外省，分别年限之多寡，以为工艺之重轻。精而镂刻镕冶诸工，粗而布镂缝织之末，皆分别勤惰，严定课程。”这些主张被清廷批准后在全国通行，全国各地开始推广罪犯习艺所，直隶、湖北、江西、湖南等相继建立起罪犯习艺所。

罪犯习艺所设立后虽然大小不一，也无统一的管理模式，但是大都有章程、组织机构、劳动作业、教育教诲、会见通信等方面的规定。规定所有罪犯必须劳动，做工并给罪犯一定的酬薪。设立罪犯习艺所让罪犯做工的目的不单单是为了追求经济效益，更重要的是运用教育手段使罪犯洗涤心灵，使其改恶扬善，转变行为规范，不再危害社会，这才是设立罪犯习艺所的最终目的。可见，罪犯习艺所的设置目的与现代监狱设置目的已经相差无几，其打破了旧监狱体制，是一种全新的监狱模式，也可以认为它是清末监狱改良的雏形。它的成立也标志着清末监狱改良事业已经在古老的中华大地上肇始。它的推广在某种意义上讲，也是清末有志于监狱改良的官僚和士大夫自身努力的结果。

（二）模范监狱的设立

光绪三十四年（1907年）4月，修律大臣沈家本在奏请清廷的折子中第一次提出了设立模范监狱的设想。[2] 在该折中他首先肯定了光绪二十九年（1903年）刑部议覆赵尔巽在《奏为军流徒等犯例定罪名本义全失拟请饬令因变通办理以核名实事》折中，将军、流、徒以下的人犯不再发配流放，改为在习艺所服刑，这和西方的自由刑相符。既然采用自由刑，就必须设立相应的监狱管理制度对罪犯实施管理教育，使其弃恶扬善成为良民。他建议在各省省会或通商口岸先建一所模范监狱，收押流徒等罪犯，试运行数年，等条件成熟后再逐步推广。

1907年，在时任湖广总督张之洞的大力支持下，清末监狱改良第一所新式的模范监狱在湖北建成。其他各行省紧随其后兴建模范监狱，著名的还有京师模范监狱、奉天模范监狱等。到1911年8月清朝灭亡前夕，全国22个行省有一半以上已经建立模范监狱。

（三）看守所的肇始

按照现代看守所的性质与功能来区分，严格地说清代的监狱更像现在的看守所。清廷在筹建模范监狱的同时，也对羁押未决犯的场所进行了改良。由于现代看守所担负着一定

---

〔1〕 薛梅卿等编：《清末民初改良监狱专辑》，中国监狱学会1997年版，第9页。

〔2〕 薛梅卿等编：《清末民初改良监狱专辑》，中国监狱学会1997年版，第27页。

【知识链接】

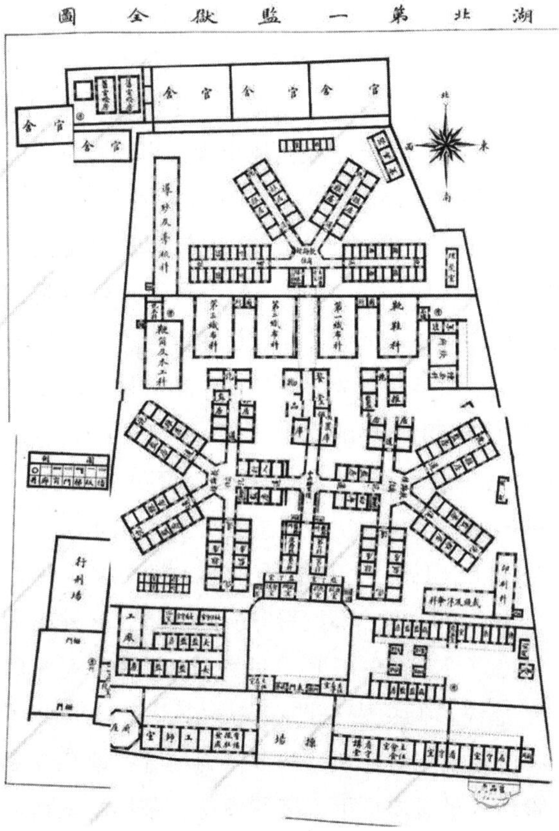

清末监狱改良湖北第一监狱平面图

湖广总督张之洞提出，改良湖北监狱，要学习东西方国家的经验。1905 年张之洞率先在武昌建成湖广模范监狱，地址设在江夏县署之东（今武昌文昌门正街），占地面积 30 市亩。监狱建筑形式比较新潮，设计为前宽后窄，纵深较长，自南至北，地形地貌恰似一个圆锥体，南北深 50 丈，前宽 44 丈 5 尺，中宽 32 丈，后宽 21 丈。监狱的布局，均仿照日本东京及巢鸭两处监狱规模，其管理方式、教育卫生兼采东西各国成法，属省办县管双重领导。1907 年 5 月竣工，同月投入使用。此模范监狱在创办时间上居全国首位。后清廷通报各省予以推广。

光绪三十三年（1907 年），大理院正卿沈家本奏请慈禧改良监狱，提出先在各省会造模范监狱一所，以之作为实行新政的准备。湖广模范监狱开办后，引起全国各省的重视，纷纷派员前来学习创办新监的经验。

的监狱功能，故此将其作为监狱发展的一段历史，应该对看守所的起始和筹备做简单的介绍。

从中国历史上看，在清末监狱改良前历朝历代没有将羁押未决犯和已决犯的场所分开，更多的是将二者关押到同一个监狱或同一个监舍。尽管有一些地方行政长官私自设立过一些羁押未决犯的场所，如外羁、官店、差馆等，虽然名称不同，但其管理混乱，诟病甚多。随着清末刑制改革，司法权从行政权剥离出来，审判权独立。光绪三十三年（1907年）正月，负责审判的大理院最早提出设立看守所以羁押未决犯，在奏折中提出："东西各国均将监狱分为未决监和已决监两种，凡是已经定罪名的人犯归已决监，以便执行刑罚；未定罪名归未决监，使之守候质讯。"此外，大理院还建议将以前看守管理人员全部更换，重新招募年富力强有文化的年轻人，经过法律学习和专业培训后才能到看守所上岗。为了使看守所加速设立，同年四月大理院会同军机大臣、法部又向清廷上书关于设立看守所的奏折。折中提到对于未定罪名的现审案犯，由于不便取保，故必须在大理院附近设立看守所对其进行羁押，并建议设立所长一名，所官四员以专司其事。[1] 这份设立看守所的奏折获准，这是中国历史上正式决定设立看守所之肇始。

由于种种原因，宣统元年（1909年）清廷才正式启动大理院看守所建设工作。同年大理院在筹备立宪事宜折中，又提到了筹设看守所的构想，并提出具体的建议，即"略仿各国未决犯监狱规制，以为京外模范"，[2] 可见大理院的意图是将附属看守所建成当时的"模范看守所"。同年，法部议覆御史麦秩严在《关于改良监狱亟宜整饬的奏折》中，明确监狱饬令全国各地亦相应地设立看守所。法部认为尽管各地存在专门羁押未定罪人犯的场所，但是名目繁多，管理人员素质低下，凌辱虐待、敲诈勒索行为常常发生，已经到了必须整饬的地步。法部还提出"除京师各级审判厅设立之看守所，责成该管官认真经理，应请旨饬下各省督抚，所有地方听讼衙门，一律设立看守所一区"。对被羁押为定罪人犯如法看管，不准对其丝毫虐待，对从前所有的外羁、官店、差馆和候审所等应当立即撤销。

法部的这份奏折得到了清廷批准。由此，各地方各级审判厅设立专区，以筹建看守所作为筹备模范监狱后又一项关乎筹备立宪的当务之急。但是，史料记载关于地方各级审判厅筹设看守所一事，只能看到计划，而实际建成却寥寥无几。时任两广总督袁树勋向清廷上奏了关于明定法官及看守所各员品级的奏折，折中高度强调了设立看守所的重要性。[3] 他在广东大力清理差馆，着手监狱改良，使看守所的筹设工作走在全国前列。虽然看守所的筹设工作没有在全国范围推广开来，但是这种刑事法理理念已经深入人心，近代看守所的雏形已经形成，为厘清未决犯与已决犯的羁押场所明确了界限，为现代监狱文明发展奠定了基础。

---

〔1〕（清）朱寿朋编：《光绪朝东华录》，中华书局1984年版，第5674页。

〔2〕参见《大理院奏筹备关系立宪事宜折》，载《大清法规大全（卷四）》宪政部，筹备立宪一。

〔3〕肖世杰：《清末监狱改良：思想与体制的重塑》，法律出版社2009年版，第150页。

【知识链接】

京师模范监狱

京师模范监狱是清末在北京右安门镶蓝旗操场所建的一座新式监狱。该监狱构造图纸由日本人小河滋次郎博士设计。监内设有教诲所、囚犯工场、书籍室、阅览室、囚人接见室、运动场、医诊室、浴室等机构。监房按照昼夜分房、夜间分房、杂居三种形式建筑。

监房呈扇面形，分设男监、女监，并单设病监、幼年监。因狱中的五排监舍以中心岗楼为圆心散射开去，状似乌龟，当时人称“王八楼”。

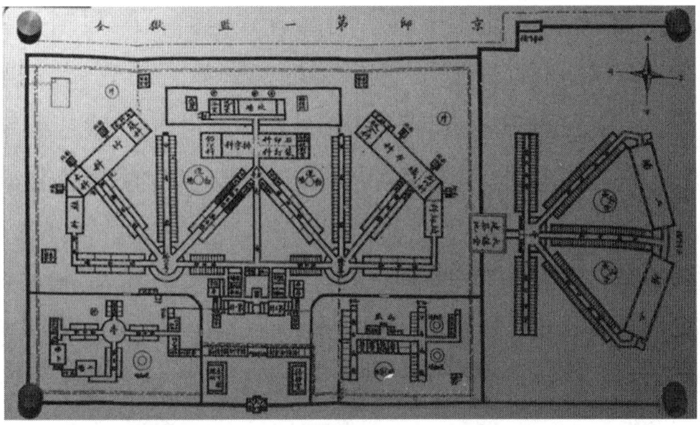

清末监狱改良京师第一监狱平面图

清末监狱改良京师第一监狱局部

二、监狱设施的转型

设施，是为某种需要而建立的机构、组织、建筑等。监狱设施也是这样，它包括监狱的体制、组织机构和建筑等。清代模范监狱的体制一直沿用明代司法与行政合一的监狱体制设置，刑部“管掌编纂律例及总辖全国裁判事务，即并有参与立法、司法二大权之职权也。附属刑部之提牢厅，专掌监狱事务。”[1] 这就决定了管理模式仍是采用以前旧的管理方式。观览清代不同时期、不同类别监狱的设置情况，能对监狱改良前后予以鲜明的对比。

（一）中央直属监狱

盛京刑部监狱。盛京（今沈阳）是清入关前的京都。盛京刑部监狱由刑部于皇太极天聪五年（1631 年）设立。顺治元年（1644 年），废掉盛京六部，盛京刑部监狱随之废弃。康熙元年（1662 年）恢复盛京刑部，但盛京刑部有一定的权限限制，只掌管一般的民政。盛京监狱随之复置，设有司狱两人管理。主要关押盛京地区的旗人、蒙古人、旗人与汉人之间民事案件的罪犯。“盛京刑部掌谳盛京旗人及边外蒙古之狱。秋审，会同四部侍郎、奉天府尹酌定实、缓汇题，盖皆特别之制。”判处囚禁、收监、刑罚的罪犯，均拘押在盛京刑部狱。[2]

刑部南北二监。清初，刑部原来只有北监一所监狱，雍正初年（1722 年）又设置南监，逐步形成了刑部的南北二监，刑部监狱直接归刑部提牢厅和司狱司管理。“提牢厅掌检狱圄。司狱掌督狱卒……提牢主事，满、汉各一人，由额外及侍奉主事引见补授，司狱，从九品，满洲四人，汉军、汉各一人。”[3] 南北二监坐落于刑部大堂的西南角，主要是羁押省外送京秋审死囚和京师死囚及现审重犯。南北两监有监舍 4 座，每座 5 间牢房，每座牢房设有 4 床，最多关押 20 余人。以此计之，二监的关押规模为 800 人左右。[4]

特殊类型监狱。除中央直属的监狱外，清代还设置了宗人府、慎刑司监狱、步军统领衙门监狱等关押特殊人员的监狱。宗人府主要是监禁皇族宗族犯罪的人犯。宗人府设置于顺治九年（1652 年），设宗令、左右宗令等官职管理。慎刑司监狱主要是关押内务府管辖的旗人、太监、宫女、匠役人犯，主要由内务府郎中、员外郎等官员管理。步军统领衙门于清初设置，其职责是负责京师地区卫戍、警备和治安，起初专管满洲、蒙古、汉军八旗步兵事务，以后随着掌管的事务和权力逐步扩大，其职权除防守、稽查、门禁、缉捕事项外，还有审判、保甲等职能。由于步军统领衙门拥有一定的审判权，它下设监狱也是顺理成章，监狱事务由事务厅管理。

地域位置特殊的监狱。清廷仿效明代，将京师及附近的州、县称为顺天府；将原来入关前的满洲首都盛京改为留都，并将附近的府、州、县统称为奉天府，官僚机构设置略同于顺天府。顺天、奉天二府由清廷直辖，由清廷特派大臣监管，可以直接向皇帝奏请事务。

---

〔1〕 见曹强新：《清代监狱研究》，湖北人民出版社 2011 年版，第 35 页。

〔2〕 曹强新：《清代监狱研究》，湖北人民出版社 2011 年版，第 37 页。

〔3〕 参见《清史稿》一百一十四卷，职官一。

〔4〕 曹强新：《清代监狱研究》，湖北人民出版社 2011 年版，第 36 页。

【知识链接】

清代监狱大观

清代监狱种类繁多，列举如下：
刑部监狱——中央监狱；
盛京刑部监——留都盛京的监狱；
慎刑司监——内务府慎刑司的监狱；
宗人府空房——监禁皇室宗族罪犯的监狱；
步军统领衙门监狱——京城内步军统领衙（军队监狱）；
杭州府狱——浙江杭州府的监狱；
二宁狱——江苏江宁府的监狱；
全坛县狱——江苏全坛县的监狱；
吴县狱——江苏吴县的监狱；
宁古塔遣所——发遣军流等罪犯的场所；
尚阳堡遣所——发遣军流等罪犯的场所；
罪犯习艺所——强制罪犯习艺的监狱；
待质所——拘押未决犯的场所；
班房——各州县羁押未决犯的场所；
会审公廨押所——租界内会审公廨押犯场所；
模范监狱——清末新建监狱的总称；
上海县狱——上海县的监狱；
山阴狱——浙江山阴县的监狱；
哈尔滨道里监狱——清末哈尔滨最大的监狱。

特别指出，会审公廨押所是指帝国主义国家在中华人民共和国成立前“租界”内羁押因民事纠纷引起诉讼的当事人及证人的场所，也称民事羁押所。名义上由中国人管理，实际是外国人控制的。其羁押的主要对象是：因发不出所订之货而被外国商人控告的中国商人；提传到案的待质人证；被起诉控告的债主；等待审判的盗窃嫌疑犯；判处罪在枷杖以下的刑事罪犯。

二府地位高于其他州府。在盛京顺天府还设五部，即礼、户、兵、刑、工部。刑部设有监狱，监狱事务由司狱司管理。[1] 可见，顺天、奉天二府监狱，虽然是一种地方监狱，但是可以收押刑部所送流、徒人犯，并负责发遣事务，这种地域特殊性和行政长官特殊性，决定了二府监狱具有特殊性，不能等同于地方监狱，虽位于地方却受中央直管。

（二）清代地方监狱

清代除了上述中央直属监狱外，还设立了各级各类的地方监狱。地方监狱的设置与清代行省、府、州、县的行政区划基本一致，在各级衙门均设有监狱，各行省监狱隶属于提刑按察使司，按察使司俗称为“臬台”或“臬司”。各行省下设的监狱为省监，是省级衙门的监狱，也是全省最大的监狱，由按察使管理。臬台衙门设有司狱司一人，负责省城监狱事务。省监羁押的罪犯以官犯居多，也收押秋审的重刑犯，还监视官犯的死刑执行。清代府（直隶厅、州）也设有监狱，州府监狱既关押罪犯，又兼有管理州（散州）、县送押的罪犯和向省监押解罪犯的职责。知府衙门设有司狱司一职，设司狱一人管理监狱事务。州县也设有监狱，州县衙门分别设有吏目、典吏来管理监狱事务。吏目“掌司奸盗，察狱囚、典簿录”，典吏“掌稽检狱囚”。[2] 吏目的职责不仅包括检查监狱，管理囚犯，还包括奸盗案件的审讯、结案及案件的文书整理等事务。而典吏的职责较为单一，只是负责管理监狱事务。据《清史稿》记载，刑部监狱有狱官为提牢厅主事，满汉各一人，任期一年，正六品。管狱官下设司狱，满汉共八人，从九品。省级监狱主管官吏为按察使，正三品，下设司狱一人，从九品。州府长官是监狱的主管有狱官吏，正五品，管狱吏目从九品。县级监狱的主管官吏是县丞，正八品，管狱典吏在职官品级中是不入流的，地位极其低下。

从上文可以看出，清代监狱的直接管理者是司狱、吏目、典吏、狱卒等。这是按照清代规定设置的监狱，在实际的侦查、拘押、审判过程中，还存在着很多班房、铺仓、官屋等非正式的羁押场所。这些场所对人犯、证人、当事人等超长羁押，其实也是起到监狱羁押隔离的功能。它们也可以视作是一种非正式的监狱。由此可见清代监狱数量之多创历史之最。

（三）相关制度及监舍的转型

第一，刑罚制度改革。监狱是刑罚执行的直接载体，刑罚执行的良莠从监狱管理中体现出来。沈家本认为刑罚和监狱是互为表里的关系是有一定道理的，刑罚在外是“表”，监狱在内是“里”，刑罚执行的好坏，只有根据监狱的实际情况才能判断。而监狱的改良与转型必须遵循宪法和刑法。清末监狱改良与转型，必须要遵循宪法、刑法及审判制度的改革，说到底要与之相配套。清廷为了延续国运，试图仿效西方国家的先进经验，通过自上而下的改革，对国家机器革新，从而达到自强目的。1906 年 9 月，清廷决定学习西方国

〔1〕 曹强新：《清代监狱研究》，湖北人民出版社 2011 年版，第 40 页。

〔2〕 参见《清史稿》卷一百十六·志九十一。

【知识链接】

《大清新刑律》

大清新刑律

《大清新刑律》在沈家本的主持下，由日本法学家冈田朝太郎等人帮助起草，共两编五十三章四百一十一条，并附有暂行章程五条。与旧法相比有以下特点：

第一，抛弃了旧律“诸法合体”的编纂形式，以罪名和刑罚等专属刑法范畴的条文作为法典的唯一内容，因而成为一部纯粹的专门刑法典。

第二，在体例上抛弃了旧律的结构形式，采用近代西方刑法典的体例，将整部法典分为总则与分则两部分。

第三，确立了新的刑罚制度，规定刑罚分为主刑和从刑两种。主刑包括死刑（仅绞刑一种）、无期徒刑、有期徒刑、拘役、罚金。从刑包括剥夺公权和没收两种。

第四，采用了一些近代西方资产阶级的刑法原则和近代刑法学的通用术语。如罪刑法定、法律面前人人平等及缓刑、假释、正当防卫等。删除了旧律中八议、十恶等名目，增加了一些新的罪名。

总之，《大清新刑律》是中国历史上第一部近代刑法典。单纯从技术角度和形式上看，《大清新刑律》属于近现代意义上的新式刑法典，正文在形式上反映了比较浓厚的资本主义色彩，与中国传统法典在结构、体例及表现形式上均有较大不同。但是，《大清新刑律》对于传统旧律并没有作实质性的修改，如在附录的五条暂行章程中反映了浓厚的封建性。

家开始实行“预备立宪”。同时，修改刑法和审判等相关制度。《大清新刑律》草案于光绪三十一年（1905年）开始起草，到1907年才完成，1911年1月正式公布，当时计划于1912年实施。《大清新刑律》废除了封建刑罚中以笞、杖等肉刑和徒、流刑体系为主体的刑罚体系，有关徒刑和拘役的规定开创中国最早自由刑之先河。[1] 实行罪刑法定主义，规定了以死刑、无期徒刑、有期徒刑、拘役、罚金为主刑，褫夺公权和没收为从刑的刑罚体系。旧的刑罚制度废除，新的刑罚制度实施是清末监狱改良的法律基础和依据。肉刑的废除和自由刑的实施要求有新的自由刑实施场所来实施新刑法。

第二，审判制度改革。清代的审判制度沿用司法和行政不分的体制，地方官员既是行政长官，又是司法长官。当时既没有专门进行审判的独立机关，也没有与之相对应的诉讼、审判程序。“刑民不分，重刑轻民，以刑代民，审检一人，诸法合体”是其主要的特点。清廷已经意识到，中国传统司法体制越来越不适应当时社会出现的变化需求，必须对落后的司法进行改革，努力与国际上先进的司法理念和制度接轨。清廷在中央层面实施的司法改革，主要体现在将刑部改为法部，负责司法行政；将大理寺改为大理院，专职负责司法审判，并建立都察院负责审判监督。可见，中国现代司法制度的雏形已经基本形成。清政府在中央实施司法改革的同时，在地方也着手司法改革，将司法从行政中分离出来。要求在省城设立高等审判厅，在府设立地方审判厅，在县区域设初级审判厅，并要求每个审判厅附设检察厅。开始采取“四级三审制”，即初级审判厅、地方审判厅、高等审判厅、大理院共四级，各自分管不同案件，但每种案件最多进行三次审判，第三审为终审。为稳妥起见，清政府决定率先在直隶、江苏两省试办地方审判厅和检察厅试点。

光绪三十三年（1907年），直隶总督袁世凯奉旨在天津试办审判厅。“年初，直隶总督袁世凯首行试办审判厅。在天津府设立高等审判分厅，天津县设立地方审判厅。又在天津城乡地区分设乡谳局四处。[2] 两厅及城乡谳局内设预审官一人，作为承转人员，并于各局、厅设书记生、承发吏、司法巡警等”，并相继举行开厅典礼，还制定了审判程序，包括预审、公判、控诉、上告、抗告等。袁世凯在天津的试点，得到了法部的认可。“随后，（袁世凯）具折奏订《天津府属试办审判庭章程》，被法部确认为典型，遂向各省推荐。”

第三，监狱建筑转型。清代的监狱由于受司法和行政合一体制的影响，是作为衙门的附属物而存在的，严格地说没有专属的监狱建筑。从坐落方位来说，监狱一般坐落于衙门的西南或东北方向。这样的方位选择是在建筑衙门时按照古代易经风水和对天地崇拜而形成的“天人合一”思想，加之对皇权和神权的敬畏，受礼制和官制的约束而形成的。古人认为衙门一般是坐北朝南建筑，西南属坤地，为五鬼之门，因此监狱应该是整个衙门最低矮、最肮脏的地方。监狱关押的是有罪之人，管理监狱是贱职贱业，放到此处理所应当。

---

〔1〕于连涛：《中国监狱文明史论》，法律出版社2018年版，第122页。

〔2〕河北省高级人民法院编：《河北省审判志》，中国人民解放军军械工程学院印刷厂1992年版，第10页。

【知识链接】

山西模范监狱——中国近代监狱的缩影

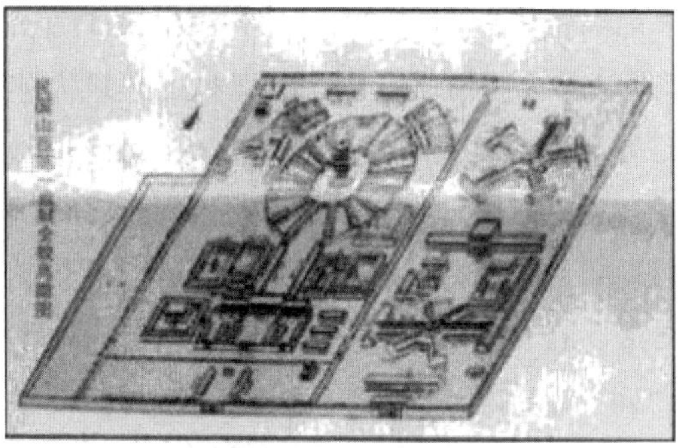

民国山西第一监狱全貌鸟瞰图

翻阅史书，从清末光绪年间的“山西罪犯习艺所”到今天的山西省晋中监狱，历经百年变迁，一个个瞬间都记载了其历史的足迹，它的沿袭与变革所构筑的历史脉络，是中国近代监狱建筑的缩影，是从封建的、半殖民地半封建制度下的监狱彻底发展成为社会主义新型监狱的历史见证。

宣统二年（1910 年）2 月 4 日正式开办的山西模范监狱，乃是山西巡抚丁宝于宣统元年（1909 年）十二月奏准，将“山西罪犯习艺所”大加扩充修建而成，“山西模范监狱”是仿照日本监狱图式修建的。正中为星光形（即菊花形）分房监一座，除饭厅占用一院外，计有七个小院，每院十二间，计有八十四间。正中分房监左右，各配扇面形分房监各一座，一为牢固监，一为女监，共六个小院，每院十二间，计有七十二间。另设有杂居监、病监各八间，传染病监九间。东西外监各一座，为幼年监。设男工场两座，女工场一座，并设有诊疗室、浴室、讯问室、屏禁室、户室等。监墙外的西北角设有刑场。

从建筑规模来说，清代监狱建筑的标准没有统一的要求。如雍正六年（1728年）的河南开封府按察司监狱。河南巡抚田文镜奏请，在省布政司西街仪门内建造监狱："监墙周围共六十三丈，高二丈，墙外东西北三面俱筑更道土墙，内造监房并狱神庙、禁卒房等共四十二间，又另造司狱司署前后一十四间。"[1] 这是一个省级监狱的周长（折合210米）和墙高（折合6.7米），如果是县级监狱就会更小。监狱的建筑大体是厚重墙基，围墙高耸，没有窗户，密不透风，充满神秘的迷信封建色彩的四合院形式。

对监狱的改良，时任大理院正卿沈家本在《奏请实现改良监狱折》中首先提到的就是"一改新式监狱也。西儒有言曰，觇其监狱之实况可测其过程度之文野，欧美改良监狱多为此所激发。近今构造之法，益形完备，有采分房制者，有采杂居制者，有采阶级制者，形式以扇形十字形为最，如法兰西之佛勒斯日监狱，比利时之珍极而监狱，壮丽几埒宫阙。"[2] 在《与戴尚书论监狱》中他还提出了监狱建筑规模："此时建筑，必须以能容五百人者为度，其地非见方六七十丈不敷各种房屋之布置。今北监地势，东西长而南北狭，不及二十丈，殊不合用。至参取西式，以扇形面形、十字形为最善。天津及民政部已仿而营之。"可见，沈家本对旧监狱的结构和地势进行了批评，并提出了新式监狱的建筑结构和规模。

在他的倡导下，模范监狱的建筑多按照扇形或十字形进行建造。如湖北模范监狱于光绪三十一年（1905年）十月肇建，1907年6月竣工，仿照日本东京及巢鸭监狱规模采用"辐射形"结构。该监狱的地址在江夏县衙东侧，比邻官署，自南至北深五十五丈，前广四十四丈五尺，中广三十二丈，后广二十一丈。外环围墙内分四区，即内监，关押已定罪人犯，可容100人；外监可羁押未定罪人犯，约可容300人；女监可押女犯40人；病监可住内外患病而不能保释出狱人犯，可容50人。内监结构仿日本东京监狱，若扇面，南设三人间两所，监房各十二间，间宽九尺，深一丈一尺；北设一人监二所，监房各十二间，间深一丈，宽六尺。凡四所夹道上架以玻璃窗户。中央有瞭望楼一座，守卫军住房二间；东面设炊室、浴室、罪人制造物品库各一；西设严禁监一所，共计十监；监房之北面又有独居暗室八间，以居在监又犯罪二次以上者。外监仿巢鸭监狱，亦为扇面式，东西各一，中间为十字巷道，计监房十所凡一百一十二间。东西瞭望楼如内监。另设教诲室一间于瞭望楼之中层。[3] 再如京师模范监狱，其建造图纸由日本著名监狱学家小河滋次郎博士采用"双辐射形"构造设计。该监狱分为前中后三区：前区包括大门、看守教诲所、病监、幼年监、运动场等；中区包括中央事务所、典狱室、课员室、戒具室、书籍室、阅览室、囚犯接见室、仓库等；后区是正式监房分布区。监房采用双扇面形，分南北平列，各有五翼呈扇形张开形状，在扇柄式处各设有圆式看守大楼，楼房上设有瞭望楼，楼内设有教诲堂，楼下设有惩罚室，另有囚犯做工场所。监房实行分居与杂居并存的制度，既有夜

---

〔1〕 曹强新：《清代监狱研究》，湖北人民出版社2011年版，第53页。

〔2〕 薛梅卿等编：《清末民初改良监狱专辑》，中国监狱学会1997年版，第27页。

〔3〕 肖世杰：《清末监狱改良：思想与体制的重塑》，法律出版社2009年版，第143页。

【知识链接】

模范监狱的设计与结构

清末监狱改良作为中国法制近代化的重要内容，从酝酿到施行，表现出以凝视和敞视为特征的视觉性。在观看的场域中，观看方式既涉及主客体的位置部署和关系，也涉及主客体相互建构的过程。正是在这个过程中，监狱改良映射出近代中国被编织进世界体系的复杂性。清末修律大臣沈家本主张宜重视监狱建筑，“监狱制度日本向分为六，其中建筑精审，劝惩得宜，久为泰西所称颂”。因此，模范监狱的设计多采用日本的设计，同时又体现出个性化的特点。据史料记载，中国模范监狱主要择取了现代监狱中的 3 种构造形式：十字形、扇面形和光线形。

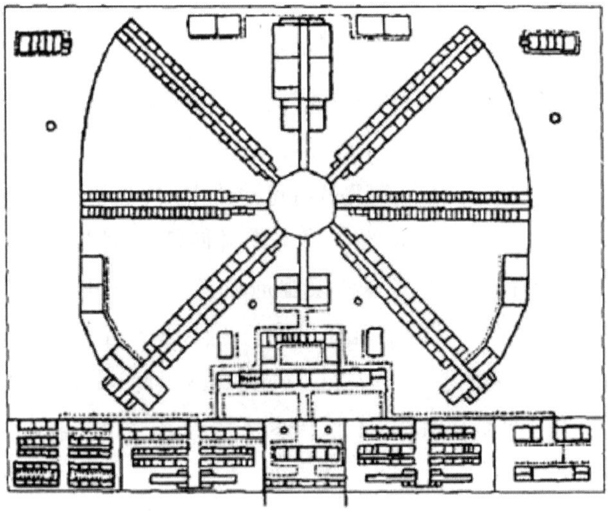

扇面形监狱设计

【知识链接】

《狱中杂记》方苞

网址 https：//baike. so. com/doc/5750791-5963549. html

【讨论题】

阅读《狱中杂记》后，根据文中所写的事实，评判清朝监狱的黑暗现状。

间分房、昼夜分房，又有八人、十五人杂居房；幼年监、病监也分杂居、分居两种，并分设医诊室、药术室、浴室、尸房等。该监狱可以容纳罪犯一千余名，占地东西九十一丈，南北一百丈，建筑费银二十三万余两，其建筑规模堪称国内一流。[1]当初法部认为“京师为首善之区，观听所集”，京师模范监狱要成为“模范中之模范”。1907 年，清廷通过一项监狱改良法令，法部要求各省会城市和通商口岸至少建成一所模范监狱，并按照扇面形或十字形设计建造。

可见，无论是湖北省城的模范监狱还是京师的模范监狱，从建设规模和监狱设施的功能上一应俱全。清末模范监狱的逐步落成，彻底打破了封建监狱的建筑格局和形象，让世人能很直观地看到监狱改良的成果，也让国人看到一种新兴的刑罚方式将取代野蛮、血腥、黑暗的封建狱制。

三、制定监狱法规

（一）刑制改革

1902 年 12 月，赵尔巽向清廷上奏在全国通设罪犯习艺所一折中，详细分析了传统军、流、徒等刑制的各种弊端，认为这些传统的刑罚已经不适应客观形势的发展需要。清廷非常重视，刑部就该奏折的内容进行具体的议覆，后来得到清廷的批准。赵尔巽关于设立罪犯习艺所的奏折对于清末监狱的改良不仅起到起始的作用，而且对中国从传统的肉体刑向近现代的自由刑过渡迈出了不可磨灭的作用。该折使清廷刑制变更迈出了关键的一步。1904 年，沈家本和伍廷芳在上奏的《奏核议恤刑狱各条折》中建议，对于笞、杖等罪应当废除，采用仿效外国罚金方法实施。凡律例内笞五十以下者，改为罚银五钱以上，二两五以下；杖六十者，改为罚五两，每一等加二两五钱，以此递加。至杖一百，改为罚十五两而止。如无力缴纳者，改为做工。对于上述将罚金折为做工者，事后按照新章收习艺所。

后来修订法律馆又附片奏请原有军、流、徒等刑罚需加杖刑的规定，概予宽免，毋庸抉择，[2]经清廷批准。随后，清廷废除了传统的军、流、徒等刑罚，还删除了充军名目。这意味着一个新的刑罚体系将要诞生。1910 年清廷颁布了《大清现行刑律》，其体例为：五刑的条目首先是罚金刑，替代了以前的笞杖刑，罚金刑分为十等，虽然《大清现行刑律》对原有的《大清律例》做了不少删改，但是还保留了旧的条款如徒、流、遣等刑罚种类。而 1911 年公布的《大清新刑律》不论从体系上看，还是从内容上看都已经是一部全新近现代刑法，它规定了罪刑法定原则，废除残酷的肉体刑。删除了比附，规定了以拘役、罚金、有期徒刑、无期徒刑、死刑为主刑，剥夺公权和没收为从刑的刑罚体系。《大清新刑律》的制定与颁布标志着清末刑制改革的完成。

---

〔1〕 肖世杰：《清末监狱改良：思想与体制的重塑》，法律出版社 2009 年版，第 142 页。
〔2〕 肖世杰：《清末监狱改良：思想与体制的重塑》，法律出版社 2009 年版，第 111 页。

【知识链接】

清末《厘定中央官制谕》

1906年9月1日，清廷颁布的“预备仿行宪政”谕旨中明确“故廓清积弊，明定责成，必从官制入手，亟应先将官制分别议定，次第更张，并将各项法律详慎厘定，而又广兴教育，清理财政，整饬武备，普设巡警，使绅民明悉国政，以预备立宪基础。”可见，清末“预备立宪”的前提是1906年的官制改革。官制改革也可以看做是预备立宪的第一步。1906年是农历的丙午年，因此这场官制改革也被称为“丙午改制”。

清末的这场官制改革不单单是“优化机制，机构调整、冗员裁减”，清廷是希望通过官制改革，为之后清廷的中央帝制向仿照日本的宪政切换做准备。

1906年11月6日，清廷公布厘定中央官制方案，除内阁、军机处及外务、吏、学部仍保留规制外，其余各部均有大幅度变动。户部改为度支部，增划入财政、税务两处；巡警部改为民政部；太常、光禄、鸿胪寺并入礼部；兵部改为陆军部，将练兵处、太仆寺并入，并暂管海军部和军咨府事；工、商部合并为农工商部；刑部改称法部；大理寺改院，理藩院改部；另新增设邮传部。

在重新任命担任军机大臣和各部尚书的13名高级官员中，汉人仅占5名。特别重要的几个部，如度支部、陆军部，均掌握在满人手里。随后，清廷又将手握重权的张之洞调任军机大臣，袁世凯调任外务部尚书，并将北洋陆军四镇指挥权收归陆军部。

上谕中只体现了一些部门名称上的调整，淘汰了一些本已无实权的机构，对“三权分立”只字未提。昭示以皇权为中心的军机处依然存在，而宪政国家的内阁并没有出现，因为慈禧太后认为，责任内阁的设置会威胁到皇权，导致责任内阁流产。可见，这是典型的君主官僚制，皇权限制了责任内阁。君主官僚制决定了本次改革与现实的脱节，封建君主改革的不彻底性导致清末改革的失败。

（二）监狱官制改革

清末刑部为统管刑狱的中央机关。光绪三十二年（1906年）11月清廷下发了《厘定中央官制谕》，[1] 开始改革官制，将刑部改为法部，专管司法，大理寺改为大理院，专掌审判。中央由法部设立典狱司，掌管民事、刑事牢狱等一切监狱事务；在民政部（由巡警部改设）下设警司，管辖习艺所事宜；看守所属于大理院各级审判厅系统管辖。在地方则由按察使改为提法司，按察使司改为提法使司，掌管全省司法行政事务，下设典狱科职掌管理地方监狱。

宣统元年（1909年）10月，宪政编查馆就法部所奏的提法使官制清单进行了核议。宪政编查馆认为，官制的设立与宪政关系很大，"宪政之初基，莫要于司法，而司法之统一，尤莫重于设官"。宪政编查馆在同意法部奏请的提法司官制的同时，还附订了考用提法司官吏的10条章程，对新任的监狱官吏提出了更高更严的要求。宣统三年（1911年），法部上奏了编订《提法司办事划一章程》折。在该章程中，法部专门就主管监狱工作的典狱科规定了一章，对典狱科的职权职责进行详尽的规定，该章程获准后在全国实施。这就标志着清末监狱改良的官制管理体制已经成功搭建，已将司法权和行政权进行了分离。这就结束了中国封建历史上司法与行政不分的混合体制。

（三）采用新式监狱管理模式

随着清末刑制改革的完成，监狱官制也已经转型，特别是模范监狱的筹备与落成标志着中国近代监狱制度已经开始向正规化迈进，监狱的管理模式也随即转型。从《大清监狱律草案》可以看出新的监狱管理模式具有以下制度特征：

1. 分类关押制度。《大清监狱律草案》第36条规定"在监者，一切概以独居拘禁为原则，但因精神身体情形认为不当者，不在此限。"第37条规定，刑事被告人，刑期不满三月者，三十岁以下受刑者，初犯之受刑者，独居监房，若有空余，则虽非前项各号者，亦依前项之列。可见，在日常的管理中根据犯罪性质、犯人年龄、性别、犯罪次数、性格等因素对罪犯进行分类关押。

2. 作业制度。《大清监狱律草案》第五章对"作业制度"进行了详细的规定。第76条还规定设置作业的项目应该充分考虑到罪犯将来出狱后的谋生问题，作业的目的是让囚犯端正劳动态度，养成良好的劳动习惯，为将来回归社会掌握谋生技能。第94条规定"作业赏与金于作业者释放之际交付之，但典狱认为必要得于释放时交付一部其余适当方法分期交付。"还规定劳动报酬的利息、没收的劳动报酬等都应用来帮扶囚犯的祖父母、父母、妻儿的基本生活，或者作为对被害人的损失赔偿等，体现出人道主义和感化主义思想。这也是受自由刑行刑方式要求以作业和监禁取代遣配制度，因此，罪犯作业受到极大重视，相应的制度建设也得以发展。中华人民共和国成立后将劳动（作业）作为改造罪犯"三大手段"之一。

---

[1] 肖世杰：《清末监狱改良：思想与体制的重塑》，法律出版社2009年版，第101页。

【知识链接】

中国近代法律教育先河——京师法律学堂

京师法律学堂师生合影

京师法律学堂创办于1906年，作为近代中国设立的第一所中央官办的法律专门学校，在中国近代法律史上书写了光辉的一页。它的创办堪称中国近代法律改革的一大创举，不仅是配合新式法律创制与实施的必要举措，更成为中国近代法律教育的良好开端。

清末新政改革后，清廷迫于内外压力，不得不开始修订法律章程。1902年3月11日，清政府发布修律上谕，由此揭开晚清法律改革的序幕。在上谕中，责成袁世凯、刘坤一、张之洞等人，慎选熟悉中西方法律之人，呈报入京，听候简派。在推举之下，伍廷芳和沈家本两人被清廷委任为修订法律大臣。不久之后，清政府在北京设立修订法律馆，作为修律的专门机构。

在修律的过程中，伍廷芳深感国内法律人才匮乏，如果创制近代法律，而没有懂得法律之人，那么法律就不能得到有效的贯彻。因此，他极力主张设立隶属于修订法律馆的法律学堂用来进行法律教育，以此为国家培养和造就专门的法律人才。

1906年9月，法律学堂正式在北京开学。次年，清政府正式将法律学堂更名为京师法律学堂，由于馆部分离，原先隶属于修订法律馆则改为直属于清廷法部。纵观整个学堂从创办、发展到停办乃至转型发展的历程，可以清楚看到它对中国近代法律教育所产生的不可估量的历史影响。

3. 教诲教育制度。《大清监狱律草案》第六章对教诲和教育作了详细的规定。主要有五个方面：教诲时间、教诲内容、教育对象、教育内容、教育时间。比如教诲的次数为10天一次，时长为每星期24小时以内，依照小学程度教以读书、习字、算学、作文等，教育目的是使囚犯的身心、思想、文化和行为上都逐渐转变，实现教诲教育设置的初衷。由于受“行刑之三大要素：曰纪律、曰作业、曰教诲与教育”〔1〕的制约，教诲教育经过嬗变，慢慢变成考核罪犯改造的一种手段。可见，这也是将劳动改造、教育改造作为改造罪犯手段的雏形。

4. 完善卫生医疗制度。《大清监狱律草案》第八章是卫生与医疗制度，按照要求监狱要有医务室、浴室、运动场、病监等基础性的配套设施。同时要求监狱应保持整洁干净卫生、囚犯要经常洗澡，自觉保持个人卫生，对衣物要消毒。彻底改变旧监狱脏乱差、潮湿阴暗、不注重卫生的弊病。

5. 消减罪犯特权制度。从清朝前期监狱的设置情况来看，为了对皇室宗亲犯罪给予特殊保护，特设宗人府，专门收押皇室宗亲人犯并享受特殊待遇。在清末监狱改良中沈家本奏请实行满汉同一刑制，消减皇室宗族的特权。如在奉天模范监狱建立后“京师发出宗室人犯均交收管”,〔2〕在对他们的管理上“狱舍口粮系普通规定，不能如从前惯例，处处特别”，意在享受一般人犯的待遇，不能处处照顾。可见，这就打破了“刑不上大夫”的特权思想，也是法律面前人人平等的开始。

四、监狱专门人才的培养

清代的监狱究其本质是封建帝制下的少数统治者对大多数人统治的工具，腐朽、残酷、黑暗是狱制诟病。除了体制以外，关键的原因是没有设专职官员管理，主管官员均为兼职，由于行政和司法一体，而无暇顾及监狱事务。而监狱直接管理人员狱卒又被看作是不入流的职业，被人称为“娼优皂卒”，其薪水不能养家糊口，待遇极低，素质低下，“既无知识，又寡廉耻”。〔3〕清末监狱改良先驱刘坤一和张之洞在1901年的江楚二督会奏中指出，中国狱史“实心爱民者不多”，而对羁押一事应是“固须屋宇广洁，尤须随时体恤，禁绝凌虐。必有专官司之，方有实济。吏目典史”。为此，他们提出了派专官以治狱的建议。

光绪三十三年四月（1907年），时任大理院正卿的沈家本在《奏请实行改良监狱折》中，提出“养成监狱官吏也。监狱要务不外纪律、教育、卫生三项，而典狱一官统辖全监，非兼有法律道德及军人之资格者，不能胜任。”“今议改良监狱，亟应预储管理之材，宜于各省法律学堂，或已成之新监内，附设监狱学堂，采取特别任用法，以资造就，并改定狱官品级，登进严则贪墨之风自绝，待遇隆则狷洁之士至矣。”沈家本对监狱的人才培养提出了要求，必须有法律知识，有道德素养，有军人的纪律作风，是新式监狱管理人才的基本要求。随后，又提出在各省建立法律学堂或在已成立的监狱中附设监狱学堂，培养

〔1〕于连涛：《中国监狱文明史论》，法律出版社2018年版，第125页。

〔2〕同上。

〔3〕参见《上法部大理院为改良监狱事》，《大公报》光绪三十四年四月十七日。

【课堂笔记】

【讨论】

分析清末监狱改良的成败及其原因。

监狱所需人才。法部对沈家本关于改良监狱的建议进行了详尽议覆。对于“养成监狱官吏”，法部指出：“治狱之要端，在管理得人。”因此，法部同意了沈家本在《奏请实行改良监狱折》中培养监狱人才的提议：“实行储才之法，京师法律学堂，应设有监狱学一科，请责成该学堂监督，认真办理，并饬下学部，于京外法政学堂，一律增设监狱学专科，选法政高等学生，派人专门研究，年半毕业，考给文凭，专备臣部及各省提法使咨议改良及调查管守之需，以收速成之效。其已设新监狱等处，并应设监狱学堂，由督抚酌量妥办。若夫改定狱官品级，查奏定外省官制草案，业于提法使项下声明，自经历以下各官，由法部拟定职掌，酌量改设。”沈家本对监狱人才的培养给出了要求和培养模式。法部的《奏议复实行改良监狱折》获得清廷准许。从此，在中国监狱史上迈开了培养培训监狱人才的步伐。

根据清廷的旨意，沈家本于光绪三十二年（1906 年）创办了京师学堂，并附设有狱政科，这也是我国法律学堂附设监狱专修科的发端。同年，清廷聘请日本著名的专家执教于中国，先后聘请冈田朝太郎博士掌教刑律，小河滋次郎主讲监狱学。同时法部根据沈家本的奏疏议定京内外法政学堂均设监狱学科，新办监狱应附设监狱学堂，选拔培训高等监狱管理人才。1907 年清廷正式责成学部发布通令：京师和各省法政学堂增设监狱学专科，编订监狱学专科课程，选拔高等法政学生，专门研究学习和管理技能。由此可见，监狱学作为与法政学课程中的刑法、民法、国际法、刑事诉讼法等并列的一门课程，〔1〕已经成为清末法政教育的重要内容。

由于各级审判厅的筹备，司法审判人才和监狱管理人才严重短缺。法部于宣统三年（1911 年）上奏了《酌拟临时法官养成所暨附设监狱专修科各项章程》，可以得知不仅是监狱专修科要学习监狱学，而且法官养成学习中也设有监狱学的课程。在此之后，全国培养司法审判和监狱管理人才蔚然成风，由于政府财力缺乏，同年法部还上奏了《考核私立临时法官养成所暨附设监狱专修科章程》，〔2〕建议在京师省会及交通便利繁盛商埠设立私立法官养成所暨监狱专修科以养成专门人才。在清廷的号召下，私办审判和监狱专修学校骤然兴起，对私办学堂的办学情况法部采取了严谨的态度，制定章程，对选址、学历、学习时间及学员等方面都做出严格规定与要求，体现出法部对法政学堂及学员学习的重视。

与之同步，清廷还对司法官制进行改革。1906 年，清廷改刑部为法部，下设典狱司掌管全国监狱事务，典狱司设有郎中三员，员外主事四员，分掌省直监狱、警察、习艺所罪犯名册、粮衣、费用编纂、牢狱之规则、统计书表项目等。〔3〕地方监狱改革则由原按察使改为提法司，按察使司改为提法使司，下设典狱科管理省级监狱。1908 年法部变通提牢章程，在新定官制的基础上再次“酌加奖叙”，继提牢厅改为典狱司后，改提牢官名为总管守长，并改监狱官兼职为专职，延长任用期，提牢官由一年改为两年，管狱官则为三年。

〔1〕 肖世杰：《清末监狱改良：思想与体制的重塑》，法律出版社 2009 年版，第 157 页。
〔2〕 肖世杰：《清末监狱改良：思想与体制的重塑》，法律出版社 2009 年版，第 157 页。
〔3〕 曹强新：《清代监狱研究》，湖北人民出版社 2011 年版，第 258 页。

【数字资源】

【课程思政资源】

《钦定大清会典》

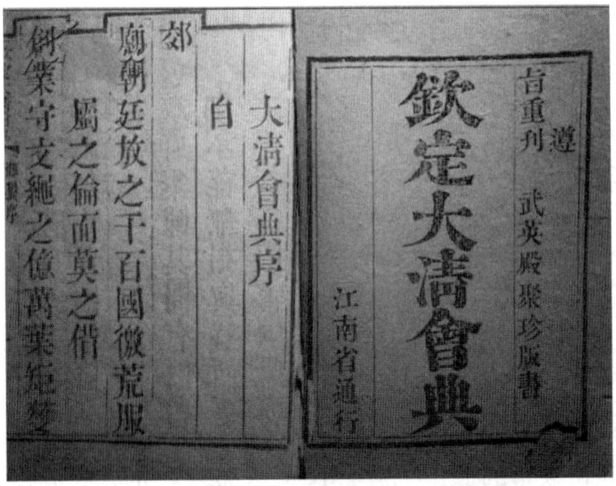

中国封建社会以祭祀活动为代表的礼仪生活，是各个朝代形式化的普遍精神生活，具有丰富的社会内涵，也是进一步认识传统社会的重要历史面相。以清代为例，朝廷礼制规定的官方祭祀活动已相当频繁。根据《钦定大清会典》，一年中仅三个等级的祭祀活动——大祀、中祀、群祀，加起来即有数十个种类之多。大祀、中祀和群祀是清代宫廷祭祀活动。清初定制：圜丘（天坛）、方泽（地坛）、祈谷、太庙、社稷为大祀；天神、地祇、太岁、朝日、夕月、历代帝王、先师、先农为中祀；先医等庙及贤良、昭忠等祀为群祀。大祀为皇帝亲自祭拜，中祀一小部分是皇帝亲祀，大部分分派官员祭祀。群祀就是官员代替皇帝去祭祀。

根据《大清监狱律草案》第五章第86条第1款规定：“大祀万寿令节及每月朔望均免作业。”可见，罪犯终年在习艺劳作，几乎没有休息的时间。罪犯没有休息权，更谈不上人身自由。

【课堂笔记】

1910年拟定的《监狱专修科毕业员委用章程》第11条规定，除考列下等的“俟有相当之差，再行酌量委用”外，其余考列最优等、优等、中等者即委之以职、授之以官。在清廷的大力号召和各地行省、地方督抚大员极力践行之下，人们对监狱的认识也有所改观，特别是模范监狱的建立和附设学堂对监狱人才的教育培养呈现出逐步扩大之势态。

第四节　清末监狱改良的影响

一、清末监狱改革的先进性与局限性

20世纪初的前十年，是清廷筹备“变法新政”“预备立宪”的时期。与其说这十年是腐朽没落的清廷被迫变法新政的十年，不如说是清廷主动摈弃旧制度寻求变法自强的十年，也是清末变法修律进程最快的十年。清末监狱改良以刘坤一、张之洞的《江楚会奏变法三折》为序，开启了清末变法修律的进程。监狱作为阶级社会的产物、国家的机器、统治阶级的工具，处在刑罚执行的末梢，此时监狱改良也被裹挟到整个司法体制改革之内。纵观两千多年中国封建社会历史，没有哪个朝代能超过此时对监狱的重视程度，也没有哪个朝代的监狱改良取得如此大的成果。

（一）清末监狱改良的先进性

第一，制定了中国历史上第一部监狱法典——《大清监狱律草案》。尽管该法带有西方狱制的印记，还留有封建帝制的尾巴，后来的法律学者对此褒贬不一，往往是褒扬少，贬责多，但是就当时的社会现状、改革力度和取得的成果上看，这是一部较为先进的近代监狱法典，同时也是一部与旧的封建狱制决裂的法典。《大清监狱律草案》形式上采用西方近代的监狱法体例，正文分为总则和分则两编，共十四章240条。在内容上借鉴和模仿资本主义的法律条文，吸收了近代西方监狱制度改良的文明成果。在确定感化教育的基础上，对囚犯的作业、教诲教育、卫生医疗、接见书信、赏罚、特赦、减刑与假释等方面都有详尽的规定。特别是对囚犯的人身权利保障也作了明确的规定，相较于旧的封建监狱所奉行的报复主义、恐吓主义和重刑主义等无疑是极大的进步。[1]

第二，在全国范围内兴建了第一批模范监狱。光绪三十三年（1907年）四月，时任修订法律大臣大理院正卿的沈家本在《奏请实行改良监狱折》中提出“一改建新式监狱也……现在内地各监狱，同时改建，力有未逮，宜於各省之省会及通商口岸，先造模范监狱一所，以备拘禁流徒等罪。若财力稍裕之省，酌就罪质年龄量设数所，试办数年，然后推暨於各州县。”同年六月湖北省筹建的新式模范监狱在江夏县落成。可见，改良监狱思想已经付诸实际行动，当时各省已经提前筹建新式监狱。同年十月云南省筹建的模范监狱也落成。其他各省的模范监狱也在1908年以后相继建成。从沈家本奏请实行改良监狱折

〔1〕 曹强新：《清代监狱研究》，湖北人民出版社2011年版，第271页。

【知识链接】

芜湖模范监狱

芜湖大清监狱，位于现安徽省芜湖古城的东北角，罗家闸小区对面、芜湖二中后面。它始建于光绪三十一年（1905 年），沿用至民国，解放后这里成为安徽省第一监狱，后改为少年管教所，1965 年前后停止使用。这座古监狱是芜湖市规模最为宏大、形貌最为完整、特色最为鲜明的历史建筑。芜湖大清监狱与提篮桥监狱、旅顺日俄监狱和重庆渣滓洞集中营并列为中国四大旧监狱。

芜湖大清监狱从古代司法监狱过渡到近代模范监狱，与京师模范监狱、江南模范监狱、奉天模范监狱同期建成，是唯一保留的晚清模范监狱，且在芜湖明清城圈内，具有极高的历史文物价值。

民国初期建成安徽省省立第二监狱，当时人称其为模范监狱

模范监狱是一处规模庞大的建筑群，占地面积 3389.11 平方米。平面布局以“十”字楼为中心向周边延伸，寓意“救赎”，十字形监房南北、东西各长 70 米，再分东、南、西、北四个楼，连成一体，上下各一层。四翼监房冠名为“知、错、改、过”，中央是一座八角楼，底层为看守处，二楼为教诲堂，三楼为瞭望室。在监狱东边，另建有看管房一座，砖混结构，二层，占地面积 162.13 平方米。

民国四年（1915 年），芜湖大清监狱开始易帜，改称芜湖监狱。民国六年（1917 年），改建芜湖监狱，成立皖省第二监狱，分离看守所，合并原男所、女所，厢房加高为二层。1949 年 11 月人民政权接收了民国皖省第二监狱，将国民党关押的犯人全部释放。由于芜湖监狱监所集中、设施完备、位置适宜，被调整为安徽省第一监狱，并加建平房，辟有女子监狱。

芜湖模范监狱曾关押过陈独秀、叶挺将军等历史名人。

后，经法部复议其中模范监狱筹建提议到宣统元年（1909年）八月才获清廷批准。同年，京师模范监狱开始兴建。该监的建筑图请日本著名的监狱学家小河滋次郎设计。其目的“是为全之模范，学东西各国之监狱”，“尤模范中之模范，其规庑不可不宽博，其教养不可不完全。”[1] 此要求之高，目的显而易见。随后，全国兴建模范监狱如火如荼。虽然有的省份是在旧的拘留所和习艺所等地方改建，但是也有的是新选地址重新建立。到清廷灭亡前期，全国22个行省中有13个省份建成了模范监狱。[2] 短短的两三年时间内筹建模范监狱速度之快，成绩之大有目共睹，特别是清廷大厦将倾，财政捉襟见肘，各省财力严重匮乏之时，取得这样的成绩真是难能可贵。

第一批新式模范监狱的建成，无论是在外形设计、内部结构、场所作业，还是生活卫生等相对应的功能区域设置上，都进行了大胆改革。其目的是体现出感化教育的行刑理念，和以往旧的行刑理念相比有了质的转变。模范监狱的建立标志着我国近现代监狱已经启用一种先进狱制管理模式，也是告别旧狱制的一种标志性建筑。

第三，第一次兴办了专门学校为监狱管理培养专业人才。沈家本在《奏请实行改良监狱折》又中提出“今议改良监狱，亟应预储管理之材，宜于各省法律学堂或已成之新监狱内，附设监狱学堂，采用特别任用法，以资造就，并改定监狱官品级，登进严则贪墨之风自绝，待遇隆则狷洁之士自至矣。”可见，在此奏折中已经提出了加强法律教育，设立法律学堂培养监狱专门人才，设置监狱官吏的途径。此折对近代监狱专门人才的培养设定了规格与要求，为监狱人才培养奠定了基础。针对此折，法部在《奏议复实行改良监狱折》中，提出了“……内称各国登用监狱官吏，必先入监狱学校及试之实地练习。中国亦宜于各省法律学堂或已成之新监狱内，附设监狱学堂，采特别任用法……臣等查治狱之要端，在管理得人。中国狱吏本乏专家，佐贰杂流滥竽充数，狱事不治百弊丛生。应如该大臣所奏实行储才之法，京师法律学堂，应设有监狱学一科，请责成该学堂监督，认真办理，并饬下学部，于京外法政学堂，一律增设监狱学专科，选法政高等学生，派人专门研究，年半毕业，考给文凭，专备臣部及各省提法使咨议改良监狱及调查管守之需，以收速成之效。其已设新监狱等处，并应付设监狱学堂，由该督抚酌量妥办。”此奏议得到清廷的批准，并按照此设想开始兴办中国历史上第一批新式法律学堂，专门监狱专修学校，为监狱管理培养官吏和专业人才，由此翻开了中国监狱史上培养造就新式监狱管理人才新的一页。

沈家本于光绪三十二年（1906年）创办了京师法律学堂，并附设有监狱科，从此成为中国法律学堂附设监狱专修科的鼻祖。随后，沈家本先后聘请日本法律专家冈田朝太郎博士（主讲刑律），小河滋次郎博士（主讲监狱学）来学堂授课。此后，法部根据沈家本的奏折议定京内外法政学堂均设立监狱学科，新办监狱应附设监狱学堂，培养培训选拔各种监狱管理人才。在清廷的大力推动下，各省在法政学堂设有监狱学一科，或专设监狱学

---

[1] 参见薛梅卿、杨殿升等编：《清末民初改良监狱专辑》，中国监狱学会1997年版，第41页。

[2] 肖世杰：《清末监狱改良：思想与体制的重塑》，法律出版社2009年版，第141页。

【知识拓展】

阅读《中国监狱学史纲》，了解我国监狱学的发展历程。

堂招收法政高才生学习研究监狱学。到宣统三年（1911 年）全国有相当一部分省设了监狱专修科，并分期招收了数量不等的学员。如光绪三十三年（1907 年）吉林省便设立监狱学堂；[1]浙江省在试办寅僚警监将习所时，额定学员 150 人。光绪三十四年（1908 年）十二月江苏江南监狱传习所成立，宣统元年（1909 年）“因来学者众，特于明瓦廊地方推广办理”，次年，“学院达之二百余名”。[2] 其中不乏私办监狱专修学堂，法部对私立学堂采取了严格的规定与要求，还制定了相关的章程。

宣统二年（1910 年）九月，法部在酌拟监狱专修毕业生员生分别委用办法中提到，自光绪三十四年开学至宣统二年五月，有当时的法部与大理院遴选的学生从法律学堂及监狱专修科毕业，除不及格外，计列最优等五名，优等四名，中等二十四名，下等二十六名，均已发给毕业文凭。因此，修订法律大臣建议饬法部一律予以录用，法部认为“亟应酌量分别委用，庶不负设学储才之本意”。[3]后来法部奏折获准。由此可见，第一批正式由我国自己培养的监狱管理专门人才受到了国家的任用。尽管监狱专修学堂在人才培养中有学时短、专业单一、基础知识不宽厚等不足，但是毕竟为清末监狱改良培养了第一批监狱管理的专门人才。从此我国开始了专业化、正规化培养监狱管理专门人才的历史进程。

（二）清末监狱改良的局限性

清末新政促进了监狱改良进程，使我国传统监狱加速向近现代转型，也在一定程度上改变了人们的传统司法理念，但也存在着一些不足，主要表现在以下几个方面。

第一，清末监狱改良受西方资本主义近代监狱行刑思想影响明显。本次制定修订法律的指导思想是“吸收世界各国大同之良规、兼采近世最新之学说”。在此基础上大量引用西方法律理论与术语、原则与制度，使得保守的封建内容与先进的近代法律形式同时出现在新订法律法规之中。例如《大清监狱律草案》以日本近代监狱法为蓝本修纂而成，在结构和内容上与日本近代监狱法也极为相近。不仅在体例上体现了近代化，而且在内容上也一定程度地移植了近代西方立法的原则和具体制度。这就不免带有了西方资本主义行刑思想色彩，留下了西方狱制的印记，然而这种色彩和印记又无法拭去。《大清监狱律草案》第五章第 86 条第 1 款规定：“大祀万寿令节及每月朔望均免作业”，这又体现出封建帝制的迷信色彩。可见，“尽管新律在体例结构上仿效近代西方国家相关法律，但其内容仍是外国法律和中国传统旧律的混合物。”[4] 诚如范德格拉夫所说：“当那些从国外模仿学习来的东西，融进一个具有不同利益不同信念的结构时，这些外来的成分都已经被扭曲和改造了。”

再如，第一批模范监狱的建设无论是在外形设计、内部结构，还是在功能设施上，也极大地模仿了日本监狱建筑形式。但是模范监狱大都由于财力吃紧而半途而废或虎头蛇尾，最终草草收场，造成这样的结果是值得我们去反思的。这与直观外推式的中国传统思维习惯缺乏西方式的抽象概括和逻辑分析能力有关。

---

〔1〕 肖世杰：《清末监狱改良：思想与体制的重塑》，法律出版社 2009 年版，第 155 页。
〔2〕 马自毅、王长芬：《狱务人员与清末监狱改良》，载《社会科学》2009 年第 8 期。
〔3〕 肖世杰：《清末监狱改良：思想与体制的重塑》，法律出版社 2009 年版，第 162 页。
〔4〕 曾代伟主编：《中国法制史》，法律出版社 2006 年版，第 253 页。

【讨论题】

分组讨论清末监狱改良的先进性与局限性。

自清末开始的中国近代化，其主要命题就是向西方学习，这是由历史发展形势所决定的。所以，清末监狱改良移植西方的刑罚制度也是必由之路。清末监狱改良移植西方的监狱制度，借鉴监狱设施样式是中国监狱文明发展的一种极大进步。移植和借鉴是社会发展的一个捷径，这是无可厚非的，关键是移植和借鉴是否符合当时的国情？移植的多或少以及是否得当？移植后是否能适应，可行性有多大？清廷修律大臣沈家本提出“折衷各国大同之良规”，[1] 作为草案的一个立法宗旨还是应该予以肯定，而在斟酌中西文化、经济水平方面实有欠缺。清末朝廷与西方世界在政治制度、经济水平、教育文化程度方面存在巨大差异，移植西方行之已久的法律制度与清末狱制的现状相比，已经脱离了清末的现实。监狱制度和建筑都能很快如法炮制，但是监狱管理人才培养、监狱制度的落实则需要很长的转型时间，特别是囚犯的改造效果也是监狱制度落实效果的衡量标准。所有这些都是受监狱执法者的文化素质、行刑理念和社会经济等多方面因素制约的，因为监狱没有脱离社会，不是单独存在社会之外的一个封闭空间。

第二，监狱改良由于受经济制约，执行力度大打折扣。如前所述，为了推进监狱改良，清廷进行了一系列监狱方面的改良措施，但观其实际效果并不尽如人意，中央政府的改革法令在执行过程中面临着诸多的困难，从而制约了监狱改良的进程。其原因，一是缺乏地方政府的积极支持。清末外忧内患，清廷对地方的控制力大为削弱，地方长官权力急剧膨胀，使得清廷法令在地方的执行情况往往取决于地方长官的态度。清末的监狱改革也不例外，重视监狱改良的行省，监狱改良落实情况就比较好，反之亦然。二是财力严重缺乏。由于对列强的赔款，清廷财力极度缺乏，这是制约清末监狱改良的一个很难突破的“瓶颈”。没有充足的、固定的建设经费和财力支持，势必会影响到监狱改良的进程与效果。

二、清末监狱改良的历史意义与影响

第一，为封建狱制向资本主义狱制的转型奠定了基础，在中国监狱史上具有里程碑的意义。清朝作为封建社会最后一个王朝，其监狱制度凝聚着两千多年的经验积累，已显得非常成熟。但是，在狱制愈加成熟的过程中，监狱管理中的腐朽因素诸多，百弊丛生。刑罚种类繁多，不能“罚当其罪”，造成了各类冤假错案，在管理中混乱不堪，特别是凌迟、斩腰、分尸、枭首等极其残忍的肉体刑一直沿用，清廷统治下的监狱成了“人间地狱”。狱吏贪赃枉法、监狱管理沿用酷刑、宗室贵族和旗人罪犯享有特权等，都使得沿用几千年的封建狱制难以维系。

清末监狱改良通过吸收西方先进理论和思想，制定了中国历史上第一部独立的监狱法典《大清监狱律草案》，兴办了模范监狱，培养培训了监狱专门人才，让世人看到监狱改良的成果。在西方行刑思想的激励下，监狱体制经历指导思想、监狱管理人员、监狱建筑、管理制度转型，为封建狱制向资本主义狱制的转型奠定了基础，开始了中国近代监狱的建设步伐。

---

[1] 参见《修订法律大臣沈家本等奏进呈刑律分则草案折》。

【知识链接】

菲利与李斯特

恩里科·菲利（Enrico Ferri，1856—1929），他是意大利社会学家、犯罪学家作为实证主义犯罪学派的先驱和19世纪末犯罪社会学派的创始人，是活跃的刑法改革家，也是“犯罪学史上最富有个性和影响力的人物之一”。

菲利犯罪学思想与之前以及同时代的犯罪学家相比，最大特点是：折衷全面、兼容并包，企图建立起一门广泛适用的犯罪的社会防卫科学。正因如此，透过菲利的犯罪学思想，我们几乎可以看到犯罪学早期发展的全景，其中不但包括那些日后被奉为经典的学术传统，比如对犯罪人的实证主义的研究，主要的犯罪原因理论，还包括那些至今仍然在犯罪学领域争论不休的命题，比如罪人还是罪行，目的刑还是道德刑，一般预防还是特殊预防等。另外，从菲利的犯罪学思想中，我们还可以看到那些在21世纪站在反实证主义的前沿，大放异彩的犯罪学观点的原型。

从这个意义上讲，菲利的犯罪学思想具有连接19世纪末初生的实证主义犯罪学与20世纪现代犯罪学的历史节点的特色。因此，研究菲利的犯罪学思想重要的不在于对其个人成败的评判，而在于透过他的思想认识犯罪学的历史发展。然而，由于客观上受制于一定的历史环境，主观上思想体系本身存在明显的局限，使菲利的犯罪学思想一般被置于次要位置，往往是被作为对其他思想的补充而被提及，这不能不说是犯罪学传统理论研究的一个遗憾。

李斯特（Franz von Liszt，1851—1919），他是德国20世纪初著名的刑法学家，也是现代刑事社会学派的创始人和主要代表。

他对现代刑法学的主要贡献在两个方面。一是他站在教育改造罪犯，使罪犯回归社会、实现社会防卫等立场上，提出了一系列社会防卫的刑法理论，这构成了社会刑事学派的主要内容。首先是目的刑主义，主要是让罪犯改恶从善，教育罪犯使其复归社会，也称为“教育刑主义”。其次是特别预防主义思想，对可能改造状态的犯人进行改造，对不能改造状态的犯人进行以排除等不相同的所谓“个别化刑罚”，以取得社会防卫的效果。最后是行为者主义，也称为主观主义。他提出的口号是“应当被惩罚的，不是行为，而是行为者”。他的行为者主义事实上不是很彻底，在他的刑法主义中往往还带有很多主观主义的色彩。二是他的现代刑法学的贡献，还表现在对国际刑法学术的交流和合作做出了不懈的努力。1881年他发起创办了《刑法学杂志》。1889年他与比利时刑法学家普林斯（A. D. V. Prins）、荷兰刑法学家哈默尔（G. A. Harmel）一起发动组织了国际刑法学会。《刑法学杂志》与国际刑法学会成为20世纪国际刑法学界最有权威的学术刊物和最有声望的学术团体。

第二，开创了中国近代监狱先进的管理模式，激发了近代监狱行刑思想的传播。19世纪末20世纪初，随着以菲利、李斯特为代表的资产阶级新派刑法理论的出现，西方监狱制度改革进入了一个新阶段。[1] 监狱行刑理论和监狱管理制度又有了飞速的发展，教育刑、改造刑理论占据了监狱行刑理论的主导地位，监狱逐步摆脱了野蛮、残酷、无序的形象，出现了行刑社会化、法治化、人道化、技术化等趋势，监狱在执行刑罚的同时，将会更加注重罪犯的教育改造工作，监狱管理朝着更加理性、更加文明的方向发展。“宣统二年（1910年），华盛顿举行国际监狱会议，清廷派许世英、徐谦代表出席，二氏感受会中刺激不少，归国后奏请改良监狱，并员出国学习刑律，考察狱政。”[2] 刘坤一、张之洞在“变法三折”中提出了“禁讼累、省文法、省刑责、重众证、修监羁、教工艺、恤相验、改罚锾和派专官”等九项司法革新狱制改良措施。1902年赵尔巽的《奏为军流徒等犯例定罪名本义全失拟请饬令因变通办理以核名实事》奏折提出在山西设立新式监狱——罪犯习艺所。罪犯在习艺所中作业习艺形式已经初步具有西方资本主义国家教育刑论的特质。可见，清末的监狱管理体制随着监狱改良的肇始，其管理模式也在逐步改变。

清末监狱改良正是处在这样的时期内进行，特别是全国诸多模范监狱的建成，需要有新的监狱管理模式来开始运行，模范监狱的建筑样式、管理模式、做工习艺、教育教诲、医疗卫生等方面都超过前期的习艺所，克服了以前监舍狭小、潮湿阴暗、密不通风、管理混乱等不足。从外观结构和内部功能区设置上也已经具备了西方近代监狱的标准。清廷又要求在法政学堂设立监狱学，在监狱附设监狱专修学校，并培养培训了监狱专门人才。尽管《大清监狱律草案》已经制定却尚未实施，但它以文本形式固定下来，成为法律条款，推动了近代西方监狱管理思想和近代监狱行刑思想在中国的传播。

第三，导致中华法系走向解体，为中国法律的近代化奠定了基础，促进近代法治观念的逐步形成。在20世纪初清廷的改革浪潮中，监狱改良是付诸刑法改革之中的，而监狱改良又是本次改革很重要的组成部分。《大清新刑律》和《大清监狱律草案》的制定，在体例上抛弃了以往旧律的结构形式，采用近代西方刑法典的体例，将整部法典分为总则与分则两部分。把传统的“诸法合体”形式也全部抛弃，而且中华法系“依伦理而轻重其刑”的特点也受到了极大的冲击。特别是参照日本监狱法律法规制订的我国第一部独立的监狱法典《大清监狱律草案》，虽然历史没有留给它实施的时间，但是却为北洋政府和南京国民政府制定监狱法提供了指导，作为监狱法实施的蓝本而基本保留下来，可见它顺应了时代的发展。这也使近现代法律知识在中国得到一定程度的普及，从而促进近代法治观念的逐步形成。

---

[1] 薛梅卿等编：《清末民初改良监狱专辑》，中国监狱学会1997年版，第489页。

[2] 薛梅卿等编：《清末民初改良监狱专辑》，中国监狱学会1997年版，第471页。

【思考练习题】

清末监狱改良的指导思想是什么？

第四，为近代监狱事业培养了大批新式监狱管理人才。清末监狱改良在具体措施上，制定了我国第一部监狱法典草案，确立了监狱法作为独立部门法的地位，同时培养了一批新式监狱管理人才，塑造了中国近代监狱的雏形。清末监狱改良者通过观察西方新式监狱的管理理念和制度，找到了中国监狱管理思想转变的方向，而监狱管理人才培养是实施监狱制度的核心所在，清末监狱改良者认识到如果没有品格高尚的狱吏作为后盾和保障，再好的监狱制度也无法正常实施。要想彻底转变旧监狱的形象，必须培养自己专门的监狱人才，培养清正廉洁的监狱官吏就显得非常重要。因此，对监狱人才的需求显得尤为迫切。为此，清廷实行了专门的监狱人才培养计划。一方面，在京师及各省法政学堂内增设监狱学专修科。另一方面，在模范监狱和高等巡警学堂内附设监狱学堂,[1] 采用西方的教学方法来培养学员。清末监狱改良中建立了较为完善的新式监狱管理人才培养方案。虽然清末监狱改良随着清廷的覆灭而告终，但是为后世留下了监狱方面重要典章和监狱建设的模板，特别是留下了能执行这些制度的人才，也为民国时期的狱制改良奠定了人才基础。

清末监狱改良在清末新政过程中占有极其重要的位置，并且具有相当大的进步意义，留下了历史教训，这些对中国后来的监狱立法和司法实践都产生了重大的影响。正如列宁说："改良主义无非是要统治阶级让步而不是推翻统治阶级，无非是在保持统治阶级的政权的条件下要统治阶级让步。"[2] 即使"在保持统治阶级的政权的条件下要统治阶级让步"，它也是具有历史进步意义的。

---

〔1〕 薛梅卿等编：《清末民初改良监狱专辑》，中国监狱学会 1997 年版，第 30 页。

〔2〕 中共中央马克思恩格斯列宁斯大林著作编译局编译：《列宁选集》第三卷，人民出版社 1972 年版，第 322 页。

【思考练习题】

清末监狱改良的成果及其历史影响是什么？

第五单元　中华民国政府的监狱

【教学目标】

知识目标：了解中华民国政府的监狱法制、监狱设置和监狱制度。

能力目标：具备分析中华民国政府监狱在借鉴西方资本主义刑法原则和监狱制度基础上改良监狱管理模式的能力。

素质目标：通过对中华民国政府监狱发展的辩证分析，形成从本质上对中华民国政府监狱虚伪性、反动性的深刻认知。

【问题导入】

小萝卜头（1941 年 3 月 15 日—1949 年 9 月 6 日），本名宋振中，江苏邳县人。他在八个月大时，随共产党员父母被国民党特务关进了“白公馆”。在这座专门囚禁共产党人和革命志士的秘密监狱里，由于牢房终年阴暗潮湿，他长成了一个大头细身、面黄肌瘦的孩子，难友们心疼地叫他“小萝卜头”。他在狱中利用自己的年龄优势成为狱中党组织的交通员，在各个牢房之间传递革命消息，使在狱中坚持斗争的同志们深受鼓舞。可是，就在距离中华人民共和国成立仅 24 天时，他们一家却被残忍杀害。被害时，他手里还紧紧握着狱中老师送给他的铅笔头，时年 8 岁，而他也成为共和国历史上年龄最小的革命烈士。

问题：国民党为什么要设立“白公馆”这样的秘密监狱？你从小萝卜头的革命事迹中领悟到什么道理？

辛亥革命后，孙中山领导的南京临时政府于 1912 年元旦成立。当时全国政局混乱，各地军阀割据，南京临时政府下的司法部曾制定一些改良监狱的法令措施，力求从根本上改变中国两千多年封建统治遗留下的监狱旧形象。但是，以袁世凯为首的北洋军阀很快窃取了南京临时政府的胜利果实，成立了北京政府，监狱成为大肆镇压革命人士的场所，使半殖民地半封建化的监狱黑暗现实延续。1927 年 4 月 18 日，以蒋介石为首的国民党反动势力建立了南京国民政府，为了镇压人民反抗，对内大讲民主政治，对外空前出卖国家主权，监狱成为疯狂镇压共产党人和革命志士的场所。同时，民国政府迫于内外多重压力，在

【数字资源】

【课程思政资源】

第一次全国司法会议

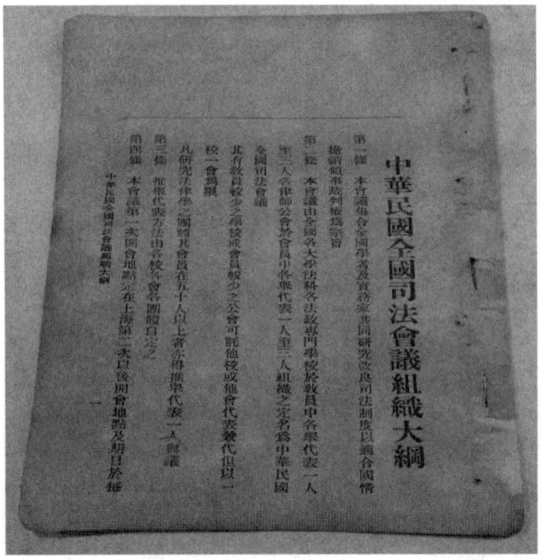
中華民國全國司法會議組織大綱

第一條　本會議集合全國學者及實務家共同研究改良司法制度以適合國情撤銷領事裁判權為宗旨

第二條　本會議由全國各大學法科各法政專門學校於教員中各舉代表一人至二人各律師公會於會員中各舉代表一人至二人組織之定名為中華民國全國司法會議

其有教員較少之學校或會員較少之公會可託他校或他會代表兼代但以一校一會為限

凡研究法律學之團體其會員在五十人以上者亦得推舉代表一人與議

第三條　推舉代表方法由各校各會各團體自定之

第四條　本會議第一次開會地點定在上海第二次以後開會地點及期日於每

中華民國全國司法會議組織大綱

一

北京政府于1912年12月召集全国法律职业精英于一堂，以“司法统一”及“司法改良”两大问题为主线，以寻求从实质意义上实现中国政治文明的应有之义为主要内容，用时25天，在北京召开了第一次全国司法会议。司法总长许世英在开幕式上感叹：“今日为第一次中央司法会议开会之第一日，即为在内在外协力同心共谋司法进行之第一日，萃全国之大法律家大经验家大公平家聚处一堂宏襄盛举，实为我国司法界上前此未有之光彩”，“世界愈文明，竞争愈剧烈，优胜劣败，司法为其最大之争点。昔之朝鲜、暹罗、埃及、土耳其多因司法不良而处于劣败地位。因此而兼弱攻昧、取乱侮亡之种种惨祸皆从以发生。”优胜之国如英美，劣败之国如朝鲜暹罗，主要区别即为司法优良、先进与否。而近邻日本，开化晚于中国，但在司法改革后俨然已携着制度先进的入场券迈入文明国家俱乐部。

1912年的第一次全国司法会议，是新国体对司法改革问题整理与改革规划的第一次全面展示，意味着民国时期司法制度步入了全面规划、分步推行的改革时期。从会议记录看，表面上财政困难是司法改良的最大牵掣，大部分通过议案因经费问题不得不采取折衷办法。同时，司法官员更迭频繁，包括许世英仅任职14个月就离职，也是改良艰难的原因之一。

纵观整个民国时期，无论是第一次中央司法会议还是后来的数次全国性司法会议，都表现为开会积极、讨论热烈、议案丰富，但实效欠佳的情况。会议的议决成果往往因“军阀的摧残、官僚的嫉视，以及司法当局的因循敷衍、司法经费的筹措不易”无法彻底推进，以致民国时期的司法改革被指摘为“徒具革新之名，而无革新之实”。

图为民国十一年（1922年）9月17日由杭县律师公会提出的《中华民国全国司法会议组织大纲》。

继承和吸收清末监狱改良成果的基础上，大量借鉴西方资本主义刑法原则和监狱制度，一些有识之士试图通过不断推进监狱法制建设，达到革除旧式监狱弊端的目的。

中华民国政府的监狱（1912 年—1949 年）主要历经北京政府（1912 年—1928 年）和南京国民政府（1927 年—1949 年）两个历史时期。

第一节　中华民国政府的监狱法制

民国政府不断推进监狱法制建设，无论是以国家层面的最高立法，还是以部门规章形式颁布施行的监狱条例、办法、训令等，条目众多，内容丰富，构建了体系较为完备、层次较为分明的监狱立法体系，从表面上维系了民国监狱的运行。

一、北京政府时期的监狱立法

北京政府主政时，全国政局混乱，各地军阀割据，许多法令难以有效推行。但是，仍然进行了一系列监狱立法工作，用以指导监狱行刑实务的开展。其中的《司法计划书》《北京监狱试办章程总则》[1]《监狱规则》以及其他涉监法令，成为民国时期监狱立法的重要渊源。

（一）《司法计划书》

1912 年 8 月，许世英出任北京政府司法总长。此前，他在 1910 年曾代表清政府赴华盛顿参加了第八次万国监狱会议，并参观考察了欧洲的司法系统和新式监狱。就任司法总长后，他把监狱改良置于首要位置，立即着手监狱的改造问题。[2] 1912 年 12 月，中华民国第一次全国司法会议在北京召开，许世英针对当时的社会情况和司法改革趋势，在会上推出《司法计划书》，试图按西方监狱发展模式寻求中国的监狱发展道路。他认为，一个法治国家应具有“完整无缺的司法机关，制定一个国家一个时期不轻易变更的司法方针，根据时局和社会实际，分先后缓急推进司法改革”[3] 的决心，具体到监狱立法和改良计划，包括改造旧式监狱、设立感化院、制定出狱人保护扶助办法。

改造旧式监狱，涉及监狱布局和监禁制度。他首先摒弃了中国传统刑罚执行机构体制与地方行政区划体制相适应的布局理念，“然一县一监，势难办到，拟选各县交通适中之地，合数县设监狱一所，较易集事。”[4] 其次，他从欧美监狱改良施行“杂居制”和“分房制”各自存在的弊端出发，认为“以中国现时情形而论，若全国尽建分房监狱，财国实有未逮”，故其主张“惟折衷二者之厉害，厉行阶级制度”。

---

〔1〕 王元增：《北京监狱纪实》，北京监狱民国二年（1913 年）印行，第 29~35 页。

〔2〕 ［荷］冯客：《近代中国的犯罪、惩罚与监狱》，徐有威等译，江苏人民出版社 2008 年版，第 65 页。

〔3〕 曹强新：《民国监狱研究》，中国言实出版社 2022 年版，第 57 页。

〔4〕 薛梅卿等编：《清末民初监狱改良专辑》，中国监狱学会 1997 年版，第 56 页。

【课程思政资源】

王元增

王元增（1879 年—1963 年），字新之，嘉定人，近代中国监狱学领域的“开山鼻祖”。1906 年，王元增前往日本留学，就读于东京日本警监学校，师从小河滋次郎。1910 年法部派员赴欧美各国考察司法制度，王元增自筹路费，随同前往考察各国监狱制度。其西学背景为推进中国狱制改良奠定了坚实基础。

1912 年，北京政府司法部继续筹办京师模范监狱，期望能为全国开办新式监狱探索可行之路。后京师模范监狱改名为北京监狱，王元增作为典狱长不负厚望，将现代民主文明理念注入北京监狱的建设中，同时探索建章立制，先行在北京监狱试行，后经司法部推行全国。他认为，对于外国监狱制度，即使是先进的监狱制度，也要立足中国国情进行取舍；监狱学是“集合学”，包含社会人文学的学问，如法律学、刑法学、行政学、教育学、社会学、心理学、医药学等；监狱不是以纯粹的行刑工具而存在，还是一个行慈善、施感化的场所，发挥作为矫治罪犯的特殊预防功能和教育世人、预防犯罪的一般预防功能。

王元增在比较监狱学、监狱改良实务、监狱学原理、监狱资料汇编以及监狱人才培养等方面，均给后人留下了丰富的遗产。他的著作主要有《日本监狱实务》（嘉定教育会 1908 年出版，石印一册）、《狱务类编》（1913 年 10 月北京监狱出版印行）、《北京监狱纪实》（1912 年初印，1913 年修订，北京监狱印行）、《中国监狱之沿革及现今状况》（1914 年北京监狱印行）、《京师第一监狱作业实务汇编》（1916 年北京监狱印行）、《监狱规则讲义》（1917 年北京监狱印行）、《监狱学》（1924 年北京监狱印行）、《京师第一监狱报告书》等，为现代监狱学理论的创立和发展做出了突出贡献。

设立感化院。他在设立宗旨中认为“处置犯罪儿童，应易刑罚为感化”，而“民国新立，首重人权，而欲民俗之善良，当先知人格之可贵”。

制定出狱人保护扶助办法。他认为，如果社会对曾经犯罪的人一直持猜嫌、顾忌的态度，那么其就是有改过自新之心，也可能重新犯罪。结果就是狱费增加，国民负担更重。

此外，许世英还从法理上明确提出已决监狱和未决监狱应分开建设、监狱官的培养、培训及管理等理念。

《司法计划书》虽非立法层面的正式法律，但其内容是一种理想化设计，基本涵盖了当时中国司法领域的各个层面，对未来司法改良的方向进行了谋划，是指导民国初年司法改革尤其是监狱立法的重要文献，整个民国时期监狱立法、新监建设基本按此计划书逐步实施。但是，在军阀混战的动乱年代里，这个较周密的计划书是根本无法真正落实的。

（二）《北京监狱试办章程总则》

清末改良监狱最大的动作就是筹建新式监狱，尤其是筹建京师模范监狱。北京政府成立之初，王元增在任首任典狱长期间，相继制定了许多关于监狱科室职责、看守职责、收押、教育、拘禁、释放等方面的规章制度，形成了《北京监狱试办章程总则》，包括两章共6条。第一章主要规定了监狱内部机构设置，即“三科两所”（第一科、第二科、第三科、医务所和教务所）和各科、所的主要工作职责分工。第二章规定了各科、各室人员配置数量和具体的工作职责及适用效力问题。[1] 虽然《北京监狱试办章程总则》只是从纲目上大致规定了监狱管理的相关内容，与现代监狱要求的精细化、规范化管理有很大差距，但其内容却基本固定下来民国几十年乃至现代监狱内设机构的走向，其对于监狱职责划分体现出一定的科学性和合理性。

同时，司法部颁发了《部定北京监狱看守俸给暂行规程》，[2] 规定了监狱看守的任期俸禄、津贴以及等级评定等各项事务。此外，北京监狱还制定了《监狱保释暂行条例》《监狱作业规则》《假释管理规则》，而且在罪犯的收监、拘禁、戒护、劳役、教育及教诲、给养、卫生及医疗、死亡、赏罚、赦免及假释、释放等方面都有详细的规定，开创了监狱制度和实务历史性的先例，为北京政府制定《监狱规则》等监狱法规提供了参考和借鉴。

（三）《监狱规则》

北京政府迫切想建立与西方接轨的近代法律体系，但政治初建下受当时历史和社会条件限制，还难以进行大规模的立法活动，故最初暂时援用清末新律。北京政府于1912年颁布了《中华民国暂行新刑律》，规定执行自由刑为徒刑和拘役两种，皆采用劳役制。王元增出任监狱司司长后，在借鉴原《大清监狱律草案》的基础上，于1913年12月以部令形式颁布了《监狱规则》，共十五章103条，分为总则、分则与附则。[3] 这是我国正式颁行的第一部比较完备的监狱法规和规范民国监狱的基本法律。

---

〔1〕王元增：《北京监狱纪实》，北京监狱民国二年（1913年）印行，第29~35页。

〔2〕王元增：《北京监狱纪实》，北京监狱民国二年（1913年）印行，第38~41页。

〔3〕薛梅卿等编：《清末民初监狱改良专辑》，中国监狱学会1997年版，第98~106页。

【课程思政资源】

民国监狱学校

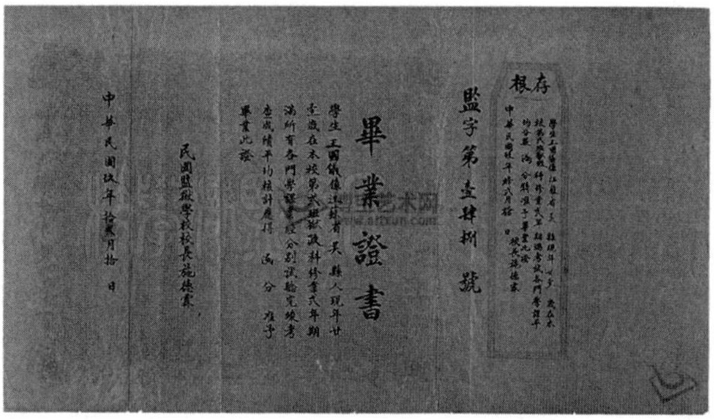

清末京师法律学堂的监狱专修科被称为“中国学校研究监狱学的发轫”。民初监狱教育的形式主要有两种，一是监狱学校，二是附设于法政学校、新式监狱、监狱协会的监狱专修科。

1913 年北京政府司法部颁布《监狱学校规程》，规定了两年的修业年限和 21 门课程，即“法学通论、宪法、刑法、刑事诉讼法、法院编制法、监狱学、监狱法、监狱法施行细则、监狱实务、刑事政策、感化院制度、出狱人保护制度、民法大意、警察学、社会学、卫生学、心理学、统计学、建筑学、指纹法、体操”。

由于北京政府政局动荡，经济发展困难，自 1915 年至 1922 年，先后有 30 余校在司法部备案，但仅有 22 所学校在年度报告中留下明确的校名记载，在这 22 所学校中，大约一半只维持了不到两年，大约三成维持了三年至六年，只有私立浙江监狱学校、中华监狱学校、四川监狱学校、广东公立监狱学校、河南监狱学校办学时间相对较长。在这 17 所学校中，大部分仅设两年制监狱科，少数增设补习科、高等科、插班、速成科、夜学等。

但是，监狱学校专门化并未形成良好的监狱专门人才培养体制。一方面，在司法体制内，监狱专门学校没有明晰教育部门与司法部门的管理权限与合作通道，司法改革尤其是监狱改革并未为监狱学校毕业生提供充足和广泛的实习和专业岗位，监狱专门人才的就业面相对较窄。另一方面，在教育体制下，当时的监狱学校普遍缺乏稳定的办学经费，而监狱学校具有专门特点，但教育部并未将其作为专门学校的种类之一加以管理。这是监狱学校专门化尝试自始至终存在的身份硬伤，也为其昙花一现的命运埋下伏笔。[1]

图为时任校长施德霖签发的毕业证书：“学生王国仪，江苏省吴县人，现年二十一岁，在本校第二班监狱科修业两年期满，所有各门学课，业经分别试验，完峻考查成绩，平均核计应得……准予毕业此证。”

---

〔1〕 李诗语：《昙花一现：民初监狱学校的盛衰与启示》，载刘昕杰主编：《四川大学法律评论（第 20 卷）》，法律出版社 2022 年版，第 76~82 页。

第一章为总则，共 14 条，主要规定了监狱的基本问题。例如，规定监狱归属司法部管辖，其性质是监禁被处以徒刑和拘役的罪犯的场所，使看守所从监狱中分离，同时规定在一些不得已情况下可以由看守所代行监狱职能；规定“未满十八岁者监禁于幼年监，但满十八岁后三个月内刑期即可终结者，其残刑期间仍得继续监禁之”“妇女监禁于女监”“司法部每二年一次派员视察监狱”“视察员得以检察官充之”,〔1〕罪犯有申诉的权利等。最大的变化在于取消了《大清监狱律草案》关于留置所的设置，更明确了监狱性质及管理归属，且语言简洁，条款内容明晰，符合法律条文的一般要求。

第二章至第十四章为分则，共 88 条，主要规定了收监、监禁、戒护、劳役、教诲及教育、给养、卫生及医治、接见及书信、保管、赏罚、赦免及假释、释放、死亡等各项狱政管理制度。具体来看，第二章是收监，共 7 条，包括收监的程序、对妇女携带幼年子女收监的条件、不适合收监的罪犯类型及对罪犯身体检查的规定等。对于不能收监的情况，规定监狱官认为法律文书不适法不得收之，精神丧失或因监禁有不能保起生命之虞之，怀孕七月以上及分娩未满一月者以及患有激性传染病者皆不能收监。第三章监禁，共 4 条，充分体现了当时最流行的西方分房监禁、教诲制、杂居制等行刑思想。第 22 条规定“在监者概以分房监禁为原则，但因精神身体认为不适当者不在此限”，同时对分房监禁作出限制，满十八岁、分房在三年以上且不是本人意愿不得继续分房，未满十八岁分房一年后非本人意愿也不得继续分房监禁。第 24 条规定“监狱长官及教诲师至少每十日一次访问分房之在监者。看守长须常访问之”。对于杂居的罪犯规定无论是在监房还是在工场内都要根据年龄、犯罪性质予以隔别，包含了分类教育的萌芽。第四章是戒护，共 9 条，包括对有逃走、暴行、自杀危险的罪犯使用戒具，以及戒具的种类、刀枪使用的各种情况、罪犯逃走的应急处置措施和抓捕应对方案等。第五章是劳役，共 13 条，包括罪犯每日劳动的时间、服劳役的赏与金以及服劳役期间受伤或者死亡的处置、待遇等，特别是在赏与金上列出了“赏与金额徒刑囚不得过该地方普通佣工价十分之三，拘役囚不得过该地方普通佣工价十分之五”，而且明确罪犯因劳役所得收入概归国库。第六章是教育教诲，共 4 条，包括教育教诲的对象、时间以及教育的内容等，是教育刑的具体体现。第七章是罪犯给养，共 5 条，包括囚服、饮食等生活保障，明确规定罪犯的衣食用具由国家供给，囚衣统一为灰色，自备衣服亦可使用，特别要求罪犯服刑期间禁烟禁酒。第八章是卫生及医治，共 10 条，包括罪犯的卫生管理和疾病的医治预防，规定罪犯必须打扫房间保持洁净、定期沐浴、每日运动、患有疾病收入病室医治，传染病予以隔离治疗。着力改变旧式监狱阴暗肮脏、卫生条件差以及有病无法医、瘐毙狱中的不良形象。第九章是接见和书信，共 7 条，包括规定罪犯的接见对象、时间以及对其书信的管理等，其中要区分拘役囚和徒刑囚在接见和书信上的差别，体现出对罪犯应有权利的尊重与保障。第十章是保管，共 5 条，包括罪犯在监和释放以及死亡情况下物品的保管和处置。第十一章是赏罚，共 5 条，包括

〔1〕 万安中主编：《中国监狱史》，中国政法大学出版社 2015 年版，第 131 页。

【课程思政资源】

监狱改良鼻祖——约翰·霍华德

约翰·霍华德（1726年—1790年），英国慈善家、犯罪学家、监狱管理及公共卫生领域的改革家。他在1773年就任行政司法长官后，第一件事就是去视察监狱，深刻认识到了监狱的黑暗、狱吏的贪鄙，坚定了其从根本上改良监狱制度的信念。在1775年—1790年的15年时间里，6次在本国、6次出国考察监狱情况，除英国本土外，还涉足欧、非两大洲，为开创监狱学作出卓越贡献。

他在荷兰看到了“须使罪犯劳动勤勉，借此使之成为良民”“不要害怕，我不是因为你的罪恶而报复，而是要强迫你变好，我的手是严厉的，但我的心是仁慈的”的监狱铭言，从而深受启发。他把亲身见闻著成《英格兰和威尔士的监狱状况》一书，以荷兰监狱制度为蓝本论述了理想监狱的宏图思想。在该书中，霍华德把考察时看到的监狱描述为“阴沟、罪犯的染缸、窑子、赌场和酒馆，没有一个是同犯罪作斗争的刑罚执行机关。”他提出的改良建议用一句格言概括为“人勤则诚”。1779年英国议会通过了《监狱法令》，提出了6项监狱改良原则：一是安全和卫生的建筑结构；二是空气流通、靠近河溪、清静的环境；三是建立制度化的监察工作，聘用忠实、受到相当训练的监狱管理人员；四是废除罪犯的规费收取制；五是对罪犯应提供沐浴设施、灭虱，监舍每天必须得清扫；六是改革管理制度，对罪犯特别是女犯、未成年犯应予隔离关押。

1876年清朝首任驻外大使郭嵩焘出使欧洲3年，参观了7座外国监狱，用上万言的文字记载了39则监狱制度事项。郭嵩焘是沈家本正式改良监狱前出使外国记载监狱事项最多的人士，也是在汉语文献中介绍约翰·霍华德和国际监狱会议的第一位中国人。

1910年10月开工兴建、1912年8月落成使用的京师模范监狱，把霍华德的画像与皋陶的画像挂在一起，并列为“中西方监狱祖师爷”或称“狱神”，供监狱官吏及罪犯瞻仰和参拜。[1]

---

〔1〕王志亮：《约翰·霍华德的监狱观》，载《犯罪改造与研究》2015年第4期。

对在监罪犯的奖励和惩罚，规定赏罚权力由监狱长官行使，遵守监狱纪律可以得到增加接见书、赏给金钱、增加菜肴等奖赏，违反监狱纪律要受到面责、停止发受书信、接见及阅读书籍、减食、停止运动、暗室监禁、减少赏与金等处罚。第十二章是赦免和假释，共8条，包括对罪犯的赦免和假释制度。第十三章是释放，共6条，包括释放的法律程序。第十四章是死亡，共5条，包括在监罪犯死亡的检验程序及埋葬相关事宜，凡“在监者死亡，监狱长官须会同检察官检验其尸体”。

因此，《监狱规则》是一部适应了当时世界行刑发展趋势，借鉴了西方资产阶级国家比较先进的行刑理念和监禁原则，将自由刑和教育刑主张注入法典之中，试图用先进文明的管理手段建设新的法律体系，清除了旧式监狱的诸多弊端，在立法精神上指明了建设新式监狱的新思维和新走向，为中国监狱的现代化转型提供了重要的法典依据，在中国监狱法制建设上具有里程碑式的历史意义。[1]

（四）其他涉监法规

北京政府还颁布了其他有关狱制的法规。《监狱看守教练规则》《监狱看守考试规则》《在监人遵守事项》《监狱看守点检规则》《视察监狱规则》《假释管理规则》《监狱处务规则》《视察监狱规则》《监狱参观规则》《监狱教诲师、教师、医士、药剂士处务规则》《监狱官制》《县知事疏脱人犯扣奉修监章程》《监所职员任用暂行章程》《监所职员奖惩暂行章程》《各县监狱看守所规则》《监狱官考试暂行章程》《监所职员官等法》《监所职员官俸法》《监犯保释暂行条例》。还有《监狱看守服务规则》《监狱作业规则》《看守所暂行规则》《监狱看守使用公物规则》《出狱人保护事业奖励规则》《监狱专科学校规则》等法规。[2]

这些法规分为两类：一类是对罪犯的管理制度，另一类是监狱官员的选拔、任用、考核奖惩制度，这就充实了《监狱规则》的内容。但是，北京政府是清末监狱立法的实际颁行者，同时保留着封建旧狱制的基本内容，二者之间的矛盾导致其只是将改良监狱的计划和设想法律化，并不具备贯彻执行这些法规的客观条件，只能是“形似”而“神不似”，新监依然充斥着腐败和黑暗。

二、南京国民政府时期的监狱立法

南京国民政府时期的《监狱规则》是以北京政府时期的《监狱规则》为蓝本制定的，故其在立法上基本承袭清末和北京政府的狱制，同时着手继续健全民国监狱法律。但是，以蒋介石为首的国民党政府不能在司法领域将孙中山先生的三民主义思想全面贯彻，致使监狱立法带有深厚的“党治”“军治”色彩，形成中央和地方所辖的监狱行刑规范的普通监狱法律体系和少年监、外役监、军人监狱、反省院等特殊监狱行刑规范的法律体系。[3]两套法律体系构建起严密的监狱法网，种类繁杂，数量繁多，其迫害共产党人和革命志士的镇压职能也显露无遗。

---

〔1〕 曹强新：《民国监狱研究》，中国言实出版社2022年版，第63~64页。

〔2〕 万安中主编：《中国监狱史》，中国政法大学出版社2015年版，第133页。

〔3〕 王志亮：《中国监狱史》，中国政法大学出版社2017年版，第288~289页。

【课程思政资源】

拟定监狱图式通令

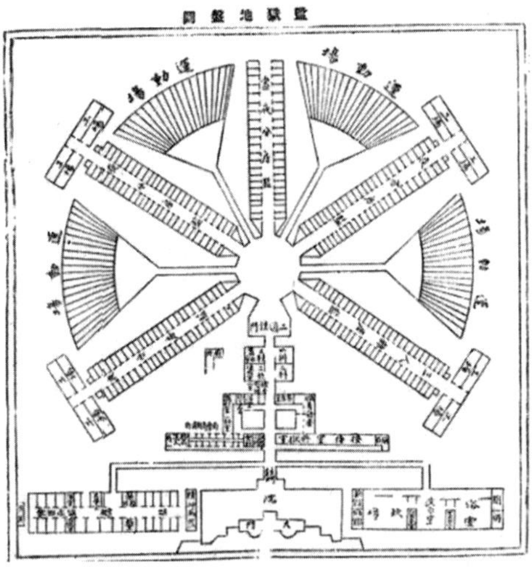

北京政府接管了清末1700余所监狱，其中绝大部分是旧式监狱。司法部于1913年1月16日颁布了《拟定监狱图示通令》，对监狱建筑的样式和构造进行了统一规范，要求各省“务须按照颁布的图式切实办理”，寄望与“世界各邦同立于平等之地位，而为收回领事裁判权之先声”。1916年司法部发布了《实行司法会议议决改良监狱事物项令》，明确规定各地的新监应达到的规模以及建筑的模式和要求。

监狱图示包括监狱地盘图、监狱大门图、事务楼正面图、监房横断面图、夜分房饰面图、昼夜分房外面图、杂居房外面图、工场正面图、病监图、炊场洗衣室及浴室图、监房铁门图、监房窗外铁槛图、大门图、窗户图等各个构造部分的示意图等。从整体上看，新式监狱的地理环境、建筑构造、设施设备和组织比旧监狱更加合理、坚固、优越，一定程度上考虑了改善囚犯的居住、活动、卫生及劳役等方面的要求，体现了资产阶级人道主义精神；监狱建筑平面图多呈扇面形、放射形、十字形等，狱内建有理发室、浴室、工场、教诲室、运动场，以及惩罚囚犯的暗室、行刑室等设施；监狱建筑图规划有办公楼作为监狱管理人员的办公场所，有中央看守楼作为瞭望全监动态、加强警戒的处所；其他有的新式监狱还附设少年监狱或游民习艺所，收容、监禁少年犯或无业游民。

这些示意图吸收了当时先进的行刑理念，在建筑样式、建筑方法以及布局、格调、内部构造等方面融入了现代监狱元素，在中国监狱史上第一次以国家名义对监狱的样式进行了统一规制，是民国政府改良监狱的重大举措。

（一）普通监狱法律体系

南京国民政府司法行政部继续参考和借鉴西方最新的监狱行刑理论，试图克服北京政府立法存在的封建残余弊端，注重编纂新式刑法，推动立法水平不断提升。当时监狱法规主要有《监狱规则》《监狱行刑法》《监狱条例》《行刑累进处遇条例》等。

1.《监狱规则》。1928 年 10 月，南京政府公布了《监狱规则》。[1] 这是南京政府时期最重要的监狱立法，相较于北京政府，南京政府的《监狱规则》基本承袭了 1913 年版内容与框架，只在个别地方有所修改和增补。这版《监狱规则》共十五章 109 条，主要变化有：

第一章总则，只是个别地方文字有修改；第二章收监，规定被收监罪犯须具备完备的法律文书，并检查随身携带的法律文书，防止危险物品流入监内，掌握其身体状况和社会关系，妇女带子女在监内服刑最长年龄不得超过子女两岁，北京政府规定的是三岁；第三章监禁，明确了分房制关押的基本原则，一般要根据犯罪情形普遍推行分房关押制度；第四章戒护，没有改动；第五章劳役，劳役时间有所变化，“劳役时间于八小时以上十小时以下之范围内，斟酌时令、地方情形、监狱构造及劳役种类定之”，在第 39 条省略了“节日”免除劳役的条款；第六章教诲及教育，变化较大，增加了“在监者许其阅读书籍，但私有之书籍除本规则有特别规定或经监狱长官许可者外，不得阅读”的限制条款，同时增加了“在监者请在监房使用纸墨笔砚时得斟酌情形许之”的新条款；第七章给养，在监房和车间的温度的规定上有明显改动，要求“监房工厂病室等处于天寒时，须使其有相当温度”，以前极寒时则须由监狱长官决定；第八章医疗和卫生，增加了第 66 条“罹精神病传染病或其他之疾病认为监狱内不能施适当之医治者，得斟酌情形呈请监督官署许可保外医治或移送医院”，第一次以法律的形式正式规定了罪犯保外就医的权利，并明确了相关的情形和程序；第九章接见及书信，新规第 74 条与旧规第 73 条相比，内容更详细，“在监者发受书信费用应归自备，但对于监督官署法院及其他官署之书信无力自备者，其费用由监狱支给”；第十章保管，新规与旧规相比，“保管之金钱及有价证券不论何时不得令在监者持有”，即罪犯不能私自持有金钱证券等物品，以防罪犯脱逃、贿赂管理者、组织参与赌博等不法活动；第十一章赏罚，其变化较大，奖励内容增加了“许其阅读私有书籍”，惩罚内容增加了“三月内停止赏遇”“二月以内之慎独”等内容；第十二章和第十三章无变化；第十四章死亡，增加了罪犯死亡后下葬及狱内执行死刑时间的规定。

2.《监狱行刑法》。南京国民政府曾于 1936 年通过了《监狱法草案》，但因全面抗战爆发被搁置，使其未能转化成真正的法律。1946 年，南京国民政府颁布了《监狱行刑法》，[2] 并于次年正式施行。《监狱行刑法》全面吸收了自清末以来监狱改良实践所取得的成果，参考借鉴了监狱学术发展的研究成果，其整体结构、篇章内容、立法语言都较为

---

〔1〕 民国十七年（1928 年）10 月 4 日司法部公布《监狱规则》，同日施行。

〔2〕 曹强新：《民国监狱研究》，中国言实出版社 2022 年版，第 76~80 页。

【知识链接】

杂居制

青岛德国监狱旧址博物馆的杂居监房

杂居制是最早产生的监狱制度，这与监狱早期活动的特点是同步的，即监狱在刑事活动中只起辅助作用，当时监狱只需要考虑威吓、报复和人身保管，而不考虑罪犯处遇如何。当然，最大的可能是一间监房拘禁很多罪犯，能节省不少费用。

近代各国监狱改良分为四种类型：一是混同杂居制，使监狱变成社会“大染缸”、“传习犯罪的大学校”；二是昼间杂居制，即服刑罪犯昼间杂居，夜间独居，后又衍化出“沉默制”，即昼间共同劳动，但必须保持沉默，以防协议密谋、欺凌或传习；三是分类杂居制，即先把罪犯严格按科学分类（收容、处遇和管理分类），然后将同一类型罪犯或按一定的行政组织（大队、中队、小队、班组等），或按一定的生产组织（如分厂、车间、工种、工序、班次等），或按一定的教育组织（如年级、班级、专业等），令其多人居于一室；四是军事组织式杂居制，即对罪犯实行军事化管理，将罪犯按军队编组，监狱按兵营式建造，罪犯像军人一样生活。

杂居制的弊端有：恶习容易感染、管理容易失控、个别化处遇难、不良人际关系会导致行刑障碍；其优点是：可以简化监管设施、有利于组织社会化生产、便于控制罪犯、有利于罪犯再社会化与心理健康、有利于罪犯形成集体主义伦理观念。

新中国监狱工作独辟蹊径，构建了一种参照人民军队组织结构形式的全新罪犯组织管理方式，那就是将管教民警与罪犯统一编制在一起，以大队、中队、小队为基本单位，集管教生产为一体，由管教民警担任队领导，如大队长、教导员、中队长、指导员、小队长等。对罪犯实行准军事化管理，实行有组织的、严格管理下的杂居制。这种将监狱警察与罪犯统一编制在一起并由监狱警察担任领导的军队式的组织管理方式，经过长期实践证明是非常有效的，这在世界监狱制度史上具有特殊的地位和价值。

以上内容充分说明，即使现代监狱电子化、信息化管理水平很高，但假如仍有落后的、陈腐的刑罚思想和监狱制度，那么将挽救不了实质上的消极局面。[1]

---

〔1〕王泰：《现代监狱制度》，法律出版社2003年版，第63~77页。

成熟。相较于《监狱法草案》,《监狱行刑法》的特点在于减少了一些具体事务性的条款,援用一些授权性法律条款规定其他事务,使篇幅、语言更为精练,共十六章 98 条。

第一章为通则,规定了立法原则,即刑罚的种类为徒刑和拘役,刑罚目的在于“以使受刑人改悔向上,适于社会生活”,规定了不同刑罚一律监内执行、分别监禁,特别规定少年监禁、妇女严格分界,还规定了巡查监狱、受刑人申诉、参观监狱等基本原则;第二章为收监,规定了收监的基本要求和程序,将入监妇女携带子女入监的年龄放宽到“未满一岁”,满一岁可处长六个月后交付救济处收留,入监检查要捺印指纹或照相;第三章为监禁,规定了独居监禁和分界监禁的情形和时限,即成年入监罪犯应独居监禁一年,少年入监罪犯则是三个月,对刑期未满六个月、犯他罪在审、恶性重大会影响他人、曾受徒刑的罪犯单独监禁,对刑期在十五年以上、有犯罪习惯、对其他罪犯有不良影响和精神或身体衰弱的罪犯,分别监禁于指定监狱或在狱内分界监禁;第四章为戒护,规定增加了“监狱不论昼夜均应严密戒护,有必要时并得检查出入者之衣服及携带物品”,罪犯有脱逃自杀暴行或其他扰乱秩序的威胁时,可以使用戒具或收容于镇静室;第五章为劳役,规定了劳役的目的和意义,即“应斟酌卫生、教化、经济与受刑人刑期、健康、知识、技能及出狱后之生计定之”,同时规定了根据劳役者成绩给予赏与金,如罪犯因劳役受伤患病死亡,或出狱后难以营生的,监狱方应给予抚恤金救济;第六章为教化,规定了罪犯均应接受教诲及教育,按教育内容分不同对象,对全体罪犯“注重国民道德及社会生活必须之知识与技能”,对少年犯则“应注意德育,陶熔其品性,并施以社会生活必需之科学教育及艺术训练”,每日教育时长 2 小时至 4 小时,25 岁以下罪犯要进行国民基本教育,并邀请有学识德望之人进监演讲;第七章为给养,大大缩减了内容,是立法的退步;第八章为卫生及医治,只是特别强调了患病罪犯应收容在特别的病监,有肺病者应移送特设的肺病监,对心神丧失的罪犯移送至精神病院或其他监护处所,对衰老、残废及怀胎五月以上或分娩未满两个月的,可移送病监或保外就医,还规定了监房工场及其他处所应保持必要的空气容量和光线,极冷时应有暖具;第九章为接见及通信,内容变动不大,统一规定接见次数为每半月一次和发受书信,要求罪犯书信都要经过监狱官检查;第十章为保管,只是原则性规定罪犯携带的狱外送入的财物经检查后才能保管,必要时进行消毒处理;第十一章为赏罚及赔偿,规定了五种可受奖赏的情形,即“密告受刑人图谋脱逃暴行或将为脱逃暴行者、救护人命或捕获脱逃者、于天灾事变或传染病流行时充任应急事务有劳绩者、作业成绩优良者、其他行为善良足为受刑人表率者”,[1] 关于奖赏有增加接见或通信次数、赏金、减少劳役时间可阅读书籍,改善伙食、增加营养也是手段之一,而惩罚除常规外增加了“强制劳动”“停止购买物品”“慎独监禁”等条款,特别规定老弱病残孕罪犯不得使用慎独监禁等;第十二章为假释,规定较原则,内容变化较大,只是强调“应附具足资证明受刑人确有悛悔情形之记录及狱务委员会之决议录”,删减了《监狱法草案》中“累进

---

〔1〕 山东省劳改局编:《民国监狱法规选编》,中国书店 1990 年版,第 50 页。

【知识链接】

独居制

日本著名的北海道网走监狱的独居房

独居制又称“分房制”。由于自古以来监狱囚禁罪犯的形式多是混同杂居制，其最大问题是难以避免罪犯之间的交叉感染及罪犯之间的恃强凌弱，到了以自由刑为主的近代监狱，这一问题已是影响刑罚效能实现的关键问题之一。约翰·霍华德在其《英格兰及威尔士的监狱状况》一书中最先提出了解决这一问题的最好办法是变“混同杂居”的方式为“分房独居”。

美国最早采用分房独居制。1786年，宾夕法尼亚州的教友派组织极力主张改良狱制，提出了“以宗教精神改善狱制”的思想，并于1787年5月成立“监狱改良促进会”，力主依照教堂的忏悔室的格局，建立“悔罪院”式监狱。1790年该州正式采用新狱制并建设新式监狱。所以起源于这里的新狱制，被人们称为“宾夕法尼亚制”，根据其内容特点，有时又被称为“分房制”。由于宾夕法尼亚制是由宗教组织发起设计的监狱，格局类似教堂里的忏悔室，要求罪犯在狱中保持严格沉默，又被称为严格独居制；1820年美国纽约州的奥本监狱针对严格独居制的缺陷，采用昼间集体活动、晚上在监房睡觉时应保持沉默的严厉制度，如罪犯违反沉默制度即用棍棒、皮鞭殴打或威吓来维持制度的威严，又被称为宽和独居制。独居制的优点有：有利于体现剥夺自由刑的剥夺作用；有利于罪犯的反思；最有效防止交叉感染；最有效防止恃强凌弱；有利于安全防范。独居制的弊端有：极易损害罪犯的身心健康；增加罪犯回归社会的困难；难以组织有益的生产劳动；难以实行有组织的罪犯教育；服刑罪犯的社会生活能力下降；监狱设施经费巨大。

虽然独居制优劣不一，现代监狱仍可取其所长。例如：对短刑犯的管理、对初入监罪犯管理、对处遇级别较高罪犯使用、用于恶性罪犯隔离、用于狱内纪律处罚、用于狱内违法犯罪案件的保护观察。[1]

---

〔1〕 王泰：《现代监狱制度》，法律出版社2003年版，第78~88页。

外遇”一章，规定以专门的累进处遇条例开展此项活动；第十三章为释放及保护，无大改变；第十四章为死亡，只是减少了相关条款；第十五章为死刑执行，规定了死刑执行适用绞刑和枪毙两种形式；第十六章为附则，规定了罪犯从事农作或其他特定劳役得设外役监。

3.《监狱条例》。1946年1月19日，《监狱条例》与《监狱行刑法》同日颁布，[1]《监狱条例》作为《监狱行刑法》配套的法规，根据《监狱行刑法》的授权，对监狱管理的相关事务作进一步的细化规定，如课程设置及相关事项、人事组织结构、管理人员组成及相关职责等，以便监狱实务过程操作。因此，《监狱条例》实质上是《监狱行刑法》的实施细则。

《监狱条例》共22条。第1条规定监狱隶属司法行政部管辖，设置地点和管辖区域以部令决定；第2条至第7条规定了监狱内设机构的设置和相应职责，即监狱设教化、劳役、卫生、警卫和总务五课，并详细规定了各课所管理的具体事项；第8条至第15条规定了典狱长、各课课长、课员、女监主任等监狱官、狱务委员会的设置和任命方式，即通过荐任和简任担任职务；第16条至第20条规定了分监长、各股股员、看守长、会计员、统计员、劳役导师等人员的设置和任命，最后规定了条例的施行日期。

此外，南京国民政府又相继颁布了数量庞大的附属法规，比较重要的有《监狱处务规则》《监狱教诲师、教师、医士、药剂师处务规则》《监狱劳役规则》《视察监狱规则》《在监人物品保管办法》《在监人金钱保管办法》《在监人接见规则》《监犯外役规则》《徒刑人犯移垦暂行条例》等。

4.《行刑累进处遇条例》。根据《监狱行刑法》的授权，南京国民政府于1946年公布了《行刑累进处遇条例》，并于次年施行。[2] 这是第一次以立法的形式制定行刑累进处遇制度。该条例共十二章77条，主要规定了罪犯的考核奖惩管理等，内容分为两个方面：一方面是分级处遇，即根据一定标准如性别、年龄、罪行种类、轻重等对罪犯分类，确定级别，对不同级别的罪犯给予不同待遇，即在日常管理、关押、劳役以及会见通信等有不同的待遇；另一方面是累进处遇，即罪犯经法院审判入狱后，服刑期间将法院宣告刑分为几个阶段，并根据罪犯悔过自新的程度，自下一级逐步进到上一级，并随级别的提高而提高其享受的待遇，以鼓励罪犯积极改造，遵守监纪，重返社会后能更好适应社会生活。

第一章规定了立法依据。第二章规定了对罪犯进行调查的内容和方法，即依据罪犯的个性、心身状况、境遇经历、受教育程度以及罪行、劳役忍耐、勤勉技巧等因素，为确定罪犯的编级定类提供基础材料。第三章集中规定了具体操作方法，即将累进处遇分为四个等级，从第四级依次递进，少年犯、累犯、撤销假释罪犯、有脱逃捕回的罪犯责任分数的确定都有相应规定：罪犯入监初步定好级别后，狱方每月从劳役、责任观念、意志、操行

---

〔1〕 曹强新：《民国监狱研究》，中国言实出版社2022年版，第80~81页。

〔2〕 曹强新：《民国监狱研究》，中国言实出版社2022年版，第81~84页。

【知识链接】

罪犯自治制

1879年法国颁布了《人权宣言》，确认了公民的合法权利必须得到尊重的基本原则，实际是对欧洲象征封建君主专制的彻底否定。而罪犯自治制度是在法定规范指导下，要求监狱将作为公民的服刑罪犯的自身事务（主要是生活处遇），如饮食的调节、文娱活动的组织、体育活动的组织和教育等交给罪犯自己经营，管理人员不强制干涉，只需指导监督，由服刑罪犯自己维持生活秩序，改善自己，为回归社会做好准备。

罪犯自治制由美国人欧斯本在1913年首创。他为了调查和体验服刑罪犯的生活状态，曾志愿当一名囚犯，并取得罪犯的信任，从而使他受到启发，认为矫正罪犯需要罪犯和管理人员彼此信任。监狱犹如一个小社会，失去社会信任和关心的他们，必然自暴自弃，难以自律自强。他依照孟德斯鸠相关学说，把狱内所有罪犯组织起来，形成自治团体，起名为“××城市”，将罪犯当作“市民”，按立法、行政、司法进行“城市”管理，从而提高罪犯适应社会能力，帮助罪犯顺利回归社会。1914年，他出任辛辛那提监狱的监狱长后，开始推行罪犯自治制，将“城市”内罪犯的教育卫生、劳动、治安等，均由罪犯选举产生的“公务员”担任领导，进行自我管理。

由于罪犯自治是有限权力自治，罪犯自治制对罪犯人权保障具有一定合理性，各国在借鉴的同时都有一定的取舍和改动，以本国刑事政策和罪犯矫正计划能否顺利落实为准。同时罪犯自治制须在具有完整的监狱控制体系、一大批高素质的监狱管理人员的指导下才可能施行，否则，就有可能导致削弱监狱的行刑权，使监狱对罪犯的管理失控。[1]

图为与封建专制并存的宗教（异端）裁判所。这是欧洲中世纪的教会在司法领域的特殊法庭。即根据教会制订的法律，可以对犯人执行各种刑罚，最重的是终身监禁和焚刑。执行场所多在阴暗、潮湿的教堂和修道院内。意大利科学家布鲁诺因为不相信地球是宇宙的中心而被活活烧死。

〔1〕王泰：《现代监狱制度》，法律出版社2003年版，第89~96页。

等方面进行考核并给出成绩分数，每月所获成绩分数都用来抵消责任分数，两者抵消完毕后，罪犯就可脱离原来的级别，晋级更高的级别；条例规定了各级别罪犯每月的成绩标准，即劳役最高分数为6分，教化、操行最高分数均为3分，并依据由严到宽的原则，严格考核记录，需提供具体的事实证明，由监狱委员会复查核对。第四章至第八章规定了罪犯因处不同的级别，在监禁及戒护、劳役、教化、接见及发受书信、给养等方面享受的级别待遇，体现了分类管理、分级处遇的原则。第九章规定了审查制度，主要是监狱设累进处遇委员会，审查全监施行过程中的各种事项，即罪犯的个性、心身状况、遭遇、受教育程度、经历、人格成绩及其晋级、降级和编级事项，并可决定独居监禁，而委员会每月至少开一次会，审查结果取决于多数人意见，最后报典狱长，由其提交监务委员会议监督。第十章规定了罪犯的留级和降级问题，即罪犯违反纪律得留级或降级，确有悔改可恢复。第十一章规定了假释问题，即第一级和第二级罪犯只要符合刑法假释的规定，都可以呈请核准假释。

（二）特殊监狱法律体系

南京国民政府的统治经历了土地革命战争、抗日战争、解放战争三个时期，错综复杂的政治军事形势，使国民党为了保证自己的独裁统治将共产党视为头号敌人。为此，南京国民政府在制定普通法律体系的同时，相应公布了一系列疯狂镇压共产党人和革命志士的法西斯化单行法律法规，形成体现“军治”色彩的军人监狱法律和“党治”色彩的反省院法律体系。同时，蒋介石及其中央党部、中央一级军事机关经常发出公开或秘密的高于法律之上的所谓“训令”“手谕”“指示”“命令”，同样具有法律效力，而且最为灵活的法律形式是根据法西斯化统治的需要，随时补充和更改法律条文。

1. 土地革命战争时期。在1927年至1937年期间，国民党通过制造白色恐怖企图吓倒革命人民，但革命队伍却不断壮大，为了对红色革命根据地进行军事围剿和刑事镇压，南京国民政府公布了一系列法西斯法律。

镇压共产党人和革命志士的法律，主要有1927年的《惩治盗匪暂行条例》、1928年的《暂行反革命治罪法》、1931年的《危害民国紧急治罪法》、1936年的《维持治安紧急治罪法》等。例如，1936年的《维持治安紧急治罪法》规定，军警可以枪杀抗日群众，逮捕爱国分子，解散救亡团体，抵制抗日救亡言论，该法律造成当时许多共产党重要机关被破坏，党员干部的牺牲不计其数。

强化监狱机构的法律。例如，1929年《反省院条例》规定，“受反革命罪刑之执行完毕仍有反革命之虞者”，立即送反省院管训，实际就是对共产党人和革命志士进行长期监禁；1935年5月南京国民政府下的司法行政部还发布2402号训令，指示筹设所谓“保安处分”的执行场所，如感化院、精神病院、救济院、戒烟所、教养局等，实际就是设置囚禁共产党人和革命志士的特种监狱，并实施法西斯化的管理制度。

2. 抗日战争时期。在1937年至1945年期间，面对日本帝国主义的侵略，南京国民政府既有积极抗日的一面，甚至在兵力不足时将罪犯调往战场以功抵罪，同时又有置民族利益于不顾、消极抗日、积极反共的一面，甚至企图利用侵华日军的屠刀消灭中国共产党，

【讨论题】

根据《行刑累进处遇条例》，相应刑期和级别的责任分数如下表，表明该条例从法律条文上体现出一定的进步性和文明性，有利于对罪犯的科学行刑。但是，从北京政府到南京国民政府的监狱管理中仍然大量保留诸如面责、鞭刑、体罚、流刑等落后手段。对此，你作何理解？

刑期和刑种	第四等级	第三等级	第二等级	第一等级
有期徒刑 6 个月以上至 1 年半未满	18 分	24 分	30 分	36 分
有期徒刑 1 年半以上至 3 年未满	24 分	36 分	48 分	60 分
有期徒刑 3 年以上至 6 年未满	36 分	72 分	108 分	144 分
有期徒刑 6 年以上至 9 年未满	72 分	108 分	144 分	188 分
有期徒刑 9 年以上至 12 年未满	108 分	144 分	180 分	216 分
有期徒刑 12 年以上至 15 年未满	144 分	180 分	216 分	252 分
有期徒刑 15 年以上至 18 年未满	180 分	216 分	252 分	288 分
有期徒刑 18 年以上至 21 年未满	216 分	252 分	288 分	324 分
有期徒刑 21 年以上至 24 年未满	252 分	288 分	324 分	360 分
有期徒刑 24 年以上至 27 年未满	288 分	324 分	360 分	396 分
有期徒刑 27 年以上至 30 年未满	324 分	360 分	396 分	432 分
有期徒刑 30 年以上或者无期徒刑	360 分	396 分	432 分	468 分

并为此颁布了一系列法律。

监狱调服军役的法令。为了补充抗战消耗的兵力，南京国民政府于 1937 年 8 月颁布了《战时监犯调服军役办法》，又于 1939 年 9 月颁布了《非常时期监犯调服军役条例》。例如，《战时监犯调服军役办法》规定“在军人及普通监狱执行或在反省院反省之人犯”才能调服军役，而案情直接或间接涉及通敌或利敌者、犯吸食烟毒罪者、年在五十岁以上者、确有疾病不堪服役者都不得调服军役。还规定了调服军役的待遇，根据监犯的才力来酌派相当的勤务，如果“调服军役之人犯如自愿编入敢死队或冲锋队者，自入伍日起视同假释，调服其他军役者其服役之日期准予折抵刑期。”调服军役之监犯如有特殊功绩或因作战致其身体残废者，除照例奖恤外，并得经其服役部队长官证明呈经中央各主管机关转呈，国民政府赦免其罪刑”。同时，国民党以“加强抗战力量”为借口，把一些政治犯调到国民党军队服役，其险恶用心是借日本侵略者的手杀害政治犯，消灭共产党。[1]

限共反共的法令。全面抗战爆发后，南京国民政府奉行“溶共、防共、限共、反共”的反动政策，从中央到地方都有专门指定的机构负责反共活动，制定了《限制异党活动办法》《共产党问题处置办法》《沦陷区防范共产党活动办法草案》《非常时期维持治安紧急办法》《妨害国家总动员惩罚暂行条例》等法西斯法令。例如，《限制异党活动办法》通过后，国民党一直秘而不宣，后中央秘书处在下达办法时特别指出，“应以绝对保守秘密为原则，倘不慎而泄漏入异党分子手中，则不仅易滋误会，甚至发生磨擦”，进行反共活动时，“党政机关避免直接出面，尤须避免党派斗争之痕迹”，其策略为“上层注重‘理性之折服’，以‘严正’对之；中下层当予以事实上之‘打击’，以‘严厉’对之”；为此，国民党规定“党政军步调必须完全协同一致，且特别着重层层负责与执法以绳”。[2] 把大批誓死抗击日本侵略者的共产党人和爱国者投进监狱，其倒行逆施的丑恶行径令人深恶痛绝。

3. 解放战争时期。在 1946 年至 1949 年期间，当抗日战争取得伟大胜利后，以蒋介石为首的南京国民政府置广大人民渴盼和平的愿望于不顾，悍然发动新的内战。为此，制定了更多破坏法制的监狱法令。

恢复和扩充监狱机构的法令。抗日战争使当时大部分监狱受到日本侵略者的破坏，为恢复监狱的职能作用，南京国民政府下的司法行政部拟定了恢复监狱计划，南京国民政府统治区的监狱得到较快恢复和扩充，当时仅普通监狱和看守所就有 1834 所，关押罪犯 22 万余人。

赦免刑事犯，镇压和屠杀革命者的法令。首先，南京国民政府为配合《中华民国宪法》的通过，于 1947 年 1 月颁布了《罪犯赦免减刑令》，使一些普通刑事犯获得赦免出狱或减刑。其次，南京国民政府面对共产党人和革命志士下达了镇压和屠杀的法西斯法令。例如，1949 年 11 月 27 日，就在重庆即将解放前夕，蒋介石在逃往台湾之前，悍然下令特

---

〔1〕 李金华、毛晓燕主编：《中国监狱史》，金城出版社 2003 年版，第 206 页。

〔2〕 须立：《析抗战时期国民党既联共又反共的两面政策》，载《安徽史学》1985 年第 5 期。

【知识链接】

国民党秘密反共法令

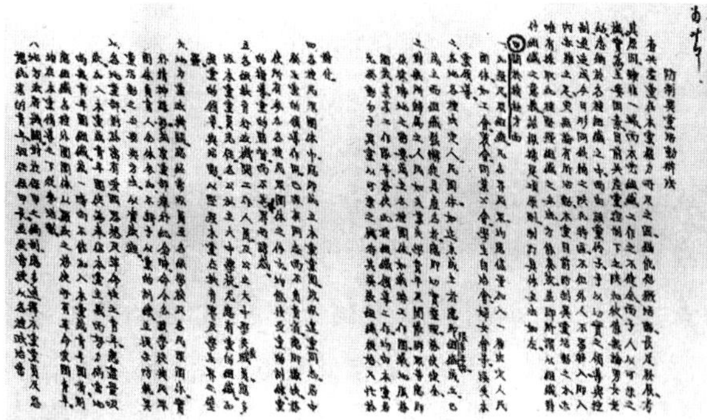

蒋介石亲自提案通过的《防制异党活动办法》

1939 年 1 月，国民党召开五届五中全会，确立了“消极抗日、积极反共”政策，确定了溶共、防共、限共、反共的四项方针，随后制定了《防制异党活动办法》《共党问题处置办法》等秘密反共文件，在各级党部设立反共的“特别委员会”。这次会议实际成为抗战期间国民党政策从重点对外（抗日）到重点对内（反共）的转折点，国共合作抗战局面随时面临危机。

1939 年 6 月，国民政府军委会政治部奉蒋介石命令，制定了《共党问题处置办法》共五章 63 条。从军事、党务、行政等方面强化防共限共的制度办法。同时，为了对抗陕甘宁边区，国民党要求对“边区”组织坚固的封锁网。

其中，党务方面规定：党内外均应一致遵奉抗战建国纲领，以实行三民主义为最高原则，任何纠纷皆当取决于领袖；共产党在各地不得有任何公开或秘密组织，如个别共产党员在各地公私机关团体服务者，必须开列名单，呈报中央，否则一经发现即以战时非法活动论罪；共产党外围组织“民先队”与“救国会”即令取消，其分子一律由中央指定机关接受训练；共产党员非经中央特许，绝不允许服务于各部队机关及军事性学校、交通及产业机构；共产党应即停止违反本党政策的种种谬论宣传及共产主义的传播；共产党不得单独设立机关报、杂志及反动宣传品的书店，违者封闭；对付共产党员的态度，采取上层注重“理性之折服”，以“严正”对之，中下层当予以事实上之打击，以“严厉”对之。

行政方面规定：绝对否认共产党所谓“陕甘宁边区”组织；共产党在华北各省游击区内组织的地方政权移交冀察战区党政委员会；教育与训练机关必须绝对统一于中央；任何地方不得建立违反本党立场及中央法令的经济制度；战地省政府可以发行以法币为基金的省钞及辅币，但发行数量应事先呈准，不得滥用滥发，以防流弊。

务们将关押在中美合作所的300多位共产党人和革命志士全部屠杀，仅有15人脱险，为毁灭罪证，还放火焚烧了牢房和烈士遗体。

第二节　中华民国政府的监狱设置

民国政府为了树立民主政治的形象，在司法领域一直试图废除不平等条约，收回领事裁判权，同时在继续监狱改良运动中，监狱管理机构、管理人员、管理模式也在不断变化，既仿效西方建设新式监狱，又延用清末遗留下来的大量旧监狱。在此期间，无论是北京政府监狱还是南京国民政府监狱，都出现监狱构成体系繁杂紊乱的怪象，这与军阀割据、战乱频繁的政治生态密切相关，监狱设置往往是新式监狱和旧式监狱、普通监狱和特殊监狱并存。

一、北京政府时期的监狱设置

北京政府当时面临的形势是中国人民日益强烈的反帝反封建斗争，新式监狱作为现代文明的窗口，既有不能不建的现实无奈，更有政治欺骗民众的需要。当时深受日本、欧美监狱思想影响的监狱学家，从改良监狱的美好愿望出发，提出了许多即使在今天也比较适用的监狱建设主张，[1] 但在当时是根本无法实现的。

（一）筹建新式监狱

1. 筹建概况。1912年8月，刚上任的司法总长许世英通电全国调查各县监狱的实际情况，提出雄心勃勃的《司法计划书》，按其规划的新式监狱本应达到“一县一监”，并于1913年发布《拟定监狱图式通令》。而从筹建实践看，仅有京师（北京）、直隶（河北）、奉天（辽宁）、吉林、山东、安徽、江苏、江西、浙江、湖北等地建成13所，且大多是在清末习艺所、模范监狱的基础上改建而成。1913年6月27日，司法部下令各省司法筹备处和高等审判厅因“财政艰窘，法院、监狱之设从权暂缓”，[2] 之所以如此，和北京政府内战不断、军费浩大致使库款空虚，一切经费日趋拮据，甚至罪犯粮食、看守工资都经常拖欠，建设更是困难。1916年12月，司法部又改订规则，提出“以合数县或十数县而建一所新监为宜”，新监至少容纳三百罪犯，“各省会之新监仍照五百人以上为合格”，[3] 到1917年，全国除交通便利的旧监狱逐渐通过整顿取得相当成绩外，新式监狱也仅有80所。它们分别是：京师第一监狱、京师第二监狱、京师第一分监、京师第二分监（涿州），直隶第一监狱（天津），第二监狱（万全），天津分监，保定分监，奉天第一

[1] 杨习梅主编：《中国监狱史》，中国民主法制出版社2009年版，第169页。

[2] 薛梅卿主编：《中国监狱史》，群众出版社1986年版，第225页。

[3] 万安中主编：《中国监狱史》，中国政法大学出版社2015年版，第134页。

【课程思政资源】

恽代英和他的《狱中诗》

恽代英（1895 年—1931 年），原籍江苏武进，生于湖北武昌。他是中国无产阶级革命家，中国共产党早期青年运动领导人之一，黄埔军校第四期政治教官。他在学生时代积极参加革命活动，是武汉地区五四运动主要领导人之一，1920 年创办利群书社，后又创办共存社，传播新思想、新文化和马克思主义。1921 年加入中国共产党，1926 年任上海大学教授，同年 8 月被选为中国社会主义青年团中央执委会候补委员、宣传部主任，创办和主编《中国青年》，它培养和影响了整整一代青年。先后参加了南昌起义和广州起义，1930 年因叛徒出卖在上海被捕，后被囚禁于南京中央军人监狱。

恽代英在监狱里留下了气吞山河的《狱中诗》：

浪迹江湖忆旧游，
故人生死各千秋。
已摈忧患寻常事，
留得豪情作楚囚。

面对国民党的威逼利诱，恽代英始终坚贞不屈，在劝降失败后，蒋介石亲自下令立即处决恽代英。1931 年 4 月 29 日 12 时，敌人将恽代英押往狱中刑场。恽代英神色坦然，昂首挺胸，沿途高唱《国际歌》。临刑前，面对执行的刽子手，恽代英发表了慷慨激昂的演说，“蒋介石走袁世凯的老路，屠杀爱国青年，献媚帝国主义，较袁世凯有过之而无不及，必将自食其果”。他壮烈牺牲时，年仅 36 岁。2009 年，恽代英被授予 100 位为新中国成立作出突出贡献的英雄模范人物之一。

监狱、第二监狱（辽阳）、第三监狱（铁岭）、第四监狱（营口）、第五监狱（昌县）、第六监狱（锦县）、第七监狱（安东）、第八监狱（海龙）、第九监狱（洮南）、第十监狱（辽源）、第十一监狱（西安）、第十二监狱（复县）、第十三监狱（新民）、第十四监狱（兴京），吉林第一监狱（吉林）、吉林第二监狱（长春）、吉林第三监狱（哈尔滨），黑龙江第一监狱（龙江），山东第一监狱（济南普利门外）、第二监狱（烟台）、第三监狱（济宁）、第四监狱（益都）、第五监狱（济南，也称济南分监）、第六监狱（青岛李村，也称青岛分监），河南第一监狱（开封）、第一分监（开封）、洛阳监狱（洛阳），山西第一监狱（太原）、第二监狱（河东运城）、第三监狱（大同）、第四监狱（太谷）、第五监狱（汾阳），江苏第一监狱（南京大石桥）、第二监狱（上海漕河泾）、江苏第三监狱（苏州小柳贞巷）、江苏第三分监（苏州司前街）、江苏第四监狱（南通县），安徽第一监狱（安庆）、第一分监（安庆）、第二监狱（芜湖）、第三监狱（阜阳），江西第一监狱（南昌）、第一分监（南昌）、第二监狱（九江），浙江第一监狱（杭州）、第二监狱（宁波）、第三监狱（嘉兴）、第四监狱（永嘉），福建第一监狱（福州）、第一分监（福州）、第二监狱（漳州），湖北第一监狱（武昌）、第一分监（武昌）、第二分监（宜昌），陕西第一监狱（西安）、第二监狱（南郑）、第三监狱（榆林）、第四监狱（安康）、第五监狱（凤翔）、第六监狱（乾县），甘肃第一监狱（兰州）、第二监狱（武威），云南第一监狱（昆明），贵州第一监狱（贵阳）、第二监狱（镇远），广西第一监狱（桂林）、广西第二监狱（南宁），四川第一监狱（成都），绥远第一监狱（绥远），察哈尔第一监狱（张家口），哈尔滨第一监狱（张家口）、哈尔滨监狱（哈尔滨）、哈尔滨分监（满洲里）。[1]

2. 新监特点。一是狱内分别设有男监、女监和病监；二是监房包括分房制和杂居制两种，一般可容纳男女罪犯600人左右，较大的山西第一监狱可容1000余人，较小的江西第一监狱有近300人；三是监房建筑平面图多呈扇形、放射形和十字形，也有采用丁字形和三字形，山西第一监狱采用正中菊花式（星光形）、外层扇面式的构造；四是狱内建筑设施有理发室、浴室、工场、教研室、运动场以及惩罚罪犯的暗室、行刑室等，还建有为监狱管理人员办公的事务楼，为瞭望全监动态加强警戒的中央看守楼；五是有的新式监狱附设少年监或游民习艺所，收容、监禁少年犯或无业游民。

（二）统一监狱看守所名称

北京政府建立初期，监狱因沿用清末旧制，名称不一，顺序混乱，致使事权混淆。要推行监狱改良，必须强化狱政管理，故司法部于1913年7月7日颁布了《划一监狱看守所名称办法令》，提出统一监狱看守所名称的相应办法：将清末设立的罪犯习艺所一律改为监狱；将各省模范监狱一律以该狱所在地县名命名之；将各地方旧监狱一律命名为某县

[1] 孙雄编著：《监狱学》，商务印书馆2017年版，第75~78页。

【数字资源】

【课程思政资源】

京师第二监狱

图为京师第二监狱东门

京师第二监狱，位于北京德胜门外功德林（始建于金代的寺庙）旧址，占地近百亩，原系清末顺天府习艺所，1914年改称京师第二监狱。该狱采用双扇面及十字形进行建造，监狱四周有带电网的围墙，监房以“天地玄黄、宇宙洪荒、日月盈昃、辰宿列张”命名，能收押罪犯千余人。劳役种类主要有窑科、木科、藤竹科、印刷科等。这些作业以贴近生产和服务监狱生活为主。该监狱囚犯劳役中以窑科和营缮科的规模较大，其中窑科是监狱收入的最主要来源，营缮科则负责监狱一切工程项目，包括其窑厂的修筑、监狱基础工程的改建。罪犯饮食方面，主要为早晚两餐，均用粈米制作。夏、秋季节因白天较长，对于从事砖窑生产的罪犯，因劳役繁重，午餐加给稀粥一次。

1937年抗战爆发后，该监狱关押着包括共产党人和民主人士在内的数十名“政治犯”。国民党准备在撤出北平前，将监狱里的罪犯全部处决。由中共领导的平西游击队在一天深夜袭击了该监狱，救出了全部被押人员。中华人民共和国成立后，这里改名为功德林监狱，成为北京战犯管理所。1960年功德林监狱迁往昌平新址，更名为秦城监狱，隶属公安部。

旧监狱；将有模范监狱县城内的旧监狱或罪犯习艺所，一律作为该县模范监狱的分监，命名为某县分监；将各省审判厅、审检所附看守所，命名为“某某厅看守所”或“某某审检看守所”；1916年司法部又将省会之新监贬称为“某省第一监狱”；将该省其他新监按照成立先后命名为该省第二、第三、第四监狱；“未经改良的监狱均仍旧称”。当时全国1700余所监狱，新监总数不到全国监狱总数的1/20。

(三) 整顿改良旧监狱

各省监狱虽然按监狱图式要求对监狱进行改扩建，但却大多受制于资金限制，有的靠罪犯劳役收入继续建设，如京师第二监狱、京师第三监狱（保定清苑监狱）、山西第一监狱（太原监狱）都增加了监房、病监、运动场和工厂，又扩大了劳役种类和范围，改善了罪犯的居住、卫生等条件，健全了监狱的组织编制。这只是少数新监改良的基本情况。同时，接管的大量旧监狱“莫不地狭人稠，空气不足，积污丛垢，疫病繁兴”，为了标榜“民主”“尊重人道”，司法部又不得不对旧监狱进行整顿、改造。1913年3月3日，颁布了《旧监狱改良办法》，包括将已定罪人犯与被告人划分区域，严行隔离；各旧监狱的杂居房如系漫无区划者，即须酌量形势进行隔离，并应酌设分房；须视收入之多少设相当之工场；须设法整理监舍，以解决空气缺乏、光线不足、地势卑湿等问题。[1] 显然，这些建筑改良仅涉及监狱表面，即便这样，当时全国监狱大多也未参照执行，旧监狱的黑暗一如往昔。

二、南京国民政府时期的监狱设置

1927年南京国民政府成立，在22年的执政期间，其建立了一个强大的法西斯国家机器，监狱机构也得到空前强化：不仅全部接收了北京政府的全部监狱和看守所，继续建设新式监狱，同时还不断扩充监狱的种类和数量，设置了一套完善的关押一般刑事罪犯的普通监狱和关押共产党人和革命志士的特殊监狱。

(一) 普通监狱

根据《监狱规则》，司法行政部下设监狱司，统一管理全国监狱的一切事务。但是，省级管理体系中，监狱工作的管理机关是省高等法院；县级管理体系中，监狱工作的管理机关是县长，设管狱员具体负责监狱事务，司法行政部则每年派人到各地监狱视察。普通监狱分为徒刑监和拘役监，由省、市、县监狱和看守所、管收所、拘留所组成。

1. 省、市、县监狱。1930年，南京国民政府制定了《训政时期司法行政工作大纲》，计划在6年内增设普通监狱215所，筹建少年监47所，每省筹设一所犯监，在青海、吉林、黑龙江、热河、绥远、察哈尔、宁夏、新疆等地筹设外役监。[2] 至1937年以前，新式监狱共有109所。全面抗战爆发后，监狱建设被打断，沦陷区的监狱都被日本侵略者接管，成为镇压中国军民反抗的帮凶；抗战胜利后，南京国民政府又致力于沦陷区监狱的接收、

---

〔1〕 王晓山编著：《图说中国监狱建筑》，法律出版社2008年版，第130页。

〔2〕 孙雄编著：《监狱学》，商务印书馆2017年版，第75~78页。

【知识链接】

监狱参观规则

图为京师第二监狱参观者与管理者的合影

为了保证监狱安全，北京政府司法部于 1913 年以训令形式颁行了《监狱参观规则》，要求外来参观者须凭参观证。

第一条：凡欲参观监狱者，须请由典狱长或典狱许可后，给以参观证方准入内。参观者得许可后须于参观簿内记明其姓名、年龄、籍贯、职业及参观之目的。

第二条：参观证于参观后由该监狱收回。

第三条：参观者人数过多时须分班参观。

第四条：未成年者不准参观。

第五条：酒醉及精神病者不准参观。

第六条：参观时须遵守下列各项：

一、衣服须整齐；

二、须静肃；

三、不得吸烟；

四、不得携带刀剑及伞杖之类；

五、对于在监者不得交谈及收受物品；

六、须从监狱官吏之指导。

第七条：参观者有违反前条事项或其他不当行为时，得停止其参观。

第八条：本规则自公布日施行。

同时，在监狱参观证上，正面标明第××号及日期，背面标明参观者须遵守的事项。[1]

---

〔1〕 山东省劳改局编：《民国监狱法规选编》，中国书店 1990 年版，第 373~374 页。

恢复、重建，到 1947 年，监狱数量有所增加，连同我国台湾地区的 8 所，新监数量共 121 所。

2. 看守所。根据《看守所暂行规则》，各省高级法院及其下属各级法院均设看守所，用以羁押未决犯。但是，《监狱规则》又规定，“在不得已时，被判处徒刑及拘役者，得暂禁于看守所”，而看守所与监狱的性质是不同的，即看守所也可以监禁已决犯，而监狱人满为患，监狱和看守所的界限不可能严格区分，尚未判刑的未决犯，甚至被株连的无辜群众也被关进监狱是常事，同理许多已决犯也被长期羁押在看守所。故各级法院的看守所就是监狱。[1] 即使不计算旧式看守所，截至 1947 年 7 月，全国已经设置新式看守所 595 处，数量远大于新式监狱。[2]

3. 管收所。羁押无力偿还债务的民事被告人的监管场所。相关法律规定，民事被告人无相当之保人或保证金，而有下列情形之一者，得管收之：有逃匿之虞者；有犯刑事之嫌疑者；具有前二款原因一者，而原保证人死亡或声明退保，不能另有其他保证者；判决确定显然有履行义务之可能，而不遵判履行者。管收所一般都设在看守所内部，其所长及办事人员等，皆由看守所长和看守职员兼任，被管收的民事被告人如果有保证人或缴纳保证金，可以被释放，管收时限最长不超过三个月。

4. 拘留所。警察机关直接管辖的监狱机构。根据《拘留所规则》规定，各级警察机关设置拘留所是为了拘留违警人犯，这是国民党警察机构的一个重要组成部分。拘留所内设所长一人，由该警察机关委派，医士、书记和男女看守若干人。他们在所长的督率下，分工管理有关事宜。在国民党统治区，从中央到地方，但凡有警察机关的地方，都设有拘留所，这不仅便于警察任意搜查和捕人，也便于直接羁押人，是蒋介石反动集团为在全国强化警察统治而采取的一项重要措施。

（二）特殊监狱

国民党为了“党治”“军治”的需要，在普通监狱之外，还设置了许多游离于政府之外的特殊监狱，包括少年监、军人监狱、反省院、特别感化院、南京宪兵司令部看守所、“保安处分”执行场所、集中营、私牢等。

1. 少年监。为了适应当时国际司法发展潮流，从清末到民国的监狱改良都有设立少年监的规定。清末上海租界内的提篮桥监狱设置了我国近代最早的少年监，北京政府时期仅有奉天第一监狱设有少年监，南京国民政府虽有前述设立 47 所少年监的谋划，但直至中华人民共和国成立仅建成山东和武昌两所少年监。武昌少年监于 1936 年 5 月 16 日正式开办，原为湖北第二监狱，设内监、外监、女监和病监，收容少年犯 300 人。因时局动荡，筹措经费艰难，其他各省少年监建造计划多未实现。可见，少年监的建设远远落后于时代发展，大部分少年犯仍与成年犯混杂关押，也难在民国时期真正对少年犯进行感化教育。

---

〔1〕 王志亮：《中国监狱史》，中国政法大学出版社 2017 年版，第 294 页。
〔2〕 曹强新：《民国监狱研究》，中国言实出版社 2022 年版，第 129 页。

【知识链接】

三科两所制

南京国民政府的新式监狱设典狱长 1 人，统一掌管全监事务，下设三科两所，各科设主任看守长 1 人，各所设主任 1 人。

- 三科两所制
  - 三科
    - 第一科：负责会计、名籍、印信、保管、文书以及任免、收发、统计
    - 第二科：负责戒护、纪律、训练、作业督饬以及消防检束、异别、赏罚施行
    - 第三科：负责作业、作业费、材料、成品、雇佣以及工程施行、粮食支配、物品财产出纳等
  - 两所
    - 教务所：主管对监禁人的教诲和教育
    - 医务所：掌管卫生、医疗和药剂等

岗位职责：

典狱长负责管理全监事务，须三年以上专科学校（包括外国监狱学校）毕业，有证书。

看守长分掌警备、教育、作业、卫生、用度及其它庶务，分监长和各科科长一般也由看守长兼任。

教诲师对犯人进行道德训导，课程分集合教诲、类别教诲和个别教诲。尤其“注重党义之灌输”，并充任教务所长。

教师对犯人进行文化知识教育，内容按小学程度教授读书、习字、算术、作文等科目。

医士包括中、西医士。中医士有专职人员，西医士全部聘请医院医士。负责犯人的检查、诊疗、狱内一切卫生事务、病患的死亡及证明等。

药剂士负责给犯人开药、调理药物，并辅助医士。

技士负责狱中的技术事务，对犯人的劳动进行指导，也在外雇用专业师傅指导犯人进行生产作业。

看守监督和管理犯人的各项事务，对犯人进行戒护，并强制犯人的改造。看守须定期训练。看守中设主任看守，领导看守的工作，每天必须到分监房检查。

2. 军人监狱。主要监禁被判处徒刑或拘役刑的陆海空军人。

设置背景。1928 年，军政部颁布了《军人监狱规则》《军人监狱组织大纲》《军人监狱处务规则》等特殊法规，规定军人监狱隶属军政部管辖，分中央和地方两种，即中央军人监狱和各省军人监狱。前者设置在首都，直属军政部，受陆军署军法司监督指挥，由蒋介石亲自下令拨巨款建造。后者主要设置在各省省会或较大的城市，由所在地最高军事机关监督。中央军人监狱位于南京江东门，江苏、浙江、江西、湖北、福建等省也分别设有军人监狱。此外，还设有海军军港监狱。

罪犯管理。中央军人监狱设监狱长 1 人，其特殊性在于管理者全部为现役军人，监狱长是上校，科长是中校，各省军人监狱的监狱长是中校，科长是少校。此外监狱的其他管理人员如科员、看守等，分别是少校、尉官和士兵等。[1] 军人监狱内部还设有看守所，用以关押刑事被告人及受处分者。军人监狱中所监禁的人犯，并不完全是军人，还有一部分政治犯。“依法令非军人而受军事制裁者，亦得监禁之”,[2] 即使不是军人，只要受到军事机构的判决或者处分的人，也可以关押在军人监狱。而且根据时局或案件本身影响，或者当事人的身份影响等，都可以根据需要随时关押在军人监。例如，恽代英、邓演达等被捕后，就是被关押在中央军人监狱并被杀害的。

中央军人监狱，呈正方形，面积 4 万多平方米。四周是 4 米高围墙，其上布满铁丝网，四周筑有岗楼，外墙外环有一条宽 5 米、深 1. 5 米左右的河沟，进出用吊桥。监内有 4 幢钢筋水泥建筑的监房，内分东、西、南、中四个大监，有日、月、星、智、仁、勇 6 条胡同。东监设天、地、人字监；南监设改、过、自、新字监；西监设日、月、星字监；中监设智、仁、勇字监。每个字间有 32 间监房，共有监房 372 间。监狱中部是瞭望楼，其后有两个教诲室。东面有织布厂、织袜厂，西面有印刷厂，另外还有缝纫、理发、洗衣等劳动场所，监狱可容纳罪犯 1400 名。主要收押上海、徐州、南京等地城防指挥部和宪兵司令部军法处判刑的军事犯、“政治犯”等。其中“政治犯”占 50%，军事犯占 30%，刑事犯占 20%。中美合作所内的渣滓洞、白公馆等监狱，其前身正是中央军人监狱。

3. 反省院。这是国民党中央党部和各省党部直接操纵的监狱。

设置背景。主要任务是监禁和迫害共产党人和革命志士，根本目的是要镇压人民革命、消灭共产党。为此，国民党于 1928 年颁布了《暂行反革命治罪法》，1931 年颁布《危害民国紧急治罪法》，规定一切危害国民党统治秩序的言论和行动都要受到严厉惩办。而早在 1929 年就颁布了《反省院条例》，并于 1933 年进行修正，主要规定了反省院的监禁对象是违反了《暂行反革命治罪法》《危害民国紧急治罪法》的“犯罪人”，他们绝大多数是以推翻国民党法西斯反动统治为目的，而从事革命活动的共产党员和爱国民主人士；

---

〔1〕 山东省劳改局编：《民国监狱法规选编》，中国书店 1990 年版，第 524~526 页。

〔2〕 山东省劳改局编：《民国监狱法规选编》，中国书店 1990 年版，第 529 页。

【课程思政资源】

革命伉俪陈觉、赵云霄烈士的遗书

陈觉（1903 年—1928 年）、赵云霄（1906 年—1929 年）烈士均为共产党员。他们于 1925 年留学莫斯科中山大学，毕业后回国参加革命。1928 年由于叛徒告密，先后被关进长沙陆军监狱。他们在狱中受尽酷刑折磨，宁死不屈，最后被国民党杀害。他们的遗书被收藏于中国人民革命军事博物馆。下面是赵云霄在临终前留给女儿启明的遗书（摘录）：

启明我的小宝贝：

启明是我们在牢中生了你的时候为你起的名字，这个名字是很有意义的。因为有了你四个月的时候，你的母亲便被湖南清乡督办署捕于（到）陆军监狱署来了……但你的母亲在你才有一月有十几天的时候，便与你永别了。小宝宝！你是个不幸者，生来不知生父是什么样，更不知生母是如何人？小宝宝！你的母亲不能扶（抚）养你了……你不必恨我，而（要）恨当时的环境！小宝宝！我很明白的告诉你，你的父母是共产党员，且到俄国读过书（所以才处我们的死刑）……小宝宝！我不能扶（抚）育你长大，希望你长大时好好的读书，且要知道你的父母是怎样死的。我的启明，我的宝宝！当我死的时候你还在牢中。你是不幸者，你是个世界上的不幸（者）！更是无父母的可怜者。小明明！有你父亲在牢中给你的信及作品，你要好好的保存。小宝宝！你的母亲不能多说了。血泪而（书）成……可怜的小宝贝，我的小宝宝！

你的母亲于长沙陆军监狱署泪涕。

然而，令人痛心的是，被祖父母从监狱接出后抚养的小启明，并没有像母亲希望的那样“长大成人”，而因体弱多病在 4 岁时夭折。一个家庭就这样全部奉献给了革命事业！

他们中有的是被判刑后，直接送到这里执行刑罚的；有的是刑罚执行完毕，但被认为“仍有再犯之虞”而移送到这里进行长期监禁的；有的是经国民党中央执行委员会决议送入的所谓“共党”嫌疑分子[1]等。

机构组成。国民党在首都、江苏、浙江、江西、安徽、山东、河北、湖北、广东等地都设有反省院。规定各省反省院设院长 1 人，负责全院事务；设总务主任、管理主任各 1 人，由院长呈请司法行政部委派；训育主任和训育员由院长呈请司法行政部转呈中央执行委员会指派。同时，还设有评判委员会，由院长、总务主任、管理主任、训育主任及国民党党部代表 1 人、高等法院推事（审判人员）1 人、南京反省院检察官 1 人组成，有关反省人出院及反省期限等重大事项均由评判委员会决定。

反省内容。注重对反省人进行反革命思想的灌输，以培养所谓三民主义的忠实信徒。最重要的是训育工作，即通过课堂讲授、集体演讲等形式，动摇和瓦解反省人的革命意志。而出于政治欺骗的需要，反省人可以有一定的自由，生活条件也比普通罪犯好，他们除规定的劳役外，还可以有一定的运动和休息时间。对不接受“洗脑”的反省人，会给以残酷的身心摧残，且又借口种种理由，任意延长关押时间，即便是侥幸出院，也要受国民党党部的长期监视。反省期限以 6 个月为一期，期满经评判委员会通过后才可出院，并发给自新证书；如被认定为应继续反省者，则应再受反省处分，但反省期限最长不超过 5 年；如果发觉反省处分者在反省期限内，有新的犯罪证据或认为顽固不化者，可将其送交法院审判或执行刑罚。

4. 特别感化院。专门监禁战时投降共产党的国民党军人的场所。

监狱性质。感化院隶属于政治军事机关，其组织、管理方法与反省院大致相同。区别在于感化院常借一些非正当理由，永远监禁被感化者，以达到限制人身自由的目的。国民党政府在全国各地广设感化院，用“三民主义”“中国革命与中国国民党”“中国革命的具体方案”等党章党义，试图促使被感化人改变信仰，放弃抗争。

监管机构。这类感化院多为临时设置。例如，湖北孝感感化院成立于 1928 年 2 月，于次年 10 月结束，但有专门的《湖北省感化院条例》规定其组织机构：设院长 1 人，由省政府委任，下设事务、实施二部。还规定“青年受感化无定期，其未经判定罪刑者，自入院起，经过六个月之感化后，得由本人呈递悔过书，经院长呈请省政府核准后，由家属保释，但罪刑未判定而案情关系重大的则不在此列。青年已经判定罪刑者，至入院之日起经过一年后，依照担保条例的规定，经院长呈请省政府核准执行假出狱，但判定刑期不满一年者，依照前项办理”。[2]

收容对象。1933 年，国民党因围剿中央苏区军事行动的需要，打着“为救青年于危殆，为保全国家之元气，不忍一一置其于绝境”的幌子，筹设了南昌行营临时感化院。根

〔1〕 王志亮：《中国监狱史》，中国政法大学出版社 2017 年版，第 295 页。

〔2〕 参见《国内要闻：全国反省院筹设情形》，载《中华法学杂志》1931 年第 11 期。

【知识链接】

首都反省院

国民党于1936年在南京成立了“首都反省院”。其关押人员主要为：叛变共产党不彻底分子，坚决不承认自己是共产党员的人，有共产党嫌疑的人和思想左倾人员。首都反省院将“反省人”根据反省期间表现，分为“劣、愎、伪、诚、形、著、明、动、变、化”等十种类型。所谓“劣、愎、伪”者，即“尚未蹈入反省之阶段，应以留院展期反省”。“诚”者，即“反省人诚恳，不欺伪，具有改过之决心，此为反省阶段之嚆矢”。“形”者，即“反省人既有改悔之决心，则诚于中，形于外，必须接受训育，并在情态上表现忏悔之积极性，此为反省之第二阶段”。“著”者，即“反省人承认错误，在其口头陈述或书面自述中，应有显著之表现，此为反省之第三阶段”。“明”者，即“反省人自白后，消极方面必须明白过去错误之由来，从事作进一步之改悔；积极方面，更须认明三民主义，建立中心思想，以为将来行动之指针，此为反省之第四阶段”。“动”者，即“就是反共（或其他本人参与之反动团体）之表现：反省人发表反共之文字并赤裸供出其他反动分子线索或其他反省人情事，此为反省之第五阶段”。“变”者，即“反省人之思想，实际上已脱离反革命之团体，而渐渐倾向三民主义，此为反省之第六阶段”。对于上述“诚、形、著、明、动、变”等情形，认为仍“尚未达到感化之最高目的，应予留院酌以相当期间之考察”。只有达到“化”者，才被认为“反省人之思想转变，已经认清三民主义。而且决心拥护并矢志奉行三民主义，可为三民主义之信徒，于是反省之大功告成，应准‘出院’”。如认为反省人思想转变尚未彻底者，则需留院继续反省，但留院反省总期间不得超过五年。不能“感化”者，得送法院审判或执行其刑。不接受感化的下场就是“隔别训管”。该院不仅设有专为关押革命人士的特别监狱，还配有各种残酷的刑具。在所谓“温情感化”的背后，狰狞与凶残的真面目血淋淋地掩藏其中。[1]

---

〔1〕 王晓华：《南京“首都反省院”之历史》，载《炎黄春秋》2017年第12期。

据《临时感化院组织条例》,[1] 收容对象为无家室、无职业恒产又无法谋生者，至其学得相当技能为止；在革命区尚未安定以前，因特殊情形未能回家，或尚须限制其自由者，至该处业已安定为止；曾任革命区重要工作，尚须经过相当期间考察者，至考察其思想言论行为确能彻底觉悟为止；经裁定应受感化者，至裁定时期届满为止（若思想言论行为尚未彻底觉悟，得延长至觉悟时为止）。被感化人出院时应发给感化证，并送交其原籍省县政府招抚处置；被感化人已届出院时，得请求感化院就其能力为其介绍相当工作；如其在院内有再犯之思想言论或行动时，应送交行营军法处合并论罪。感化期间暂以 3 个月为一期，每一期届满应根据被感化人的初审及复审记录、平日言行考察录与接受教育情形考察录决定其去留。[2]

5. 南京宪兵司令部看守所。为了加强法西斯独裁专制统治，国民党政府还仿效德、意、日等国建立了军事政治警察制度，建立了庞大的宪兵组织，属国民党政治军事警察，主要用于监视军队，镇压中国共产党领导的人民革命运动。南京宪兵司令部是 1932 年蒋介石亲自批准成立的，作为全国宪兵最高统治和指挥机关，并设看守所，由时称“杀人魔王”的谷正伦任宪兵司令，又被称为“中央宪兵司令部”，这里实际上是一座阴森恐怖的法西斯监狱。

南京宪兵司令部由宪兵司令总管全部事务，另设副司令和参谋长，下设十三个处、三个所和一个直属科。警务处军法科是专门逮捕和审讯所谓“共党嫌疑犯”的，其中设置的看守所其规模由小到大，不断扩充，最后发展成为能容纳五百多人的大监狱，在这里无数的共产党人和革命志士被囚禁和杀害，包括罗登贤、黄励、顾衡、陶铸、邓中夏、陈赓、田汉等著名人士。到了 1943 年，南京宪兵司令部又仿照日本的宪兵制度，建立了分布在国民党统治区各地的庞大组织机构，包括二十七个宪兵团、三个独立营、三个教导团，每个宪兵团都增设了特高课，更设置看守所，专门用于镇压中国共产党。

6. “保安处分”执行场所。南京国民政府在 1935 年的新刑法典中增设“保安处分”一章，规定对少年犯“令入感化教育处所，施以感化教育”，对精神病人“令入相当处所，施以监护”，对吸食毒品犯和酗酒犯“令入相当处所，施以禁戒”，对所谓“累犯”“习惯犯”“常业犯”（指从事革命活动的共产党人），“得于刑之执行完毕或赦免后，令入劳动场所，强制工作。”上述所谓“感化教育”“监护‘禁戒’”“强制工作”等，其实就是对监禁、刑罚的补充。国民政府以“危险状态”或预防“再犯罪”为借口，对于广大人民不论其是否触犯国民党的刑律，都随意加以逮捕拘禁、长期关押，这是国民党为了加强法西斯专政的又一手段。

同时又在全国各地设置了名目繁多的“保安处分”执行场所，如“感化院”“精神病院”“救济院”“戒烟所”“教养局”“习艺所”，以及“自治”或“慈善”团体所举办的

---

[1] 参见《南昌行营颁布临时感化院组织条例》，载《军事杂志》（南京）1933 年第 58 期。
[2] 张东平：《近代中国监狱的感化教育研究》，华东政法大学 2010 年博士学位论文。

【讨论题】

阅读下列关于反省院对“反省人”出院要求的论述：

必须是“反共”要有“决心”，“党义”认识“明确”，“自白”必须“彻底”，“行动”合乎“要求”。履行“悔过切结”，由保人“填具保结”，并保证犯人被释放后不再从事共产主义运动，不再犯反革命罪，坚决拥护国民党统治。有亲友戚属者，其亲友戚属须填写领会管教切结后，才能出院。反省人经反省院批准出院后，要以集体或者个人的名义写“反共启示”“脱离共产党声明”，公开登报。有时反省院甚至会捏造一些假的“脱离共产党声明”刊登在报上，借以欺骗社会舆论，以达到瓦解共产党组织，动摇人心，从而造成共产党政治上孤立的目的。另外，反省人在出院时还需要写出院誓词，内容大体为：×××确认三民主义为革命最高原则，出院后誓以至诚拥护国民革命，尽忠于中国国民党及中华民国，如再加入任何反动团体愿受党国最严厉处分，所具结是事实。最后，反省院就发给出院人一张“准予自新”的证书。对于这些被释放出去的“自新人”，还需要受地方中统特务机关三年的管制。在这三年期间，自新人要参加由特务机关组织的“自新人员训练小组”，小组基本每周举行一次会议，自新人需要在会上汇报个人在本周内去过的地方、接触的人和事、发现的情况等。中统还会经常派人秘密监视这些人，一旦发现有继续进行共产党活动或不轨行为的情况，就随时将其重新监禁。自新人如果没有经过相关机构的允许就私自离开指定区域，也要受到严厉处罚。如果出现找不到自新人情况，那此人的保人或亲友戚属都要受到牵连，已致被关押起来，或在规定时间内找回自新人。[1]

反省院为什么要对出院人作出如此严格的规定？

〔1〕 王玮：《南京国民政府时期反省院研究》，曲阜师范大学2017年硕士学位论文。

各种保护管康机构等。实际上，这些机构都是囚禁革命群众和革命志士的法西斯监狱。此外，还根据《中华民国刑法》第 97 条的规定，制造种种借口，无限期地适用或延长“保安处分”，“保安处分”实际上就是终身监禁。[1]

7. 集中营。[2] 由国民党特务机构控制的专门用于监禁共产党员和革命志士的秘密监狱，遍布于国统区，比较大的有重庆、上饶等集中营。

（1）上饶集中营。国民党政府为囚禁在“皖南事变”中被俘的新四军将士和其他爱国人士，于 1941 年 3 月在江西上饶周田村、茅家岭、李村、七峰岩和石塘等地建立了一座规模庞大的监狱，由第三战区情报专员室专员、军统特务头子张超直接把持。当时集中营四周架设有铁丝网，第三战区特务团调遣一个加强排担任看守，监狱门外都有荷枪实弹的卫兵日夜站岗看守。上饶集中营主要囚禁被俘新四军排级以上干部，包括谈判被扣押的新四军军长叶挺，还有部分从东南各省地方上抓来的共产党员和爱国进步人士，共 700 余人。集中营的主要任务是通过个别谈话和强令罪犯学习国民党政治理论等办法，对囚禁的人进行劝降，如果政治攻势不能取得实效，就要从精神和身体上对罪犯进行摧残。常用刑有“金”（针刺）、“木”（棍打）、“水”（灌辣椒水）、“火”（用烧红的铁板或铁条烫身）、“土”（活埋）、“风”（冬天裸体在室外吹寒风）、“站”（铁丝笼）、“吞”（吞食跳蚤虱子）、“绞”（用绳索绑勒项颈）、“毒”（饭菜里放毒药）。其中，七峰岩是政治软化所；周田村是苦工营；茅家岭是重禁闭室，是国民党特务的杀人屠场；李村、石塘是囚禁新四军高级干部的地方。被押的革命者如果不被“软化”，就要遭受苦工惩罚、饥饿和毒刑的折磨，其野蛮程度，惨不忍睹，大批革命者被迫害致死。

（2）息烽集中营。位于贵州省息烽东南部的阳朗坝，这里原是地主的庄园，由于离川黔公路较近，且树林茂密还有一个几十米深的山洞，易于隐蔽。1938 年，国民党军统在此建看守所，陆续建起监房和军警特务的办公、生活用房，在周围山头上修建起炮楼，形成规模庞大的监狱。由军统特务少将周养浩直接把持。主要关押共产党员和爱国进步人士，还关押着一些违纪的特务，并利用这些特务暗中侦查狱中革命者的言行，以便特务们破坏狱内共产党组织。设有 8 座牢房，52 个监室，并以“忠孝仁爱、信义和平”分别命名监房，另外将山洞作为禁闭室，称为“猫洞”，用以囚禁政治犯。1946 年 7 月，息烽集中营宣布撤销。[3] 因其是国民党规模最大、管理最严、等级最高、人数最多的集中营，而被军统内部称为“大学”，对外挂牌是“国民政府军事委员会息烽行辕”，而重庆白公馆、渣滓洞监狱和望龙门看守所则分别称为“中学”和“小学”，先后关押过罗世文、车耀先、张露萍、马寅初等共产党人和进步人士 1200 多名，其中 600 多名被秘密杀害或折磨致死，400 多名下落不明。[4]

---

[1] 杨习梅主编：《中国监狱史》，法律出版社 2016 年版，第 230 页。

[2] 参考曹强新：《民国监狱研究》，中国言实出版社 2022 年版，第 139~142 页。

[3] 中国监狱工作协会监狱史学专业委员会编：《旧监狱寻踪》，上海书店出版社 2014 年版，第 320~324 页。

[4]《息烽集中营革命历史纪念馆》，载《中国纪检监察报》2010 年 9 月 11 日，第 4 版。

【知识链接】

茅家岭暴动

图为上饶集中营革命烈士纪念馆

茅家岭暴动是上饶集中营中的新四军俘虏在国民宪兵和特务的压迫下夺枪暴动的英雄事迹。

1941年9月前，敌人对被俘人员主要采取“软”的手段，以“怀柔政策”诋毁共产党，诱使被俘人员变节叛变。“怀柔政策”失败后，又开始采取“硬”的手段，选调极其反动凶残的军警特务当打手，以高压手段和各种严刑拷打，加紧对革命志士的迫害与摧残，妄图迫使革命志士屈膝就范。

囚禁在上饶集中营的新四军干部，绝大部分是共产党员，他们凭着高度的党性原则和组织观念，入狱不久就建立了秘密党组织，依靠组织的力量，积极开展对敌斗争。他们对被俘官兵进行革命气节教育，提出了“坚持革命气节，反对屈膝投降”“团结就是力量，斗争才有出路”“不暴露组织，不出卖同志，做党的好儿女”“至死不屈，临刑不惧，为革命争光，为历史争气”“服从组织，执行决议，警惕叛徒，严守秘密”等口号。要求大家做好充分的精神准备，以更加坚定的立场、更加坚强的意志、更加坚韧的毅力和不惜流血牺牲的决心迎接更加严峻的考验。

1942年5月25日下午，茅家岭监狱秘密党组织的暴动委员会，发现当天部分看守卫兵外出，当机立断，举行暴动。他们夺取了卫兵武器，呼喊着冲出囚室，砸开平时封死的西侧门，除两位同志负伤被敌杀害外，24位同志冲出了“虎口”。6月17日下午，上饶集中营在向闽北转移途中到达崇安县赤石镇崇溪河渡河时，第六中队秘密党支部利用敌宪兵班木船未靠岸，且黄昏天色已暗，地形丘陵起伏，林木葱郁，果断发起暴动，向武夷山区突围。近百名同志，除11人牺牲和部分失散外，大多突出重围，陆续找到了地方党组织，参加了游击队，投入新的战斗。

茅家岭暴动创造了监狱斗争史上的奇迹。郭沫若为此泼墨挥毫：“内战内行记上饶，江南一叶愤难消。茅家岭上英雄血，染遍红旗万代飘。”

（3）“中美合作所”，即“中美特种技术合作所”。

设置背景。第二次世界大战期间，美国政府为从南京国民政府那里获取对日作战的情报，于1941年秘密签订了“中美特种技术合作协定”，1943年正式成立一个情报机关“中美合作所”，以国民党军统局局长戴笠为主任，美国海军少将梅乐斯为副主任。“中美合作所”设在重庆西北部歌乐山下的群山之中，即歌乐山和磁器口附近，占地5000多亩，建筑房屋800余间，周围以电网和岗楼严密封锁。禁区内建有办公机构、宿舍、大礼堂、军火库、仓库、打靶场、电台、秘密刑场以及秘密监狱20余所，其中“白公馆”和“渣滓洞”是最大的两所集中营。

监狱刑具。特务们每隔不久便敲响警钟，并不时响起阵阵梆子声，制造恐怖气氛提醒各岗加强警卫，震撼在押犯。这里有刑具130多种，从封建王朝的刑具到最新形式的法西斯刑具，可谓应有尽有。同时，特务们还发明使用各种各样的酷刑摧残革命志士，惨无人道。例如，“钻指甲”，就是将受刑者全身绑在架子上，双手捆缚起来，然后用竹签插进其十指指尖；“烤人油”，就是用装满红炭火的油桶放在受刑者的背后烙烤；“擦汗”，就是用木柴在受刑者背上生拉硬擦；“灌辣椒水”，就是把装满辣椒水的橡皮球的皮管插进受刑者鼻孔，然后把辣椒水射进受刑者的肺部，致使受刑人肺血口出，眼鼻口红肿、呕吐不止，甚至造成精神失常；“披麻戴孝”，就是先用钉满钢针的木棒抽打受刑人赤裸的身体，至遍体鳞伤，而后涂上酒精、盐水，再用纱布将鲜血淋漓的身体包起来，待下次刑讯时，特务们又把粘满血肉的纱布一一撕扯下来。此外，还有“穿乳头”“烧下部”“上电刑”“夹筷子”“陪杀场”，等等。特务们惨绝人寰的毒刑折磨死了无数的革命者，即使侥幸生存，也逃不过集中营的秘密屠杀。[1]

“白公馆”。原是四川军阀的别墅。1939年，军统将其改造成为看守所。原来的公馆住房改为监舍，用于储藏食物的地下室改为地牢。1939年至1943年期间，白公馆关押的人员，一部分是军统内部的“违纪分子”，一部分是“特嫌人员”，一部分是“共党分子”。主要用于关押案情重大的“政治犯”。如杨虎城夫妇、叶挺将军等都在此秘密囚禁。1945年7月后，白公馆又陆续接受关押息烽集中营转押过来的“政治犯”，最多的时候达到150多人，直至1949年11月30日重庆解放。这里还关押过中共四川省委书记罗世文、中共西北特支委员宋绮云、著名经济学家马寅初等。

“渣滓洞”。原来是一座煤窑，军统将其改建为内外两院两层楼房的看守所，有16间男牢房和两间女牢房，外院是特务的住房和刑讯室。1946年7月贵州息烽集中营被撤销后，其关押人员被迁往此处。1947年12月15日，渣滓洞重点收押“政治犯”。为了掩人耳目，由军统局对外先后将其更名为“西南长官公署行辕第二看守所”和“爱国青年感训队”，陆续有近300名“政治犯”被关押至渣滓洞。

---

〔1〕 李金华、毛晓燕主编：《中国监狱史》，金城出版社2003年版，第210页。

【知识链接】

廖承志的牢狱漫画

廖承志“以苦为乐”的狱中革命漫画

廖承志（1908 年—1983 年），无产阶级革命家、党和国家的优秀领导人。他是中国民主革命的先驱廖仲恺、何香凝之子，1928 年加入共产党，曾 7 次被逮捕坐牢。在他的传奇牢狱生涯中，他在江西马家洲集中营坐牢时，常用漫画讽刺国民党的反动统治。

慑于廖承志父母的地位和威望，特务们千方百计诱劝他“转变”。他不为所动，用石灰在牢房墙上画了一幅《黄鼠狼向鸡请安》的漫画，揭露特务们的这些所作所为没安好心，是想诱自己变节。特务头子向他索画，廖承志画了一幅《枯树、饿鹰、恶狗》图：一株残秃欲倒的枯树上栖一鹰，树下蹲一条黑犬（“枯树”“鹰犬”何指？不言而喻），实则嘲讽反动统治犹如枯木朽株，日暮途穷。为了表明自己的革命意志，他又作了一幅《文天祥戴枷》图，并题“只因当年不识时务，方为千古第一男儿”，以文天祥自喻，表达自己要像文天祥那样，不怕坐牢，不怕杀头，要为理想、信念战斗到底的决心。他还写过不少诗词，例如《狱中有感》：“大道迢遥万仞山，几生接替登犹难；情知断骨任湮殁，且知微劳教易攀。胡说识时为俊杰，我偏洗颈待刀环；临刑莞尔能无憾，是即天公大奖颁。”诗里充溢着一股豪气，正气，带有真正革命者的浪漫气息。

廖承志不顾险恶环境，还画过反映狱中真实生活的 4 幅自画像。画面上，疯狂的蚊子围攻肥仔；肥仔瞪大眼睛从饭里挑石头、蟑螂；肥仔坐马桶上也逃不过蚊子的叮咬；小木盆前肥仔站着用毛巾搓澡。这些画作揭露了敌人对革命者的虐待以及革命者所遭受的恶劣待遇，也表现了革命者宁死不屈的高贵品质、坚贞不屈的革命意志和乐观主义精神，风趣幽默，意味无穷。

据不完全统计，仅白公馆集中营一处，从 1939 年到 1949 年就有两千多人被杀害。而“渣滓洞”比“白公馆”关押的人多几倍，牺牲的革命者更多。国民党为消灭罪证，往往将烈士的遗体或被浇上油烧为灰烬，或被投入镪水池化为肉酱。[1] 1949 年 11 月 27 日，特务们按蒋介石指令，对囚禁在白公馆、渣滓洞等监狱两百多名的革命者进行了大规模屠杀，当时仅有 15 人脱险。

（4）西北劳动营，成立于 1939 年，原为“军事委员会战时工作干部训练团特训总队”，后改名为“军事委员会西北青年劳动营”。这里主要关押的是被国民党特务们截留的从延安出来的中共党军政人员和被国民党特务机关阻止投奔延安的知识青年，对外称为“陕北青年招待所”。特务们强迫被囚禁的青年从事极其繁重的劳役，如修马路、磨石灰、平操场等，还经常以毫无意义的体力劳动折磨他们，诸如挖新井填旧井；打好土坯砸碎后再打等，甚至以盛饭的桶装粪便到农场后，再继续盛饭的非人道方法对待他们。这使西北劳动营成为国民党特务摧残进步青年、扼杀革命力量的法西斯监狱。

8. 私牢。私牢即私人监狱，是指国民党统治时期，大地主豪绅为剥削农民而设立的限制人身自由的场所。当时，全国各地设有大量的国民党政府监狱，同时还存在着大量不受任何法律约束，可以不经任何司法程序，随时将贫苦的农民关押起来的私人监狱。这些私牢受到国民党政府的保护，在地主豪绅的管制下成为对广大贫苦农民实施更野蛮、更残酷的迫害的场所，实际也是国民党政府监狱体系中的一个组成部分，作为国民党监狱的补充，起到了官牢所起不到的作用，同时也进一步证明了国民党监狱黑暗的封建性。

在全国各地各种不同形式的私牢当中，最具代表性的是四川省大恶霸地主刘文彩在其庄园里设置的一座“水牢”，这个贮有半人深臭水的牢房设置了三道牢门，其中立一铁笼，铁笼周围布满铁钉，被关进水牢的人不仅终日泡在臭水中，而且稍一动作便被铁钉刺中，很多人在这里被折磨致死。

第三节　中华民国政府的监狱制度

民国监狱在监管制度上效仿西方资本主义国家的监狱法律，形成一套较为完善而严密的制度规定，反映出监狱改良近代化继续加快的趋势，但由于这些规定与狱政实践严重脱节，不可能真正付诸实施，只能供后人借鉴。特别是国民党为了独裁专政的需要，在治狱中任意践踏法律，大肆残害共产党人和革命志士，进一步暴露其与人民为敌的法西斯恐怖性，是监狱继续恐怖黑暗的真实写照和必然结果。

---

[1] 李金华、毛晓燕主编：《中国监狱史》，金城出版社 2003 年版，第 210 页。

【知识链接】

《红岩》

《红岩》是现代作家罗广斌、杨益言创作的一部长篇小说，1961 年 12 月首次出版。

《红岩》描写人民解放军在进军大西南的形势下，重庆的国民党当局疯狂镇压共产党领导的地下革命斗争，着重表现齐晓轩、许云峰、江姐等共产党人在狱中所进行的英勇战斗，虽然最后惨遭屠杀，但却充分显示了共产党人视死如归的大无畏英雄气概。2019 年 9 月 23 日，《红岩》入选“新中国 70 年 70 部长篇小说典藏”之一。

《红岩》的作者罗广斌、杨益言，曾于 1948 年先后被国民党反动派逮捕，并囚禁在重庆“中美特种技术合作所”集中营里。他们和小说中的英雄人物，共同经历了那些惊心动魄的斗争生活。中华人民共和国成立后，为了“把这里的斗争告诉后代”，他们先后写了《圣洁的鲜花》《江姐》《小萝卜头》等报告文学与革命回忆录《在烈火中永生》。接着，又在这些叙写真人真事作品的基础上，进行加工、提炼和艺术概括，创作了长篇小说《红岩》。

《红岩》反映的是全国解放前夕光明与黑暗之间展开的一场生死较量。1948 年，中国革命已经进入关键的转折期，胜利即将到来。然而，在国民党统治下的重庆正处在黎明到来之前最黑暗的时刻，在这样黑暗的时刻，山城重庆正在进行着残酷的斗争。小说围绕着三条线索来展开对斗争的描写：“人间地狱”——中美合作所里革命者与反动派之间的生死较量；地下党所领导的城市运动；华蓥山革命根据地的武装斗争和农民运动。这三条线索交织成一个整体，最终汇集到狱中斗争这条主线索上。作者集中描写了“重庆中美合作所集中营”的敌我斗争，生动地表现了革命者为迎接全国的解放，彻底挫败敌人的垂死挣扎而进行的殊死斗争，真实再现了全国解放前夕光明与黑暗进行最后决战的艰巨性，揭露了敌人垂死挣扎的极端凶残和色厉内荏的本质，歌颂了革命志士为真理而斗争的坚强意志和大无畏精神。

一、北京政府时期的监狱制度

北京政府在清末监狱改良时就逐步废除了封建时代的提牢管理制度，在代以与现代接轨的典狱看守制度的基础上，不断进行修订完善，形成了较为严密的罪犯日常管理制度，包括监管制度、教育制度、生活卫生制度和劳役制度四个方面。

（一）监管制度

主要分为收监、监禁、戒护、释放制度。

1. 收监制度。收监是罪犯被送入监狱监禁的开始。1913 年颁布的《监狱规则》规定，不论是已决犯，还是未决犯都要收监。收监应遵守如下制度：

接收罪犯入监必须有合法公文。《监狱规则》规定，“新入监者，监狱官非认定具备适法之公文，不得收之”；[1] 司法部训令中规定的判决送监罪犯的执行指挥书和该罪犯的判决副本。[2] 没有“执行指挥书”和“判决副本”，监狱官不得接收罪犯入监。

对罪犯进行身体检查和体格调查。《监狱规则》规定，“新收监者，医士须诊察之”，“新收监者之身体、衣类及携带物品检查之，并调查其体格及个人关系”。[3] 首先让罪犯沐浴、剃发，然后由医务所检查身体，在检查身体的同时，要为罪犯照相，采取指纹记录和相貌特征存档，以便日后监督识别。

允许女犯携带子女入监。《监狱规则》规定：“收监妇女有请携带其子女者，非认为不得已时不得许之。许携带之子女以满一岁为限，在监内分娩之子女亦同。但该子女已达限制年龄，若无相当领受人，又无在外安置方法时，得延至三岁。”[4] 即收监一大特色是罪犯可以携带子女在狱内服刑，也可分娩。

检查罪犯所带衣物。违禁物品严禁带入监狱，其他可带之金钱物品由监狱负责办理保管手续，待罪犯出狱时再发还。

2. 监禁制度。具体为分房、访问、隔离等制度。

分房制度。《监狱规则》规定，除个别精神身体不适当者外，对在监者一律实行“分房监禁”的原则。“分房监禁”就是对罪犯“独居监禁”。北京政府效法资产阶级狱制，作了“分房监禁”的规定，但实际上仍然实行杂居制，只是在极少数有条件的新监对部分罪犯实行“宽和分房制”，也称有限制杂居制，即白天共同劳役、夜间分房监禁。

访问制度。北京政府还规定了对罪犯的访问制度。《监狱规则》规定，“监狱长官及教诲师，至少每十日一次访问分房之在监者，看守长须常访问之。”

隔离制度。《监狱规则》规定，对于实行分类杂居的在监者，无论是在监房或工场，都须根据其犯罪性质、犯罪次数和年龄、性格予以隔离区别。

3. 戒护制度。罪犯关押方式上，大大增加监房外的活动，戒护的内容和方式也大为

[1] 山东省劳动局编：《民国监狱法规选编》，中国书店 1990 年版，第 2 页。

[2] 王传敏主编：《民国监狱法规汇编》，光明日报出版社 2014 年版，第 48 页。

[3] 同 [1]。

[4] 同 [1]。

【知识链接】

毛泽润逃营事件

图为国民党“军事委员会西北青年劳动营”徽章

毛泽润（1908 年—1949 年），字岳嵩，号星彩，韶山乡韶源村人，革命烈士。

1939 年 9 月，毛泽东的堂弟毛泽润从延安抗大毕业，被分配到宝鸡担任地委书记。为隐藏自己的身份，他以毛纺站成员身份进行党的工作。1940 年夏开始，毛泽润在陕西的活动被国民党特务掌握。这年冬天，他被国民党特务逮捕。1941 年春，他被送往劳动营的特训队（训练思想“最危险”的学生）。毛泽润认为必须寻找机会逃出去，继续完成党的工作。1944 年夏，他和 6 个难友秘密商量逃跑计划。在一个雨夜，他们抢夺了卫兵的枪并趁机冲出劳动营，成功逃出，但一名殿后的学生不幸身亡。

这件事直接引发了社会各界对劳动营的猛烈抨击。1944 年，中外记者团计划前往劳动营参观报道。为了不让学生向记者们透露劳动营的真实情况，劳动营事先告诉学生如何回答记者提问，甚至以学生性命相威胁，强迫学生按照标准答案回答。但细心的记者依然察觉到其中的猫腻，路透社记者评价说：“这里管得太严了，比重庆更缺乏自由空气！”共产党和中外记者团的外国记者将劳动营称为法西斯集中营、黑暗的监狱。

1940 年，毛泽东在《向国民党的十点要求》中斥责劳动营对青年“施以精神与肉体之奴役，形同囚犯，惨不忍闻”，并要求国民党撤销劳动营。但直到 1945 年签订《双十协定》后，国民党才根据协定内容将这座旨在残害进步青年的监狱撤销。

然而，毛泽润次年再度被捕，先被关押在西安直至解放时，又被作为重要“案犯”转解四川，1949 年 12 月 22 日在成都就义。

改变，增加了戒护的难度，只有实行全方位戒护，才能适应新式监狱的工作要求。因此，1913年公布的《监狱看守服务规则》规定，“不问何时何地，不得任在监人独步及在视线之外”。[1] 1915年司法部明确要求，“戒护一事实为监狱命脉所关，万不宜稍涉疏忽”。[2] 当时的戒护制度主要有：[3]

看守制度。新监的构造多设计成扇形、放射形，以便看守居中监视四面；罪犯在监外活动的时候，也会在监狱官吏视线所及的范围之内。该制度还规定，在工场劳动时，每20至30名罪犯须配置一名看守，罪犯上厕所也不得多人同时入内。监外服役每名看守只管理10名罪犯，最多不得超过12名。服外役的罪犯也要挑选看起来不会逃跑者。

检查制度。该制度包括各种工具器械检查、身体衣服检查、监房检查和人数检查。罪犯劳役所用的各种工具器械必须按指定地点位置存放，劳役结束时一一清点，发现缺少，立即搜索追回；罪犯从监外或工场、浴室、运动场等处回监房时必须检查其身体衣服，免有夹带之物；监房每日也要检查一次或多次，检查时须注意“门扇墙壁窗牖关键”“房内上下四旁”“常置器具及携有物品”“各处破损之有无，各物污毁之有无”，尤其要注意有无藏匿器物及破坏监房情形；病监、杂居房及工场均要检查罪犯人数。各种检查有无事故发生均要填写检查报告。

防暴防逃制度。北京政府规定，禁止罪犯相互谈话。如果有必要讲话时，须高声明说，不得低声耳语。

门卫制度。监狱大门各出入口、监房门口、工场口均须严加守卫，并设有警报器；监狱围墙下应整洁干净，不可堆积柴草煤炭、木石器具以及梯子竹竿之类可供攀越用具；各种房门钥匙应由专职官吏保管，不得滥传，以防丢失和伪造。

戒具使用制度。《监狱规则》规定，“在监者，有逃走、暴行、自杀之虞及在监外者，得加以戒具，戒具设窄衣、手镣、捕绳、联锁四种”，没有监狱长的命令不得使用戒具，但情况紧急时，可先斩后奏。

武器使用制度。《监狱规则》规定，监狱官吏所携带刀枪遇到下列情况之一，准予使用：在监者用危险暴行胁迫他人身体或被别人的危险暴行所胁迫时；在监者持有足以造成危险暴行的凶器不肯放弃时；“在监者聚众骚扰时”；劫监者逃走、劫监者帮助在监者逃走、劫监者和被帮助的在监者用危险暴行对他人实施胁迫或逃走时；“图谋逃走者以暴行拒捕或制止不从仍行逃走时”。照前条规定使用刀枪后，须将实在情形从速报告司法部，并致函地方警察官署通报情况。

天灾应变制度。《监狱规则》规定，“当天灾事变，如在监内无法防避时，将在监者护送于相当处所，护送不遑时，得暂时解放。被解放者，由解放时起算，限于二十四小时内至监狱或警察署投到，逾时者得以刑律脱逃罪论”。

---

〔1〕 王传敏主编：《民国监狱法规汇编》，光明日报出版社2014年版，第80页。
〔2〕 司法部：《监狱戒护事项务宜格外注意饬》，民国四年八月十四日，饬各高检厅及各处第1097号。
〔3〕 万安中主编：《中国监狱史》，中国政法大学出版社2015年版，第139~140页。

【数字资源】

【课程思政资源】

李大钊英勇就义

李大钊（1889 年—1927 年），河北乐亭人，中国共产党主要缔造者之一，中国最早的马克思主义者。他被北洋军阀张作霖逮捕时，由于既是北大老师、国民党代表，又是坚定的共产主义者，在社会上拥有巨大的影响力，张作霖在面对杀与不杀的问题时，曾拍电报求助于蒋介石，蒋介石回电：“从速执行”。

1927 年 4 月 28 日，李大钊在京师看守所被军阀张作霖绞杀，时年 38 岁。李大钊第一个从容地走上绞刑台，执刑者为了延长他的痛苦，特别使用了“三绞处决”法。执刑吏把李大钊推进长方形的铁架子中，架子上边正中有一个小圆圈正卡在颈中，旁边有一把柄，刽子手握住把柄，逐渐绞下去，看到舌头吐出，眼睛凸出，眼角流出血，刽子手松开把柄，将李大钊拖出，围绕行刑台走了一圈，又用冷水往李大钊脸上喷，等他苏醒过来，又开始第二次绞刑。一共绞杀了三次。李大钊牺牲后，脖颈上勒有三道深深的血痕。李大钊为共产主义信仰而坦然赴死，感动了一代又一代的中国人。令人欣慰的是，当年李大钊预言的“试看将来的环球，必是赤旗的世界”，已经在中国实现。生前他还曾寄语青年：“青年之文明，奋斗之文明也，与境遇奋斗，与时代奋斗，与经验奋斗。故青年者，人生之王，人生之春，人生之华也。”2009 年，李大钊被授予“100 位为新中国成立作出突出贡献的英雄模范人物”之一。图为李大钊在绞刑架前的遗照，绞杀他的绞架现存中国国家博物馆，编号为“0001 号”。

追逃制度。《监狱规则》规定，“在监者逃走后，十日内监狱官得逮捕之。在监者逃走后，须以逃走之事实及逃走人之相表通知监狱所在地，及预想逃走者所经过之警察官署逮捕之”，监狱长官要把逃走的事实，以及捕获逃走者的情况上报司法部。借助军队镇压罪犯反抗。由于北京政府监狱的黑暗腐败，各省罪犯的越狱事件层出不穷，监狱武装力量有限，所以司法部不得不于 1914 年咨请陆军部转饬各省师旅长官，分拨军队驻扎监狱附近，协力镇压。

值班制度。为促使各项规章制度得到执行，督促各岗位监狱官履行职责，并随时检查罪犯遵守纪律情况，监狱主官值班、监狱看守巡逻和检查制度必不可少。1913 年制定的《监狱看守服务规则》有 14 条是关于检查的内容。例如，有必须通身检查者，所有头发口耳四肢指间及各隐微处，均须详细检查；在监人入监时，所有衣类携有物品，均须检查之；劳役者之检身，于罢役后还房前行之；但认为必要时，得随时行之。[1]

4. 释放制度。释放是监狱监禁罪犯的终结，罪犯因服刑期满、假释、减刑、赦免等原因而出狱都是释放。北京政府监狱的释放有以下几种情况：[2]

刑满释放。刑满释放是指依据《中华民国暂行新刑律》规定，罪犯在监服满了原判刑期，又无受加刑处分者给予释放。《监狱规则》规定，释放时间为期满次日中午前。

假释。假释是指对服刑期间表现良好的罪犯放其出狱以观后效的一种手段。《中华民国暂行新刑律》规定，假释须具备两个条件：一是已服原判刑期的二分之一以上，无期徒刑已服刑十年以上；二是在服刑期间确实有改悔的，但有期徒刑执行未满三年者不得予以假释。《监狱规则》规定，提出对罪犯的假释申请须由典狱长确认该罪犯有悛悔实据，并在监狱长官会议上多数人同意，否则不得申请假释。申请假释须填写有关文书并呈报文件材料，司法部批准后方可执行。假释时要在狱中举行仪式，由典狱长、教诲师训导，发给假释证书，发还代为保管的物品。罪犯假释出狱后仍然要受到各种监督，包括监狱的监督、监狱委托的警察官署及其他适当人的监督。

减刑和赦免。减刑是将原判刑罚予以减轻的一种制度。减刑后如果余刑和所减刑罚的刑期相等，罪犯就提前释放，称为减刑释放。赦免分大赦和特赦。大赦和特赦都是国家元首和最高国家权力机关发布命令赦免或减轻罪犯刑罚，不同的是大赦对于某种犯罪不论其判决确实与否均生效，无须行刑官署决定。因特赦或减刑而释放则是对于特定罪犯免去其一部分或全部刑罚，执行权必须经主管行刑长官司法总长的批准，是否批准又以各省检察官和各监狱典狱长的申请为依据。

（二）教育制度

北京政府认为罪犯犯罪原因主要有三，“一为缺少德性，道德必薄弱；二为缺乏知识，盲动盲从；三为生活所迫，无独立谋生从事职业之技能”，要矫正好罪犯须“对症发药，

---

〔1〕 王传敏主编：《民国监狱法规汇编》，光明日报出版社 2014 年版，第 80~81 页。

〔2〕 万安中主编：《中国监狱史》，中国政法大学出版社 2015 年版，第 144~145 页。

【知识链接】

值班制度

八角形的看守瞭望楼

京师第二监狱规定，“该监狱设主任看守十二名，看守一百二十八名……门禁岗卫择重要地点设岗位二十七处，每岗额定看守三人，昼夜轮流值班，勤务三小时，休息六小时，周而复始。大门卫设置岗位派看守六人，昼夜轮班执勤。所有来监人等及携带物品，均须详细盘诘，认真检查，将其事由分别记载于门簿，以资稽考。每日大门放闭时间以放监收监为标准，春冬两季上午七时开放，下午七时关闭，九时封锁。夏秋两季上午六时开放，下午八时关闭，九时封锁，其锁匙及门簿缴存第二科，非有特别事故经长官之许得拆封开锁”。此外，该监狱还对事务楼、中央瞭望亭、东西八方亭、各监监房置了岗位，配置看守轮班执勤，“派看守六人分任监房以内巡逻及监外更道密隅巡逻，无分昼夜，不间断，于设岗位地点均置巡逻表木匣，每一小时间捺印一次，加派值任看守，每三小时捺印于巡逻表内，以考察巡逻看守之勤惰，用昭周密”。[1]

而值班的主任看守则每三小时须检查一次巡逻看守值班情况，对巡逻看守也是一种监督。同时，典狱长也随时抽查或亲自值守告簿，以便记录在案，并及时报告主管长官。

---

〔1〕 朱深主编：《京外改良各监狱报告录要》，司法部监狱司民国八年（1919年）版，第27~28页。

启发其德性，灌输其知识，授与以技能”，[1] 才能力促罪犯悔过自新，成为新人。教育制度主要分为教诲、教育、感化教育等制度。

1. 教诲制度。所谓教诲即教化其德性，修养其精神，训练其行为高尚。

教诲目的。注重人格和道德品质的培养，此为从根源上预防犯罪的有效手段之一。当时的监狱学者意识到除了有形的、表面上的法律规范之外，更多的行为是靠无形的、约定俗成的、习惯性的道德来规范，才能真正起到预防犯罪的作用。

教诲内容。民初大连佛学研究会编订《以佛法感化管理刑事人犯之建议》，1913 年北京政府决议，“监狱教诲应参用宗教，教诲应以因果报应的感化方法为主，而以他教辅之”。而《监狱规则》首次以法律形式规定了教诲的法定性，“在监者，一律施教诲。”特别是对教诲的内容规定较为详细，《监所教诲规程》规定，教诲之资料包括各教经典书籍及戒律信条；善恶因果之记事或图画；古今之人嘉言懿行；古今之人改过迁善之模范；道德常识；其他易于感化气质、恢复良知之言论实事等。[2]

教诲形式。分为集合教诲、类别教诲、个人教诲。集合教诲的对象是一般罪犯，通常在星期日、国庆日、纪念日等时间，在教诲堂进行；类别教诲主要是根据罪犯的犯罪性质、职业、教育、性情等情况，在工场或监房分类教诲；个人教诲的形式很多，一般分为入监教诲、出监教诲、转监教诲、疾病教诲、亲丧教诲、惩罚教诲、接见教诲、书信教诲等。

2. 教育制度。由专职教师对罪犯进行文化知识的传授即智育的培养。

北京政府引入西方教育刑理论，参照各国狱制，按“三科两所”普遍设置了教务所，虽然在法律法规上阐明教育、教诲是两件事，但实际在监狱教师缺员的情况下，大多由教诲师兼任教师，履行相应的职责。

法律规定。《监狱规则》规定，“未满十八岁者一律施教育，但满十八岁者自请教育或监狱官认为必要时，亦得教育之”，教育的对象主要是不满十八岁的少年犯。教育的时间为每周二十四小时以内。教育内容是小学程度的“读书”。“在监者请阅读书籍，限于无碍监狱之纪律及感化宗旨得许之”，但实际情况却是有关教育制度的规定只在少数“模范监狱”实行，大多数监狱并未照此办理。

教师职务。《监狱教诲师、教师、医士、药剂士处务规则》规定，“教师承典狱长官之命令，从事于囚人之教育。教师于就学者之年龄、智能、性情、境遇等，施个人适当之教育。教师应置教育簿册，备载教育之课程及就学之年龄、月日并成绩优劣，每月汇呈典狱长官核阅”。对于教师人选，要求必须由师范学校、高级中学或旧制中学毕业，或者具备同等学力且富有经验、品行端正、文理优良并善于演讲的人充任。

3. 感化教育制度。所谓感化教育者，即改善少年，遏止其犯罪之方法也。即对于违法

---

[1] 芮佳瑞编：《监狱法论》，商务印书馆民国二十三年（1934 年）版，第 138 页。

[2] 王传敏主编：《民国监狱法规汇编》，光明日报出版社 2014 年版，第 295 页。

【讨论题】

1917 年 6 月 16 日，北京政府司法部曾指令京师第一监狱，准许教会在监狱作德育演说。“称该教会拟在该监狱趁囚人休息之际，敦请会员作德育演说等情，系为感化人犯起见，事属可行，应准照办。”同时主张利用宗教的因果报应来劝导罪犯“放下屠刀，立地成佛”，为修“来世”而节制今世的非分欲望，这是无刑的法律，要用这种无刑法律来补充有刑法律之不足。不论是佛教、道教，还是耶稣教、天主教都可以到监狱中宣讲教义。

在民国统治者看来，准许教会在监狱进行德育演说是“因势利导”之举，但有的罪犯认为这是“欺骗”。请对此分析其危害究竟是什么？

犯罪的少年，并不都科以刑罚为唯一之办法，对于那些确实需要科以自由刑之刑罚的，则送入与成年犯监狱相隔离的少年监服刑改造。[1]

1922年2月，司法部颁布《感化学校暂行章程》，同年下令要求各省于1923年起先在省会创设感化院一处，次第推及各县，以收容年幼无知犯罪者，同年9月熊希龄在北京创建了香山感化院，采用佛法感化儿童，这是我国正式开展感化教育的开始。1924年司法部与香山感化院合组北京感化学校，[2] 通令各省监狱送幼年人犯到该校接受感化教育。入院条件为未满16岁之幼年犯而被认为可施感化教育者，以及未满12岁不守家规，经其父母请求入校者，经司法部核准皆可收入感化学校。

（三）生活卫生制度

北京政府改良监狱涉及罪犯的生活卫生条件，即从罪犯的衣食住行、医疗、病亡等方面给予囚罪犯人道关怀，尽管效果不好，但毕竟推动了其法制化进程。主要分为衣粮、卫生医疗等制度。

1. 衣粮制度。指罪犯的囚粮标准、被服配置等内容。

囚粮制度。《监狱规则》规定，“对于在监者，须斟酌其体质、年龄、劳役及地方气候等项，给与必要之饮食、衣类及其他用具”“在监者禁用烟酒”。当时罪犯囚粮标准为每月每犯大洋2元。但各省实发到监狱的数额常常不到1元，监狱官员还要克扣一部分，因而罪犯经常是吃不饱的。

囚衣制度。包括罪犯的衣服、卧具配置等。《监狱规则》规定，“在监狱者须给予灰色狱衣”，“狱衣费用归地方政府负担，其他衣服无碍监狱纪律及卫生者准许自备”，“女犯携带之子女得自备衣食及日用必需杂具”，还规定了冬季设暖房取暖的条款。1915年司法部训令各地新监先发灰色单衣1套，佩以红色号码以资区别，自备衣服可由监狱改制。1918年，又规定每犯发给棉被1床，草垫1条，夏季给凉席1条，葵扇1把。规定虽不错，但由于监狱经费普遍不能足额到位，造成开支拮据，再加上官吏层层克扣，狱内缺衣少食的罪犯随处可见，因寒致病死亡的现象时有发生。例如，1920年江苏第二监狱收押罪犯600名左右，每百名仅发囚衣40套，而贫犯居多难以分配，[3] 以致政府不得不向社会乞求资助，寻求捐赠。

2. 卫生医疗制度。指监狱选址、卫生、医药、病亡处置等内容。

监狱选址。在监狱建设选址上，从卫生防病的角度出发，不再拘泥于封建风水和方位学说限制，总体要求是监狱位置应向阳，地质应干燥，室内光线充足，空气流通，地下沟渠疏畅。特别要求周边饮水纯良而充足，周围要多有空地，不能有许多耕地和沼泽，不宜建在人烟稠密、工业繁盛之区，应选择在市外相当适宜之地点，保持空气清洁。对此，司法部在《旧监狱改良办法》中强调，“是凡收入新监狱者，或得收感化改良之效，而收入旧

---

〔1〕 曹强新：《民国监狱研究》，中国言实出版社2022年版，第220页。

〔2〕 陆人骥：《感化教育》，商务印书馆1931年版，第24页。

〔3〕 《上海监狱志》编纂委员会编：《上海监狱志》，上海社会科学院出版社2003年版，第288页。

【知识链接】

教育计划防“出格”

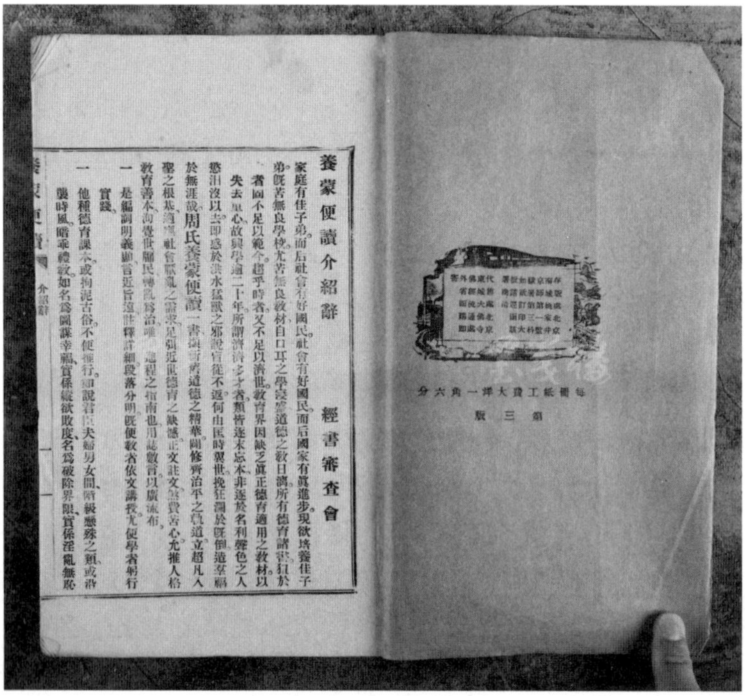
養蒙便讀介紹辭　經書審查會

家庭有佳子弟。而后社會有好國民。社會有好國民。而后國家有眞進步。現欲培養佳子弟。既苦無良學校。尤苦無良教材。自口耳之學寖盛。道德之教日漓。所有德育諸書。狃於者固不足以範今。趨乎時者。又不足以濟世。教育界因缺乏眞正德育適用之教材。以失去良心。故興學逾二十年。所謂濟濟多才者。類皆逐末忘本。非逐於名利聲色之人慾。汨沒以去。即惑於洪水猛獸之邪說。盲從不返。何由匡時翼世。挽狂瀾於既倒。造[illegible]福於無涯哉。周氏養蒙便讀一書。與吾儕道德之精華。闡修齊治平之軌道。立超凡入聖之根基。適應社會厭亂之需求。足弭近世德育之缺憾。正文註文。煞費苦心。允推人格教育善本。洵覺世牖民轉亂爲治唯一進程之指南也。用誌數言。以廣流布。

一　是編詞明義顯。言近旨遠。註釋詳細。段落分明。既便教者依文講授。尤便學者躬行實踐。

一　他種德育課本。或拘泥古俗。不便推行。如說君臣夫婦男女間。階級懸殊之類。或沿襲時風。暗乖禮教。如名爲圖謀幸福。實係縱欲敗度。名爲破除界限。實係淫亂無恥

北京政府司法部颁布的《暂定实施监犯教育计划》，规定罪犯教育主要以初等教育为主。为此，对罪犯教育课程标准作了如下规定：

文化程度较低的或者文盲罪犯主要分配在初级班学习，分三个年级，一年级每周授课12课时，包括修身、算术、常识、体操唱歌各2课时，识字4课时，并且列出了相应的授课标准，如修身要求注重道德实践，自第三册起居授至第四册尚武，识字要求认识、默写、使用，授至32课。而唱歌则安排了1课时，要求平易单音唱歌，唱朝明歌、静夜思、劝民歌和劝悔改歌等。二年级和三年级要求都是12课时，只是授课标准和要求逐渐提高。对于文化程度较高的罪犯则分配到补习科补习，也分三个年级，主要科目为修身、国文、算术、卫生、公民、历史、地理等科目，每周12课时，授课标准相应提高，而国文要求是语言、读文、作文、写字，对历史的要求是增进人生及国家观念等，统一的标准是指定的课本全部授课完毕。每日授课时间在工作期间外酌量规定；每年授课以十个月为限，暑寒期均合休课一个月。

北京政府为防止出版物“出格”“越界”，成立了各类审查组织，建立了极严的审查制度，监狱也不例外。

图为1925年“北京南城京师第一监狱出版社”出版的《养蒙便读》，由“经书审查会”审定。

监狱者，则仍是颠连无告日，转辗于秽污黯黮之区，何以示公平而尊人道?”在此基础上提出的改良旧式监狱的八条措施，要求“各旧监狱应划设病室”“各旧监狱大都空气缺乏，光线不足，地势卑湿，即须设法整理”。此外，在司法会议议决《旧改良监狱办法》《修建县监所注意事项》中也对监狱选址和空气容积、光线照射、监房、工场、病监、炊场、浴室、洗漱室等作出规定。[1]

卫生制度。在监狱环境整体和个人卫生上，监狱也有相应规程，盥洗漱口须于每天早上进行，劳役后、就食前必洗濯其手。关于清洁之必要用具如手巾等，不能自备者，则由公家给予之。新监设有医务所，由医士负责全监的卫生及医疗事务。《监狱规则》规定，“监狱须洒扫洁净，房间及衣类、杂具、厕所、便器等类须定次数清洁之”，“在监者须令其沐浴。沐浴次数，由监狱长官斟酌劳役种类及其他情形定之。但四月至九月至少三日一次，十月至三月至少七日一次”，“在监者除有不得已事由外，须每日运动半小时。但因劳役种类认为无运动之必要者，不在此限。”

医药制度。《监狱规则》规定了对病人的医治制度，包括可以为重病患者请狱外医生、传染病隔离制度、保外就医制度等。例如，罪犯患病时，“速加治疗，病重者收入病室”；病重者经监狱长官许可得自费招请医生治疗；因特种疾病，医士请以该种专门医生补助时，得许之，准许产妇适用此规定；在监者患急性传染病时，须与其他在监者严行隔离。因此病监多设分房制监房。当急性传染病流行时，出入监狱之人及寄送在监者之物品得加以必要之限制。1917年司法部曾颁布保外就医的八条办法，但范围很小，监狱官又怕担责任，所以很少准许病犯保外就医，条令等于虚设。

病亡处置。尽管监狱法律法规制定的卫生医疗制度、措施十分详尽具体，但往往得不到真正落实，罪犯病亡率还是比较高。《监狱规则》规定了罪犯死亡验尸埋葬制度。“在监者死亡，监狱长官须会同检察官检验其尸体”；“病死者，医士应记明其病名、病历、死因及死亡年、月、日、时于死亡簿，签名盖印。”而上述情况要迅速通知死亡者家属或亲故，限二十四小时内来监请领尸体，并报司法部，过二十四小时无人请领尸体则埋葬之；“埋葬处应立木标，记明死亡者姓名及死亡年、月、日”，如系非正常死亡，自杀、他杀、意外事故死亡，都要通知检察官、监狱所在地的警察官署会同验尸，涉及刑事诉讼的死亡事件，由监狱作为刑事案件向法院告发，并呈报司法部，病死每月呈报一次。

（四）劳役制度

民国成立后，世人对罪犯劳动的观念产生了一定的变化，认为劳役是人的权利也是人的义务，而建立监狱罪犯劳役制度也需要从合乎宪法规定的角度进行阐释[2]。西方资本主义国家对罪犯执行刑罚，进行感化教育的三大要素是劳役、教诲和教育。北京政府效法这种做法，《监狱规则》规定：“服劳役者，须斟酌其年龄、罪质、刑期、身份、技能、职业

〔1〕山东省劳改局编：《民国监狱法规选编》，中国书店1990年版，第199、333页。

〔2〕《监所呈请实行作工办法以资救济并工作理由书》，北京市档案馆藏，档号：174-1-98。

【知识链接】

囚粮流弊

图为北京监狱炊场

民国通过法律的形式，将罪犯的囚粮标准、供给和被服配置等内容作了制度化的规定。为了严防监狱官吏在囚粮上贪污克扣、虐待罪犯，1915年3月5日，司法部《饬各处厅长监所囚粮等项应拟定办法严行考核文》要求，“查监狱看守所用度以囚粮为大宗，而一切材料次之，均宜切实考核，以防流弊。乃查各该监所关于囚粮等项按期册报者甚属寥寥，殊不足以重量国帑而昭划一”，〔1〕可见司法部的本意是要加强监狱囚粮供应买卖的监督，建立详细的囚粮报表会计制度，想法虽好，但做到几乎是不可能的事。

例如，当时的北京监狱，罪犯每日两餐，早餐吃白米饭，晚餐窝头。按劳役轻重每人每日食量分为五等，一等十四两，五等六两。〔2〕副食又没有什么油水，一年到头除有数的几个节假日外平时不供给肉食。罪犯常年处于饥饿之中，北京监狱给养待遇比地方监狱略为“优厚”，可想而知其他地方监狱该是一种什么情况。又如，1919年江苏第二监狱罪犯由于长期饥饿难熬，发生大规模越狱事件，打死看守人员1人，180多名罪犯脱逃。〔3〕事后查明，乃该监典狱长长期克扣罪犯粮款所致。

〔1〕 王传敏主编：《民国监狱法规汇编》，光明日报出版社2014年版，第251页。

〔2〕 旧制十六两一斤，十四两不足现在的九两。

〔3〕 徐家俊、肖玉清：《漕河泾监狱犯人大逃亡》，载《检察风云》2007年第15期。

及将来之生计、体力之强弱科之。”据此，各地新监设置了多工种的劳役项目。[1]

劳役种类及服外役罪犯的条件。罪犯劳役既有监内劳役，又有监外劳役。劳役种类主要有烧窑、木工、伐木、柳条编织、纺织、铁工、畜牧、开垦、耕耘、建筑、修路、开矿、搬运，等等。《监狱规则》规定了罪犯服监外劳役的条件：罪犯刑期在一年以上的，“监狱官认为必要时，得使在监者在监外服劳役”（第36条）；估计无逃走可能者；罪犯入监前从事的生产适于在监外服劳役或不妨在监外服劳役者；根据平日在监表现估计在监外服役不至违犯纪律者；犯罪较轻无须严加管教者。

关于劳役时间、工作量以及免服劳役的规定。《监狱规则》规定，罪犯每天劳动时间为七小时至十小时，要“斟酌时令、地方情形、监狱构造及劳役种类定之”。“教诲、教育、接见、询问、诊察及运动所需时间，得算入劳役时间。”罪犯每天的工作量称为“科程”，“各种劳役科程”以劳役时间及普通劳动力平均工作量为标准。列举的方法规定了罪犯免服劳役的时间：国庆日、纪念日、十二月末二日、一月一日至三日、星期日午后、祖父母和父母丧事期间（七日）以及认为必要时。

二、南京国民政府时期的监狱制度

南京国民政府监狱的管理制度一方面承袭了北京政府的规定，另一方面狱政管理的实际状况是充满法西斯化的。其监狱制度主要包括监管制度、教育制度、生活卫生制度、劳役制度和其他制度五个方面。

（一）监管制度

主要分为收监、监禁、戒护、释放、接见和书信制度。

1. 收监制度。规定监狱官必须认定被收监人具备必要的法律公文，“受刑人入监时，应调查其判决书，指挥执行书、指纹及其他应备文件”，对于法律文书审查情况，监狱官可以“得拒绝收监，或通知补送”。这些文书包括“法院裁判书”和“指挥执行书”，所谓“指挥执行书”就是包括罪犯姓名、身份、年龄、人相、应执行的刑名、刑期等内容的文件。两份公文缺一不可收监。同时要求，“受刑人入监时应检查其身体、衣类并捺印指纹或照相”。和北京政府一样，除了健康和体格检查外，也要对罪犯随身物品进行严格检查，主要是防止罪犯将一些违禁物品如毒品、小刀、小锉、金钱等带入监内。同时还规定了不准收监的几种情况：心神丧失者；患严重疾病有生命危险者；怀孕七个月以上和生产未满一个月者；患传染性疾病者。

但实际上，国民党的监狱往往随时随地把他们认为扰乱其统治秩序的人收入监狱，并想方设法进行全面细致的检查。国民党监狱还准许妇女携带子女入监，监狱里常有母子一同坐牢者，而无辜的儿童，甚至婴儿在监狱里同样遭受非人的待遇，有的甚至与母亲同遭杀害。[2]

---

〔1〕万安中主编：《中国监狱史》，中国政法大学出版社2015年版，第142~143页。
〔2〕万安中主编：《中国监狱史》，中国政法大学出版社2015年版，第162页。

【知识链接】

榨取罪犯劳役血汗

北京政府颁布的《监狱规则》规定，罪犯“因劳役所得之收入概归国库”（第42条），对服劳役者“得斟酌其行状、罪质、成绩等分别给予赏与金”（第43条）。赏与金的金额徒刑囚不得超过当地普通雇佣工工资的30%，拘役囚不得超过50%。另外在第十一章赏罚中还规定，“罪犯遵守监狱纪律每月增给一元以内之劳役赏与金”，每十日增给一角以下菜三次以下（第80条）。告密他犯预谋逃跑或将要逃跑，救护人命或捕获逃跑的罪犯，在火灾事变、传染病流行及服监狱事务中有成绩的罪犯，赏给二十元以下的金钱。如果罪犯故意损害机器设备、生产工具、原材料和产品，应以其赏与金一部或全部充作赔偿费；罪犯逃走，赏与金全部没收，受惩罚期间的劳役不发赏与金；赏与金由监狱代为记账保存，不发给个人，释放时发还本人。因服劳役受伤、患病难以生存或死亡者依其情况给予恤金。

实际上，写在文字上的制度体现了资产阶级的人道主义精神，然而，不论新监还是旧监都用劳役惩罚罪犯，榨取罪犯血汗。监狱当局不管罪犯死活，用饥饿和苦役折磨与摧残罪犯，这种劳役根本起不到教育感化罪犯的作用。

图为正在编草席的少年犯。他们面带笑容，似乎不知道忧愁为何物，也不知道什么是压迫。

2. 监禁制度。规定以分房监禁为原则，同时采用分类杂居制，并把当时国际公认的最良好的监禁制度——累进处遇制，通过1947年施行的《行刑累进处遇条例》，并将其纳入改良监狱计划的规定，除刑期较短者，依照其刑期独立监禁外，其刑期在一年以上之受刑人为促其改悔向上，适于社会生活分为四个阶段，以累进方法处遇之，并规定分级处遇由第四级上升到第一级后的具体情形：“（一）住房不加锁，（二）不加监视，（三）因作业之需要为准备释放准其外出。”[1]

然而，这种先进的监禁办法只在个别新式监狱中试行一下而已，而绝大多数监狱的监禁方法仍然是不分案情、刑期、老幼、性格以及累犯、已决犯和未决犯，一律杂居一室，造成极端混乱不堪的状况。但是国民党当局却千方百计把所谓“政治犯”与普通刑事犯严格分开监禁，谨防共产党人和革命志士把革命真理传播开来，这种分房监禁多不是为了监狱管理的文明进步，而是为了遏制革命运动的发展。

3. 戒护制度。规定“监狱不论昼夜，均应严密戒护”。安全戒护主要体现在：

监门戒护。大门配置门卫持枪站岗守卫，并制定严格的监门戒护制度。

戒具戒护。因受封建时代监狱戒护的深刻影响，更多规定是一种戒具的戒护，即“有逃走、暴行、自杀之虞及在监外者，得加以戒具，戒具设窄衣、手镣、捕绳、联锁四种”，后还增加了“脚镣”。

劳役戒护。劳役期间的现场管理和外役安全是戒护重点。1932年颁布的《监狱作业规则》规定，“作业主任每日至少巡视各工厂一次”。[2] 1935年颁布的《监狱法草案》规定，“作业完毕后，监狱官吏应检点工场之劳役、器具、材料；其由工场或监外服役回来者，应检查身体及其衣类”。[3] 而罪犯在工场服役劳役期间，看守人数配置亦有相应的要求。

特别戒护。对于未参加劳役的人犯，监狱出于其身体健康考虑，也允许其轮流提出监外运动，但对运动时间、人数、线路，甚至运动的步法和纪律都做出了严格的规定，譬如运动者不准与各工厂就役人及留房人攀谈，彼此禁止嬉戏偶语，必须整队或成单行率由线路，不准左右乱行和大声疾呼。[4]

严密的戒护下，国民党监狱一方面将宪兵、警察和特务内外结合，公开与秘密地严密监视、层层封锁；另一方面还滥用戒具残害罪犯，监狱官吏甚至借此对罪犯进行敲诈勒索，中饱私囊。尤其对共产党人和革命志士，他们运用武装宪兵和警察进行公开的警戒，同时还秘密派遣特务和叛变革命的叛徒作为“内线”，混在罪犯当中暗中监视在监者的言行，使其一不小心便会招致杀身之祸。足见国民党戒护制度的残暴、恐怖。[5]

4. 释放制度。包括假释和释放两种形式。南京国民政府在其刑法中明文规定，“受徒

[1] 《监狱改良》，行政院新闻局民国三十六年（1947年）八月印行，第18~19页。

[2] 王传敏主编：《民国监狱法规汇编》，光明日报出版社2014年版，第318页。

[3] 王传敏主编：《民国监狱法规汇编》，光明日报出版社2014年版，第27页。

[4] 朱德成主编：《湖北近代监狱》，湖北省劳改工作管理局劳改史志编辑室1987年版，第108页。

[5] 万安中主编：《中国监狱史》，中国政法大学出版社2015年版，第162~163页。

【课程思政资源】

叶挺和《囚歌》

叶挺（1896年—1946年），原名叶洵，字希夷，广东惠阳秋长人，北伐名将，中国人民解放军创始人。他参与指挥南昌起义并出任前敌总指挥，参加广州起义任起义军工农红军总司令，抗日战争中又出任新四军军长，后在皖南事变中被国民党扣押。抗战胜利后，他获救出狱，与夫人李秀文以及秦邦宪、邓发、王若飞等同志在返回延安途中，不幸遭遇空难。1942年在“中美合作所”里，他拒绝蒋介石的威逼利诱，以“六面碰壁居士”为名，写出了著名的《囚歌》明志：

为人进出的门紧锁着，
为狗爬走的洞敞开着，
一个声音高叫着：
爬出来吧，给你自由！
我渴望着自由，
但也深知道，
人的躯体哪能由狗的洞子爬出！
我只能期待着，
那一天，
地下的火冲腾，
把这活棺材和我一齐烧掉，
我应该在烈火和热血中得到永生。

2009年，叶挺被授予“100位为新中国成立作出突出贡献的英雄模范人物”之一。

刑之执行而有悛悔实据者，无期徒刑逾十年后，有期徒刑逾二分之一后，由监狱长官呈司法行政最高官署，得许假释出狱，但有期徒刑之执行未满一年者，不在此限”，也即允许对执行一定刑期的徒刑犯附加条件地提前释放：有期徒刑逾刑期二分之一，而执行必须满一年，无期徒刑逾十年；须有悛悔的实据。1934 年，司法行政部又训令各省高等法院首席检察官：“案查办理假释，除法定二条件外，尚有一实质上之条件，即证明本人出狱后之生计，或在足以信任之境遇，而能确保其为良民生活者也。若缺少此条件，虽具备法定条件，亦不得为假释之申请。嗣后办理假释，务须将本人出狱后环境如何、生计如何、从事何业等项，切实调查明白，详细开列清册，连同身份簿等件，一并呈送核办。”这实际是对假释附加了第三个条件，即要求本人出狱后生计确有保证，这为有产阶级提供了逃避惩罚的方便，对于穷困的劳苦大众无疑是挡住了假释出狱的道路。

《监狱规则》规定，对于因赦免、假释而释放的罪犯，监狱当局要举行释放仪式，典狱长在全体罪犯面前作训诲，并向释放者发放证票；对于因刑期届满而释放的罪犯，监狱当局要在其期满前至少三日停止其劳役，使其独居，以期收到最后感化治疗的功效，还需通知其家属接领。还规定，“被释放者，无归乡旅费及衣类时，得酌给之”，“若罹重病，请在监医疗时，依其情状，得许之”，可见其人道主义色彩。然而事实上，对于几经折磨摧残终于获得释放的罪犯，国民党监狱一向是推出狱门了事，很多饥寒、伤病交加的罪犯出狱不久便被饿死、冻死或病死，形同死刑。

（二）教育制度

《监狱规则》效仿资本主义国家，也规定了对罪犯实施教诲教育的内容，即通过教诲，训导和陶冶罪犯的道德和人格；通过教育，培养和训练罪犯的智育和能力。教育制度主要分为教诲、教育、感化教育等制度。

1. 教诲制度。规定须设专职教诲师进行教诲事务。教诲的内容就是蒋介石的反动理论和封建的伦理道德，包括灌输罪犯以各种宗教经典。教诲的方式有三种：集合教诲，就是把罪犯集中于一处，同时施以教诲；类别教诲，就是根据罪犯的罪质、犯数、职业、性情等不同情况，把同类型的罪犯集中于一处施以针对性教育；个人教诲，就是在某个罪犯有入监、出监、转监、疾病、惩罚、丧亲、接见和书信的情况发生时，随时进行教诲。

2. 教育制度。南京国民政府要求监狱教育事务必须由专职的教师负责，并以强制教育为原则。《监狱规则》对教育制度规定为，“在监者一律施以教育，但十八岁以上，刑期不满三月者及监狱长官认为无教育之必要者，不在此限”。教育内容以小学程度的国语、算术、珠算、习字、作文等为必修科目，对已经具备相当文化程度的罪犯依其程度设相当的补习科目。教育时间规定为每周二十四小时以内。然而事实上，国民党监狱的教育只在极少数模范监狱开展，对绝大多数监狱而言则是笑谈，因为在那些监狱根本不准带入书籍、纸张和笔；罪犯在监狱唯一能读到的文字是各种反动理论小册子和圣经，其他方面的信息绝对禁止。执行愚民政策的监狱当局实施的所谓教育的规定，完全是舆论欺骗的幌子。

【思考题】

在息烽集中营有一条军统头子戴笠对特务看守的训示语："长官看不到想不到听不到做不到的，我们要替长官看到想到听到做到"；在重庆"白公馆"有劝导罪犯的标语："迷津无边，回头是岸"，在"渣滓洞"也有劝导罪犯的训示语："宁静忍耐，毋怨毋尤"，"青春一去不复还，细细想想，认明此时此地切莫执迷"。请从监狱管理者和罪犯两个角度分析"训示语"的本义和引申义。

3. 感化教育制度。照搬欧美及日本刑法中“保安处分”的措施，对少年犯进行感化教育。各省试图力行推广少年感化教育，并将感化院的创办纳入监狱改良的总体规划。但由于真正建成少年监的仅有山东和武昌少年监，根据 1934 年《济南山东少年监狱在监人应遵守事项》，少年犯对狱官命令要有绝对服从的义务，对任何人言语态度均须和平恭敬，非经狱官许可不准与其他在监人交谈，并不许暗通声气。[1] 少年犯在受教时须细心体会，挺身端正面对教师，不得稍露倦容等。由此可见，少年监“强制监禁少年，要求他们服从、顺从，遵守严厉的纪律，并且随时可能受到肉刑和体罚”,[2] 每天都要接受蒋介石反动理论的“洗脑”，其对少年心性的毒害也可见一斑。

（三）生活卫生制度

南京国民政府改良监狱涉及罪犯的生活卫生条件，但是给予罪犯的真正人道关怀太少，伪善的一面太多。主要分为给养、衣粮、卫生医疗等制度。

1. 给养制度。《监狱规则》里有，“对于在监者，须斟酌其体质、年龄、劳役及地方气候等项，给与必要之饮食、衣类及其他用具”，“在监者给与灰色狱衣”，“除一定狱衣外，所有衣被苟无碍于纪律及卫生者，得许在监者自备”，“在监者禁用烟酒”，“监房、工厂、病室等处天寒时，须使有相当温度”等人道化制度。但是，由于当时国民经济被以蒋介石为首的“四大家族”垄断，监狱罪犯的生活待遇必然更加恶劣。国民党监狱罪犯居住条件之恶劣也是中国历史上所罕见，尤其是清末遗留下来的旧式监狱，更为简陋破烂。1930 年司法行政部第 1416 号训令称，“近查各县监所多属建筑窳败，地狭人稠，甚或席地而卧。纵使衣食无亏已不胜其苦，况且此亦感不足，其何以堪”。[3]

2. 衣粮制度。指罪犯的口粮供应、囚衣发放的制度。

囚粮制度。为了保证罪犯口粮的供应，杜绝囚粮购买中的贪腐行为，司法行政部曾于 1932 年颁布《稽核各省监所囚粮办法》，要求各监狱“购买囚粮委员会”采用竞标和竞价的形式，统一在外购粮。原规定每囚每天发给干粮 20 两，伙食费每月 4 元 5 角。但是，随着犯罪急剧增加，“各监罪犯，已有人满之患，而经费预算，反较从前减少，间或有不减少的，也要七折八扣或积欠数月。而物价飞涨、形势日新月异，从前米贱人少钱多，现在米贵人多钱少，此则救死犹恐不遑，哪里还谈得到改进”。[4] 就是这点已经少得可怜的囚粮，还要经过监狱官吏的层层克扣，罪犯实际吃到的已是微乎其微。

囚衣制度。罪犯衣服被褥由监狱发给，如果罪犯请求自备者，在不妨害监狱纪律及卫生的情况下，可以准许。狱衣是灰色的，外襟上须缝一白布条，写明本人号数。全面抗战开始后，司法行政部借口物价暴涨、普遍购置人犯衣被需费过巨，因而决定在抗战期间不论已决、未决人犯，狱衣一律自备，不能自备者由监所贷与。实际上，当时除了少数新式

---

〔1〕王传敏主编：《民国监狱法规汇编》，光明日报出版社 2014 年版，第 575 页。

〔2〕［荷］冯客：《近代中国的犯罪、惩罚与监狱》，徐有威等译，江苏人民出版社 2008 年版，第 179 页。

〔3〕王志亮：《中国监狱史》，中国政法大学出版社 2017 年版，第 303 页。

〔4〕参见赵琛：《监狱学》，上海法学编译社 1935 年版，第 134 页。

【知识链接】

教诲堂“八仙过海，各显神通”

图为民国监狱教诲室里高挂的“神仙图”

国民党当局认为对罪犯的教诲是“培养德行而启迪新知”的制度，要按照统治者的意志，对罪犯进行教诲，才能使其改“恶”从“善”。

据1942年第一监狱对在监人实施教诲工作日记报告载：一至三月份，教诲内容为抗战救国“三民主义”、总裁言论、国民公约等。第三监狱也十分重视对罪犯的“教诲”和“感化”，要罪犯扪心自问、静心思过。从监房排列到监狱通道都设有教诲标语，如以“温良恭俭”“礼义廉耻”命名监房；在屋壁上张贴“平心静气”“忠仁忠爱”“岂能尽如人意，但求无愧我心”等语句；用于教诲堂的条幅，上联是“且静坐抚良心今日所做何事”，下联是“莫乱行从正道前途自有好时”，横批是“懂得善良”。

新监教诲室挂着耶稣、基督、孔子、老子等各路“神仙”共同感化众生。

此外，四壁还张贴着黄帝、夏禹、文王、武王、孔子、孟子等人画像。教诲的内容自然是以孔孟道德观为其核心，竭力宣扬封建正统思想。另外，国民党监狱还把佛教的经典和基督教的圣经作为教诲的基本教材。一些模范监狱除了使罪犯成天诵经礼佛之外，还聘请高僧和牧师到监狱为罪犯谈佛经和讲圣经，对罪犯的教育事务则由专职的教师负责。无论采用哪种形式的教诲，目的只有一个，就是想把罪犯“感化”“教诲”成为绝对服从国民党反动统治的驯服者。真可谓是“八仙过海，各显神通”。

监狱以外，监狱普遍取消了给予罪犯衣类的制度。监狱供给的囚衣极其差劣，很多罪犯长年累月只有一套衣服，有的在严冬时节仍穿着单衣。1934 年《申报》登载上海江苏第二监狱署致佛教居士林函中写道，“查敝监监禁人犯数近三千，超过定额两倍有余……其中衣被不完者，十有八九。现在天气渐寒，转瞬即届隆冬，众囚冻罹实堪悯恻。敝监囚人衣被预算，规定甚微，且国库竭蹶，经费极感困难，以杯水而救车薪，何济于事。”这座监狱是上海曹河泾第二监狱，属于国民党政府专供中外观瞻“改良监狱”的橱窗，囚衣情况尚且如此，其他监狱的惨状可想而知。

3. 卫生医疗制度。指狱内卫生、罪犯医疗制度。

卫生制度。《监狱规则》规定，“监狱需洒扫洁净，房间及衣类、杂具、厕所、便器等类须定次数清洁之”，同时，在监者必须沐浴，沐浴时间为夏季每三日一次，冬春秋季每七日一次，“在监者除有不得已事由外，须每日运动半小时。但因劳役种类认为无运动之必要者，不在此限”。其中的每一条都体现出一定的“先进性”。实际上各监所并没有认真按规约的要求去做，监所内污秽黑暗十分严重。由于卫生条件恶劣，瘟疫流行，罪犯死亡严重。1936 年一次霍乱病流行，第一监狱就死亡了 50 多人。1939 年湖北第三监狱发生鼠灾，一次死亡 70 余人。[1]

医疗制度。要求从罪犯入监体检即要严格把关，防止将患病尤其是患有传染病、体格不健康的罪犯收入监内。但是，国民党的监狱不仅缺乏最基本的医疗设备，甚至难找到较为合格的医生，当然更谈不上对患者进行及时有效的治疗。由于监狱缺乏隔离室，大批患肺病、伤寒、霍乱、痢疾等传染病者无法隔离，只能任瘟疫在罪犯中传染、蔓延，随时都在威胁着每一个被监禁的人。故罪犯发病率、死亡率极高。例如，据 1932 年司法统计记载，1931 年全国 15 省 53 所监狱患病的 10 449 名男犯和 1 245 名女犯中，因病死亡人数分别为 1 235 人和 79 人；1947 年度患病的 11 723 名男犯和 1 599 名女犯中，死亡人数分别为 955 人和 53 人。病亡率例近 10%，较日本千分之七的死亡率，高出不知多少倍。[2]

（四）劳役制度

南京国民政府监狱的劳役制度更多是为了惩罚罪犯和无偿榨取其血汗而开展的。罪犯是在大棒和皮鞭驱使下，在毫无劳动保护可言的条件下，在极端恶劣的环境中，饿着肚子从事繁重的苦役，甚至拖着重病的身体坚持着，常常有体力不支、累死饿死的情况发生。

制度背景。劳役科目和从事劳役的人数比北京政府时期有了显著增加，劳役的单位不仅有少数新式监狱，而且普及到一部分旧式县监狱和看守所。为了指导监狱劳役，扩大监狱劳役方式，颁布了一系列专门法规，如《旧监狱作业办法》《监犯外役施行细则》《监犯外役规则》《徒刑人犯移垦暂行条例》《监狱工厂管理法》《监所扩充工场注意事项》。后来还公布了三个监外劳役的法令，即《徒刑人犯移垦实施办法》《移垦人犯累进办法》

〔1〕 朱德成主编：《湖北近代监狱》，湖北省劳改工作管理局劳改史志编辑室 1987 年版，第 119 页。

〔2〕 曹强新：《民国监狱研究》，中国言实出版社 2022 年版，第 251 页。

【课程思政资源】

方志敏的《狱中纪实》

方志敏（1899 年—1935 年），江西省弋阳人，无产阶级革命家、军事家，中国共产党的优秀党员。他在 1935 年不幸被国民党俘虏，关押在南昌“委员长驻赣行营绥靖公署”军法处看守所。他在狱中写下了《可爱的中国》《清贫》《狱中纪实》等名著。发出了“敌人只能砍下我们的头颅，决不能动摇我的信仰”的铮铮誓言。他英勇就义时，年仅 36 岁。

方志敏在《狱中纪实》中针对国民党监狱环境讽刺道，“在中国百业凋零，经济破产的当中，而能‘孤岛独荣’向前发展的，大概要算是监狱这一部门了吧！各地监狱，都有人满为患之苦！全国监狱，计有罪犯再少也在一百万人以上，在黑暗、污秽、潮湿、熏臭、冬天冻冷、夏天闷热的笼子里，爬着、动着、挣扎着、生活着！饥渴、寒冷、鞭挞、屈辱、疾病、死亡，永远像影子一般，伴随着他们，他们心中的历恼、悲痛、愤恨、恐怖，可以说是无穷无尽的，只有海洋的深广，才能与之比拟吧！”

针对国民党区别对待囚犯，“二等普通号是最苦最糟的号子，专为囚禁共产党人或共产嫌疑犯，以及不幸被俘的红军战士……只够十几个人住，却要关三十余人。人挤人的睡着，你的头睡在我的脚边，我的脚搭在你的头上，都睡在笼板上，笼门整天的锁着，绝不准互相来往。”

针对迫害共产党人，他无比痛心的写道，个个“骨瘦如柴，远望活像一个骷髅”。

2009 年，方志敏被授予“100 位为新中国成立作出突出贡献的英雄模范人物”之一。

《移垦人犯减缩刑期办法》等。[1]

管理机构。设立监狱劳役课的经营与管理机构，选择监狱劳役的种类，制定生产计划，采购生产资料、核算收支情况，安排罪犯劳动力以及监狱生产的转产经营，对外签订经济合同，维修、保障监狱劳役所需器械，增置所用设备，对监狱劳役的成品进行核算定价，疏通销售成品环节等。

劳役内容。须根据犯罪性质、刑期、身份、技能、职业及将来生计、体力之强弱分类，参加不同劳役。除刑期不满一年者外，监狱官认为有必要可使参加监外劳役；没有监狱长命令，不能中止、废止或变更。每日劳役时间在七小时以上、十小时以下，具体时间可按季节、所在区域、劳役种类具体规定，劳役收入所得概归国库。按其犯罪性质等分别给予赏与金，徒刑囚赏与金不得高于当地普通佣工的3%，拘役囚不高于5%；在监者重大过失或故意损坏器皿、材料等以赏与金作赔偿，并接受相应惩罚。劳役科目繁多，分为监内劳役和监外劳役。监内主要以简单手工业为主，有织布、制造、制鞋、缝纫、搓绳、织带、印刷、织毛巾、纺线、造纸、木工、编造柳竹、磨制品、皮革、金工等，达数十种。监外以承揽为主，有筑路、建筑、垦荒、开矿、搬运等。

（五）其他制度

主要包括接见与书信制度、赏罚制度等。

1. 接见与书信制度。《监狱规则》规定，罪犯接见与发收书信的对象必须是其家属，与家属以外的人接见或发收书信须有特别理由。在时间方面规定为拘役犯每十日一次，徒刑犯每月一次。特别情况可增加一至两次。

接见必须在特设的接见室内进行，每次不得超过三十分钟，须用普通话，接见者与被接见者身体不能相接触，且不能私自交接物品。接见必须在监狱官吏监视下进行。书信必须先填写请求书，写明与通信人的关系，经许可后到通信室书写，信封、信纸由监狱发给，发信费用罪犯自理，来往书信须经监狱官吏检阅。

2. 赏罚制度。南京国民政府《监狱规则》基本照搬了北京政府的奖赏规定。只是劳役赏与金的数额由过去的一元以内，增加为两元以内；增加奖赏接见和发收书信的次数为三次以内，还增加了“许其阅读私有书籍”的奖赏。

规定了九种惩罚办法：面责；三月以内停止赏与；撤销赏与；三次以内停止发收书信与接见；三月以内停止阅读书籍；七日以内停止运动；减削赏与金之一部分或全部；二月以内之慎独；五日以内之暗室监禁。事实上，国民党政府监狱里的惩罚方法绝不仅仅上述九种，实行法西斯化管理的监狱官吏使用的惩罚办法也是花样翻新、难计其数，且极端、惨无人道，根本不受任何法律的限制，无数的罪犯被国民党监狱的毒刑折磨致死。[2]

---

〔1〕 王传敏主编：《民国监狱法规汇编》，光明日报出版社2014年版，第6页。

〔2〕 万安中主编：《中国监狱史》，中国政法大学出版社2015年版，第165页。

【课程思政资源】

《狱中八条》

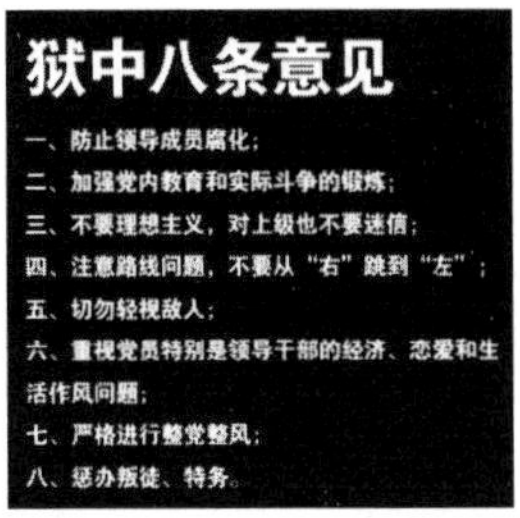

1948年9月，在成都开展统战工作的共产党员罗广斌（《红岩》主要作者）因叛徒出卖被捕，被送至重庆“渣滓洞”监狱关押。1949年2月，罗广斌被转押至重庆“白公馆”监狱。这里有一个党的秘密领导小组，而且就在戒备森严的监狱中，罗广斌与他的入党介绍人——被捕前任沙磁区学运特支书记的刘国鋕、被捕前任重庆北区工委委员的王朴、被捕前任《挺进报》特支委员的陈然等用秘密方法和其他党员相互联系，交换意见，组织和领导监狱中的地下斗争，并对党组织的建设问题进行了多次深入的讨论。1949年11月27日，在重庆解放三天前，国民党特务对关押在“白公馆”、“渣滓洞”的共产党员和其他进步人士进行了残酷的大屠杀。当天夜里，罗广斌等15位革命者成功脱险后，怀着无比悲愤的心情迅速将监狱中与同志们的讨论，尤其是狱中党组织对革命工作的分析、总结和建议写了出来。在重庆解放后的第25天，罗广斌向中共重庆市委提交了《关于重庆组织破坏经过和狱中情形的报告》。报告有七个部分，内容分别是：案情发展（《挺进报》被破坏的经过）、叛徒群像、狱中情形、脱险人物、狱中意见等。1989年，重庆市委党史研究室原副主任胡康民根据川东地下党老同志肖泽宽提供的线索，在重庆市档案馆找到了这份报告并加以整理和挖掘，将狱中意见中的八条内容进行了提炼，后来被党史专家们称之为“狱中八条”。

时至今日，这些凝结着革命先烈鲜血的政治嘱托和警世之言，依然振聋发聩。

2018年全国两会期间，习近平总书记在参加重庆代表团审议时，将“狱中八条”一一读了出来。

【思考练习题】

1. 民国政府监狱法制有什么特点？

2. 北京政府新式监狱设置有什么特色？

3. 南京国民政府监狱管理制度有什么特质？

【课堂笔记】

第六单元　新民主主义革命政权的监狱

【教学目标】

知识目标：了解新民主主义革命政权监狱的狱政思想、监狱设置和监狱制度。

能力目标：具备对新民主主义革命政权监狱和中华民国政府监狱进行对比分析的能力。

素质目标：通过对新民主主义革命政权监狱和中华民国政府监狱的对比分析，认识中国共产党领导下的监狱的人民性、进步性。

【问题导入】

1941 年 5 月 1 日，陕甘宁边区政府主席林伯渠在总结政府工作，谈到监所工作经验时指出，“犯人之所以甘为犯人，主要是由于社会不把他当人，要恢复他的人格，必自尊重他是一个‘人’始。”同年 10 月，高等法院院长雷经天在司法工作报告第七部分指出：“犯人虽然犯了错误，既不是死刑，我们则希望他好好转变错误，将来成为一个完善的公民。因此，就要尊重他的人格。”

问题：本段材料中提出了“尊重犯人人格”，谈谈你对这种提法的理解？

1919 年爆发的五四运动是中国从旧民主主义革命走向新民主主义革命的转折点。1921 年 7 月 23 日，中共一大召开，成立了中国共产党。1927 年大革命失败后，中国共产党将武装斗争、土地革命、建立农村根据地相结合，先后在南方和西北地区建立起了十几块革命根据地，开展游击战争，实行工农武装割据，走出了农村包围城市的正确革命道路。为统一领导全国各革命根据地和红军的斗争，建立属于自己的国家政权，在共产国际提议指导下，1931 年 11 月 7 日，中共苏维埃工农兵第一次全国代表大会在瑞金召开，宣告中华苏维埃共和国成立。

中国共产党领导下的革命根据地创建了人民民主政权的新型监狱，构建了新民主主义革命政权的监狱体系。尤其是革命根据地劳动感化院的建立，是我国监狱史上一次最深刻的革命，它不仅把监狱这个历来为剥削阶级镇压劳动人民的工具，变成无产阶级用以镇压

【课程思政资源】

中华苏维埃第一次全国代表大会

1931 年 11 月 7 日，中共苏区中央局委员合影（左起：顾作霖、任弼时、朱德、邓发、项英、毛泽东、王稼祥。）

1931 年 11 月 7 日至 20 日，中华苏维埃第一次全国代表大会在瑞金叶坪隆重开幕。出席大会的有来自中央苏区、闽西、赣东北、湘赣、湘鄂赣、琼崖等苏区的代表，以及红军、全国总工会、全国海员工会等代表，共 610 人。越南、朝鲜的来宾也应邀出席大会。

毛泽东在中华苏维埃共和国中央执行委员会第一次会议上，当选为中央执行委员会和人民委员会主席，项英、张国焘（未到职）任副主席。“毛主席”之称始于此时。同时，会议产生了中央政府的各部部长（时称人民委员），决定中华苏维埃共和国临时中央政府设在江西瑞金，于是，瑞金成为中华苏维埃共和国的首都，成为全国苏维埃运动的心脏和枢纽。

为庆祝“一苏大”的召开，毛泽东提笔挥毫，欣然写下“苏维埃为工农劳苦群众自己管理自己生活的机关，是革命战争的组织者与领导者”的题词。

【知识链接】

《党史故事 100 讲》第七集 红色割据 星火燎原_ 共产党员网 https：//xuexi. 12371. cn/2016/10/24/VIDE1477269901877885. shtml

南昌起义、秋收起义的失败并没有让毛泽东、朱德等共产党人失去信念。相反，他们前赴后继，突破了敌人的围追堵截，建立了中国共产党领导的第一个革命根据地——井冈山革命根据地。革命的火种有了暂时的栖身之处。接下来，井冈山革命根据地如何长久存在，以及中国革命今后的发展方向等这些战略问题，便提上了毛泽东的案头……

地主买办阶级反抗的武器，而且把监狱这个历来最腐朽黑暗、野蛮残酷的人间地狱，变成了实行革命人道主义的、使罪犯改恶从善的特殊学校，[1] 成为我国社会主义类型监狱的萌芽。这种对罪犯实施强制教育与劳动改造的革命监狱制度，历经土地革命（1927 年—1937 年）、抗日战争（1937 年—1945 年）和解放战争（1945 年—1949 年）三个历史时期的发展完善，成为新中国监狱劳改制度的开端。

第一节　新民主主义革命政权的狱政思想

一、新民主主义革命政权狱政思想的初步形成

第二次国内革命战争时期是新民主主义革命根据地监所制度的初创阶段。正如时任苏维埃中央司法人民委员部部长梁柏台在《司法人民委员部一年来的工作》一文中所指出的："司法机关过去在苏区是没有的，是中央政府成立后的创举。"[2] 苏维埃根据地工农民主政权为了适应对敌斗争和惩罚犯罪的需要，在摧毁国民党政权监所制度的基础上，创建了革命政权的监所，作为镇压豪绅地主、军阀官僚、反革命分子的武器，而且在马克思主义关于国家学说的理论指导下，把监所变为教育改造罪犯的机关，提出了用共产主义思想和生产劳动对罪犯进行教育、感化和改造的无产阶级狱政思想，确立了革命根据地新型监所制度的方向。

（一）废除封建野蛮的旧监所职能，对犯人实行感化、教育和改造

中华苏维埃中央临时政府在报告中，将根据地监狱与国民党监狱进行了对照，指出"苏维埃的监狱对于死刑以外的罪犯是采取感化主义，即是用共产主义的精神与劳动纪律去教育犯人，改变犯人犯罪的本质"，而"国民党监狱则是纯粹的封建野蛮的虐杀，法西斯的酷刑，劳动群众与革命者的人间地狱"。

劳动感化院的创立，是梁柏台摒弃旧监狱"报复主义""惩办主义"，倡导"惩罚与改造相结合"狱政思想的集中体现。对此，他所起草的《劳动感化院暂行章程》第一条即开宗明义："其目的是看守、教育及感化违犯苏维埃法令的一切犯人，使这些犯人在监禁期满之后，不再违犯苏维埃的法令。"[3] 梁柏台认为，要实现这样的目标，"教育"和"劳动"是最重要的改造手段。因此，劳动感化院设文化科，专门负责对犯人开展形式多样的教育活动；开设各种手工工场，利用多种方式组织犯人从事生产劳动。

（二）坚决废止肉刑和体罚虐待

鉴于一些监所过去曾出现过刑讯逼供等问题，1931 年 12 月 12 日苏维埃中央工农民主

---

〔1〕 雷晟生：《我国劳改制度的开端——第二次国内革命战争时期根据地的劳动感化院》，载《西北政法学院学报》1985 年第 1 期。

〔2〕 瑞金县人民法院编：《中华苏维埃共和国审判资料选编》，人民法院出版社 1991 年版，第 249 页。

〔3〕 参见《中国新民主主义革命时期根据地法制文献选编 第三卷》，中国社会科学出版社 1981 年版，第 313 页。

【数字资源】

【课程思政资源】

红色司法开拓者——梁柏台

梁柏台

梁柏台（1899 年—1935 年），又名越庐、月庐，字苏生，号梯云，浙江新昌人。中国近代无产阶级革命家，中国共产党早期优秀党员，中华苏维埃共和国中央政府重要领导人，人民政权第一位司法部长、检察长、中国劳动改造教育感化制度的创始人，第一部红色宪法起草人，被誉为人民法制和人民司法的开拓者和奠基人，是依法执政、依法治国的先驱。

他是中共第一代留俄生，长期在苏联远东地区从事华工工作，学习并研究过苏联法律，担任过苏联伯力省法院的审判员，有丰富的司法工作实践经验。

1931 年回国后，梁柏台参加了苏维埃第一次全国代表大会筹备工作。在“一苏大会”上，他被推选为大会主席团宪法起草委员会成员。1932 年 2 月 19 日，中华苏维埃共和国临时中央政府召开第七次常委会，梁柏台提议创办劳动感化院，得到与会者的一致赞同。在苏区工作的四年时间，梁伯台参与起草了《中华苏维埃共和国宪法大纲》《中华苏维埃共和国婚姻法》《中华苏维埃共和国土地法》《中央苏维埃政府组织法》《革命法庭的工作大纲》《裁判部的暂行组织和裁判条例》《中华苏维埃共和国惩治反革命条例》《中华苏维埃共和国司法程序》《看守所章程》《劳动感化院暂行章程》等十多个法律法规，建立起了中华苏维埃共和国的司法机关和司法制度，为中华苏维埃共和国法制建设作出了开拓性贡献。他的法制思想和司法实践为以后中国共产党的政权建设和法制建设提供了重要的历史经验。中国法制体系中独具特色的很多制度设计和司法原则，都能够从其法制思想和司法实践中寻找到源头，值得总结和发展。

1934 年 10 月中央红军主力长征后，梁柏台任中共中央分局成员，中华苏维埃共和国中央政府办事处副主任。1935 年 3 月在江西省大余县突围通过国民党军队的封锁线时负伤被俘，后被杀害，年仅 36 岁。

政府在发布的《第六号训令》中公开宣布对犯人“坚决废止肉刑”。此后，“废止肉刑”便成为革命根据地监所工作的一项重要原则。在司法人民委员会和国家政治保卫局的检查监督下，各地进行了监所清理和整顿，坚决纠正刑讯逼供、体罚等虐待犯人的不良现象。一些省苏维埃政府还多次三令五申这一原则。如福建省苏维埃政府在1932年8月和9月曾两次发训令“要废除一切肉刑”，“绝对不许行使肉刑”，“使中央执行委员会第六号训令百分之百去实现”，“以后各级政府及地方武装如再有用肉刑的事情，当以违反苏维埃法令治罪”。[1]

(三) 对犯人禁止一切不人道的待遇，实行革命人道主义

根据地工农民主政府规定，工农民主政府的法庭和监狱“一方面要严厉镇压反革命分子的活动，苏维埃对于这些分子绝不应有丝毫的姑息；但是另一方面，对于一切已经就逮的人犯，却是禁止一切不人道的待遇”。[2]《川陕省革命法庭条例（草案）》第9条规定：“省级到县级的革命法庭，按照需要组织执法机关（如监狱），反对旧式监牢虐待犯人的办法，特别是对于犯罪的劳动者，要有系统地进行教育，使他能很快脱离犯罪的事情”。工农民主政府要求，监所管理必须保证犯人的身体健康。1933年《中华苏维埃共和国司法人民委员部对裁判机关工作的指示》强调，要注意监所及犯人的卫生，按时洗澡、放空气，不许挪用罪犯伙食费，要妥善安排罪犯的劳动、学习、休息、娱乐时间等。《鄂豫皖区苏维埃政府革命法庭的组织与政治保卫局的关系及其区别》规定：“犯人做工亦实行八小时工作制”。犯人生产收入，可拿出一部分“作改良犯人生活之用”。

二、新民主主义革命政权狱政思想的确立

中央苏区时期，劳动感化院的探索实践尽管时间短暂，但它所积累的宝贵经验却为新民主主义革命时期乃至中华人民共和国成立后的监狱制度奠定了基础。延安时期，这一优良的司法传统被继承，并在实践中得到了丰富完善，不仅涌现出了以党鸿魁为代表的监狱建设的司法模范，还逐步形成了新民主主义监所管理的狱政思想和工作的主要原则。

(一) 狱政思想的确立

1. 感化教育的思想。抗日民主政权一再指出，“进行思想的感化教育，是监狱看守所工作的中心一环”。陕甘宁边区政府主席林伯渠同志在历次参议会上都强调，边区政府“对犯人采取教育感化的方针”“不采取‘报复’与‘惩办’主义，而注重政治教育与感化。”[3] 1946年，陕甘宁边区第三届参议会通过的《陕甘宁边区宪法原则》，将“对犯法人采用感化主义”这一基本的狱政方针，用根本法的形式确立了下来。

2. 教育改造的思想。1942年《陕甘宁边区司法纪要》明确指出：“边区的监狱，固然

---

〔1〕《中国新民主主义革命时期根据地法制文献选编 第三卷》，中国社会科学出版社1981年版，第344、346页。

〔2〕《中华苏维埃中央执行委员会和人民委员会工作报告》，载《苏维埃中国》，中国现代史资料编辑委员会1957年翻印，第265页。

〔3〕参见《陕甘宁边区政府工作报告》，1941年4月。

【知识链接】

模范典狱长：党鸿魁

党鸿魁同志于1943年开始担任延安监狱典狱长，在工作中他坚决反对惩罚虐待犯人，而是要“用尽所有的力量，改造监狱里的人”，把边区的监狱变成学校。[1] 大部分被监管人员经过党鸿魁的教育后积极投身边区的生产建设，贡献了力量。许多被监管人员获释后说：“我如果再犯法，就没脸见典狱长”。改造工作卓有成效，党鸿魁的经验主要包括：

说服教育为主，坚持以理服人。党鸿魁在工作中坚决反对用捆绑、体罚、戴手铐等方式管教犯人，认为这种做法与旧式监狱报复惩罚犯人没有区别，并不能从根本上改变犯人的犯罪思想，只会增加他们的反抗情绪，不利于改造。他主张要从思想教育入手，采取个别谈话，动之以情、晓之以理，使犯人真正认识到自身的错误，转变犯罪思想，自觉接受改造。

关心犯人生活。党鸿魁在平时的工作中坚持对待犯人实行革命人道主义。经常教育犯人注意卫生，防止疾病，对患病犯人及时进行治疗。1945年监所所在地红寺村疾病流行，但监所内无一犯感染疾病。他真正关心犯人，尊重犯人，对于有困难的犯人甚至其家属，他都及时给予帮助并解决问题。曾有一位女性杀人犯郭某在入狱的时候带了一个小娃娃，党鸿魁积极向边区法院争取，将孩子送到了合作社小学读书，并由边区法院承担一切费用。[2] 党鸿魁的这些举措不仅感化了犯人，而且增强了他们接受改造走正途的决心。

激发犯人生产积极性。针对边区犯人在劳动中出现的磨洋工现象，党鸿魁积极思考，深入调研，在管理工作中了解到犯人的实际需求，将奖品制改成奖金制，实行按劳分配，把犯人的劳动生产与经济利益联系起来，大大调动了犯人的生产积极性。此外，党鸿魁将归公部分用于改善犯人生活，如添置被服等。不仅减轻了边区政府的财政开支和人民负担，而且改善了监所条件和犯人生活，使犯人得到了真正的实惠，从而干劲十足。

妥善安置刑满释放人员。对于刑满释放后无家可归或者不愿离开的获释人员，党鸿魁也竭尽所能，设法提供帮助，组织他们参加生产，保障他们的基本生活。受党鸿魁感化，许多犯人充满敬佩之情，在刑满释放后积极投身边区经济建设，用实际行动洗刷自己的罪行。

---

〔1〕 曾克：《典狱长党鸿魁》，载《解放日报》1945年1月1日，第2版。

〔2〕 西南政法学院函授部编：《中国新民主主义革命时期法制建设资料选编（第四册）》，西南政法学院函授部图书出版社1982年版，第337页。

是惩罚犯人的场所，同时，也是犯人的教育机关”。[1] 1944 年 7 月晋绥边区高等法院工作总结中指出：“我们今天的监狱，是一所带强制性的生产教育学校，是感化教育积极改造犯人的场所。”太行区司法处在总结抗日战争时期的司法工作时也指出：“看守所不仅是看管自新人[2]的所在，而且主要是个非常尖锐复杂的思想斗争场所，是个治病（思想病）救人的地方。”人民政府的监狱始终坚持教育改造的狱政思想，逐步建立起系统的教育制度。

3. 教育、管理、生产相结合，教育为主的思想。经过不断的实践总结，教育、管理、生产成为新民主主义政府监所的三项基本任务，三者结合，以教育为主成为监所重要的指导思想。教育，是通过上课、谈话、组织自学讨论等方法，对犯人灌输爱国守法思想、公共道德观念和劳动观点，促使其认罪悔改，确立爱国守法的信念。管理，是运用警戒、看守、管束等手段，限制犯人的自由，强制犯人生活于监所并遵守监所各项规章制度，接受政府的强制教育和强迫劳动。生产，是组织犯人从事劳动生产，既为社会创造物质财富，减轻人民负担，又对犯人进行劳动改造，培养劳动习惯，学习生产技能。三项工作的核心，就是教育改造犯罪分子，使其成为爱国守法的好公民。太行区司法会议在总结抗日战争时期根据地监所工作时指出：“在四三（1943）年的时候，我们曾经提出看守的三大工作系生产、管理和教育——我们所提出的生产、管理、教育三大工作，不是互相孤立的、平列的，而是有机的结合。生产是为了教育，管理也是为了教育，进行思想的感化教育，是监狱看守所工作的中心一环。”[3]

（二）监所工作的主要原则

为了加强边区新民主主义的民主和法制建设，维护根据地的社会秩序，各边区政府制定出台了施政纲领和保障人权条例等法律法规，以及各种诉讼法规、监所管理规则，从而确定了边区监所管理必须遵循的主要原则。

1. 严格依法办事。对犯人的拘押、管理、处分及开释，都必须严格依法进行。既不准非法拘押，也不准非法剥夺在押犯人依法享有的人权、财权，不得擅行开释或非法减轻其处罚，以防非法侵犯人身权和贪赃枉法。抗日民主政府规定了对犯人的处刑、执行及开释的权限所属，严禁非法判处或开释。司法机关是边区唯一行使审判权的机关，只有依据各级司法机关的判决，并经过上级审判机关复核批准，同时犯人不上诉，才能对犯人执行刑罚或刑满释放。

2. 加强对犯人的看守管束。监所是拘禁和执行刑罚的场所，一切任务的完成，都以强制犯人守法，不发生逃跑、自杀、破坏、捣乱为前提。抗日民主政府总结了看守经验，制定了一整套监狱管理与看守所管理的规则，如犯人入所登记、检查及接见规则、犯人守法规则等，其目的就在于明确工作人员的具体职责，不允许玩忽职守；使犯罪人守法

---

[1] 张希坡、韩延龙主编：《中国革命法制史》，中国社会科学出版社 1987 年版，第 545 页。

[2] 在晋冀鲁豫高等法院中，囚犯被称为“自新人”。

[3] 王云海：《监狱行刑的法理》，中国人民大学出版社 2010 年版，第 342 页。

【知识链接】

劳动，带来新生

1946年末，晋察冀边区自新学艺所带领三百犯人在高山峻岭的山村建立劳动改造基地。在极端艰苦的条件下，几个干部、十几名战士带领二百多名曾经长期过着腐朽寄生生活、没有劳动习惯的犯人，开荒种地、上山打柴、包修公路、给群众打短，坚持对犯人实行生产劳动和思想教育相结合的改造方针，组织多种形式的思想教育，到1949年1月结束。在两年多的时间里，通过艰苦的生产劳动，不仅解决了干部、战士及犯人的全部生活需要，而且交给政府几万斤粮食。更重要的是，绝大部分的犯人都得到了改造，成为拥护人民政府、自食其力的劳动者。其中有些人还参加了中国人民解放军，有的还参与了人民政府的监狱工作。这种以生产组织为管理的基本形式，把生产和对犯人进行劳动改造作为基本任务，与普通的监狱有很大的不同，是向劳改队转变的一个典型代表。

【讨论题】

有人认为，不对犯人进行惩罚甚至打骂是教育不了犯人的，谈谈你的理解。

守纪，以防不轨行为发生。

3. 严禁使用肉刑及侮辱虐待犯人。为肃清封建主义余毒，彻底废除腐朽落后的监管作风和制度，各边区政府一方面加强干部民主思想教育，另一方面在制定政策法条时全面贯彻严禁虐囚的原则。《陕甘宁边区施政纲领》明确规定要“改进司法制度，坚决废止肉刑。”《苏中区第二行政区诉讼暂行条例》规定：“看守所对犯人应施以感化教育，不得有索诈陋规及侮辱、打骂等情事。”《陕甘宁边区高等法院监狱管理规则》第6条：“对守法人不得有随意捆绑打骂及凌辱等行为。”第7条：“看守人的私人生活，不能随意支配守法人去做，对女守法人不得任意调笑及任何不正当行为。”[1]

4. 教育为主、惩罚为辅。抗日民主政府强调，监所管束罪犯，主要依靠思想教育的各种方法，动之以情、晓之以理，惩罚只是辅助手段。提倡说服教育，并非不要惩罚，而是将鼓励和惩罚结合起来，赏罚分明。对于认罪态度好、积极改造者，给予表扬、奖励，以致减刑提前释放。而对于不接受教育改造、不服从监所管理，甚至进行破坏捣乱者，根据情节轻重要给予警告、记过等处分，严重者则要加刑。

5. 实行革命人道主义。在生活待遇和生活管理上，给予人道主义关怀。伙食供给要求使犯人吃饱，并适当改善犯人生活。在居住和卫生条件上，保持监房和犯人的清洁卫生，预防疾病，有病及时治疗。作息时间的安排，实行劳逸结合，反对苦役折磨。反对单纯“坐监”，既要生产劳动，又要进行学习，还要开展文体活动，丰富其精神生活。陕甘宁边区高等法院在边区司法会议的总结报告中指出：“犯人也是人”，是“犯了法的普通人”，“不能把犯人不当人看”。对犯人实行革命的人道主义，成为解放区监所工作的一个根本观点。

第二节　新民主主义革命政权的监狱设置

新民主主义革命政权的监狱，随着国内斗争形势的变化，在不同的阶段，有其灵活的、创新的设置，体现了无产阶级对敌斗争的智慧和法制建设的开拓性、先进性。一般分为三个阶段：

一、工农民主政权的监狱设置

（一）劳动感化院

1928年初，随着根据地政权的建立，赣东北革命根据地创建者方志敏同志建立了最早的劳动感化院“弋阳县劳动感化院”，主要收押各区、乡妨害苏维埃政权的被判处徒刑的土豪劣绅、坏分子，“抓起来集中在一起劳动改造，使他们悔过自新、重新做人”。[2]

---

〔1〕 此处守法人即为犯人。

〔2〕 薛梅卿、黄新明：《中国革命根据地狱制史》，法律出版社2011年版，第4、5页。

【知识链接】

毛泽东的革命人道主义[1]

革命、战争与正义在毛泽东那里是紧密联系在一起的，他的革命观同时体现着他的正义观，并且创造出了丰富深刻的革命人道主义思想。

第一，推翻代表地主、资产阶级利益的军阀统治，反抗外国殖民侵略，使受尽压迫和剥削的中国人得到解放，对于毛泽东而言是最大的人道。在革命中产生的毛泽东革命人道主义，其鲜明的总体特征是：在政治上同被压迫的工农大众求解放的共产主义运动相联系，在思想上有马克思列宁主义理论作基础；它旨在反对帝国主义、封建主义和官僚资本主义，反对强权统治，争取民族的独立和平等，争取人民的权利、幸福和自由。

第二，毛泽东的革命人道主义主张广大劳动人民享有真正的民主和人身、财产等权利，重视人民的利益；提倡、鼓励人民群众像兄弟般地紧密团结、真正平等、相爱互助；珍视人、尊崇人的尊严和人生价值。革命的人道主义为被压迫的人民大众行道、主张用革命暴力对付压迫人民的敌人，但并不滥用革命暴力。毛泽东的革命人道主义带有中国传统的人道主义思想色彩，又与马克思主义的人道主义思想密切关联，同时也受辛亥革命以来的人道主义精神、俄国十月革命的人道主义、法国大革命及美国革命的人道主义的影响。

【讨论题】

周恩来同志曾深刻地指出："劳动的目的，是要把犯人改为新人，政治教育是第一，使他觉悟……你第一不加强政治教育，他将来不能成为新人，劳动的结果对新政权更加不满，那怎么能改造他呢？刑满之后他还是不满，出来后又犯法，结果还是关起来，那就没有改造他，不是人道主义"。[2]

请结合上述材料，谈一谈对罪犯的革命人道主义应包含哪些具体内容？如何实现？

---

〔1〕 胡为雄：《试论毛泽东的革命人道主义》，载《现代哲学》2011年第5期。

〔2〕 周恩来于1956年7月15日作《在全国省、市检察长、法院院长、公安厅局长联席会议上的报告》。

1931 年中华苏维埃共和国成立后，开展了较系统的法制建设。1932 年 6 月 9 日，中华苏维埃中央执行委员会颁布施行《中华苏维埃共和国裁判部暂行组织及裁判条例》，其中第 10 条规定："县省两级裁判部，除设立看守所外，还须设立劳动感化院，以备监闭判决长期监禁的犯人。"同年 8 月，中华苏维埃共和国第一劳动感化院在瑞金壬田镇凤岗村腊梨屋下钟唐裔公祠成立，内设总务、劳动管理、文化等科，分为反革命犯、重刑犯、普通轻刑犯 3 个关押点，最高时共关押罪犯 500 多名。随后，分别在兴国、宁都、长汀、于都四县先后设立第二、第三、第四和第五感化院，初步建立起了工农民主政权的专门的监所机关。

（二）看守所

根据地的看守所主要负责关押未决犯，有的还兼具对短期徒刑犯执行刑罚的任务。按所属机关不同，可以分为三类：

1. 肃反机关看守所。在创建中央苏区的伟大斗争中，为了巩固新生的红色政权，保卫革命的胜利果实，肃清革命队伍内部和红色区域内部暗藏的反革命势力，根据地设立了肃反委员会，担负着对敌专政的任务。其下设看守所。

对敌专政是工农民主政权最基本的任务。在革命根据地老区，肃反机关看守所是根据地最主要的监所组织。在新开辟地区，因只有肃反委员会一种看守所，所以其兼具国家政治保卫局和裁判部两个部门的功能，[1] 收押未决的反革命案犯和刑事案犯，同时也是执行短期监禁刑的场所。

2. 裁判机关看守所。1932 年 6 月 9 日，中华苏维埃中央执行委员会颁布施行《中华苏维埃共和国裁判部暂行组织及裁判条例》，其中第 10 条规定："在各级裁判部[2]下可设立看守所，以监禁未审判的犯人，或判决短期监禁的犯人。"实际上，由于当时处于战争紧急环境，主要精力在对敌斗争，一般刑事案件较少，所以有些地方并没有设立裁判机关看守所。

3. 国家政治保卫局看守所。《中华苏维埃共和国中央苏维埃组织法》第 27 条规定："为镇压反革命之目的，在人民委员会之下，设国家政治保卫局，其组织另定之。"据此，国家政治保卫局对一切反革命案件享有侦查、逮捕、预审之权，并可以原告身份向审判机关提起诉讼，甚至享有紧急处置的特权。按照《中华苏维埃共和国国家政治保卫局组织纲要》的精神，各级政治保卫局的执行部一般都设立了经常性或临时性的看守所，负责拘押看守反革命犯。

---

[1] 《中华苏维埃共和国中央执行委员会关于肃反委员会决议》第 1 条规定："凡属新发展苏区与当地临时政权，县区常务委员会之下组织肃反委员会，为临时肃反机关……它的职权兼有司法机关和政治保卫局的责任"。

[2] 《中华苏维埃共和国裁判部暂行组织及裁判条例》第 1 条规定："裁判部为法院未设立前的临时司法机构，暂时执行司法机构的一切职权，审理刑事、民事案件的诉讼事宜"；第 2 条规定："除现役军人及军事机关的工作人员外，一切民事、刑事案件的诉讼事宜，都归裁判部审理"。

【数字资源】

【课程思政资源】

小印章，大历史

近日，湖北监狱系统在开展文物保护利用工作中发现，武汉大学万林艺术博物馆保存着一件有关中华苏维埃共和国中央第一劳动感化院的革命文物，已经珍藏了70余年。

这是一枚木质印章，整体形状为规则的椭圆柱体。印章面为椭圆形，长径5.6厘米，短径4厘米，印纽面短径3.6厘米，长径5.3厘米，高2.3厘米，重24.2克。工作人员介绍，印面因年代久远，有些刻字已经模糊毁损，但大部分刻字保存完好，印面上还留有当年的朱红色印泥。通过仔细辨认，印面上部刻字应为“中华苏维埃共和国”，下部刻字为“中央第一劳动感化院”，中间刻有“卫生科”三字，在两旁刻缀有红五角星。

据相关史料记载，1932年以前，苏区感化院一般都设有正副院长，领导全院工作，下设总务、劳动、文化、事务各科，设科长1人，各科负责经济、生产劳动、文化学习、伙食等工作。1932年8月10日公布的《中华苏维埃共和国劳动感化院暂行章程》正式规定，劳动感化院设正副院长各1人，下设总务、劳动管理、文化等科，各设科长1人。其中未见“卫生科”机构的设置，据推断应该是感化院后期根据工作需要，为加强改进囚犯医疗卫生工作而增设“卫生科”这个机构，也说明了感化院工作的不断进步和完善。

作为中央第一感化院，该院在监所工作方针、监所管理和劳动感化囚犯等方面作出了有益的探索和实践，为以后抗日民主政权时期、解放区时期乃至新中国的监所工作奠定了坚实的基础，此次这枚印章的发现也将有助于让人们更多地了解这段历史。[1]

---

〔1〕 曹强新：《中央第一劳动感化院革命文物惊现武汉大学》，载 https：//mp. weixin. qq. com/s/b_ 7sReSzn1mf77pJoSbpSQ，最后访问日期：2023年3月25日。

（三）监狱

第二次国内革命战争时期，在鄂豫皖和川陕根据地，仍沿用“监狱”这个名称，在省县两级革命法庭领导下，设立监狱，收押已决犯和未决犯。在《鄂豫皖区苏维埃政府关于各种委员会工作概要说明》中规定：“执法管理处（下设）管理看守所、监狱、劳动实习（所）等（凡不做工的无业游民送劳动实习所做工学）。”[1] 这些监所在狱政方针及基本管理制度上与劳动感化院基本一致，不同的是拘禁、看管较感化院严密，犯人活动范围较小，生产劳动任务较少。[2]

（四）苦工队

苦工队是土地革命时期，工农民主政府为适应战争的需要，打破单一监禁模式，将刑期较短、案情较轻的犯人编成苦工队，任务是到前方运输、拆毁敌人工事、修建桥梁道路等，是一种执行徒刑的特殊形式。被编入苦工队的对象主要是：非严重的反革命犯；被判处监禁两年以下的贫苦群众出身者；无特别反动事实，判处监禁一年半以下的豪绅地主等阶级异己分子，以及被判处强迫劳动的。如 1933 年 10 月江西省苏维埃政府在发布的紧急命令中即决定“豪绅地主在罚款之后，精壮的编入劳役队”，“并把判决强迫劳动之苦工队，随时送兵役站当运输员”。[3]

二、抗日民主政权的监狱设置

（一）看守所

抗日民主政权的看守所按所属系统划分，有公安机关看守所和司法机关看守所两大类。公安机关看守所一般设在边区公安总局和行署公安局预审科、分区和县保安科预审股之下，主要负责拘押未决的汉奸、敌探、土匪等重大刑事犯。司法机关看守所设在各边区高等法院、行署与分区（或称专员公署）高等法院分院或分庭以及县司法处之下，主要羁押由司法机关直接侦查预审的普通刑事案犯和各种已决犯。部分地方政权实行公安与司法看守所合一。当时，在陕甘宁边区的分区和县不单设司法机关的看守所，其管辖的案犯押于公安看守所；边区高等法院虽然有各县另设司法看守所的指示，但由于战时条件限制，设立的很少。

看守所除承担关押未决犯的任务外，还承担着对已决徒刑犯的教育改造工作。根据 1939 年《陕甘宁边区高等法院组织条例》的规定，看守所的职务主要有：①人犯之收押、检查、点验及看管；②登记及保管人犯之财物；③计划及实施人犯之教育；④组织及分配人犯之工作或劳动；⑤考查人犯之活动；⑥登记人犯之出入。

（二）监狱

1941 年以前，抗日根据地没有设置监狱，而是将已决犯和未决犯统一交看守所羁押。1941 年以后，由于边区环境比较稳定，边区高等法院以及某些独立性较大的行署法院开始

[1] 《鄂豫皖革命根据地》编委会编：《鄂豫皖革命根据地》（第二册），河南人民出版社 1989 年版，第 521 页。

[2] 张希坡、韩延龙主编：《中国革命法制史》，中国社会科学出版社 2007 年版，第 462 页。

[3] 瑞金县人民法院编：《中华苏维埃共和国审判资料选编》，人民法院出版社 1991 年版，第 213 页。

【知识链接】

国家政治保卫局成立

国家政治保卫局旧址

1931 年 11 月，中华苏维埃第一次全国代表大会在江西瑞金召开，宣布成立中华苏维埃共和国临时中央政府，选举产生中华苏维埃共和国中央执行委员会。中央执行委员会之下成立国家政治保卫局，下设侦察部、执行部、秘书处（后称总务处）、政治保卫大队、红军工作部、白区工作部等职能部门，邓发（1906 年生，原名邓元钊，广东云浮人）任局长。1932 年 1 月颁布的《中华苏维埃共和国国家政治保卫局组织纲要》第 1 条规定："国家政治保卫局在苏维埃境内，依照中华苏维埃共和国宪法的规定，在临时中央政府人民委员会的管辖之下，执行侦查、压制和消灭政治上、经济上一切反革命的组织活动及侦探盗匪等任务。"

国家政治保卫局成立之后，在党和政府的领导下，依靠人民群众，服务于工农民主政权的巩固和革命斗争的需要，把斗争的矛头指向国民党特务、各种反革命分子和一切破坏革命秩序的反动势力，并初步开展了政治侦察、刑事侦查、预审、治安管理、安全保卫、劳动改造等专业工作，为保卫苏维埃政权、保护人民群众的利益、巩固工农民主政权、镇压反革命分子，作出了不可磨灭的贡献。

国家政治保卫局是共产党执政下的第一个类似有国家公安警察机关性质和职责的部门。2001 年 7 月，中华苏维埃共和国国家政治保卫局旧址被公安部挂牌为"全国公安民警革命传统教育基地"。作为公安部和国安部的前身，全国各省市公安民警纷纷赴旧址"寻根问祖"，接受革命传统教育。[1]

【课堂笔记】

〔1〕廖俊卿：《［警史钩沉］国家政治保卫局：探寻人民公安的起源》，载 https//mp. weixin. qq. com/s/a8s/nJKTE6dtjaEWBn47fA，最后访问日期：2021 年 5 月 27 日。

设置监狱。1942年9月，边区政府决定将直属县1年以上的徒刑犯，非直属县2年以上的徒刑犯组织起来统一管理，成立高等法院监狱。1943年，边区政府对各分区的监所进行系统的划分，在专员公署所在地设置了高等法院的分庭，随后设立分监，也就是边区行政监察专员公署高等法院分庭监狱，将各地区被判处了六个月以上三年以下有期徒刑的犯人关押于此，对其进行管教，从而形成了中央和地方两级监狱结构。

（三）自新学艺所

自新学艺所是抗日战争时期晋察冀边区教育改造徒刑犯的专门机关。其前身是1940年成立的劳动感化院，1941年7月改为“自新学艺所”，主要收容审查受日伪训练派遣的少年犯和沦陷区“逃来”的政治嫌疑犯。1942年1月，边区政府对自新学艺所进行了整顿。整顿后的自新学艺所成为收押边区各县判处较长刑期的犯人，对其进行教育改造的专门机关。

三、解放区人民民主政权的监狱设置

（一）联合看守所

在解放中小城市的过程中，为了清理和惩治日伪汉奸，地方各级公安机关和军队政工、保卫部门联合行动，在某些县、市曾建立了以军队保安科或地方公安局为主的临时联合看守所，收押各有关部门逮捕的敌伪人员，由各有关部门派人联合审查。

（二）联合监狱

联合监狱是由地方各级公安机关和保卫机关联合行动所组成的监狱，如太行区各行署的联合监狱。这种联合监狱既关押未决犯又关押已决犯。设有领导机构和经常性的工作机构。领导机构由行署司法处、公安处、军分区保卫部等单位负责人组成领导小组，全面指导工作，决定重大事项。其工作机构设主任一人，下设训导处、总务股、生产股，由公安部队派出武装，在监狱领导下担任警戒。

（三）边区及分区监狱

有些解放区，如晋绥边区，除设有边区监狱外，还建立了第一、第二、第三分监。分监是在分区设立的监狱，集中教育改造分区所属各县判处一年以上徒刑的犯人。

（四）旧监狱

随着解放战争在全国的逐步胜利，中共中央开始把工作重心从农村转移到城市，全面接管和改造国民党的机关、团体等各单位。如苏南行署就接管了苏州监狱及其分监各一所、镇江监狱一所、无锡监狱一所共四所监狱。[1]

对于原有在押犯，凡因从事革命活动而被关押者，立即迎接出狱；凡属被迫害人民及一般刑事罪犯，一律释放；对于惯匪及因国民党内部斗争而被关押的国民党骨干分子，则暂不释放，留待以后审查处理。对于旧监狱的管理人员，先令其办理资财、档案的移交，

---

〔1〕 唐华彭：《对国民党司法机关的接管和改造——以苏南为例》，载《历史教学（下半月刊）》2011年第9期。

【知识链接】

陕甘宁边区高等法院监狱

1934 年 10 月，红军长征时，中华苏维埃共和国临时中央政府机关随军而动。中央红军长征到达陕北后，中华苏维埃共和国临时中央政府进驻瓦窑堡，并设立驻西北办事处。1937 年 9 月，“中华苏维埃共和国临时中央政府驻西北办事处”更名改制为“陕甘宁边区政府”，司法部改组为陕甘宁边区高等法院。陕甘宁边区高等法院成立于 1937 年 7 月 12 日，在延安十三年间，因战争需要，先后八次搬迁，在龙湾山办公时间最长，谢觉哉、董必武、雷经天、李木庵、王子宜、马锡五等先后担任院长。高等法院内设民事审判庭、刑事审判庭、检察处、书记员室、司法后勤处、监狱、警卫队等机构。

1939 年 4 月 4 日公布的《陕甘宁边区高等法院组织条例》第 11 条规定：“高等法院设立劳动感化院，其组织及工作另定之。”1942 年 9 月，根据边区政府决定，李木庵代院长将劳动生产总所改为陕甘宁边区高等法院监狱。尊重犯人人格，对罪犯实行教育和生产相结合的感化教育，成为陕甘宁边区监狱工作的指导思想，并为新中国监狱工作所实践和发展升华。[1]

---

〔1〕 马卫国：《哈尔滨监狱的红色基因探源》，载 https：//mp. weixin. qq. com/s/4gN-26InrEFKOJtLQobUg，最后访问日期：2023 年 5 月 30 日。

随即对其进行审查，将其中罪恶严重的国民党反革命分子、特务分子，交由公安机关管训审查；对那些恶习较深、不堪留用者，或遣返，或另外安置就业；对少数经过审查、教育，尚可使用者，特别是有专业特长的（如生产管理人员、财务、医务等技术人员），则留所安排使用。

建立健全新的管理机构和各项规章制度。监狱一般设典狱长一名，全面领导管理监狱工作。下设总务科、管理科、教育科、生产科等职能科室。武装戒护工作由公安保卫武装或法院执法大队分派警卫武装负责。人民政府接管旧监狱后，废除了国民党政府腐朽落后的监狱管理制度，以教育改造方针和革命人道主义为指导，建立了一整套新民主主义监狱制度。

（五）管训队

国民党的反革命队伍十分庞大，其党、政、军、警察、宪兵、特务各系统的反革命骨干分子达几百万人。1948年后，人民政府为了对其进行迅速清理，达到彻底摧毁国民党反动势力、巩固人民革命政权的目的，创造了“管训队”这一新的监所形式。

管训队是解放区人民政府对国民党反革命骨干分子集中管教和审查的临时机构。一般设在各边区政府、行署和新解放的大中城市的公安机关，由其预审科（处）直接管辖。管训队的任务主要有：一是对在国民党反动机构中担任一定领导职务的反革命骨干分子收押管训，进行政治改造，使其能转变反共反人民的反革命立场；二是审查犯人的历史罪行，根据其罪行轻重和悔改表现分别处理，或遣返回国民党统治区，或安置使用，或移送司法机关审判，大部分留待全国解放后处理；三是收集整理国民党党、政、军、警察、宪兵、特务各系统的组织成员资料，以便彻底清除国民党反革命势力。

管训队设队长、指导员，总理全队的管理、教育、预审工作。在其领导下，配备干事数人，分管教育、生活等工作；设预审员数人，负责审查犯人的历史和罪行；由公安武装组织分派武装力量，负责外部警戒。

管训队不同于一般监所，不是惩罚机关，只负责收容审查，一般也不组织生产劳动。管理教育犯人的方式部分参照“俘虏军官教导队”的办法，以政治教育为主，实行严格的军事化管理。将犯人分成若干小组，由犯人担任组长，若干小组编为一个分队，由管教干部担任分队长。在队部和分队长的监督下，犯人们开展以政治学习和写交代材料为主的小组活动。在看守警戒线以内可以串号、自由交谈，有较多自由活动时间。文体活动适当增加，生活待遇优于一般犯人，甚至略高于一般干部。

通过我党的政治思想教育，大量的反革命成员认清了蒋介石国民党卖国独裁、反共反人民的反革命面目，认识到了中国革命胜利的形势，从而放弃原有反动立场，坦白交代，立功赎罪，为人民政府在解放后能迅速彻底清理和消除国民党反动势力的抵抗发挥了巨大的历史作用。

【知识链接】

苏南对国民党司法机关的接管[1]

一些国民党司法机关逃离时将监所人犯放之一空，给苏南行署的接管工作带来了困难。人民解放军占领苏南地区后，立刻着手捕回被非法释放的人犯。其中，苏州市捕回了汉奸陈璧君、陈则民、沈靖华、沈文治、钱谦五名人犯。据不完全统计，苏南行署共接管国民党司法机关监狱人犯118名，具体情况如下：

1. 犯人人数

年龄	总计	二十岁以内	三十岁以内	四十岁以内	五十岁以内	五十岁以上
人数	118	8	57	35	15	3

2. 犯人职业

职业	总计	流民及其他	商	军	医	农渔	交通	兵痞	学生	其他
人数	118	42	37	12	2	15	1	2	2	5

3. 犯罪性质

犯罪性质	总计	贩毒	小偷	盗匪	强奸	伤害杀人	拐骗	私卖赃物	伪特	违反军纪	其他	散兵	妨害法庭	诈欺
人数	118	13	21	23	8	12	4	1	9	2	10	9	2	4

（附注：本表数字根据镇江常州松江等区及无锡市的材料编造，其余各市的材料尚未送到）

针对旧法人员，苏南行署按照中央的指导方针，采取了分类处理的办法。留用人员经短期学习后，通过处理案件或复核案件等方式予以继续提高。一批旧法人员，包括原国民党司法机关的法院院长、庭长等，被留用继续从事司法工作。

	共计	院长	庭长	首席检察官	推事	书记官	统计	会计	检验员	録事	看守长	庶务
总计	68	2	1	1	10	17	2	2	1	26	4	2
行署司法处	7	2	1	1		1	1	1				
镇江区	3				1	1						1
常州区	8					2				6		
苏州区	33				6	11	1	1	1	8	4	1
松江区	4					1				3		
无锡市	13			3	1						9	

〔1〕唐华彭：《对国民党司法机关的接管和改造——以苏南为例》，载《历史教学（下半月刊）》2011年第9期。

(六) 劳动改造队

劳动改造队是1948年后解放区人民政府创建的一种新的监狱形式。早在土地革命时期，中华苏维埃政府就创造性地建立了劳动感化院，开始了劳动改造罪犯的探索。到解放战争时期，人民政府把抗战时期监所对犯人进行的三大教育中的劳动教育突出出来，扩大监所的生产规模，完善劳动管理制度，并且开始将监狱之外的劳动队作为独立的执行徒刑的机关，从而诞生了劳改队。

劳改队与监狱不尽相同。一是犯人在室外野地进行劳动，比如矿山、林地。住集体宿舍，没有围墙电网，没有专门的规范的监房。二是军事化编制管理。将犯人先分组，数组成一班，数班成一小队，数小队成一中队，最后统一由劳改大队进行管理。大量起用犯人中的积极分子，担任各小队长、班长、组长，协助干部完成劳改队的生产、教育和生活等组织管理工作，这样大大精简了管教干部和警卫武装。三是劳改队最突出的特点就是将生产劳动和思想教育相结合。因为劳改队所处环境是比较艰苦且开放的，单纯依靠看守警戒不足以应对出现的各种安全问题，也不能大力提高生产产量。所以，各地劳改队都积极开展了丰富多彩的思想教育、政治宣传和文化活动。如开展劳动竞赛、检查评比，加强奖惩制度。在犯人中开展自我教育、自我管理的“自治”活动，以充分调动犯人劳动的积极性和自我改造的意识。

这些措施行之有效，使得劳改队比监狱投资少、开支小，但生产效益却比监狱大，而且大批犯人刑满后留场就业，有的还转为了正式工人。可以说，劳改队是中国共产党探索出来的改造罪犯的创新之举，是具有中国特色的好形式。因此，从1948年劳改队成立，到1994年《中华人民共和国监狱法》颁布，近半个世纪，全国的犯人改造机关基本上都叫劳改队。

第三节　新民主主义革命政权的监狱制度

新民主主义革命政权的监狱自诞生之日起，就在马列主义关于国家学说的理论和无产阶级政策的指导下，着手创建了一整套不同于以往旧式监狱的管理制度。新型监狱不再是苦人、辱人的人间地狱，而是犯人重获新生的涅槃之地。新民主主义革命政权的监狱制度不断发展完善，成为新中国先进文明狱制的萌芽。

一、刑罚执行制度

(一) 监禁制度

1. 犯人入监、出监登记制度。不同于旧时期的监狱随意羁押收管人犯，新民主主义革命政权的监所收押、开释犯人履行严格的审查登记手续。首先是审查，检查手续是否合法。无逮捕权的单位或个人送来的羁押者，一律不予接收。苏维埃工农民主政府监所法规规定，各看守所和监狱收押人犯，必须持有国家政治保卫局及各级裁判部的“送押条子”，

【知识链接】

俘虏军官教导队

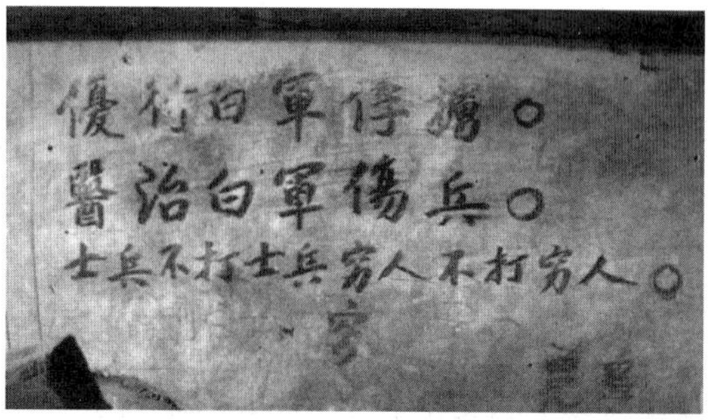

中国共产党对俘虏改造的工作有着很长的历史，积累了丰富的经验，形成了一套完整的俘虏政策。

在井冈山革命时期，红军就优待俘虏，并开始动员俘虏参加红军。那些经过我党的教育、引导后参加红军的俘虏，迅速成长为合格的红军战士，积极投入对敌作战中。其中有些人经过生死的动荡与革命的历练，最终成为开国将军。

谭甫仁将军是广东仁化人，曾随广东农民自卫军参加南昌起义部队，后来又误入国民党部队，在与红军作战时被俘。谭甫仁在参加广东农民自卫军时就学会了《国际歌》，因此他在俘虏队伍中高唱《国际歌》，这时负责监管国民党军俘虏的教导队区队长陈士渠正在巡视俘虏营，歌声引起了他的注意，他找到了高唱《国际歌》的谭甫仁。一番交谈，陈士渠了解了谭甫仁的经历后，介绍谭甫仁重新回到革命队伍。

解放后，谭甫仁与陈士渠恰巧又分任工程兵政委和司令员，被毛主席戏称为“做窝下蛋”。1955 年谭甫仁被授予中将军衔。

此外，还有筹建了我党第一座广播电台的开国中将王诤。他原为国民党军队中的一名无线电报务员，在龙冈战斗中被俘。共产党一心为民的宗旨，红军官兵同甘共苦的好作风，让王诤深深折服。他毅然加入红军，用半部电台起家，开创了人民军队的无线电通信事业。他还负责筹建了我党第一座广播电台，在党中央转战陕北期间，创造性地构建起无线电通信联络网，为解放战争的胜利作出了突出贡献。王诤将军为我军通信事业的创立与发展，为开拓我军无线电技术侦察、电子对抗，开创我国新闻广播和邮电事业，发展电子工业和导弹、航天等尖端科学技术作出了卓越的贡献，被毛泽东誉为我军通信工作的“开山鼻祖”。

【讨论题】

结合这些将军的经历，谈一谈中国共产党俘虏政策的成功之处。

收押已决犯还必须有裁判部的判决书。到抗日民主政府，收押已决犯除司法机关的判决书外，还要有罪刑通知书和公文，否则不予接收。开释罪犯，亦必须经职权机关批准并发出开释通知书，监所才可以放出犯人。其次是登记。犯人入监、出监必须登记，以便随时检查。登记内容包括姓名、性别、年龄、籍贯、住址、职业、文化程度、相貌特征、家庭人口经济状况以及送来机关、收押情况、开释理由等。对于已决犯，还要登记案情摘要、刑期以及本人对判决的意见等。犯人的案卷要求严密保管，并按时向上级司法机关汇报。

2. 看守制度。工农政府的监所法规规定，监所的房屋必须坚固。看守人员必须日夜分班看守，早晚点名。给犯人送来的东西和犯人寄出去的信件必须严格检查，同案犯必须分房关押，防止串供等。还特别强调，监所工作人员应经常研究看守技术，加紧训练，并要坚持政治和文化学习，以提高政治水平、文化水平和业务能力。[1] 抗日民主政府监所规定，如有亲友接见，必须由监所审查批准，在监所工作人员监督下进行。严禁带入或带出违禁品、危险品及妨害监所管理的物品，严禁非法传递消息。

（二）财物保管制度

1933 年 4 月，司法人民委员部发布了《关于没收犯人的财产和物件的手续》的命令。命令中要求：对于犯人的个人财物，全部登记在册，妥善保管；对于犯人财物的没收，必须由法庭依法判决，决不允许擅自没收犯人财物，更不允许私自拿用。处置犯人财物必须有相关书面手续，如搜查出金银财物及其他不准带入监内的物件，必须当面逐一详细记录，由搜查人、参加人及犯人共同签字。记录存入档案，财物封存保管。犯人被转送上级机关或其他监所时，应将财物及记录与档案一同转送。司法机关制作判决书时，必须写明对其财物的处置，如应该交还本人者，须向本人当面点交，并须取得本人收据。

抗日根据地的监所规定，监所代为保管的物品，如犯人临时需要，由本人申请，监所领导批准，可酌情发给；犯人出监时，应如数发还，如有损失，除因不可抗力所致外，保管人员应负赔偿之责。犯人死亡，财物由家属领回，超过一年无人领取时，没收；脱逃及死刑犯的财物，没收，对没收的财物要请示上级酌情处理。

（三）监外执行制度

为了应对游击战争环境，应付敌人的袭击，节省边区政府的人力和开支，抗日民主政府尽量减少犯人在监服刑的数量，创造了回村执行、保外服役、战时分遣等多种监外执行的方式，使得犯人既不用脱离社会，同时也不耽误劳动改造，还解决了一些社会问题，可谓一举多得，体现了行刑社会化的理念。

1. 回村执行。这是抗日根据地实行的一种徒刑执行方式，名称在各个边区有所不同。晋察冀、山东等地称为“回村执行”，晋冀鲁豫称为“回村服役”，晋绥称为“监外执行”。其含义包括两种：一是作为与在监执行并列的一种徒刑执行方式。如《淮海区徒刑

[1] 雷晟生：《我国劳改制度的开端——第二次国内革命战争时期根据地的劳动感化院》，载《西北政法学院学报》1985 年第 1 期。

【知识链接】

劳改队的创建背景

1948 年后，各解放区的监狱陆续转入城市，改造罪犯的任务日益繁重，监狱已无力承担。一些地区的司法机关被迫走出城市，到农村、矿山建立新的改造犯人的基地。开始是将一部分犯人交给矿山、农场管理，参加生产劳动，如哈尔滨市监狱。1948 年送矿山、农场的犯人占全部在押犯的 55.75%，但效果不佳，问题较多。主要问题有：一是犯人脱离了刑罚机关的监禁管理，身份意识淡薄，不服从地方管理，打架、逃跑问题不断出现；二是给生产单位带去不少困难，不受欢迎。鉴于此，哈尔滨市法院于 1948 年 11 月向东北人民政府司法部提出建议，由司法部集中统一领导，工业部配合，在矿山等地建立专门的犯人劳动改造场所。建议被采纳，东北一些省市司法机关开始抽调干部，把一部分案情轻、刑期短的犯人组成劳改队，或到矿山分包一两个矿井，或到荒原建立劳改农场，如双鸭子矿山犯人劳改队、松（松花江）哈（哈尔滨）劳改队等。这样，就开创了劳动改造罪犯的新局面。

【课堂笔记】

案犯执行暂行办法》第4条规定："各级司法机关判处徒刑案犯，刑期在二年以下及二年以上中之有恶性传染病者，应易服公役，并取具妥保，发交该管村公所执行。"这类回村执行的人犯不属监所管辖。二是对在监服刑人犯的一种监外执行。晋察冀、晋冀鲁豫、晋绥等边区规定："为适应敌后战争形势，节省囚粮开支，提倡群众管理自新人起见"，本着有利于鼓励自新人自觉改造的原则，对在监所服刑一段时间的人犯实行监外执行。对象包括案情较轻、刑期较短者（晋冀鲁豫规定为五年以下徒刑者，晋绥规定为二年以下徒刑者），也包括刑期在两年以上且表现较好者。这种回村执行的人犯，监所要定期把他们召回，进行短期的考察和教育，并经常派出工作人员考核了解，对表现好的可以减刑、假释、提前释放；表现不好的，要批评、惩罚、撤销回村执行乃至加刑。这种回村执行的制度一直实行到抗战胜利。

2. 战时分遣。又称战时假释，是为了应对战争环境而采取的临时分散人犯的措施。1942年，晋冀鲁豫边区政府《关于司法工作在扶植群众运动中及适应战争环境的几点指示》中就有这样的规定。1943年又拟发了《关于战时分遣自新人的指示》。两个指示都规定：对于不适宜平时回村执行的徒刑人犯，在战争到来前，应实行战时分遣。家在根据地者，令其返回本村隐蔽；家不在根据地者，令其在工作基础好的村子隐蔽。分遣对象必须事前就找好两个以上保证人，填好保证书，保证分遣期间不发生逃跑及重新犯罪，战争结束后及时返回监所。对于罪行严重及不思悔改者，仍由监所看守，不得分遣。

3. 保外服役。又称调服外役，是指在押人犯经担保到监外服劳役以执行余刑的一种方式。1942年9月9日陕甘宁边区制定了《陕甘宁边区监所保外服役人犯暂行办法》，规定了"徒刑已执行二分之一以上者""守法中表现良好，有转变错误之实据而无逃亡之虞者"可以实行保外服役。同月，晋冀鲁豫边区和高等法院《关于司法工作在扶植群众运动中及适应战争环境的几点指示》中也规定，"在徒刑执行中的自新人，应尽量调到各机关、团体服役（但汉奸嫌疑犯不能轻易用于机关内服役），以减少羁押人犯，并节省各该机关、团体杂务人员。"[1] 由此可见，根据地实行保外服役的主要目的是在敌后紧急战争环境下，节省监所开支，减少勤杂人员，同时也鼓励了犯人改造的积极性。

4. 取保假释。这是在陕甘宁边区，为了增加社会生产，解决犯人家庭困难，稳定社会秩序而实行的一种监外执行的办法。其适用对象是家中缺乏劳动力，在监所表现较好，同时又执行了一定刑期的犯人。执行程序是由其家属或村政府申请，村公所出具证明，经县政府审查同意后统一上报边区高等法院审查批准，可以假释回家生产。

5. "春耕假""秋收假"。晋冀鲁豫等根据地为了克服战争和灾荒造成的困难，大力发展生产，尤其到了农忙季节，根据地会组织全部力量投入生产，包括让在押人犯也回家参加生产，称为"春耕假""秋收假"，放假的期限折抵刑期。但适用对象仅限家在本地

---

〔1〕 韩延龙、常兆儒编：《中国新民主主义革命时期根据地法制文献选编（第三卷）》，中国社会科学出版社1981年版，第412页。

【数字资源】

【课程思政资源】

人民法制的奠基人——谢觉哉

位于中国政法大学的塑像

谢觉哉（1884 年—1971 年）名维鋆，字焕南，别号觉哉，湖南宁乡人，1925 年加入中国共产党。1931 年当选中华苏维埃共和国临时中央政府秘书长、内务部长，主持和参加起草了中国红色革命政权最早的《土地法》《惩治反革命条例》等法令和条例。1934 年参加长征，先后任中央政府西北办事处内务部长兼秘书长、司法部长兼陕甘宁边区高等法院院长。新中国成立后，曾任内务部部长、最高人民法院院长、中国政法大学校长等职。谢觉哉是“延安五老”之一，是著名的学者和教育家、杰出的社会活动家、法学界先导，参与了各个时期的立法、司法及法制建设工作，是人民法制的奠基人。

谢老主持边区工作时曾指出：“新司法与旧司法的区别点：一是立于群众之外，统治群众的；一是群众自己的工具，从群众中来，又到群众中去”。[1] 他认为，司法工作也应走群众路线。走群众路线是新中国司法制度的鲜明特征。

他提出了一些重要的立法司法观。如立法必须切合实际，实事求是，从实际出发，要使广大人民有所了解，要善于把执法司法实践中的成功经验用制度（法律）的形式确定下来。同时，“有了法制就得遵守”。1954 年谢老发表了《人人要遵守法律》一文，明确表达了全社会尤其是公职人员都应遵法守法、学法用法的思想。[2]

早年的经历以及长期司法工作的实践使谢觉哉深刻地认识到：在当时的社会环境下，一些犯人实际上都是可怜的穷苦人，实施犯罪也是情非得已。他指出，对待罪犯，既要剥夺其自由，也要尊重其人格。改善他们的环境，才能够激发他们的羞耻心与上进心。因此，他扬弃报应主义的刑罚观、主张刑罚的教育功能，这样的一种刑罚观念弱化了刑罚的暴力本质，强调了刑罚的教化功能，也是其慎刑思想的充分体现。[3]

---

〔1〕杨永华、方克勤：《陕甘宁边区法制史稿（诉讼狱政篇）》，法律出版社 1987 年版，第 71 页。

〔2〕康存生：《【中共党史上的法治人士（四）】人民法制的奠基人——谢觉哉》，载 https：//mp. weixin. qq. com/s/_ l0F9m6rdXRqmQbpbO8n5Q，最后访问日期：2021 年 11 月 10 日。

〔3〕冷霞、张顺：《谢觉哉的慎刑思想及其实践》，载《犯罪研究》2021 年第 2 期。

区，且罪行轻微，本刑在三年以下或徒刑在三年以上，但改悔有据且有可靠保证无逃亡之虞者。放假的人犯必须取保具结，回家后，必须接受村政府的监督与管教，遵纪守法，假满后按时返回监所。

二、生活卫生制度

生活卫生管理对罪犯的身心健康、改造情绪有着直接的影响，既是监内改造和生产活动得以顺利进行的前提条件，也是对犯人实施革命人道主义的重要体现。

在新民主主义革命政权建立初期，尽管还处于游击战争环境之中，条件也很艰苦，但工农民主政权的监所就初步建立起了犯人的生活卫生管理制度。1933 年《司法人民委员部对裁判机关工作的指示》中强调，要注意监所及罪犯的卫生，按时洗澡、放空气，不许挪用罪犯伙食费，要妥善安排罪犯的劳动、学习、休息、娱乐时间等。1931 年 10 月，《鄂豫皖区苏维埃政府革命法庭组织与政治保卫局的关系及其区别》规定，监狱、禁闭室“要清洁，要注意卫生，犯人若发生传染病要分开居住”，罪犯的生产收入“除本外赚的钱，可作改良犯人生活之用”。解放区人民政府在接管了国民党旧监狱后，旋即雇佣工人、组织罪犯修缮监舍、粉刷墙壁、整理环境卫生，书写进步标语口号，建立洗澡间、消毒室、医疗室、病监等卫生医疗设施，一改国民党旧监狱阴暗、污秽的恶劣环境，使人民政府的监狱成为通风、明亮、清洁、文明的处所。

三、教育改造制度

1932 年 8 月 10 日公布的《中华苏维埃共和国劳动感化院暂行章程》第 1 条规定，劳动感化院的“目的是看守、教育及感化违犯苏维埃法令的一切犯人，使这些犯人在监禁期满之后，不再违犯苏维埃的法令”。因此，工农民主政府的监狱广泛开展教育活动，如开设识字班、读报班，出墙报，上政治课，初步建立了政治思想、文化教育制度。到抗战时期，教育的内容明确为政治教育、劳动教育和文化教育，教育的形式也多种多样。

（一）教育的内容

1. 政治教育。抗日民主政府把政治教育作为教育改造犯人的首要途径，认为犯罪是阶级斗争的产物，与犯罪者的阶级立场、政治认识密切相关。很多犯人之所以走上犯罪道路，有的是处于反共反人民的政治立场，有的是对敌我斗争形势和人民政府的力量认识不清，有的是对政治和政策法令愚昧无知。所以政治教育包括了抗战教育、新民主主义革命理论教育以及政策法令宣传等。通过政治教育，帮助罪犯深挖犯罪根源，激发爱国心、民族情，认清斗争形势与前途，增强抗战必胜的信念，拥护共产党，走自新道路。

2. 劳动教育。承袭劳动感化院的经验，抗日民主政府的监狱将教育与劳动相结合，教育罪犯认识到劳动的价值，认识到好逸恶劳、自私自利对自己、对家人、对社会的危害，培养其爱劳动的习惯，学会一技之长，为出狱谋生打基础。教育内容包括劳动观点的树立、劳动习惯的养成、劳动技能的训练。

3. 文化教育。很多罪犯之所以犯罪，没有文化是主要的一个原因。他们中大部分人是文盲、半文盲。为此，在根据地的监狱开设扫盲班，挑选表现好、有一定文化的犯人做

【课程思政资源】

大生产运动

《党史故事 100 讲》之生产运动 渡过难关_ 共产党员网 https：//xuexi. 12371. cn/2015/09/06/VIDE1441510504571919. shtml

1941 年，在日本侵略军的疯狂扫荡和国民党顽固派的军事包围和经济封锁下，解放区的财政经济面临极为严重的困难。大生产运动使陕甘宁边区和各抗日根据地的军民胜利地度过了抗日战争的最困难时期，不仅为支持敌后长期战争，夺取抗日战争的胜利奠定了物质基础，同时也密切了党政军民关系，树立了自力更生、艰苦奋斗的延安精神。积累了经济建设的经验，培养了一大批经济工作干部，使他们不仅会进行革命战争，也学会了发展生产。

【课堂笔记】

教员，开展识字竞赛活动，定期进行测验，调动犯人学习积极性。有条件的监所还设立了书报阅览室，供有阅读能力的犯人学习。在陕甘宁边区高等法院看守所和监狱，还开设了算术课和常识课，有卫生常识、科学常识、法律常识、历史常识和地理常识等。文化教育不仅提高了犯人的文化水平，而且更有利于他们的改造。

（二）教育的形式

1. 集体教育和个别教育相结合。集体教育是通过上课、训练等形式针对犯人普遍存在的思想问题集中进行教育、解决。个别教育是针对犯人个体存在的具体问题进行有的放矢的教育。抗日民主政府要求监所干部以治病救人的精神和严肃认真的态度对犯人进行耐心细致的思想教育，及时发现和解决相关问题。

2. 自我教育和相互教育相结合。自我教育和相互教育相结合是抗日民主政府监所对犯人进行思想教育的一种特殊方式。在监所工作人员的指导和监督下，充分发挥犯人积极分子和犯人组织的积极作用，建立犯人自我教育和互相督促帮助的各种“民主生活”制度，开展各种形式的批评和自我批评，如生活检讨会、检查评比会、鉴定会、思想总结会、思想转变好者的典型报告会、对破坏捣乱者的批判会等。此外，还利用墙报、监狱小报等形式宣传思想改造的经验，表扬先进、批评落后。这种“民主生活”制度对犯人的思想教育起到了重要作用。

四、劳动管理制度

（一）萌芽

第二次国内革命时期，革命根据地的监所在可能的条件下组织罪犯生产，生产主要是在劳动感化院进行。

首先，各地的劳动感化院都设立了各种手工工场，为根据地生产了不少急需产品。如福建苏维埃的劳动感化院能制造出红、绿、蓝、黑等油墨，香糊、毛笔、墨汁、信封、信纸，并装订书籍、刻字等。瑞金的劳动感化院可制造各色线袜、手套、藤篮、草鞋、带子以及信封信纸等。江西苏维埃的劳动感化院制造斗笠、草鞋、粉笔、信封、信纸等，还缝制衣服。生产出来的产品不仅缓解了根据地物资紧缺的问题，还可以售卖以增加收入。《中华苏维埃共和国劳动感化院暂行章程》第8条规定：“劳动感化院可以开设店铺，出卖劳动感化院的一切生产品，并可兼卖别项商品，以增加劳动感化院的收入。”

其次，设立专门的组织机构负责管理生产。1933年夏，中央国民经济委员部和司法人民委员部共同决定，设立劳动感化院企业管理委员会和劳动感化院工厂与营业部，组织管理劳动感化院的生产和供销，并接受国民经济部的领导。按照中央工农政府国民经济部关于《在瑞金、兴国、博生、长汀四县设立劳动感化院工厂的决定》，[1] 企业管理委员会由所在地的国民经济部长、裁判部长、劳动感化院院长、工厂厂长、营业部经理等五人组成。企业管理委员会下设工厂和营业部两部。工厂厂长和营业部经理人选由所在地国民经

〔1〕 参见黄新明、钟美萍：《中央苏区的监所和劳动感化院记》，载《犯罪与改造研究》2003年第12期。

【知识链接】

抗日根据地罪犯的生活

1. 日常活动。根据地的犯人每天劳动 6 小时—8 小时，生产繁忙时不超过 10 小时，每天有 8 小时—9 小时睡眠时间。劳动之外，犯人还有早操、上课、文体活动和自由活动，劳逸结合。少许正规的监狱，在星期日和重要的节假日还会放假休息。正如晋察冀边区行政委员会的工作报告中所说，“犯人在监所里，一般是过着训练班似的相当规律的生活”。

2. 伙食供给。在晋察冀，干部每人每日供给标准为小米一斤三两，柴菜金一角二分；犯人每人每日供给标准为小米一斤，柴菜金八分。1939 年水灾，边区人民生活水平严重下降，犯人供给标准也一度减半发给。在晋冀鲁豫边区，1943 年规定，犯人每人每日供给标准为小米一斤四两，柴菜金二角，战时分遣隐蔽和战时由村指挥部捕捉的家不在本地的犯人，按每人每日小米六至八两的标准报销。在陕甘宁边区，干部每人每日供给标准为小米一斤四两，柴菜金七分；犯人每人每日供给标准为小米一斤三两，柴菜金六分。因各边区都开展生产，且有规定可将监所收入的 70%用于改善犯人生活，所以犯人实际生活水平有时会超过供给标准，有的甚至高于普通老百姓的生活。如陕甘宁边区，犯人每人每日供给标准为小米一斤三两之外，另发给生产补助粮五两，实际高出干部供给标准四两；每天一斤菜，每月一斤肉、一斤半油，其生活水平比沦陷区和国民党统治区的一般老百姓生活还好。1938 年 4 月 20 日，东北周刊社考察团成员刘振迁在参观边区看守所后感动地说：“他们在法网内，所得到的精神物质种种生活，也许比逍遥法外时要好得多，这也不能不说是‘因祸得福’的好机运。”

3. 衣服供给。陕甘宁和晋冀鲁豫等边区规定，每人每年发单衣一套，每两年发棉衣一套。晋冀鲁豫还规定，每人每季度发给鞋袜各一双，但政府只发给衣服鞋袜的半价，其另一半从监所生产收入中开支。

4. 医疗卫生。犯人有病及时诊治。传染病患者和重病号实行隔离住宿。对不宜诊治的重病患者，实行保外就医或交村执行。犯人死亡要做专题报告，凡因病未得到治疗而死亡者，监所领导要负行政责任。

犯人每天轮流值日，搞好内务和环境清洁卫生。开展卫生检查和评比，卫生好的发流动红旗，差的批评教育。由医务人员上课，改变犯人“不干不净吃了没病”的愚昧落后、不讲卫生的偏见和习惯。

济部和裁判部会同选定。劳动感化院的经费，由感化院编造预算，呈报裁判部核准，由财政部发给。〔1〕这种劳动感化院与劳动感化院工厂在体制上相分离的做法，表明工农民主政府对劳动感化院的明确定位是对犯人进行教育改造的机关，同时又十分重视其作为生产单位的作用，加强了国民经济机关对监所生产的领导。

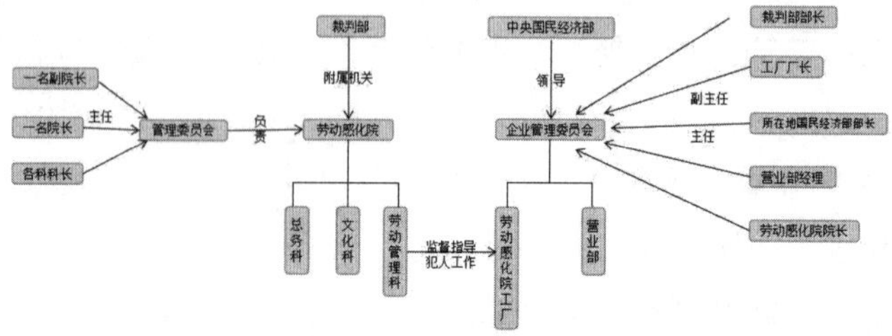

中华苏维埃共和国劳动感化院的组织架构图〔2〕

劳动感化院劳动改造罪犯、监企分开的探索和实践对之后抗日根据地组建劳作队、解放区成立劳改队都产生了巨大而深远的影响，甚至对现在的监狱工作也具有借鉴意义。

（二）发展

为了更好地实现劳动改造犯人的目的，抗日解放区监所总结各地经验，在生产管理中建立起收益分配制度和严格的奖惩制度。

晋冀鲁豫边区政府 1944 年 2 月规定，监所生产收入的分配办法是：百分之十五补助看守所经费，百分之四十改善犯人生活，百分之二十五作储蓄金，百分之二十补助医药等费用。后来又实行“二八分红”或“三七分红”的分配制度。归公的部分，一是用于改善犯人生活，发劳动补助粮等；二是用于集体福利，如改善卫生条件，添置文化、卫生设施及资料；三是用于补助困难犯人，为其添置被服等；四是用于生产奖励基金。分配给个人的部分，按劳分配，有的采取评工计分，最后统一结算；有的实行计件提成；有的按完成任务情况，评等级给奖等。

各监所为鼓励生产，普遍进行选举活动，评选出生产积极分子、劳动模范，评选模范班、模范组。制定了生产奖励办法，如陕甘宁边区高等法院曾先后发布《陕甘宁边区监狱劳动生产第一所（工业）奖惩办法》《陕甘宁边区高等法院在押人犯服役奖惩暂行办法》，规定了奖惩的种类和条件，除一般奖惩办法之外，还规定发放奖金和扣发奖金的办法。对于在劳动中表现不好、消极怠工或有其他不良行为的犯人，视其情节轻重给予惩罚，主要有批评、检讨、停止或撤销奖金之一或全部。〔3〕

（三）始终坚持教育与生产相结合的指导思想

通过思想工作，破除罪犯原有寄生思想，改变思维，保证生产任务的完成；又通过生产劳动，树立及强化罪犯“劳动光荣”的思想，使其自愿进行生产实践，矫正恶习，养成

〔1〕 杨习梅主编：《中国监狱史》，法律出版社 2016 年版，第 248 页。

〔2〕 张倩、黄康轩：《中华苏维埃共和国劳动感化院研究》，载《犯罪与改造研究》2022 年第 4 期。

〔3〕 杨习梅主编：《中国监狱史》，法律出版社 2016 年版，第 260 页。

【知识链接】

边区监所的政治教育

抗战教育，一般以党和政府的宣传材料、边区的报刊为主要学习资料，组织犯人学习和讨论，并由司法机关和监所的领导作报告，或揭露日本侵华战争给中国人民带来的浩劫，或讲述历史上民族英雄的故事以及我国军民与敌斗争中涌现出的英雄事迹，培植民族自尊心和自信心。同时进行国际反法西斯战争及我国抗日战争形势与前途的教育，如“相持阶段的形势与任务”“坚持华北抗战”“百团大战的意义”等，使犯人建立正确的爱国观，树立抗战必胜的信念，痛改前非，弃暗投明，一起抗日救国。

新民主主义革命理论教育，一般以毛泽东同志的《新民主主义论》《中国革命与中国共产党》《新民主主义宪政》《论联合政府》等著作作为主要教材，并配以报刊上的有关文章。如边区高等法院看守所曾专题讲授过毛泽东的上述文章以及“中国革命运动史”“论抗战中的民主问题”“边区民主的特点及其在乡的实施”等题目。通过理论教育，使犯人了解我们的政治主张，认识到其与国统区的根本区别，明白党所领导的民主革命事业和抗日根据地的新民主主义制度反映了中国历史发展的规律和广大人民的要求，是中国前途之所在。只有团结在党和边区政府领导之下，才有个人前途。

政策法令教育，主要是组织犯人学习边区政府的重要法律文件，如边区政府的施政纲领、战争动员令以及主要的刑事法规。同时，由司法机关和监所干部讲解党和政府的镇压和宽大相结合、惩办与教育相结合的基本刑事政策。结合典型事例，阐明什么是犯罪，犯罪后的出路何在，认识党和边区政府坦白从宽、抗拒从严以及立功受赏的有关政策。

【讨论题】

犯人李某入所时是文盲，经过努力学习，诚心改过，假释出来后在高等法院当伙夫。1939年法院生产总结会上，他当选劳动模范，院长给他红绸奖旗，他说：“我从这时就下决心为革命奋斗到底”。之后工作更加积极，学习上从原来一字不识，到最后能写能读，并升任安塞农场主任。他说：“我过去，糊里糊涂，现在明白了，只有共产党，才是真正为人民谋利益的。”[1]

犯人李某获得新生的案例，对我们开展罪犯改造工作有哪些启示？

---

〔1〕 西南政法学院函授部编：《中国新民主主义革命时期法制建设资料选编（第四册）》，西南政法学院函授部1982年版，第337页。

劳动习惯，学习劳动技能，出狱后成为自力更生的劳动人民。“许多经验证明，从一个生产任务开始，直到结束，必须贯穿教育工作。”

总之，新民主主义时期的监狱虽然长期处于艰苦严峻的战争环境中，但在中国共产党的领导下，这一时期所创建的监所及其管理制度，都是中国监狱史上前所未有、改天换地的新型监狱制度。它不再是剥削阶级的专政工具，而是首次代表了无产阶级和广大人民群众的意志和利益，是先进文明的新中国监狱工作的孕育，中国监狱发展史从此翻开了新的篇章。

【知识链接】

劳动感化院的小广告

1931年12月11日，中华苏维埃共和国临时中央政府机关报《红色中华》创刊。作为当时最具代表性、发行量最大的一份报纸，积极动员根据地军民投身苏维埃各项建设是《红色中华》宣传报道的第一要务。它在正文中以命令、条例、指示等形式刊发各类公文，达473则，内容涉及苏维埃建设的方方面面，但仍难以满足需求，故在中缝部分开辟一定的版面对此进行有益的补充，体现了苏区政府真正为民的宗旨，从而为群众所喜闻乐见。

福建省苏维埃政府裁判部于1932年9月在《红色中华》中缝部分发布通告："□□信封，及刻印子等，各种出品，比市价要便宜得多，□□□售都可，倘若各机关团体来买，寄函本部转交或直寄汀州福建省劳动感化院都可。如所列的6种商品都很便宜，如不坏香糊每瓶大洋一角二分，信纸每百张大洋二角等"。[1]

【讨论题】

新民主主义革命政权监狱的生产奖励制度对今天的我们有什么启示？

【思考练习题】

1. 对比同时期的中华民国政府监狱，新民主主义革命政权监狱的人民性、先进性是如何体现的？

---

2. 新民主主义革命政权监狱工作有哪些创新之举？

---

3. 新民主主义革命时期根据地的狱制建设经验对于改革完善新时代中国特色社会主义监狱制度有哪些重要启示？

---

〔1〕 孙伟：《〈红色中华〉中缝部分与苏区的民生问题》，载《湖北行政学院学报》2015年第4期。

第七单元 中华人民共和国的监狱

【教学目标】

知识目标：了解中华人民共和国的监狱工作法制、方针、政策以及管理体制、队伍建设和现代化进程。

能力目标：具备对中华人民共和国的监狱取得的成就、中国监狱制度优势的分析能力。

素质目标：通过对中华人民共和国的监狱历史分析，确立对中国共产党领导下的监狱先进性、进步性的认识。

【问题导入】

2022年7月8日，司法部发布四篇监狱工作指导案例，分别是“上海市青浦监狱冲动型罪犯朱某的矫正个案”“山东省泰安监狱罪犯李某精准教育转化案例”“众志成城化危情 真情教转挽灵魂——西青监狱对罪犯杨某的管理和干预实例”“让法治思维普照高墙‘最后一公里’——探索集中关押模式下的限减罪犯‘四步’教育法”。

问题：司法部为何要发布监狱工作指导案例？

从1949年10月1日开始的中华人民共和国监狱工作，在管理方面探索，在建设方面开拓，逐步开创了中国监狱工作的新路子，中华人民共和国的监狱发展历程既有监狱制度的创立，也有监狱工作为我国基本建设事业所做出的巨大贡献，同时还有曲折发展和艰难探索。

第一节 中华人民共和国的监狱法制

以改造人类、改造社会为历史使命的中国共产党人，历来十分重视罪犯改造工作。早在新民主主义革命时期，人民民主政权领导下的监狱工作就走出了一条自力更生办监狱的成功之路，为新中国成立后监狱工作的开展提供了可资借鉴的宝贵经验。新中国在接管旧

【数字资源】

【课程思政资源】

一文读懂新中国成立后的九次特赦[1]

2019年6月29日，国家主席习近平签署发布特赦令，根据十三届全国人大常委会第十一次会议通过的全国人大常委会关于在中华人民共和国成立七十周年之际对部分服刑罪犯予以特赦的决定，对九类服刑罪犯实行特赦。

在此之前，中华人民共和国成立后进行了8次特赦。

特赦是国际通行的在遇有重要历史节点时国家对特定罪犯赦免余刑的人道主义制度。中华人民共和国成立后至1975年，我国先后进行过7次特赦，分别是1959年、1960年、1961年、1963年、1964年、1966年对确认改恶从善的蒋介石集团、伪满洲国和伪蒙疆自治政府的战犯进行赦免，直至1975年赦免全部在押战犯。

除第7次无条件赦免外，前6次都以“确实已改恶从善”作为赦免罪犯的主要标准和具体前提条件；除第1次特赦对象包括反革命罪犯和普通刑事罪犯、战犯，其余6次均为战争罪犯。

2015年8月29日，全国人大常委会作出决定，国家主席习近平签署发布特赦令，决定在中国人民抗日战争暨世界反法西斯战争胜利70周年之际，对四类服刑罪犯予以特赦。经人民法院依法裁定，全国共特赦服刑罪犯31 527人。

---

[1]《一文读懂新中国成立后的九次特赦》，载微信公众号“长安街知事”，2019年6月30日。

监狱后，首先是对旧监狱进行清理改造。依据1949年9月《中国人民政治协商会议共同纲领》关于“强迫他们在劳动中改造自己，成为新人”的规定为法律依据，总结继承了革命根据地民主政权监所的实践经验，开创了中华人民共和国劳动改造罪犯工作。

一、监狱法规的初创

（一）历史沿革

1951年2月20日中央人民政府委员会第11次会议批准并公布施行的《中华人民共和国惩治反革命条例》，共21条。条例规定，凡以推翻人民民主政权，破坏人民民主事业为目的之各种反革命罪犯，皆依本条例治罪，并规定了处理反革命案件的原则和方法。这使建国初期镇压反革命斗争有了法律武器和量刑标准，有了政策依据和法律依据。

1952年6月23日至30日，公安部在北京召开第一次全国劳动改造罪犯工作会议[1]（简称“一劳”）。会议的任务是总结一年来劳改工作经验，确定今后劳改工作任务。会议决定成立中央、大行政区、省、专区四级劳改生产管理委员会，集中组织领导劳改生产。会议作出了关于劳改工作一年的成绩、劳改生产、清理积案、罪犯管教、劳改队政治工作制度、劳改机关机构、监护武装等14条决议案，并于同年7月经中共中央批准，发给县委以上各级党委及有关劳改事务的机关党委或党组遵照执行。这次会议是一次具有重大历史意义的会议。

1953年12月10日至24日，公安部在北京召开了第二次全国劳动改造罪犯工作会议（简称“二劳”）。会议总结了过去工作的经验，确定了今后劳改工作的方针和任务，解决了当前亟待解决的问题。会议认为，“一劳”以来取得了很大的成绩。全国在押罪犯大部分投入了劳改生产，基本解决了罪犯“坐吃闲饭”的问题。劳改生产是国营经济的一部分，是一种特殊的国营企业；劳改生产将采取整顿、巩固和稳步发展的方针；大力加强狱政、管教工作的业务建设；对刑满释放人员采取“多留少放”的原则；劳改工作机关列入公安机关的编制；加强基层单位的政治工作，努力完成艰巨的政治任务和经济任务。会议讨论通过了《第二次全国劳动改造罪犯工作会议决议》《中华人民共和国劳动改造条例（草案）》《劳动改造罪犯刑满释放及安置就业暂行处理办法（草案）》，以及五年劳改生产指标和1954年劳改生产指标等几个条例和计划。

（二）《中华人民共和国劳动改造条例》颁布

1954年5月17日至6月17日，第六次全国公安会议在北京举行。这次会议对劳改工作提出的要求是：应认真贯彻执行“二劳”会议的决议，密切配合生产，加强管教工作，有计划有系统地进行业务建设，健全看押犯人的各项制度，加强对犯人的政治教育和文化教育，并适当地注意改进对犯人的生活卫生管理和生产安全措施，以便通过政治教育和劳动生产把罪犯改造成为新人；应加强在犯人内部的侦查工作，严密掌握犯人的思想动态，

[1] 郑学群、萧树林、敬予主编：《中华人民共和国劳改劳教大事记（1949·10-1991·12）》，吉林省新闻出版局1992年版，第7页。

【思考题】

谈谈《中华人民共和国劳动改造条例》的进步意义。

防止反革命分子在犯人中秘密煽动怠工、行凶、暴动和其他破坏。在今后几年内，对刑满的罪犯必须正确地切实执行“多留少放”的方针；对于劳改生产事业必须积极地贯彻整顿、巩固和稳步发展的方针。

1954年8月，政务院举行政务会议，听取了政务院政治法律委员会副主任罗瑞卿所作的《关于中华人民共和国劳动改造条例草案的说明》后，通过了《中华人民共和国劳动改造条例》（现已失效）和《劳动改造罪犯刑满释放及安置就业暂行处理办法》（现已失效）。条例和办法在提请中央人民政府主席批准后施行。9月7日，政务院颁布《中华人民共和国劳动改造条例》和《劳动改造罪犯刑满释放及安置就业暂行处理办法》。《人民日报》为此发表了题为《贯彻对于罪犯的劳动改造政策》的社论，[1] 社论指出：“现在中央人民政府政务院公布了《中华人民共和国劳动改造条例》。这个条例根据几年来劳动改造工作的经验，用法律的形式规定了我们国家对于反革命犯和其他刑事犯实行强迫劳动改造的政策方针、劳动改造机关的组织形式和职权范围及其对于劳动改造犯人的管理原则。各级党委和人民政府应该教育干部和群众充分认识这个条例公布的重大政治意义，领导和督促劳动改造机关认真地按照条例中的各项规定办事。这样，就必然会进一步改进劳动改造罪犯的工作，继续把反革命犯和其他刑事犯教育改造成为新人，更加巩固我国的人民民主专政。”

《中华人民共和国劳动改造条例》共77条。贯彻“惩罚管制与思想改造相结合、劳动生产与政治教育相结合”的劳动改造方针；劳动改造机关编制包括看守所、监狱、劳动改造管教队和少年犯管教所；中央和省市成立劳动改造生产管理委员会，领导和监督劳动改造生产计划的实施；不收押有精神病或急性、恶性传染病的，有严重疾病可能发生生命危险的，以及分娩六个月内和怀孕的犯人；劳动改造机关和警戒部队遇到紧急风险可以使用武器；犯人实际劳动时间一般规定9小时至10小时、睡眠时间一般规定为8小时；犯人接见家属每月不许超过2次，每次不许超过30分钟；犯人收受信件应当经过劳动改造机关检查；根据犯人的不同表现予以不同层次的奖惩措施；监狱经费由国家预算拨款和劳改生产收入共同承担。

建国初期，劳改工作的方针政策、制度法规是随着国内外的政治、经济、军事形势而变化的，劳改工作管理体制初步建立和《中华人民共和国劳动改造条例》的颁布实施，初步创立形成了中国劳动改造罪犯的特色。

建国后，监狱法制在发展进程中也遇到一些波折，在“文化大革命”开始的时候，有人提出了“砸烂公、检、法”的口号，这使得公安、劳改部门都成了“重灾区”。在三年自然灾害和“文化大革命”期间中国监狱部门虽然受到一些“左”的影响，执行了一些“左”的政策，但仍然保持了监狱秩序的稳定，保证了对罪犯的管理和教育。

---

〔1〕 郑学群、萧树林、敬予主编：《中华人民共和国劳改劳教大事记（1949·10-1991·12）》，吉林省新闻出版局1992年版，第12页。

【思考题】

中华人民共和国监狱初创时期主要面临的困难有哪些?

二、监狱法律的形成

（一）监狱法的颁布

1994 年 12 月 29 日，第八届全国人大常委会第十一次会议审议通过了《中华人民共和国监狱法》（以下简称《监狱法》），共七章 78 条，这是继 1954 年 9 月《中华人民共和国劳动改造条例》颁布后，时隔 40 年我国颁布的第一部社会主义监狱法典，标志着我国监狱工作进入了全面法制化、规范化的轨道。1994 年《监狱法》第 3 条规定："监狱对罪犯实行惩罚和改造相结合、教育和劳动相结合的原则，将罪犯改造成为守法公民。"1995 年 2 月，国务院印发《关于进一步加强监狱管理和劳动教养工作的通知》，确定监狱工作要坚持"惩罚与改造相结合、以改造人为宗旨"的监狱工作方针，从而取代了"改造第一，生产第二"的方针。为了适应国家改革开放、现代化进程的发展要求，贯彻《监狱法》，提高罪犯改造质量，推动监狱工作整体上台阶，1994 年司法部提出了建设现代化文明监狱的战略目标，在此背景下，监狱机关也实现了管理机构、职能以及监狱布局的调整和完善。

（二）法制建设的发展

随着《监狱法》《中华人民共和国国家赔偿法》《中华人民共和国行政复议法》等法律法规的相继颁布实施以及新时期监狱工作的不断发展，各省监狱机关高度重视监狱工作法制化、科学化、社会化建设。2007 年—2018 年，各省监狱法制机构组建完毕，监狱相继成立法制科或挂牌法制机构。省级监狱管理局成立刑罚执行处（法制处），主要工作职责为：制定审核全省监狱工作的规范性文件；监督检查相关法律法规、规章和政策的执行；审核相关刑罚执行工作；指导法制建设和行风建设；承办行政复议、应诉和赔偿工作；指导司法人权、政策法规的研究工作。基层监狱也相应成立法制工作机构（法制科），主要工作职责为：负责本监狱规范性文件和其他规章制度的审核工作；负责对本监狱重大行政决策和措施提供法律意见；负责本监狱的行政复议、行政诉讼和国家赔偿工作；组织、协调本监狱全面执法监督检查工作；审核本监狱减刑、假释和保外就医案件；对涉法信访、上访提出法律意见等。

党的十八大以来，在以习近平同志为核心的党中央的坚强领导下，中国进入新时代，开启了实现伟大复兴中国梦的新征程。习近平总书记多次对监狱工作做出重要指示批示，为我国监狱事业发展指明了前进方向，提供了根本遵循。2014 年 10 月，党的十八届四中全会专门进行研究，审议通过了《中共中央关于全面推进依法治国若干重大问题的决定》，明确提出"完善刑罚执行制度，统一刑罚执行体制"，这是党中央最高层对改革刑罚执行工作发出的最权威的声音、提出的最明确的要求。监狱法制建设不断加强，执法公开和法制宣传工作有效结合，监狱依法治理成效显著，为全面推进依法治监、实现监狱工作又好又快发展奠定坚实的基础。

2019 年 4 月，中央出台了《关于加强和改进监狱工作的意见》，提出了新时代监狱工作的总体目标：进一步提高政治站位，坚守安全底线，践行改造宗旨，严格刑罚执行，深

【知识链接】

《监狱、劳改队管教工作细则》

1962年12月4日，公安部发出通知，将《劳动改造管教队工作细则（试行草案）》印发各地普遍试行。1982年2月，公安部颁布了《监狱、劳改队管教工作细则》。该细则重新规定了对在押犯的奖惩条件：一是罪犯符合细则第七章第133条规定之一者，给予表扬，记功或物质奖励；二是对犯有细则第七章第134条规定之一者，应当给予警告，记过或禁闭；三是犯人在改造期间符合细则第七章第136条规定之一者，应当依法减刑或假释；四是对犯有细则第七章第137条规定之一者，应依法惩处。明确看押部队职责范围是：①在犯人监房、劳动、生活场所的外围和押解途中，进行严密警戒；②在监狱、工业劳改队和农业劳改队犯人居住区的大门，担任门卫警戒；③值勤战士发现犯人逃跑时，应当立即向上级和劳改单位狱政科（股）报告，或鸣枪报警，看押部队应积极协同劳改民警进行追捕；④发生犯人暴动、骚乱时，应当在劳改单位和看押部队负责人的共同领导下，予以武装平息；⑤在遇有自然灾害或意外事变的时候，应当加强警戒，并配合劳改单位努力抢救犯人和国家财产。看押部队在执行任务时，如果发生犯人谩骂、顶撞指战员等情况，劳改单位的干部应当及时予以处理。

【课堂笔记】

【思考题】

谈谈十八大以后中国法治建设对监狱工作的推动作用。

化监狱改革，推动科技应用，打造过硬队伍，确保监狱持续安全稳定，切实把罪犯改造成为守法公民，健全与实现国家治理体系和治理能力现代化、建设与社会主义法治国家相适应的中国特色社会主义监狱制度。这份文件是指导新时代监狱工作继续改革发展的纲领性文件，对新时代监狱工作的改革发展，对进一步强化监狱管理，严格刑罚执行，提高改造质量，打造过硬队伍都有重大的现实意义和深远的历史影响。

2020 年 11 月，党中央召开中央全面依法治国工作会议，首次明确了习近平法治思想在全面依法治国中的指导地位。2021 年 2 月，在党中央的统一部署下，全国政法队伍教育整顿动员部署会议在北京召开，近 270 万名政法民警参加整顿，一场声势浩大、力度空前的自我革命在全国范围内正式掀起。

第二节　中华人民共和国的监狱工作方针、政策

一、监狱工作方针的确立

（一）“三个为了”的监狱工作方针

中华人民共和国建立之初，财政经济困难，接管过来的旧监狱条件简陋，容量有限，罪犯吃、住都成了急需解决的问题。1951 年 5 月，根据党中央、毛泽东主席的指示，公安部召开了第三次全国公安会议，讨论通过了《第三次全国公安会议决议》，明确指出：“大批应判处徒刑的犯人是一个很大的劳动力，为了改造他们，为了解决监狱的困难，为了不让判处徒刑的反革命分子坐吃闲饭，必须立即着手组织劳动改造工作”，“组织犯人劳动，从事大规模的水利、筑路、垦荒、开矿和造屋等生产建设事业，此事极为艰巨，又极为紧急，必须用全力迅速地加以解决”。至此，“三个为了”的监狱工作方针确立，为解决当时监狱工作运行问题指明了方向。

（二）“两个结合”的监狱工作方针

1952 年 6 月，在第一次全国劳改工作会议提出的“政治改造与劳动改造相结合、惩罚与改造相结合”的管教工作方针的基础上，为了把前段改造罪犯的实践经验更加条理化，便于指导下一步的劳动改造工作，党和国家适时调整了监狱改造方针。1954 年政务院颁布了《中华人民共和国劳动改造条例》，该条例第 4 条规定，“劳动改造机关对于一切反革命犯和其他刑事犯，所施行的劳动改造，应当贯彻惩罚管制与思想改造相结合，劳动生产与政治教育相结合的方针”，强调对罪犯惩罚管制、强迫劳动生产和实施政治思想教育三者必须密切结合，不可偏废。既限制罪犯的人身自由，又让他们接受劳动改造和思想教育，劳改机关同时具备惩罚和改造的功能。

（三）“改造第一，生产第二”的监狱工作方针

1956 年初，刘少奇对公安部部长罗瑞卿向中央政治局汇报检查参加鹰厦铁路（江西鹰潭—福建厦门）建设的劳改单位和参加湖北省四湖排水工程的劳改单位的情况，作出了

【数字资源】

【课程思政资源】

共和国第一个大型劳改农场——北京清河劳改农场[1]

1949年11月16日，为保护新生人民政权，维护首都政治稳定，经北京市市长聂荣臻、公安部部长罗瑞卿请示中央人民政府政务院总理周恩来批准，成立北京市清河农场。12月27日，46名干部、警卫战士、技术人员押解25名敌特分子，第一批开赴这里，拉开了清河农场的建设序幕。1950年2月24日，中华人民共和国成立后的第一座劳改农场——北京市地方国营清河农场宣告成立。这就是今天的北京市监狱管理局清河分局。

到1951年3月，农场建立新村8处，盖房2200余间，修桥13座，挖渠150余万土方，设电力扬水站2处，全场安上了电话、电灯；场部以下设4个科室，6个大队；还有医务所、工程队、运输队、化验室、机电组、文教队；创办了油印刊物《改造园地》，结合农场需要，办起了砖厂、碾米厂、草袋厂；总计开荒7000亩，收获水稻260万斤。后来又增加了开荒和插秧面积，附设了养鸡、养鸭、养牛、养猪、养兔等副业。

1951年6月29日，在建党三十周年的“七一”前夕，中国共产党清河农场分总支以全体共产党员的名义给毛泽东主席写信，并寄去照片，汇报改造罪犯与发展生产取得的成绩，向建党三十周年献礼。据清河农场离退休老党员回忆，当年毛主席收到这封汇报信后非常高兴。7月10日，毛泽东主席委托中共中央办公厅秘书处给清河农场分总支回了一封信，肯定了他们的成绩。

信中写道：“清河农场对反革命分子的劳动改造已获得很大成绩，这是你们艰苦工作的结果，希望在已有的基础上继续努力。”到1955年底，清河农场归还了所有贷款并自给有余，发展成以农为主，农、林、牧、副、渔综合发展的大型谷物劳改农场。

〔1〕《监狱记忆丨毛主席关注的北京市清河劳改农场》，载微信公众号“内蒙古监狱”，最后访问日期：2017年7月12日。

指示，确立了劳改工作的行刑方针，以引导劳改工作前进的方向和目标，即“改造第一，生产第二。”把劳动作为改造犯人的手段之一，由此就产生了劳改经济问题。依据1952年7月《第一次全国劳改工作会议决议》，建国初就专门成立了为改造罪犯服务的“中央劳改生产管理委员会”，各大行政区、省、专区也有相应的机构。1960年10月，毛泽东同志在接见美国友人斯诺的谈话中，明确提出“我们的监狱不是过去的监狱。我们的监狱其实是学校，也是工厂，或者是农场”这一战略构思。1964年8月，党中央在批转公安部《关于第六次全国劳改工作会议的情况报告》时明确指出：“要做好这项工作，必须坚决执行中央的既定方针，即改造与生产相结合，改造第一，生产第二的方针”，从此，“改造第一，生产第二”作为我国改造罪犯的工作方针确定下来并沿用了很长时间。

（四）“惩罚与改造相结合，以改造人为宗旨”的监狱工作方针

进入20世纪80年代，随着国家改革开放的深入，党和国家为了监狱工作能够适应政治和经济形势的变化，从健全社会主义民主和法制的高度出发，在总结监狱工作历史经验的基础上，依据《中华人民共和国宪法》《监狱法》基本原则，遵循“改造人”的根本任务，研究修改监狱工作方针。

1994年《监狱法》颁布实施，第3条规定：“监狱对罪犯实行惩罚和改造相结合、教育和劳动相结合的原则，将罪犯改造成为守法公民。”1995年2月，国务院印发《国务院关于进一步加强监狱管理和劳动教养工作的通知》，确定监狱工作要坚持“惩罚与改造相结合、以改造人为宗旨”的监狱工作方针，从而取代了“改造第一，生产第二”的方针。

这一方针的基本精神是坚持监狱的刑罚执行职能，以对罪犯依法实施惩罚为前提，在依法、严格、文明、科学管理的基础上，运用各种有效形式，实现惩罚与改造的有机结合，加大对罪犯的改造力度。这一方针把“改造人”作为监狱工作的根本任务，突出改造工作，对强化监狱职能、提高改造质量起到了重大的推动作用。

新的监狱工作方针，将“以改造人为宗旨”作为监狱工作的出发点和归宿，这是一个新的重大理论发展，要求监狱必须围绕“改造人”这一首要任务和最终目标开展工作，这既是多年来中国监狱工作的经验总结，也是中国特色监狱制度特征的体现。2019年4月，中央《关于加强和改进监狱工作的意见》的文件中，再次强调监狱工作要“坚持惩罚与改造相结合，以改造人为宗旨的监狱工作方针”，为新时代的改造罪犯工作指明了发展方向，提出了明确的要求。

二、监狱工作政策

中华人民共和国成立以后，主导监狱工作的是党的政策。从新中国监狱创建到我国进入新时代，主导监狱工作的政策主要有：

（一）惩办与宽大相结合的政策

建国初期，针对政权不稳、社会动荡，各种反革命犯罪活动突出的特点，在打击犯罪和改造罪犯的政策上，采取了“惩办与宽大相结合”的政策。经中央人民政府委员会批准，1951年2月20日公布施行了《中华人民共和国惩治反革命条例》。其中第2条规定，

【知识链接】

抚顺战犯管理所

抚顺战犯管理所陈列馆位于抚顺市顺城区宁远街高尔山下，占地面积3万多平方米。原为“辽东第三监狱”，1950年6月成为一所改造国内外战犯的监狱。这里从1950年7月至1975年3月，先后关押975名日本侵华战犯、中国末代皇帝爱新觉罗·溥仪等71名伪满洲国战犯、354名国民党战犯，把他们改造教育成为新人。1987年在全面整修的基础上，设置了包括“改造日本战犯”“改造末代皇帝溥仪”“战犯生活区、监室及劳动场所”三部分的抚顺战犯管理所陈列馆，还辟有“体验战犯改造生活”特殊旅游项目。

1950年7月，中国政府依据《波茨坦公告》、纽伦堡国际军事法庭和远东军事法庭有关处理第二次世界大战战争罪犯之规定，根据中苏有关协定的条款，开始正式接收由苏联政府移交给我国的在侵华战争中被苏军俘获的犯有破坏和平罪、战争罪、违反人道罪的日本战犯共计975人，伪满洲国战犯71人。之后，又陆续收押了在国内解放战争中被人民解放军俘获的犯有战争罪的蒋介石集团战犯354人。对待上述战犯，抚顺战犯管理所全体工作人员，认真贯彻执行中国共产党和人民政府为改造战犯所确定的一系列政策，给予战犯人道主义待遇，终于使昔日犯下滔天罪行的日本战犯，在我国特别军事法庭的正义审判面前低头认罪，把伪满洲国战犯和蒋介石集团战犯改造成为热爱祖国，热爱和平的人。1956年6月至1964年3月间，在该所关押的日本战犯分期分批被全部释放回国。1959年12月至1975年3月间，被关押的伪满洲国战犯和国民党战犯也被分期分批全部释放。对于该所在改造战犯工作中所做出的突出成绩，周恩来总理曾给予高度评价，并称赞道：“抚顺战犯管理所工作很有成绩，改造日本战犯尤为显著；我们把末代皇帝改造好了，这是世界上的奇迹。”1986年5月，该所经公安部、外交部和中国人民解放军总政治部报请国务院批准，同意将其作为改造战争罪犯的旧址，正式对国内外开放。

凡以推翻人民民主政权，破坏人民民主事业为目的之各种反革命罪犯，皆依本条例治罪。同时规定了对各种反革命罪的具体处罚原则和方法。这是新中国改造罪犯的主要政策和法律依据。其主要内容是：首恶必办，胁从不问；坦白从宽，抗拒从严；立功折罪，立大功受奖。基本精神是分清犯罪行为的轻重程度，区别罪犯在犯罪中的作用，依据罪犯在认罪态度上的好坏，运用分化瓦解的策略，针对罪犯的具体情况，区别对待，孤立打击少数，教育改造大多数，对罪犯实行劳动改造，化消极因素为建设社会主义的积极因素。

（二）劳动改造与政治思想教育相结合的政策

1954 年《中华人民共和国劳动改造条例》颁布实施，要求贯彻“惩罚管制与思想改造相结合，劳动生产与政治教育相结合”的劳动改造方针。这一政策的实质是在改造罪犯的手段上，要坚持劳动改造与政治思想教育两种手段的结合。通过劳动改造，使罪犯认识到劳动对人的意义，树立劳动的意识，养成劳动习惯，学会劳动生产技能；在劳动中磨炼自己的意志，用劳动的汗水洗刷自己的罪恶，用劳动的成果体现劳动的价值，提升劳动的观念。通过政治思想教育，转化罪犯的犯罪思想，矫正犯罪恶习，树立正确的世界观、人生观，认识到自己犯罪的本质，强化自我改造的自觉性。

（三）阶级斗争与革命人道主义相结合的政策

“文化大革命”期间，社会主义法制进入停滞甚至倒退状态。监狱被划归各省革命委员会实行军事管制，成了所谓的“阶级斗争的主阵地”。但是这个阶段，对待罪犯仍然坚持了革命人道主义，不打骂体罚虐待，不搞刑讯逼供，维护和保障犯人的合法权利，关心罪犯的生活，解决他们的实际困难。

（四）区别对待的政策

针对罪犯的不同情况，用不同的处理办法，分化瓦解罪犯，强迫罪犯接受改造。一是在管理上对监狱内违法违纪及有重新犯罪行为的罪犯严格控制，而对一般刑事犯在管理上相对宽松和信任；二是实行赏罚严明的奖惩制度；三是在劳动上强调劳动改造思想理念，注重罪犯劳动的经济效益，发挥罪犯的技术专长，合理安排劳动。

（五）给出路的政策

一是在对罪犯的处罚方式上，除罪大恶极、“不杀不足以平民愤”者外，都实行劳动改造，给予生活出路、给予重新做人的机会；二是对确有悔改或立功表现的日本战犯、国民党战犯采取特赦政策；三是对确有悔改或立功表现的罪犯，及时给以减刑或假释；四是罪犯刑满释放后，对一部分罪犯强制安排就业或留场（厂）就业。

（六）加强政治思想和文化技术教育政策

公安部于 1981 年 8 月 18 日至 9 月 9 日，召开了第八次全国劳改工作会议（简称“八劳”）。根据党的十一届三中全会和六中全会精神，回顾了新中国成立以来的劳改工作，肯定了其成绩，初步总结了正反两方面的经验，确定了新时期劳改工作的任务，提出了加强劳改工作的措施和在新的历史时期监狱工作的主要任务。提出在党中央、国务院和各地党委、人民政府领导下，继续坚持“改造第一，生产第二”的方针，改进监管工作，加

【知识链接】

刑满留用政策

1953年12月召开的第二次全国劳改工作会议，提出对刑满释放人员采取“多留少放”的原则，并制定了《劳动改造罪犯刑满释放及安置就业暂行处理办法》。1964年，国家政治、经济形势好转，社会秩序比较稳定，社会安置就业状况有了改善。同时，劳改单位押犯构成发生了重大变化，家居农村的劳动人民出身的普通刑事犯占大多数。是年七月，公安部召开了第六次全国劳改工作会议。会议根据当时的政治、经济形势和刑满人员的实际情况，对罪犯刑满安置就业提出了“四留”“四不留”的政策。

应留的四种人是：①改造不好的；②无家可归无业可就的；③家住边境口岸、沿海沿边县以及靠近沿海沿边的县和大城市的，但有些改造好了的人民内部犯法分子和轻微刑事犯，放回去没有危险的也可以不留；④放出去有危险的和其他有特殊情况的，如本人确实不愿意回家的、保密上需要的等。

不留的四种人是：①改造好了的；②家住农村的（包括大城市的郊区）；③家中有特殊需要（如独生子）和本人坚决不愿意留场的；④释放出去政治影响较大以及老弱病残、丧失反革命活动能力危害不大的。

——选自《安徽省劳改工作专业志》（1906—1985）

【课堂笔记】

强政治思想和文化技术教育，提高改造罪犯的质量，调整和发展劳改生产，加强干部队伍建设。

第三节　中华人民共和国的监狱管理体制演变

监狱的管理体制，是为保证监狱工作的顺利进行，依据国家法律的规定与要求，制定并实行的关于监狱的领导、管理以及监狱机构的设置和管理权限划分的一种组织管理制度。监狱工作的领导体制是监狱管理体制的核心内容，是指监狱工作隶属于哪一个政府部门，由谁来领导，也就是通常所说的监狱的归属。在我国，监狱工作长期实行的是集中统一领导与分级管理相结合的监狱管理体制。在中央和省、自治区、直辖市司法行政机关内设有专门的监狱工作管理机构，实行两级管理体制，负责对全国和各省、自治区、直辖市的监狱工作的组织、规范与领导。在基层，设有监狱机构，具体完成执行刑罚、惩罚和改造罪犯的任务。

一、监狱工作的领导体制

（一）建国之初司法行政部门主管

在新中国历史上，监狱工作隶属问题经历了一个曲折变化的过程。从中华人民共和国成立伊始到 1950 年 11 月，我国的监狱工作隶属于中央人民政府司法部和地方各级人民法院领导和管理。根据我国公布的《中央人民政府司法部试行组织条例》第 6 项规定，司法部的主要职责之一是“关于犯人改造监管机关之设置、废止、合并、指导、监督事项”。依照这一规定，监管改造罪犯工作由司法部领导和管理，中央和各大行政区司法部均设监狱工作指导机构，省、地、市、县法院下设监狱。

（二）交由公安部门管理

1950 年 11 月 3 日，中央人民政府政务院颁布《关于加强人民司法工作的指示》，明确“关于监所管理，目前一般宜归公安部门负责，兼受司法部门指导”。1951 年 3 月，公安部成立了三局四处（劳改处），随后各大行政区、省（市）也相继建立了相应的监狱工作指导机构（公安厅劳改处），领导骨干多是从公安部门和军队转业干部中抽调组成的。1953 年 3 月，公安部成立劳动改造工作管理局（简称劳改局，其序列为第十一局），局长由公安部调配，副局长由财政部、农业部和水利部调配，具体负责全国的监狱工作。

（三）重新回归司法行政部门管理

1983 年，党中央根据我国政法工作的需要，从有利于加强监狱工作的领导，有利于公、检、法、司之间的互相配合、互相监督、互相制约的目的出发，决定将监狱工作从公安机关移交给司法行政部门领导和管理，从 1983 年 8 月 15 日起，我国监狱工作正式由司法行政部门领导。1994 年 12 月 29 日颁布的《监狱法》确定了司法行政部门对于监狱工作的领导体制，并以法律的形式予以确立与保障，根据第 10 条的规定：“国务院司法行

【数字资源】

【课程思政资源】

安徽省白湖监狱民警日记

安徽省白湖监狱管理分局民警秦亚青在《父辈的足印》中写道：

曾经的白湖，是房无一间，田无半亩，一片汪洋的湖泊。为了党的劳改事业，夏长根从城市来了，回到了他曾经战斗过的地方。他对组织说："我是农民出身，还让我去做农业工作吧"。一句话，开始了十年的治水、安家、开荒、生产。1952年和1956年两次开挖兆河，攻克"神鬼都害怕"的龙头洼，完成土方379.37万立方米，胜利地引白湖水入巢湖；1957年冬，开始了大规模的围垦工程，天寒地冻，干部带头下水挖泥，白天在几尺深的淤泥中劳作，晚上睡在湖面上搭起的芦苇棚，渴了喝口湖水，饭菜用船送到水上吃。场长夏长根住在水上工棚，不离指挥现场，带病工作，累到吐血。历经七个冬春的苦战，终于筑成东、西两个大圩，沉睡千年的白湖变成了万顷良田。小脚老太、场党委副书记沈健来了，时值1958年的严冬，为了保证穿湖大堤工程按时完成，她脱下尖足鞋，带头下水挖泥。好一个巾帼不让须眉！年过半百的副场长张家胜来了，1969年西大圩蓄洪后，8月2日下午5时，天气突变，狂风暴雨，浊浪排空，直袭大堤。正在堤上指挥防汛的他带头跳入水中，以身挡浪，广大干部、驻军指战员、服刑人员一个个跟着跳入水中，很快筑起了护堤"人墙"。经过两个多小时的战斗，保住了大堤……[1]

【启示】

〔1〕 秦亚青：《父辈的足印》，载微信公众号"幸福的黄丝带"，2019年8月27日。

政部门主管全国的监狱工作。”国务院司法行政部门，即中华人民共和国司法部。换言之，中华人民共和国司法部是主管全国监狱工作的最高领导机关。在 1994 年 8 月 19 日，司法部发布了《关于统一规定监狱管理机关和监狱名称的通知》，司法部内设的劳动改造工作管理局更名为监狱管理局。

二、监狱管理机关

监狱管理机关，是指国家设立的专门负责领导惩罚和改造罪犯工作的政府职能机构。根据《监狱法》的规定精神和司法实践的工作现状，我国监狱工作管理机关包括中华人民共和国司法部监狱管理局和省、自治区、直辖市监狱管理局。中华人民共和国司法部监狱管理局作为国家司法部的职能机构，具体负责对全国监狱工作的管理和领导。其主要职责是：负责监督检查监狱法律法规和政策的执行工作；负责全国监狱的设置、布局和规划工作；监督管理全国监狱刑罚执行、狱政管理、生活卫生管理、教育改造、劳动改造和信息化建设工作；组织实施重要罪犯的关押改造和省际的调犯工作；指导全国监狱的财务装备和资产管理等工作；管理燕城监狱。

省、自治区、直辖市监狱管理局，在省、自治区、直辖市司法厅（局）的领导下管理和领导本地区的监狱工作。其主要职责是：贯彻执行有关监狱工作的法律法规、规章和方针、政策，研究制定本省、自治区、直辖市狱政管理和罪犯教育改造、劳动生产、生活卫生等方面的规章制度；管理指导监狱正确执行刑罚、依法治监，提高监狱管理水平，创建现代化文明监狱；制订监狱的布局规划和新建、改建、扩建方案，经批准后组织实施；负责监狱系统人民警察警用装备、狱政装备的配置和管理工作；负责规划、部署监狱系统的经济工作，管理所属单位的生产财务、基建等工作；负责编制申报监狱系统的人民警察经费、罪犯改造经费及其他各项经费；按规定负责本省、自治区、直辖市监狱系统国有资产的管理；负责省、自治区、直辖市监狱人民警察的配置、教育、培训、奖惩工作，负责民警队伍建设；负责工勤人员的招录、评聘和工资管理及劳动保护工作；参与社会治安综合治理工作，组织开展对在押罪犯的社会帮教和刑满释放人员的接茬帮教工作；负责有关行政复议受理和行政诉讼应诉工作。在少数省、自治区、直辖市，针对监狱相对集中或监狱规模过大的情况，可以设立监狱管理分局，属省、自治区、直辖市监狱管理局的派出机构，行使省、自治区、直辖市监狱管理局的职权，负责领导本区域的监狱管理工作。

三、监狱内部的管理体制

根据现行《监狱法》第 12 条第 1 款的规定：“监狱设监狱长一人、副监狱长若干人，并根据实际需要设置必要的工作机构和配备其他监狱管理人员。”监狱应设置刑罚执行、狱政管理、狱内侦查、教育改造、生活卫生、劳动和生产、组织人事、财务等工作机构。在有的省份，政委兼任党委书记，主持党委工作，是单位的第一负责人。

目前，我国监狱内部管理层次存在以下两种模式，监狱、监区、分监区三级管理模式与监狱、监区两级管理模式。监区是监狱内部处于中间管理层级的监管和改造罪犯的组织。根据司法部 1996 年 10 月 28 日印发的《司法部关于加强监狱监区、分监区和劳教所

【思考题】

从监狱工作领导体制的几次变化和监狱管理体制的探索与创新谈谈社会历史的变迁对监狱工作的影响。

大队、中队建设的若干规定》要求，监区按照500名左右罪犯的标准建设；监区的警力按照罪犯总数的3%配备；监区设正、副监区长和正、副教导员。分监区是监狱内部最低层级的监管和改造罪犯的组织。依据司法部颁发的上述规定，分监区按照150名左右罪犯的标准建设；分监区警力的配置不低于押犯总数的8%，分监区设正、副分监区长和正、副指导员。大部分监狱都实行两级管理，这种管理模式可以解决目前一线警力严重不足的问题，减少管理层次，提升工作效率。

四、我国监狱管理体制的探索与创新

（一）“双轨运行”

1994年，针对劳改机关长期存在的双重职能、多种人员结构与单一管理模式的矛盾，从有利于执行刑罚和有利于搞活经营的双重目标出发，司法部和部劳改局提出“统一领导，双轨运行”的改革思路。要求在党委的统一领导下，将执行刑罚的职能和管理经济的职能适当分离，使执行刑罚集中统一，依法办事；生产经营转换机制，放开搞活，达到既管好监狱、又办好企业的目的。“双轨运行”的具体内容主要包括五个方面：一是领导体制上，实行党委领导下的监狱长、支队长负责制。二是场所划分上，把独立的工人企业与监狱分开，在监狱内部，把工人分厂（车间）与罪犯劳作区分开。三是组织机构上，分别建立统一的刑罚执行机构和生产经营管理的公司机构。四是人员管理上，将人民警察的管理和工资分配制度与企业工作人员的管理和工资分配制度适当分开。五是财务制度上，将监狱财务管理与生产经营管理适当分开，监狱经费由财政保障，企业实行自我约束、自我积累、自主经营、自负盈亏。

（二）监企分开

监狱系统实行的监企分开有两种模式，即劳务输出型和产品输出型。前者为监狱单位单纯向企业输出劳务，获取劳务费；后者为监狱生产，向企业输出产品，收取产品加工费。监企分开的内容包括：

第一，体系分开。监狱行政管理实行两级或三级管理；企业经营管理实行二级管理，为有限责任公司、分厂或分公司。产品输出型模式的监狱生产单位，隶属监狱行政体系。

第二，职能分开。监狱依法监管教育罪犯，组织罪犯劳动生产，提高改造质量，取得社会效益；企业面向市场，参与竞争，发展经济，提高经济效益。

第三，决策分开。监狱行政决策和企业经营决策分开。监狱重大工作决策由监狱党委研究做出；企业重大决策由改制后的公司董事会研究做出。监狱的日常工作决策由监狱长办公会研究做出；企业日常经营决策由总经理办公会研究做出。

第四，部门分开。监狱监管改造职能部门和行政保障部门保留不变，同时设立劳动改造和财务部门；企业根据经营需要，本着精简效能的原则设立职能部门。

第五，人员分开。所有民警均归监狱行政编制。企业所需经营管理人员从原从事同类工作的民警中聘任。所有工人身份的职工均纳入企业管理的范围，监狱机关所需工勤人员

【思考题】

谈谈监狱企业是如何应对市场经济的挑战的。

和罪犯劳动技术辅导员等关键性岗位工人按控制比例由企业聘用并承担相应费用。

第六，待遇分开。企业从监狱聘用的民警身份的管理人员，按照“档案在监狱，管理在企业”的原则管理，民警身份保留，警衔、服装、行政工资级别调整、职务晋级、警衔晋升仍执行监狱警察管理办法，定期考核，考核结果进档案。因工作需要调离企业或到法定退休年龄即恢复档案待遇。在企业工作期间的岗位职务、工资待遇按照企业实行的制度能上能下，可高可低。在企业劳动的工人取消事业单位工资制，实行岗位技能或效益工资制。由企业聘至监狱工作的工人工资由监狱支付，其标准由监狱制定。在监狱工作的民警仍实行行政级别工资制，按照职责、任务完成情况，量化考核，兑现奖惩。离退休人员待遇按有关政策规定执行。

第七，资产分开。按照财政部、国家国有资产管理局、司法部联合印发的财农字〔1997〕15 号《关于监狱资产划分有关规定的通知》中规定的监狱资产和生产经营资产的范围，实施资产分开并按照有关规定进行管理。

第八，财务分开。监狱和企业设独立的财务职能部门，分别按照监狱、企业财务、会计制度进行管理。

第九，社会性服务机构分开。监狱所属的医院、学校等事业单位作为监狱编制，经费由监狱和企业合理分担，包干使用。招待所、食堂、幼儿园等被列为“三产”，按企业性质管理，自负盈亏。

第四节　中华人民共和国的监狱民警队伍建设

一、监狱民警队伍的创立和完善

（一）监狱民警队伍初创

在创建新中国监狱工作过程中，国家和政府高度重视监狱工作干部队伍建设。根据第三次全国公安会议通过的《关于组织全国犯人劳动改造问题的决议》，一是调配劳改工作管理机构的工作人员；二是调配劳动改造队的干部，其供给应按军队干部待遇。在贯彻执行上述决议的过程中，由地方党委调配一批得力干部到各地劳改工作管理机构，一批部队专业干部、青年知识分子和必要的技术干部补充到劳动改造队中，以适应大规模开展劳改工作的需要。[1]

1. 政工队伍的建立。1954 年 11 月 10 日，根据第五次全国公安会议《关于建设公安部门政治工作的决议》的精神和 1954 年 9 月公安部召开的全国劳改工作部门政治工作会议关于建设劳改政治工作部门政治工作的意见，公安部制定出台了《关于劳动改造工作部门政治工作的若干问题的规定》，以法规的形式对劳改政治工作机关的性质、任务、工作

〔1〕 王志亮：《中国监狱史：从待审待刑羁押到行刑监禁的蜕变》，中国政法大学出版社 2020 年版，第 331 页。

【知识链接】

第八次全国劳改工作会议[1]

公安部于1981年8月18日至9月9日召开了第八次全国劳改工作会议。根据党的十一届三中全会和六中全会的精神，回顾了建国以来的劳改工作，肯定了成绩，初步总结了正反两方面的经验，确定了新时期劳改工作的任务，提出了加强劳改工作的措施。会议期间，习仲勋同志到会作了重要讲话，强调做好劳改工作的重要意义，进一步阐明了在新时期劳改工作的方针、政策和任务。

会议认为，我国的劳改工作，在党中央、毛泽东同志制定的方针政策的指引下，取得了巨大成绩。建国以来，关押和改造的一大批罪犯，大多数已经改恶从善，悔过自新，成为自食其力的劳动者，基本完成了对判处徒刑的历史反革命分子和旧社会渣滓的改造任务，还改造了一大批新的犯罪分子，安置了一大批刑满留场就业人员，为维护社会治安、巩固人民民主专政、保卫社会主义革命和建设做出了贡献。实践证明，我国劳动改造罪犯的工作是成功的，受到广大群众的称赞，在国际上也享有很高的声誉。这是我们党和国家改造社会、改造人、化消极因素为积极因素的一贯政策的延续，是在党中央、国务院和各级党委、政府的领导下，在人民群众和各部门的积极支持下，广大监狱民警和看押部队长期艰苦奋斗的结果。会议高度肯定了30年来监狱工作所取得的成就。进入20世纪80年代，罪犯的犯罪情况和罪犯构成发生了很大变化，工人、农民、知识分子、干部等劳动人民家庭出身的多，年纪轻的多，刑期短的多。绝大多数青少年犯，既是危害社会治安的害人者，又是特定社会时期的受害者。既有破坏性大、难管教的一面，又有可塑性强、能接受教育挽救的一面。今后的罪犯改造工作要从这个新的情况出发，总结和创造新的经验。

〔1〕节选自《中共中央办公厅、国务院办公厅转发公安部第八次全国劳改工作会议纪要的通知》（1981年12月11日）。

对象、主要内容，以及政治工作机构设置、政工人员编制、领导体制等重大问题都作了明确规定。

2. 民警配备。1964 年《第六次全国劳改工作会议纪要》规定，劳改工作民警配备的比例是：劳改单位的政治工作民警和管教工作民警，一般应占罪犯、劳教人员和刑满就业人员（以下简称三类人员）总数的 3%～4%；生产、技术、行政管理民警大体按照同类国营企业的干部配备。在数量、质量上要加强中队干部，应该把占全场（厂）干部总数的 60%～70%的干部放在中队。当时民警主要从退伍军人、大专院校毕业生和下放知识青年中吸收一批新的力量，以充实和加强民警队伍，适应劳改工作的需要。

“文化大革命”中，民警的思想政治工作受到严重干扰。粉碎“四人帮”后，特别是党的十一届三中全会以来，监狱单位自上而下地开展了揭、批、查工作，肃清林彪、“四人帮”的流毒，把颠倒了的是非纠正过来，思想政治工作逐步走上了正确的道路。

（二）监狱民警队伍制度完善

1. 制服的规定。根据中共中央、国务院 1980 年 9 月 14 日批转公安部《关于做好劳动教养工作的报告》中“劳教、劳改工作干部，应按照着装规定着民警服装，分期分批解决”规定，公安部、财政部发出通知，对劳教、劳改工作干部着装范围、标准、管理和供应等问题作了规定。

2. 社会地位的提升。1981 年 12 月 11 日，中共中央办公厅、国务院办公厅转发了经党中央、国务院审阅同意的《公安部第八次全国劳改工作会议纪要》，指出“劳动改造罪犯的工作，是我们党和国家改造人、改造社会的伟大、光荣事业的一部分”，“必须根据改造对象的这种新情况，总结新经验，争取把绝大多数罪犯改造成为拥护社会主义制度的守法公民和对社会主义建设的有用之材”，“广大劳改工作干警为劳改事业作出了很大贡献，应当受到全党、全社会的尊重”。当时，中央书记处书记习仲勋亲切地称赞劳改工作民警是“攀登十八盘的勇士”“改造人的灵魂工程师”。

3. 监狱民警队伍制度化、规范化。1982 年 10 月，公安部召开了全国重点劳改单位现场会，在这次会议上第一次提出了争取 3 年—5 年内把全国 500 个劳改单位分期分批办成改造罪犯的学校的 5 条标准，即：①领导班子和干部队伍要按照“革命化、年轻化、知识化、专业化”的要求，完成思想整顿和组织整顿。在政治上同中央保持一致，能够坚定地执行党的十一届三中全会以来中央的路线、方针、政策；业务能力强，能够担当领导本单位开创劳改工作新局面的任务。②按照《监狱、劳改队管教工作细则》的要求，在管理工作上实现法律化、制度化，彻底废除简单粗暴的管理方法，落实文明管理，把劳改工作的恢复和整顿搞彻底。③设置教育机构，配备专职教员，进行系统的政治思想和文化技术教育，并且有计划地进行分类教育，加强惯犯、累犯和短刑犯的教育改造工作，切实提高改造质量。④依靠社会力量，做好“综合治理”，力争罪犯刑满释放后的重新犯罪率降低到 3%以下。⑤劳改生产完成企业整理，达到国内同行业的生产技术水平，做到安全文明生产，实现经营管理的现代化，经济效益稳步增长。

【数字资源】

【课程思政资源】

老指导员[1]

汪明啟在《老指导员》一文中回忆了一段往事：

1987年7月中旬的一天，我中专毕业分配到安徽省九成劳改农场工作。分场政工股的刘同志带我去上班的中队，我刚走到中队办公室门口，一位着83式夏季警服的老警察从里面走出来相迎。刘同志跟我介绍，这是中队的张指导员。那时已59岁的张指导员身板儿稍瘦却很结实，穿着的淡黄色短袖警服的红领章崭新鲜红、肩膀上的红星盾牌耀眼夺目。笑容满面的张指导员伸出双手把我的手紧紧握住说："欢迎新同志，我们的队伍又有了新兵，党的劳改事业后继有人。"望着张指导员希望的眼神，我觉得肩上沉甸甸的。关于张指导员的大概情况，刘同志已在来中队的路上跟我说了：1951年参加工作，1954年入党。参加过土改和治淮工作，还参加了安徽省太湖县花凉亭水库的建设，来九成农场的20年里，组织中队的农业生产、带领家属办好商店。1985年，快退休的他又干起老本行——教育改造罪犯。虽然工作37年，但职务仍是中队指导员，是股级。退休后，他享受"三五干部"待遇（监狱工作30年、年满50岁的享受副科待遇）。这当然是后话了。我清楚记得张指导员跟我第一次谈话的内容，他说："管理教育罪犯，不得打骂体罚，得文明管理。但要使罪犯服从管教，关键要做到秉公执法。一定要跟罪犯及其亲属划清界限，做到不抽罪犯的一根烟，不贪不拿不占公家东西。"他说，吃小亏但不会犯大错。他的话直白不深奥，但把大道理讲得清清楚楚。三十多年来，我一直把他的这几句话记在心里。那时候，中队干部每天夜里必须下监房组织罪犯"三课学习"，快退休的张指导员，天天夜里坚持在"三课学习"现场，雷打不动、风雨不断。一位年轻民警一天夜间没下监房，第二天张指导员发了火，把那位年轻民警狠狠地剋了一顿。这是我第一次看到张指导员发火，也是唯一的一次。

〔1〕 汪明啟：《老指导员》，载微信公众号"幸福的黄丝带"，2021年1月18日。

4. 监狱民警队伍法制化。1995年2月14日—16日，全国监狱工作会议在北京召开。这是继“八劳”会议召开14年后的又一次重要会议，也是1994年《监狱法》颁布实施后的一次重要会议。20世纪90年代初期，国家改革开放的深化，社会主义市场经济体制的建立，党中央、国务院对监狱工作的高度重视，以及40年来监狱工作取得的重大成就，为监狱发展带来了新的机遇。同时，监狱工作也面临严峻的挑战和考验，主要表现为：进入市场经济之后，监狱经济遇到前所未有的困难，监狱工作难以适应越来越繁重的罪犯改造任务；监狱经费不足和监狱企业大面积亏损，阻碍了狱政设施的更新改造，影响了监狱民警和职工的工作，以及生活条件的改善；部分领导和民警对解决监狱困难的信心不足，不同程度地影响了监狱工作的改革和发展。本次全国监狱工作会议正是在这一关键时刻召开。这次会议把从严治警作为新的历史条件下适应监狱工作发展的主要任务。从严治警是依法治监的前提和条件，也是创建现代化文明监狱的重要内容。会议认为抓好从严治警，一方面要加大管理、教育和监督力度，抓好各级党的组织建设，坚持党对监狱工作的绝对领导；另一方面要切实改善民警的工作、生活环境，关心民警的疾苦，解除他们的后顾之忧。只有建设起一支高素质的民警队伍，才能保证监狱工作发展总体目标的顺利实现。

二、监狱民警队伍素质的提升

（一）监狱民警队伍培训和教育的完善

1. 监狱民警队伍文化程度的提升。1951年，刚组建的劳改工作队伍中的民警大部分来自转业军人，部分是新参加工作的青年学生，他们的文化程度普遍不高。1953年以后，国家每年分配一定数量的大专毕业生给劳改单位，1955年、1956年大批部队转业干部到劳改单位，其中有相当部分是初、高中以上文化程度。“文化大革命”开始后，在“极左”路线的严重干扰下，全国劳改工作民警的文化程度未得到明显改善。粉碎“四人帮”后，特别是党的十一届三中全会以来，全国劳改工作民警的文化程度明显改善，文化结构中，大、中专以上的比重逐年上升。1984年，随着国家经济、政治体制改革的深入发展，在坚持干部“革命化、年轻化、专业化、知识化”的原则下，全国劳改工作民警中有相当一部分具有大、中专和高中文化程度的民警进入了各级领导班子。

2. 监狱民警队伍教育培训工作的完善。各地监狱20世纪50年代到70年代，除选送少数民警到高等院校深造外，主要是进行民警业务轮流训练。从80年代开始，一些地方在进行民警培训的同时，积极推进民警的学历教育工作。1980年8月，全国公安院校工作座谈会决定，统一编写人民警察学校公安业务教材。同年10月，从北京、上海等17个省、自治区、直辖市公安厅、局和公安部政治部、民警干校抽调31名教师、干部，分成几个编写组，编写了8门教材，其中有劳改教材。1981年，群众出版社出版了由人民警察学校公安业务教材编审委员会编写的《劳改工作》。《劳改工作》共8.3万字，由邵文涵、申高龄、张文学编写。这是我国最早正式出版的劳改学著作。1985年，中央〔85〕23号文件和全国人大常委会《关于在全体公民中普及法律常识的决定》公布后，劳改单位又在

【思考题】

当时中央书记处书记习仲勋亲切地称赞劳改工作民警是“攀登十八盘的勇士”“改造人的灵魂工程师”，谈谈你的理解。

全体民警中开展了《中华人民共和国宪法》《中华人民共和国刑法》《中华人民共和国经济合同法》和《中华人民共和国治安管理处罚条例》等普法教育，在教育中紧紧扣住“学习、辅导、考试”三个环节，扎实进行。

（二）优良传统的继承

20世纪90年代初，中国在由计划经济向社会主义市场经济转变的过程中出现了一系列重大理论与实践问题，国家进入改革开放和社会主义现代化建设的新时期。党和国家对监狱在保障经济建设、维护社会稳定方面的重要作用给予充分重视和高度评价，广大监狱民警继续发扬艰苦奋斗、无私奉献的优良传统，以与时俱进、改革创新的拼搏精神面对严峻的挑战和考验，实现了监狱工作的历史性开拓。一个与社会主义市场经济基本适应的、管理规范的监狱体制，一个能够实现可持续发展的监狱布局，以及一支适应监狱长远发展目标的监狱民警队伍逐步形成，开拓创新精神成为监狱工作发展的宝贵财富和基本指导思想。

第五节　中华人民共和国监狱的现代化

我国监狱机关坚持以人民为中心，坚持总体国家安全观，通过持续不断地重视罪犯改造工作，保持了持续安全稳定，严格规范公正文明执法，逐步实现了罪犯管理现代化和监狱管理信息化，罪犯教育改造工作得到了进一步加强，罪犯改造工作的质量进一步提升，罪犯的改造效果进一步显现。

一、创建现代化文明监狱

随着国家和社会现代化进程的不断发展，为了适应时代要求，推动监狱工作整体上水平、上台阶，司法部提出了建设现代化文明监狱的战略目标。这一目标，涵盖了从刑罚执行、监管改造到加强监狱人民警察队伍建设、发展监狱经济等各方面的内容，提出了硬件要硬、软件要强的要求，为监狱工作整体水平的提高勾画了蓝图。

（一）建设目标

1994年1月，司法部提出，在今后一个时期，监狱工作的目标是坚定不移、量力而行地逐步将中国监狱建设成为现代化文明监狱。为把建设现代化文明监狱活动推向实施阶段，在1995年2月的全国监狱工作会议上，司法部又提出“以党的基本路线为指针，以邓小平同志建设有中国特色社会主义理论为指导，根据全面贯彻实施《监狱法》的要求，立足于中国的实际情况，吸收和借鉴外国监狱制度的有益做法，统一标准，总体规划，统筹安排，分步实施，逐步把我国监狱建设成为坚持社会主义方向，体现人类社会文明、进步成果的现代化文明监狱”的总体思路，并把创建现代化文明监狱作为今后一个时期监狱工作的战略目标，全面部署创建现代化文明监狱的工作任务。

（二）建设标准

1995年9月14日，司法部下发的《关于创建现代化文明监狱的标准和实施意见》指出，

【知识链接】

“淮总”简介与事迹[1]

1951年5月，第三次全国公安会议决定在全国范围内开展大规模的劳动改造罪犯工作。在这样的背景下，“华东区治淮劳改总队”（以下简称“淮总”）从1951年7月开始组建，9月正式成立，行政隶属华东区公安部领导，工程业务属淮委领导，先后组织了10多万名罪犯投入治淮工地。[2] 当时，正值中华人民共和国刚刚成立，一批老红军、八路军和新四军的老战士服从祖国建设的需要，分别从各个不同的工作岗位上奔赴治淮和改造第一线。由于这个机构规模大、人数多；主要的任务是治理淮河，工程战线长，跨越多个省份，经常转移，有时十天半月就要移动一次，流动性大；干部和罪犯居无定所，甚至没有像模像样的居室和监舍，结合这些特点，“淮总”也被称为“庞大”“流动”“露天”的特大型监狱。

“华东区治淮劳改总队”13年的时间（1951年—1964年）在历史中不算太长，但它在全国劳动改造罪犯的历史上却是不可或缺的一页。它的业绩与贡献总结起来就是，既改造了自然，又改造了人，变水患为水利，变罪犯为守法公民。

改造了自然，水利工程遍布全国。“淮总”成立的13年里，在安徽省承接了董铺水库、梅山水库等水库以及蚌埠闸、巢湖闸、淠史杭灌区工程、将军岭切岭工程等。此外，它还在江苏省、山东省、河南省、辽宁省承接了水库工程，共完成大型水利工程79个，中小型水库更多，分布于5个省的53个县市，安徽省最多，在省内外修建的工程也一直造福当地人民，如由“淮总”修建的辽宁大伙房水库一直在发挥着重要作用。

改造了人，“淮总”13年累计改造约20万名罪犯成为自食其力的劳动者和守法公民。在“淮总”改造的罪犯中，许多罪犯在劳动生产过程中，还学会了各种各样的生产技术，如各类施工机械的操作、维修和加工制造等，有些还成为机械工业的高级技术人才，生产出各种各样的高新技术产品。安徽的第一台汽车——江淮汽车和第一台柴油机都是总队机械修配厂的罪犯生产出来的。经过多年改造，很多罪犯不仅成为自食其力的劳动者，而且，在劳动改造政策的感召和管教干部的谆谆教育下，还激发了罪犯内在改造动力，多数罪犯真正做到了在劳动中改造，认真学习生产技术，以刻苦钻研、发明创造来回报政府。

---

〔1〕 姚峰：《从“淮总”的光辉历程看安徽监狱精神》，载《犯罪与改造研究》2022年第10期。

〔2〕 参见六安市政协、六安市水利局：《六安文史第五辑，皖西治淮六十年》，中国文史出版社2011年版，第518、519页。

现代化文明监狱是以比较先进、完善的监狱设施和健全、有效的改造制度为基础，依法对罪犯实施科学、文明管理和教育改造，具有较高改造质量的场所。标准主要包括以下内容。

1. 狱政设施标准。应具备必要的、适应监管改造工作需要的监狱设施和技术装备。具体要求是，监狱建筑及辅助设施布局规范合理，功能齐全，质量可靠，达到司法部颁布的《监管改造环境规范》规定的标准。

2. 罪犯行为管理标准。对罪犯实行依法、严格、文明、科学管理，主要包括：坚持依法收监制度；严格执行对罪犯的减刑、假释、监外执行、释放或加刑等刑罚制度；坚持公开、公平、公正的原则，建立健全监督机制；实行分类关押、分别管理，分押纯度要达到80%以上；加强民警直接管理，依法保护罪犯合法权益；监管质量综合指标要低于部颁控制标准。

3. 罪犯生活管理标准。配备相应的生活卫生设施，保证罪犯的基本生活条件和卫生医疗条件。罪犯的监舍建设和居住条件要达到部颁标准。

4. 罪犯教育改造标准。对罪犯采用科学的教育改造手段，提高教育改造工作的针对性和有效性；创造有益于罪犯身心健康、积极向上的改造环境和氛围。健全教育改造机构，落实教育改造管理制度，保证教育改造经费；有固定的教学场所、设备及图书室、运动场等文化、体育活动设施；建立一支合格的教师队伍。对罪犯实行正规、系统的政治思想、文化、职业技术教育，每年三课教育总课时，成年犯不少于500课时，未成年犯不少于1000课时；加强对罪犯实施分类教育、个别教育和心理矫治；积极开展社会帮教活动，社会帮教网络覆盖面在50%以上；教育改造各项综合指标要高于司法部颁布标准；出狱人重新犯罪率低于3%~6%。

5. 罪犯劳动改造管理标准。具备必要的、适应监管改造工作需要的生产设施，科学运用劳动改造手段，建立文明、规范、合理的劳动管理制度，调动罪犯劳动改造和学习生产技能的积极性。各类罪犯的劳动时间和劳动强度严格按司法部规定执行；逐步实行罪犯工资制度。

6. 监狱人民警察队伍建设标准。有一支忠于职守、廉洁奉公、执法严明、政治坚强、业务精通的警察队伍；建立完备、规范的政治工作和改造工作机制。监狱领导班子符合革命化、知识化、专业化、年轻化和廉政建设要求，知识、年龄结构合理；有健全的岗位培训制度，加强岗位培训；监狱按编制配备民警，大队、中队警察配备不得少于民警总数的60%，中队民警人数要达到押犯数的8%；严格依法管理，秉公执法，清正廉洁，监狱民警年违纪率不超过5‰。

（三）创建现代化文明监狱的原则

现代化文明监狱的创建要立足中国实际，与国家的政治、经济、社会发展相协调，与地区的发展水平相适应。在坚持标准的前提下，采取统筹规划、分步实施的方法进行。

1. 硬件建设与软件建设并重、更重软件建设的原则。“硬件”是指监狱的设施现代化。

【数字资源】

【课程思政资源】

《中国改造罪犯的状况》白皮书

1992年8月10日，国务院新闻办公室发布了《中国改造罪犯的状况》白皮书。该白皮书共16 000余字，包括前言和八个部分：①中国改造罪犯基本原则；②依法保障罪犯的权利；③对罪犯的劳动改造；④对罪犯的法制、道德、文化和技术教育；⑤对罪犯的感化；⑥对罪犯的依法文明管理；⑦对罪犯的刑罚执行；⑧对刑满释放人员的就业安置与教育保护。《中国改造罪犯的状况》白皮书是继《中国的人权状况》白皮书之后我国政府公开发布的又一个有关人权问题的重要文献，是我国改造罪犯工作真实、全面、科学的报告。它的发布有助于国内人民和国际社会了解我国改造罪犯的状况，尤其是了解我们在改造罪犯中实行革命人道主义原则，保护罪犯的合法权利，积极通过各种有益、有效手段把罪犯改造成对社会有利的新人方面的事实。该白皮书昭示了中国罪犯改造中的罪犯权利保障和法治文明。

谈谈《中国改造罪犯的状况》白皮书的进步意义。

【课堂笔记】

这是建设现代化文明监狱的基础和条件，是提高监狱管理水平的重要保障。必须把硬件建设作为监狱的一项基础工作抓好，力求与国家的经济发展水平相适应，并逐步完善提高。“软件”是指监狱警察素质、执法水平、管理措施、教育手段、改造方法等方面。这是发挥硬件建设综合效应的重要保证，更是监狱管理文明程度的重要体现。创建现代化文明监狱要坚持“硬件要硬，软件要强，更重软件建设”的指导思想。

2. 注重实效的原则。创建现代化文明监狱，要发扬艰苦奋斗、努力拼搏的精神，扎扎实实，注重实效，不得弄虚作假、搞形式主义。

3. 量力而行、从实际出发、分阶段实施的原则。由于全国监狱总体发展水平存在差异，建设活动不能搞“一刀切”，不能搞同一模式。坚持量力而行，分阶段实施。各监狱根据自身情况，可以从不同层面入手，发挥优势。条件较好的监狱，可以同时抓好硬件和软件两方面的建设；硬件受条件限制，一时难以改善的，可先在软件上下功夫，再逐步加大对硬件的投入。

4. 分层次创建的原则。根据中国监狱实际，创建现代化文明监狱可分为部级和省级两个层次。基本具备条件的可直接申请创建部级现代化文明监狱，其他单位可在获得省级现代化文明监狱称号后，逐步巩固提高，再建成部级现代化文明监狱。为了调动所有监狱参与创建活动的积极性，还设置现代化文明监区和创建现代化文明监狱先进单位两个等级。

在司法部创建现代化文明监狱目标的指引下，全国监狱广泛开展了现代化文明监狱创建评比活动，从 1994 年到 21 世纪初期，大批监狱建设成为部级或省级现代化文明监狱。通过创建现代化文明监狱活动，全国大部分监狱步入了公正、廉洁、文明、高效的新型监狱管理模式中，大大推进了监狱工作法制化、科学化、社会化建设进程，为全面加强监狱管理、严格公正文明执法、提高罪犯改造质量奠定了坚实的基础。

二、监狱布局调整

自 20 世纪 80 年代中期开始，部分省、区监狱机关陆续开始了监狱布局调整工作。2001 年 8 月，司法部向国务院报送《司法部关于“十五”期间全国监狱建设与布局调整的报告》，首次提出对监狱布局调整的意见。在中央高度重视下，各部委对司法部提出的涉及监狱布局调整的意见很快达成共识。2001 年 12 月 1 日，国务院正式下发《关于研究解决监狱困难有关问题的会议纪要》。该纪要指出：“监狱布局不合理，需要通过搬迁、合并、撤销及新建等手段合理调整监狱布局；监狱建设投入不足，狱（所）设施破旧，技术装备老化，亟需进行改造维修；监狱企业债务沉重，生产经营困难，《中华人民共和国监狱法》规定由国家提供监狱生产经费的有关投资政策要进一步落实；监狱民警经费、罪犯生活经费、狱（所）设施维修经费等到位率低，缺口大；随着‘严打’整治斗争的开展，押犯增加，监舍不足；民警编制不足，一线警力严重不足，影响监管安全和罪犯改造质量；历史遗留的工人、退养人员、监狱承担社会功能的包袱沉重；驻监武警看押兵力不足，监狱安全隐患很大。为保障监狱的正常运转，充分发挥其职能和作用，抓紧研究解决

【知识链接】

安徽省监狱布局调整[1]

2011年5月，安徽省监狱管理局与长丰县人民政府签订《安徽省合肥监管集中区项目建设协议书》，在合肥市长丰县建设省女子监狱、合肥监狱、淝河监狱、民警备勤区、武警营房以及合肥市义城监狱、合肥市劳教所。同年同月，合肥市规划委员会第四次主任会议审议通过，原则同意合肥监管集中区概念性规划总平面图。

（一）女子监狱整体搬迁

继2014年，女子监狱白湖关押点率先搬迁至合肥北城监管集中区新址后，监狱宿州本部于2015年×月分两次顺利完成整体搬迁。省监狱管理局指挥中心在搬迁行动中承担后方总指挥部、通讯器材及专用车辆保障、全程实时监控等任务。

（二）义城监狱整体搬迁

2015年×月，合肥市义城监狱整体搬迁至北城监管集中区新址行动顺利完成，省监狱管理局、监狱两级指挥中心密切配合，为搬迁行动顺利开展保驾护航。

（三）合肥监狱、淝河监狱整体搬迁

2018年×月，合肥监狱、淝河监狱整体搬迁。省监狱管理局指挥中心与省武警、公安、交通等多部门多警种协调联动，完成合肥监狱、淝河监狱的平稳搬迁工作。

---

[1] 安徽监狱志编纂委员会:《安徽监狱志（2007-2018）》（此为内部出版物）。

监狱工作面临的这些突出困难和问题，已是当务之急。”该纪要明确指出监狱布局不合理，需要通过搬迁、合并、撤销及新建等手段合理调整监狱布局，并对监狱布局调整过程中资金的筹措、方案的规划、实施过程的指导、标准的制定都做了具体规定。该纪要下发后，得到各地党委、政府的高度重视和积极响应。至此，全国监狱布局调整大幕拉开。

（一）监狱布局调整的必要性

1. 从改变布局不合理状况考虑。在监狱工作初创时期，按照不与民争利等原则，监狱布点多在边远地区人烟稀少的地方，组织罪犯垦荒造田、开山挖矿。这一决策符合当时的国情，是完全正确的。但随着形势的发展，监狱布局不合理的弊端逐步显露出来。大多监狱地处偏僻的经济欠发达地区，远离大、中城市和交通沿线，给监狱的综合发展带来诸多不可克服的困难。部分监狱由于生产资源枯竭或产业结构不合理，又出现罪犯坐吃闲饭的问题；有的地区监狱设置过于集中，造成地域人口和监狱设置分布失衡，这样既不利于罪犯改造，又提高了改造工作的成本；在监狱内部，关押点太多且过于分散，造成了管理不便和资源浪费。在实行改革开放，建立社会主义市场经济以后，这种不合理的布局已经对监狱工作的整体发展形成障碍，严重影响着监管场所的安全稳定和监狱工作的开展。合理调整监狱布局，已经成为监狱工作的一项战略任务。

2. 从罪犯改造工作考虑。改革开放以来，全国监狱系统为适应罪犯构成的变化，创新了一系列科学的、规范的改造方法。但由于监狱布局的不合理，家属探视、社会帮教均受限制，某些科学的改造方法和手段难以落实到位，直接影响罪犯改造质量的提高。由于监狱布局失衡，长途押运、异地服刑在许多省、区比较普遍，不仅增加了监管的危险因素，还提高了改造成本。调整监狱布局，一是有利于犯人亲属探视规劝；二是有利于运用社会资源，开展社会帮教和刑满释放后的社会安置；三是增加了犯人与社会的接触，有利于消除犯人的监禁心理，便于他们刑满后尽快地适应社会、融入社会。

3. 从稳定民警队伍、加强队伍建设考虑。由于监狱大多处于偏僻地区，民警、职工的工作、生活条件差，婚姻不易解决，成家后子女上学、家属就业困难多，一旦生病，就医极为不便，造成民警、职工人心不稳。布局调整后，由于依托城镇，民警、职工工作、生活条件大为改善，成家、就医和子女上学、家属就业等都得到相应解决，有利于队伍的稳定。

4. 从优化监狱经济环境考虑。许多监管场所由于交通不便，信息不灵，工作、生活条件差，人才引不进、留不住，生活难以为继。只有调整布局，才能有利于监狱吸引人才，及时获得新的科技、生产经营信息，降低生产成本，优化监狱经济的社会环境，促进监狱生产的可持续发展。

5. 从减轻监狱的社会负担考虑。处在边远地区的监狱为了解决民警、职工的后顾之忧，兴办了学校、幼儿园、医院等门类齐全的社会公益事业。这种由计划经济延续下来的监狱自办“小社会”现象，占用了大量的资金和警力，成为监狱发展的沉重包袱。改变这种状况的唯一途径是通过布局调整，使监狱靠近大、中城市，把监狱的“小社会”融入驻

【思考题】

从布局调整谈谈监狱改造理念的变化。

地城镇的大社会中去，摆脱沉重的社会负担。

6. 从保护自然环境，恢复生态平衡考虑。由于多年的生产经营，一部分监狱生产资源枯竭，生产难以为继；有的监狱所处地区自然环境恶化，山体裸露，土质沙化，水土流失，是国家重点退耕还林还草、恢复自然生态平衡区域；还有个别监狱处在国家自然保护区内。对上述单位进行迁移，不仅有利于监狱发展，更重要的是贯彻落实国家自然环境保护法规，对改善自然环境、恢复和发展生态平衡具有十分重要的意义。

（二）布局调整模式

20 世纪 80 年代中期，福建、广东两省根据需要率先开始布局调整工作。1994 年《监狱法》颁布后，更多的省（区、市）监狱管理局相继把布局调整提上日程，进行了积极的探索和多种形式的实践。

1. 整体规划，异地新建。以福建省监狱系统布局调整为例。自改革开放以来，在省委、省政府支持下，福建省监狱管理局相继制定实施了“拓展沿海一线，巩固铁路沿线，建设以资源开发为重点的劳动改造基地，辐射山区腹地、带动边远监狱”的“两线一辐射”发展战略，出台了“三个转移，两个收缩”（边远山区向沿海地区转移，农业向工业转移，监外向监内转移；收缩不利于监管安全的关押点，收缩发展前景差、经济效率低的生产单位）的布局调整规划。1980 年，福建省监狱管理局在福州市恢复组建了福州劳改支队（现榕城监狱），在龙岩市新建了龙岩劳改独立大队（现龙岩监狱）。1982 年，撤销了地处偏僻、监管条件差的明溪劳改支队和泰宁劳改独立大队，将犯人转移到闽西、闽侯监狱。1984 年以后，撤销沙县劳改支队，在福州市新建福州监狱，在泉州市新建泉州监狱，将省女子监狱从闽侯县迁到福州市区。“九五”期间，全省撤销了零星分散的关押点 100 多个，在沿海地区新建了福清、莆田、厦门、漳州 4 个监狱。通过调整，全省 18 个监狱，布局在沿海发达地区的押犯单位增加到 11 个，占押犯单位的 86%；收缩边远地区分散的看押点 130 多个，押犯全部在监内从事室内加工和其他工业生产，顺利实现了“三个转移、两个收缩”布局调整规划。

2. 设置分监，创建新基地。云南省大理监狱和楚雄监狱的前身分别为鹤庆、姚安监狱，都是地处偏远、交通不便、条件艰苦的农业单位。由于工作压力大、收入低、条件差，不少民警纷纷要求调离。鹤庆监狱 200 多名民警、职工中，在调整前几年就有 63 人通过各种途径调离了监狱；姚安监狱也有约 30%的民警、职工已调离或准备调离。为了摆脱困境，这两个监狱党委带领全体民警、职工闯出一条向大中城市和交通沿线靠拢的新路子。1992 年，鹤庆监狱紧紧抓住大理机场和铁路修建的机遇，组建工程队参与地方工程建设，并在大理市郊设立分监；姚安监狱也在 1996 年利用修建楚（雄）大（理）公路之机，组成工程队，在楚雄市郊设置分监。至 1999 年 4 月，两所监狱分别用 7 年与 3 年的时间，完成了分监扩大规模建设，相继更名挂牌，实现了向大中城市转移的目标。迁入城市后，民警、职工的工作条件有了很大改善，不仅原本想调离的之后也打消了调离念头，安心工作，而且已调离的也要求回来。依靠自力更生，扩大分监建设，实现整体布局调整的

【课堂笔记】

【思考题】

谈谈现代化文明监狱建设和监狱布局调整等举措对当代监狱现代化进程的影响。

路子，为各地特别是经济欠发达地区的监狱提供了可资借鉴的经验。

3. 合理布点，填补关押空白。各地在规划监狱布局中，注意科学合理地完善监狱布点，填补空白，对一些地域广阔、人口相对集中而无监狱设置的地区，重新设置了监狱。如安徽省皖南地区原无监狱设置，在布局调整中，安徽省以铜陵市的一个押犯大队为基础，建成铜陵监狱，解决了皖南地区押犯场所紧张状况；江西省为解决赣南地区无大型监狱，罪犯异地关押的情况，扩建了赣州监狱；浙江省通过地、市办监狱的办法，在宁波地区新建望春监狱和黄湖监狱，解决了宁波地区押犯困难的问题。

三、我国监狱改造罪犯的基本经验

我国监狱在中国共产党的领导下，各项工作取得了重大进展和巨大成就，为维护国家的政治安全和社会稳定做出了历史性贡献，积累和形成了做好监狱工作的基本经验，这为中国监狱工作站在新时代的历史起点上实现新的发展和跨越奠定了坚实的基础。其最主要的经验是：[1]

1. 坚持党对监狱工作的绝对领导。我国监狱是国家刑罚执行机关，更是政法机关、政治机关，必须自觉地坚持和加强中国共产党对监狱工作的绝对领导，不能有丝毫的动摇和含糊。党的领导是做好监狱工作的最根本保证，监狱人民警察必须提高政治站位，加强思想政治建设。监狱工作必须自觉以习近平法治思想为指导，坚决贯彻执行党的路线、方针、政策，坚决执行党中央和国务院对监狱工作的部署和要求，坚持把党的领导贯彻落实到平安监狱、法治监狱的全过程和各方面，推进党对监狱工作领导制度化、法治化、规范化。自觉践行社会主义法治理念，坚持总体国家安全观，坚持以人民为中心，坚持全面依法治国，确保监狱工作正确的政治方向。

2. 坚持监狱工作应服从、服务于社会稳定和改革开放大局。监狱机关是国家政府的重要部门，是党的政法机关的重要组成部分。监狱工作在确保国家政治安全、制度安全、社会稳定、维护公平正义、促进改革开放各项事业发展方面承担着重要任务。监狱工作必须牢固树立大局意识，自觉服从大局，把监狱工作放在党和国家的大局来思考、来谋划，把监狱工作的奋斗目标定位于维护国家政治安全和社会稳定、维护社会公平正义、维护人民安居乐业的全局来思考、来部署，才能找准方向、明确目标、确定位置、形成共识和合力，最大限度地发挥监狱工作在国家和社会发展中的作用，同时又有助于更好地促进监狱工作自身的发展。

3. 坚持以人民为中心的发展思想。全面依法治国最广泛、最深厚的基础是人民。全面推进依法治监，打造平安监狱、法治监狱，惩罚和改造罪犯的根本目的是依法保障人民权益，促进社会和谐稳定。我们党始终坚持法治为了人民、依靠人民、造福人民、保护人民，不断增强人民群众获得感、幸福感、安全感。在新的起点推进依法治监不断深入，推

---

〔1〕 李豫黔：《中国共产党领导下中国监狱改造罪犯的初心和使命（下）》，载 http：//www. moj. gov. cn/pub/sfbgw/jgsz/jgszzsdw/zsdwzgjygzxh/zgjygzxhxwdt/202106/t20210630_ 429492. html，最后访问日期：2023 年 5 月 13 日。

【知识链接】

四川监狱博物馆

四川监狱博物馆位于眉山市彭山区，依托四川省眉州监狱建设而成，是我国监狱系统第一座集革命传统教育、法制警示教育、监狱历史研究为一体的博物馆，也是目前全国唯一注册的监狱行业博物馆。该馆集收藏、展示、宣教等功能于一体，既是传统文化教育、理想信念教育、监狱理论创新的基地，也是社会公众了解监狱工作的重要窗口，面向社会公众进行生动传统教育、法制警示教育的重要场所。该馆的现有藏品主要为中华人民共和国成立后见证四川监狱发展历程的展品。博物馆共分为三层，一层为新中国四川监狱展厅，二层设有手摸墙、监狱史话展厅、放映厅和庆祝建党100周年展厅等主题展厅，三层是多功能会议室和学术报告厅。

谈谈建设监狱博物馆的意义。

进监狱工作的法治化、科学化、社会化、智能化，必须坚决贯彻以人民为中心的本质要求，充分体现人民利益、反映人民愿望、维护人民权利、增进人民福祉，努力满足人民群众新要求、新期待，谋划解决在刑罚变更执行、惩罚和改造罪犯的实践中人民群众关心关注的突出问题，切实让人民群众共享法治建设成果。

4. 坚持不断强化监狱机关自身职能履行。要自觉遵循监狱工作的发展规律，遵循改造罪犯的规律。依据法律规定，维护监狱安全，严格执行刑罚，将罪犯改造成为守法公民是监狱工作的法定职能和主要任务。打铁必须自身硬，监狱机关必须始终聚焦主责主业，强化法定职能的履行。一是必须坚持监狱工作方针和严格依据《监狱法》办事，做到依法治监；二是必须始终坚守安全底线，强化监狱内部管理，确保监狱安全和改造秩序的稳定；三是必须始终坚持严格、规范、公正、文明执法，严格规范刑罚执行活动，严防司法腐败，依法保障罪犯合法权益，确保执法公平公正；四是必须始终坚持以将罪犯改造成为守法公民作为监狱工作的目标和检验监狱工作的标准，不断创新改造罪犯的理念、方法、手段，努力提高罪犯教育改造质量；五是必须积极争取并努力落实党和国家及有关部门、各级政府对监狱工作的重大政策、法律法规、物质装备、人员人才等方面的大力支持，为监狱工作更好地履行法定职能任务提供有力的体制、制度、经费、设施、装备、信息、警力等保障。

5. 坚持不断深化监狱工作的改革创新。新中国的监狱工作始终持续深入全面推进改革，夯基垒台、攻坚克难、砥砺奋进，监狱改革成果显著，积累了丰富经验。监狱工作的实践证明，改革创新是解决监狱工作困难和问题的重要途径，也是推动监狱工作科学发展的强大动力。改革开放只有进行时，没有完成时。改革由问题倒逼而产生，又在不断解决问题中得以深化，改革进程中的矛盾，只能用改革的办法来解决。监狱工作应在继承中国监狱工作优良传统和经验的基础上，坚持解放思想、与时俱进、自我革新，用发展的观点、创新的思维、敢于啃骨头的精神，不断深化监狱各项改革，勇于突破利益固化的藩篱，打破传统定式，不断改革，解决监狱工作面临的困难和问题，为监狱工作发展注入新的活力，寻求新的突破，将监狱工作改革进行到底。深化监狱工作改革，必须牢牢把握全面深化监狱改革的正确方向。在深化监狱改革的进程中，必须把握好坚持和发展中国特色社会主义的根本政治方向，必须坚持和加强党的全面领导，确保监狱工作改革始终沿着正确的道路前进。

6. 坚持打造过硬队伍，不断提高监狱人民警察的履职能力。监狱人民警察是党领导下的武装性质的刑事司法力量，是一支正规化队伍，承担着维护安全稳定、维护社会公平正义、提高罪犯改造质量、保障人民安居乐业的重大任务，队伍的素质、作风、能力直接决定着惩罚改造职能的正确履行。必须大力加强监狱人民警察队伍建设，坚持把思想政治建设放在首位，狠抓队伍的思想政治建设、业务能力建设、组织建设、作风建设和纪律建设，坚持加强领导班子建设和监狱基层基础建设，着力提高监狱人民警察的监管能力、执法能力、改造能力和应急处置能力，坚持从严治警、从优待警、科技强警，切实提高队伍

【思考题】

谈谈新时代监狱法治化取得的成就。

建设水平，不断提高队伍的凝聚力、战斗力，打造一支有铁一般的理想信念、铁一般的责任担当、铁一般的过硬本领、铁一般的纪律作风的监狱人民警察队伍，为监狱工作有效、正确履行职能和改革发展提供强有力的组织保障和动力支持。

习近平总书记强调：“‘明镜所以照形，古事所以知今。’今天，我们回顾历史，不是为了从成功中寻求慰藉，更不是为了躺在功劳簿上、为回避今天面临的困难和问题寻找借口，而是为了总结历史经验、把握历史规律，增强开拓前进的勇气和力量。”[1] 回顾中华人民共和国监狱发展的光辉历程，正是为了不忘记走过的路、不忘记为什么出发，牢记职责使命，总结历史经验，把握监狱工作发展规律，安不忘危、稳不忘忧，坚定依法履职尽责，不断增强开拓前进的勇气和力量。

---

〔1〕 陈金海：《明镜所以照形，古事所以知今》，载《光明日报》2017年1月3日，第6版。

【思考练习题】

1. 简述新中国监狱工作方针的演变过程。

2. 我国监狱改造罪犯的基本经验是什么？